Krakau

ILLUSTRIERTER REISEFÜRER

Bogusław Michalec

Pascal

Text auf dem Umschlag
Aktualisierung:
Krzysztof Żywczak

Übersetzung:
Małgorzata Behlert

Korrektur:
Arkadiusz Ziernicki

Beratung:
Bogdan Rudnicki

Graphische Bearbeitung:
Ryszard Bryzek

Kartografie:
Gauss-Verlag - wydawnictwo@gauss.com.pl

Layout:
Witold Siemaszkiewicz

Projektleiter:
Michał Dulawa

Copyright © Wydawnictwo Pascal 2007
Die Autoren und Herausgeber des Stadtführers haben die Texte mit größter Sorgfalt vorbereitet. Sie können jedoch keine Haftung für die Folgen der Anwendung dieser Inhalte (Informationen) übernehmen. i wydawca

Wydawnictwo Pascal Sp. z o.o.
ul. Kazimierza Wielkiego 26
43-300 Bielsko-Biała
tel. 0338282828, fax 0338282829
pascal@pascal.pl
www.pascal.pl

ISBN 978-83-7304-848-5

Vom Herausgeber

Wir laden Sie zu einer Krakau-Wanderung ein. Zu gemächlichen Spaziergängen, bei denen Sie Zeit haben werden, die Couleur der Stadt wahrzunehmen, die Stadtlandschaft zu genießen und über die alten Mauern zu streicheln.

Unser Führer beschreibt nicht nur die wichtigsten Attraktionen der Stadt, er erzählt auch über weniger bekannte Orte, auch über jene, die außerhalb der offiziellen Besichtigungsrouten liegen. Die praktischen Informationen werden Ihnen die Besichtigung der Stadt und das Planen Ihrer persönlichen Routen erleichtern. Sie ermöglichen Ihnen eine gelungene Erholung und den Genuss einmaliger Pubs, Cafés und Restaurants.

Das vorliegende Buch ist eine Erzählung über eine Stadt, die einen großen Einfluss auf die Geschichte Europas genommen hat, über ihr "gestern" und "heute" und über Menschen, die zur Magie dieser Stadt beigetragen haben. Die ruhmvolle Vergangenheit der königlichen Stadt wird durch den Alltagsrhythmus der Gegenwart durchflochten, wodurch das Bild einer Stadt entsteht, die es sich kennenzulernen lohnt und die immer wieder als besuchenswert empfunden wird.

Bogusław Michalec, Jahrgang 1972; geboren in Gorlice, in der längsten Nacht des Jahres, was seine Liebe zum Schlaf erklärt. Er studierte Polonistik und Journalistik. Er schreibt Gedichte und Kinderbücher sowie Erzählungen und Gedichte für Erwachsene. Er wohnt im Norden Krakaus.

INHALT

TEIL I
Stadt der Träume 7

Nebelumhüllte Stadt 10
Krakau in Zahlen 11
Krakauer Rekorde 12
Sehr mitteleuropäische Zeit 14
Das Krakauer ABC 16
Presse 20
Die Weichsel 22
Studenten 24
Krakau und Filme 25
Vom Drachen bis zur Neuen Stadt - die Geschichte der Burgstadt
    in Kürze 26
Ein Tag in Krakau 36
Denkmäler 38
Literarisches Krakau 40
Musik in Krakau 44
Jahrmarkt mit Seele 48
Das Krakauer Feilschen 51
Von einem Bein aufs and're Bein also Krakau - Getränke und Kaffee 52
Tunkenbraten auf Krakauer Art also traditionelle Gerichte und
    Getränke 56
Trams und Droschken 58
Das Päpstliche Krakau 60
Krakauer Veranstaltungskalender 64

TEIL II
Der Königsweg 71

Plac Matejki 74
Die Barbakane und das Florianstor 77
Ulica Floriańska 80
Hauptmarkt 84
Ulica Grodzka 118

INHALT

TEIL III
Ein Spaziergang durch die Altstadt 131

    Ulica Szpitalna 134
    Ulica św. Krzyża 139
    Ulica św. Jana 141
    Ulica Sławkowska 147
    Ulica Szczepańska und plac Szczepański 152
    Ulica św. Anny 158
    Ulica Gołębia 164
    Ulica Bracka 166
    Ulica Kanonicza 168

TEIL IV
Wawel 173

    Alles was Ihr über den Wawel nicht wisst 176
    Der Hügel 181
    Das Schloss 184
    Die Kathedrale 199
    Die Drachenhöle 214

TEIL V
Kazimierz 215

    Ein Hauch Geschichte 218
    Erste Schritte 220
    Historische Gebäude der jüdischen Kultur 223
    Die Kirchen in Kazimierz 233

TEIL VI
Jenseits des Zentrums 241

    Ulica Długa 245
    Ein Spaziergang durch den Grüngürtel Planty 248
    Park- und Gartenanlagen in Krakau 253
    Der Friedhof Rakowice 260
    Die Heide "Las Wolski" und Bielany 268
    Zwierzyniec und Salwator 275
    Krakauer Hügel 284
    Zwei Abteien 289
    Bronowice 293
    Der Stadtteil Podgórze 297

INHALT

TEIL VII
12 sehenswerteste Museen 303

Das Nationalmuseum 306
Museum der Jagiellonen-Universität 313
Museum für Geschichte der Fotografie 316
Archäologisches Museum 317
Museum für Polnische Luftfahrt 318
Versicherungsmuseum 318
Ethnographisches Museum 318
Historisches Museum der Stadt Krakau 319
Museum der Heimatarmee (AK) 323
Naturkundemuseum 324
Museum für Pharmazie der Jagiellonen-Universität 324
Dokumentationszentrum der Kunst von T. Kantor - Cricoteka .. 324

TEIL VIII
Krakaus Umgebung 325
der autor: Marcin Szyma

Wieliczka 328
Die Täler um Krakau 332
Nationalpark Ojców 334
Kalwaria Zebrzydowska 339
Lanckorona 341
Wadowice 342
Niepołomice und der Urwald von Niepołomice 343

TEIL IX
Praktische Infos 345

Information 346
Anfahrt und Verkehrsmittel 347
Einkaufen 349
Gastronomie 350
Übernachtungen 353
Kultur und Unterhaltung 355
Entspannung 359
Infrmationen 360
Krakau im Web 361

Register und Fotos 362

TEIL I

Stadt der Träume

STADT DER TRÄUME

W ie lernt man eine Stadt kennen? Es ist sehr einfach – sagt eine alte Weisheit. Man müsste dort 200 Jahre verbringen. Würden die 200 Jahre dafür reichen? Wahrscheinlich nicht, denn in einer Stadt sind viele andere verborgen. Jeder, der sich zwischen die aneinander gereihten Häuser begibt, durch die duftenden Parkalleen flaniert, findet seine eigene, private und einzigartige Stadt. Ein Krakau, ein Paris, ein New York, ein Lissabon gibt es ganz einfach nicht.

Umso größer ist die Freude an der persönlichen Stadtwahrnehmung, an deren Bezähmen, Entdecken, Erleben am Kennenlernen seiner Schätze und Reize, von welchen Krakau so viele zu bieten hat. Man sagt, dass nur eine Stadt, in welcher man sich verlaufen kann, unsere Aufmerksamkeit verdient. In Krakau kann man sich verirren. Verirren, was hier so viel, wie verlieben bedeutet.

Nebelumhüllte Stadt

Krakau ist in 18 Stadtbezirke unterteilt, aber nicht einmal die Einwohner selbst messen diesem „Bezirkssalat" größere Bedeutung zu. Kaum einer wird sagen, dass er im Vierten Bezirk lebt. Oder im Siebten. Er sagt, dass er im Stadtteil Olsza, Prądnik, Huta, Kurdwanów wohnt. Oder im Norden oder Süden – so ist es in jeder durch einen Fluss zweigeteilten Stadt.

Krakau – seiner ehemaligen Bedeutung und Funktion wegen als königliche Stadt bezeichnet – grenzt an drei Regionen: an die Mulde von Sandomierz, das Krakau-Tschenstochauer Hochland und das Krakauer Tor. Die im Tal der Weichsel gelegene Stadt ist durch Täler der Nebenflüsse der Weichsel Prądnik, Rudawa, Dłubnia, Drwina Długa und Wilga durchschnitten.

Die mittlere Jahrestemperatur bewegt sich um 8°C (im Januar zeigt die Quecksilbersäule 3°C, der Juli erfreut durch mittlere Temperaturen von 18°C). Der mittlere Niederschlagswert beträgt 706 mm. Krakau ist eine nebelumhüllte Stadt. 61 Tage im Jahr ist sie mit einer grauen Wolkenschicht bedeckt, was das Eleusinische ihres Wesens noch mehr unterstreicht. Hier ist sich niemand sicher, wer aus dem dichten Wolkenvorhang hervortritt. Es kann der in der Krakauer Kulturtradition fest verankerte Begründer des „Kellers zu den Widdern", Piotr Skrzynecki, mit seinem mit Federn geschmückten Hut, der Schriftsteller Przybyszewski in seinem schwarzen Umhang oder aber eine der Figuren aus den zahlreichen, die Geschichte der Burgstadt am Wawel-Hügel erzählenden Sagen sein.

Krakau in Zahlen — STADT DER TRÄUME

K·R·A·K·A·U

Die Fläche Krakaus beträgt **327** km², und die Einwohnerzahl wird auf **757 000** geschätzt.

Wie man es von einer geschichtlichen Schatztruhe erwarten kann, hat Krakau **5971** historische Objekte, darunter **87** Kirchen, **88** Palais, Schlösser und Höfe vorzuweisen. Denjenigen, die gern im Grünen verweilen, bietet die Stadt **112** Parkanlagen, Gärten und Alleen.

Der Besucher kann sich für Angebote der **100** Hotels und Motels entscheiden, einen der **72** Tennisplätze wählen, **26** Museen und eines der **17** Kinos besuchen. Fast **10 000** Hochschullehrer unterrichten **160 000** Krakauer Studenten an **18** Hochschulen.

Krakau verfügt über **15** Schwimmhallen und **10** Freibäder sowie eine Bergkanustrecke. Auf die Kunden der **10 000** Krakauer Geschäfte warten über **4 000** Taxis. Denjenigen, welche schnell an ihr Bares kommen wollen, stehen über **300** Geldautomaten zur Verfügung.

I·N Z·A·H·L·E·N

!!!
Die Stadt kann sich der ältesten Bäckerinnung rühmen. Die erste Innung, in der die Backmeister vereint waren, entstand bereits im 14. Jh. Die Krakauer Bäckereien boten damals ca. 10 Backwarensorten an.

!!!
1791 entstand der erste Krakauer Lesesaal. Er war gebührenpflichtig und stellte den Lesern etwa 600 Bücher sowie polnische und ausländische Zeitschriften bereit.

!!!
1474 erschien der erste polnische Druck – ein Wandkalender, das Werk von Kaspar Straube aus dem Bernhardinerkloster im Stadtteil Stradom.

!!!
Das erste gedruckte Buch erschien in Krakau im Jahre 1475. Es trug den Titel *Explanatio in psalterium*.

!!!
Die berühmteste Glocke Polens ist der sog. „Sigismund". Die älteste polnische Glocke hingegen – „Nowak" – entstand in der zweiten Hälfte des 13. Jh. Sie befindet sich ebenfalls auf dem Wawel, im Turm der Silbernen Glocken.

!!!
Die älteste polnische Hochschule ist die 1364 gegründete Jagiellonen-Universität.

!!!
In Krakau entstand die erste weltliche Sekundarschule. Der Unterricht im Bartłomiej-Nowodworski-Lyzeum begann im Jahre 1588.

!!!
Das älteste im Radio gesendete Musikwerk ist das Turmlied von der Marienkirche. Zum ersten Mal war es 1927 im Radio zu hören.

!!!
Das erste Opernlibretto in polnischer Sprache wurde in einer der Krakauer Druckereien veröffentlicht. Es war ein Übersetzung des Librettos zur Saracinellis Oper „La Liberazione de Ruggiero dall'Isola d'Alcina" (1628).

!!!
Die 1808 entstandene Postkutschenverbindung zwischen Krakau und Warschau war die älteste Städteverkehrsverbindung.

!!!
In Krakau erschien die vor dem Krieg populärste polnische Zeitung

„Ilustrowany Kuryer Codzienny"
(Illustrierter Tageskurier).

!!!

Mitte Dezember 1896 fand im Krakauer Stadttheater die erste Filmvorführung auf polnischem Territorium statt.

!!!

1907 wurde das erste polnische Kino eröffnet – Cyrk Edisona (Edisons Zirkus).

!!!

Der älteste polnische Fußballklub ist der 1906 gegründete Verein Cracovia.

!!!

Krakau kann sich des größten europäischen Marktes rühmen. Der Krakauer Hauptmarkt ist ein Quadrat von 200 x 200 m

!!!

1912 wurde in Krakau das erste polnische Auto gebaut.

!!!

Der Krakauer Schießverein – Bractwo Kurkowe – ist einer der weltältesten Vereine überhaupt.

!!!

Aus Krakau stammte der höchstbetagte Pole, Piotr Librowski, welcher 1825 im Alter von 124 Jahren verstarb.

!!!

Das weltgrößte gotische Altar ist der Altar von Veit Stoß in der Marienkirche.

!!!

1558 gründete Prosper Provano in der Burgstadt am Wawel die erste staatliche Post.

!!!

1780 entstand in Krakau das erste Klinikum in Polen.

!!!

1784 stieg der erste polnische Ballon in die Luft. Er wurde an der Sternwarte in der Kopernikus-Straße gestartet.

!!!

Das erste polnische Kabarett war der 1905 gegründete „Grüne Ballon" (Zielony Balonik).

!!!

Das erste polnische Buch in polnischer Sprache – *Seelenparadies/Raj duszny* von Biernat aus Lublin – erschien 1513 in der Krakauer Druckerei Unglers.

!!!

1661 wurde in Krakau die erste polnische Zeitschriftredaktion „Polnischer Merkur" („Merkuryusz Polski") gegründet.

SEHR
mitteleuropäische Zeit

*Hier ereignet sich nichts Neues,
es wird dir auch nichts Neues begegnen
überall Freunde dieselben
und einmal im Jahr der neueste Tratsch*

Andrzej Sikorowski,
Ein nebliges Lied über mein Krakau

Das Schiff entfernt sich langsam vom Flussufer, schläfrig tapsen die Droschkenpferde, beinahe so wie im Gedicht Gałczyńskis „Die verzauberte Droschke".

In Krakau läuft in der Tat alles langsamer ab. Und gerade diese Gemächlichkeit und dieses Behagen wirken anmutig und bezaubernd. Einige bezeichnen es als eine Magie, welche anderen, gegenwartsorientierten, hektischen Städten vollkommen fremd ist.

Von Krakau kommt man überall hin. Nicht umsonst liest man auf den Verkehrsschildern, dass es nach Zagreb nur 560, nach Lemberg 280, nach Florenz nur knappe 1000 und nach Nürnberg nur 650 km sind.

Diese Stadt wurde sowohl vom Osten als auch vom Westen beeinflusst. Einerseits ist es die schmale, hochragende Gotik, andererseits sind es helle, sonnige Straßen, die an Städte des Südens erinnern. Krakau hatte genug Zeit und Gelegenheiten, sich an diese Vielfalt zu gewöhnen. Deutlich sichtbar sind auch böhmische und deutsche Einflüsse. Nicht zu vergessen ist jedoch, dass die Stadt im 16. Jh. dank dem Zustrom der Italiener neu auflebte.

Vielleicht ging es Krakau gerade deshalb unter der Herrschaft der Habsburger so gut: die multinationale Monarchie des Kaiserreichs spiegelte sich hier wie in einem schönen – obwohl antikem Spiegel – wider.

Beim Flanieren durch mit Kopfstein gepflasterte Straßen hat man den Eindruck, als wäre hier die Zeit stehen geblieben. Und das ist einst in der Tat passiert: am 20. Februar 1846, während des Krakauer Aufstands, ließen die Staatsherren alle Uhren in der Stadt anhalten.

Krakauer Sonnenuhren:
• Detail einer Sonnenwanduhr an der Fassade der St. Florian-Kirche;
• Sonnenuhr an der Südwand der Kamaldulenserkirche in Bielany;
• Wandchronometer an der Südwand der Kirche der Visitennonnen;
• Sonnenuhr an der Klosterkirche der Zisterzienser;
• Sonnenwanduhr an der Sternwarte in der Kopernikus-Straße 27, Ende 18. Jh.

Uhren aus unterschiedlichen Epochen messen die Zeit in entlegensten Kirchen Krakaus…

Stanisław Wyspiański, *Akropolis*

Bis zum 6. Dezember 1891 galt in Krakau die Krakauer Ortszeit – dies, weil die Stadt am Meridian 20°E liegt. Jahrhundertelang wurde die Zeit in Krakau durch das Turmlied gemessen. Um die Genauigkeit zu optimieren; wurde 1838 das sog. Mittagszeichen eingeführt. Vom Dach der Sternwarte aus wurde dem Marienturm ein Fahnenzeichen gegeben. Um die Zeit im gesamten Österreichisch-Ungarischen Kaiserreich zu vereinheitlichen, wurden die Uhren am 6. Dezember 1891 um 20 Minuten zurückgestellt.

Mechanische Uhren erfreuten sich keines großen Vertrauens. Als am zuverlässigsten galten Sonnenuhren, deshalb wurden sie bis ins 18. Jh. hinein zum Korrigieren der durch modernere Mechanismen angezeigten Uhrzeit angewandt.

1954 brachte Tadeusz Przypkowski an der Südfassade der Marienkirche eine Sonnenuhr an, die das Chronometer aus dem 17. Jh. ersetzte. Die Uhr Przypkowskis informiert ebenfalls, welchen Kalendertag wir heute haben. Auf der Schärpe unterhalb der Uhr lesen wir die Sentenz: *Dies nostri quasi umbra super terram et nulla est mora* (Unsere Tage sind wie Schatten auf der Erde und es gibt keine Verlängerung). Die Sonnenuhr an der Marienkirche ist jedoch nicht akkurat – die Verbiegung des Zeigers, der den Schatten auf das Uhrenschild wirft, verfälscht die Zeitmessung.

Uhren und Halbuhren

In Polen gab es – noch in der 2. Hälfte des 16. Jh. – sehr wenige Turmuhren: Uhren und Halbuhren. Eine ganze Uhr schlug alle 24 Stunden, eine Halbuhr arbeitete – ähnlich wie die Uhren von heute – im zwölfstündigen Takt. Mit der Zeit wurden die ganzen Uhren durch die Halbuhren verdrängt. Auf dem Turm der Marienkirche und auf den übrigen Krakauer Kirchtürmen befand sich eine ganze Uhr mit einem sehr komplizierten Mechanismus.

*T*adeusz Przypkowski (1905–1977) Kunst- und Wissenschaftshistoriker, Kunstfotograf, Astronom und Sonnenuhrenbauer. Seine Werke kann man u.a. in Krakau, Warschau, Nizza, Paris, Rom und Greenwich bewundern. Die von seinem Vater angelegte Uhrensammlung gehört zu den weltweit größten und wird mit den Sammlungen in Oxford und von Adler in Chicago auf die gleiche Stufe gestellt.

Das Krakauer

a–f

AUTOREN–KÜNSTLER Krakau ist die einzige Stadt Polens, in der so viele Künstler „auf einem Haufen" wohnen. Eigentlich könnte man behaupten, dass nur wenige Einwohner keine Künstler sind, und zwar nur deshalb, weil sie keine Lust darauf haben.

BRAUEREIEN Eine ansehnliche Bierbrauerinnung gab es in Krakau bereits im 14. Jh. Im Mittelalter besaß fast jede Straße eine eigene Brauerei, zusätzlich wurde Bier aus Schweidnitz importiert, welches sich großer Beliebtheit erfreute. Heute kann man hier viele Sorten dieses schäumenden Getränks genießen. Es gibt preiswerte Biere aus kleinen polnischen Brauereien, Markenbiere aus dem Westen oder aber auch exotische, z.B. mexikanische oder australische Biersorten. Von den in der Region hergestellten Bieren sind Strzelec und Okocim zu nennen.

CHAKRA Das Chakra ist eine Stelle, an welcher sich die Energien der Erde und des Weltalls begegnen. Durch den Besitz eines der Glück bringenden Chakras befindet sich Krakau in der auserlesenen Gesellschaft von Delft, New Delhi, Jerusalem, Mekka, Rom und Velehrad. Das Krakauer Chakra soll an jener Stelle liegen, an welcher einst auf dem Wawel-Hügel der romanische Gereon-Tempel stand.

DÄCHER Wer einmal die Dächer Krakaus von oben gesehen hat, wird sie immer wieder sehen wollen. Besonders schön sind sie nach einem Regenschauer oder wenn sie von flüchtigen Herbstnebeln eingehüllt sind.

EKOLOGIE Krakau gehört zu jenen polnischen Städten, in welchen die Luftverschmutzung am größten ist. Durch die Industrie, die Abgase, die Heizanlagen usw. übersteigt der Verschmutzungswert der Krakauer Luft beträchtlich die zugelassenen gesundheitlichen Richtmaße.

FORUM Das berühmte Krakauer Hotel am Weichselufer, gegenüber vom Wawel, ist heute geschlossen. Gebaut wurde es 14 Jahre lang, bis vor kurzem

ABC

g–k

war es ein Fünfsternehotel. Im Hotel Forum kehrten u.a.: S. Spielberg, H. Kohl, M. Gorbatschow, V. Havel und F. Mitterand ein. Heute steht es leer und wartet auf einen Investor bzw. auf Abtragung. Es ist wahrscheinlich das größte und mit Gewissheit das exklusivste leer stehende Gebäude in Krakau.

GEISTER suchen angeblich eines an der südlichen Ausfahrtstraße aus Krakau Richtung Wieliczka stehenden Häuser heim, welches auf den ersten Blick wie ein völlig normales Haus wirkt. Geisterhafter ist aber mit Sicherheit das berühmte Hochhausskelett in der Nähe des Mogilskie-Kreisels.

HÖHLE – ein schlagkräftiger Beweis dafür, dass am Wawel-Hügel einst Drachen lebten und gleichzeitig die bekannteste Höhle in Polen. Den 81 m langen Korridor erreicht man, indem man 135 hinunter gestiegen ist. Zugänglich ist nur ein Teil der Höhle, der andere ist den Höhlenforschern vorbehalten.

IDÉE FIXE Die bekannteste törichte Idee aus jüngster Vergangenheit: Verlegung der Hauptstadt von Warschau nach Krakau. Die Krakauer selbst waren diesem Einfall gegenüber eher abgeneigt. So hat man momentan die Idee, eine Gondelbahn zu bauen und Winterolympiaspiele auszurichten.

JOHANNES PAUL II. hat während seiner Besuche in Krakau immer mit den Menschen gesprochen, die sich unter dem Fenster des Bischofspalais in der Franciszkańska 3 versammelten. Die erste Begegnung an diesem berühmtesten Fenster Polens fand im Juni 1979 statt. Der Papst sagte damals: „Es ist schon schwer, in Rom Papst zu sein, in Krakau ginge es aber überhaupt nicht, da man hier ständig am Fenster stehen müsste".

KRAKAUER KAPPE – ein Symbol. Seit der Hochzeit von Wyspiańskis wird sie mit dem Polnischtum assoziiert, was Sławomir Mrożek für seine, durchschnittliche Polen darstellenden Zeichnungen, vereinnahmte. In Wirklichkeit trugen die Einwohner um Krakau eher Hüte als Kappen bzw. Mützen.

LEM STANISŁAW (1921–2006) war einer der bekanntesten polnischen Science-Fiction-Schriftsteller. Er war auch einer der berühmtesten polnischen Autoren im Ausland. Seine Bücher wurden weltweit übersetzt und verlegt. Er erfreute sich nicht nur der Beliebtheit seiner Leser, auch Schriftsteller schätzten ihn für seine ungewöhnlichen Ideen und schriftstellerisches Handwerk. Die Wissenschaftler achteten sein integeres Wissen. In seinen Romanen griff Lem häufig das philosophische Motiv der menschlichen Grenzen, der Position des Menschen im Weltall und seiner Reaktionen auf unbegreifbare Phänomene auf.

MINERALE In Krakau gibt es mehrere unterirdische Gewässer mit erhöhtem Gehalt an Mineralien. So gibt es hier Wasser aus dem Jura, aus der Kreidezeit, aus dem Miozän und aus dem Quartär. In der Heilanstalt Mateczny werden die Mineralquellen für gesundheitsfördernde Maßnahmen verwendet.

NOBELPREISTRÄGER Starke Bindungen zu Krakau haben zwei mit dem Nobelpreis für Literatur ausgezeichnete polnische Dichter. Wisława Szymborska (geb. 1923) wohnt hier seit ihrem Studium an der Jagiellonen-Universität. Czesław Miłosz (1911-2004) verbrachte hier seine letzten 10 Lebensjahre. Die Wohnung in der ul. Bogusławskiego wurde ihm von der Stadt als Anerkennung für sein literarisches Werk geschenkt.

OKÓŁ ist eine Siedlung aus dem frühen Mittelalter. Ihr heutiges Zentrum ist der Platz der Hl. Maria Magdalena. Früher fungierte er wahrscheinlich als ein Handelsplatz, um welchen sich das Leben der hiesigen Bewohner konzentrierte. Archäologen fanden hier Bruchstücke von Häusern aus dem 11. Jh. sowie Reste des Rathauses und der Tuchhallen aus dem 14. Jh. Der Platz wurde nach der hier einst befindlichen, vor 200 Jahren abgetragenen Kirche benannt.

PSYCHOPATH Karol Kot (in den Medien als Vampir von Krakau bezeichnet) war ein Serienmörder, der für mindestens zwei grauenvolle Morde und für den Tötungsversuch weiterer 10 Personen angeklagt war. Der 1946 geborene Kot wurde 22 Jahre später zum Tode verurteilt und gehängt. In den Sechzigerjahren, während seiner Schulzeit, terrorisierte er die Krakauer Bürger. Sie fürchteten sich so sehr, dass sie unter der Kleidung metallene Platten, Bücher oder andere Gegenstände trugen, um sich vor den Schlägen des Psychopathen zu schützen. Er wurde einige Monate nach seinem

Abitur verhaftet. Wie er selbst sagte, mochte er den Geschmack des Blutes.

RIVALEN Krakau rivalisiert selbstverständlich mit Warschau. Womöglich ist es ein natürlicher und unvermeidlicher Streit zwischen der alten und neuen Hauptstadt, die Aufgeklärten/ Eingeweihten weisen jedoch auf bestehende Charakterunterschiede hin. Eine Maßnahme, welche diese beiden Städte sehr verbunden hat, ist der City-Express, welcher die Entfernung zwischen beiden Städten in knapp drei Stunden bewältigt.

STUDENTENSTÄDTCHEN Eine Stadt in der Stadt, am Zusammenlauf der Straßen Czarnowiejska, Armii Krajowej und Piastowska. Das Studentenviertel besteht aus einigen Hochhäusern mit Namen aus dem Altertum (Olymp, Akropolis, Babylon) und aus zahlreichen flachen Gebäuden, welche als Dackel bezeichnet werden. Am reizvollsten ist es hier im Frühling, wenn die Studentinnen und Studenten auf den Grünanlagen vor den Studentenheimen picknicken.

TITELMANIE Eine besondere Schwäche der Krakauer. Man kann hier also einem Bahnwärter der Staatlichen Eisenbahn, aber auch einer Witwe des Bahnwärters der Staatlichen Eisenbahn begegnen – ein Recht auf Titel erwirbt man hier vom Ehegatten.

UNESCO Die Krakauer Altstadt, der Wawel und der jüdische Stadtteil Kazimierz stehen auf der ersten Liste der UNESCO für Weltkultur- und Naturerbe von 1978. Diese ehrenvolle Auszeichnung erhielten damals nur die 12 weltweit wertvollsten historischen Objekte, darunter die ägyptischen Pyramiden und die Chinesische Mauer.

VÖGEL Die Tauben sind eines der Kennzeichen der Stadt. In Krakau fliegen und flanieren vier Taubenarten: Türken-, Ringel-, Turtel- und Hohltauben. Die Stadteinwohner schimpfen zwar mächtig – aber man kann sich den Krakauer Markt ohne diese Vögel kaum vorstellen.

WAPPEN Die älteste Ansicht des Krakauer Stadtwappens ist auf Siegeln aus dem 13. Jh. zu sehen. Auf dem heutigen Wappen ist eine Mauer mit drei Türmen und einem einladend geöffneten Tor, und einem weißen Adler mit Krone darüber, zu sehen.

ZAKOPIANKA – so wird die Straße bezeichnet, die man nehmen muss, wenn man von Krakau in die Tatra fahren möchte. Charakteristisch: permanenter Stau. Manchmal unpassierbar. Seit Jahren wird die Straße von Krakau in Richtung Süden mit guten Absichten gepflastert.

STADT DER TRÄUME

Presse

Marian Eile (1910–1984) – Maler, Grafiker, Journalist. Er debütierte mit seinen Zeichnungen in „Wiadomości Literackie" (Literaturnachrichten). Er war einer der Mitbegründer und langjähriger Chefredakteur von „Przekrój". Ihm und dem Maler Daniel Mróz verdankte die Krakauer Wochenzeitschrift ihr originelles Layout.

„Czas" Die von 1848 bis 1934 existierende Zeitung „Czas" („Die Zeit") war eine der ältesten Tageszeitungen Polens mit informativ-politischem Charakter. Die konservativ-liberalen Artikel waren ausgewogen und gemäßigt. Gelesen wurde die meinungsbildende und geschätzte Gazette in allen besetzten Gebieten. Ihre Mitarbeiter waren solche Größen wie Stanisław Wyspiański, Lucjan Rydel, Władysław Stanisław Reymont, Kazimierz und Władysław Tetmajer, Janusz Weysenhoff, Kazimiera Iłłakowiczówna und Tadeusz Boy-Żeleński.

„Przekrój" („Querschnitt") – Der Literaturnobelpreisträger Josif Brodski behauptete, dass er die polnische Sprache erlernte, um „Przekrój" lesen zu können. Kein Wunder. Es gab darin in der Tat viel Lesenswertes. Im „Przekrój" veröffentlichten auch andere hervorragende Schriftsteller und Dichter: Jerzy Andrzejewski, Stanisław Dygat, Jarosław Iwaszkiewicz, Maria Dąbrowska, Zofia Nałkowska, Jan Brzechwa, Julian Tuwim, Sławomir Mrożek, Stanisław Lem und Konstanty Ildefons Gałczyński. Gałczyński veröffentlichte im „Przekrój" sein

Krakau wäre nicht Krakau ohne die drei hier erscheinenden Zeitungen und Zeitschriften: „Czas", „Przekrój" und „Tygodnik Powszechny".

berühmtes Theater „Zielona Gęś" („Die Grüne Gans") – die Zahl seiner „Querschnitts-Artikel" beläuft sich auf 377.

„Przekrój" ermöglichte – selbstverständlich bis zu einer bestimmten Grenze – einen umfangreicheren Gesamtblick auf das Weltgeschehen. Kunst. Mode, Kultur – und dies bei einer Auflage von fast einer Million Exemplaren! Marian Eile, Begründer und Chefredakteur meinte zutreffend: „Eine Zeitschrift für raffinierte Reinemachfrauen und einfache Minister".

In der Rubrik „Schulhefte-Humor" auf der Rückseite wurden lustige Auszüge aus Schularbeiten veröffentlicht. Beliebt waren auch die Sprüche der Familie Falczak.

Presse   **STADT DER TRÄUME**

Wöchentlich erschienen, auch auf der Rückseite, ein Gedicht des Satirikers Ludwik Jerzy Kern sowie Zeichengeschichten über Professor Filutek und seinen Hund Filuś von Zbigniew Lengren. Filutek gastierte im „Przekrój" über 50 Jahre – es war die am längsten veröffentlichte Comic-Geschichte in der polnischen Presse. Zbigniew Lengren verstarb 2003, die Zeitschrift siedelte nach Warschau über und die Geschichten über Professor Filutek wurden durch die „Abenteuer von Stanisław aus Lodsch" ersetzt.

„Tygodnik Powszechny"

(Allgemeine Wochenzeitung) In der kleinen Redaktion in der Ulica Wiślna 12 entsteht eine Zeitschrift von großem Format. Es geht hierbei nicht nur um die Größe der Zeitung allein – sie ist in der Tat im Hinblick auf ihre Dimensionen die größte unter den polnischen Zeitschriften. Die seit 1945 erscheinende Wochenschrift „Tygodnik" wurde zum Gedanken- und Diskussionsforum – man findet darin die bekanntesten Namen der polnischen Literatur und Politik: Antoni Gołubiew, Leopold Tyrmand, Stanisław Lem, Czesław Miłosz, Zygmunt Kubiak, Jerzy Pilch, Władysław Bartoszewski und Tadeusz Mazowiecki. Auch Karol Wojtyła war vor seiner Wahl zum Papst Mitarbeiter von „Tygodnik".

Chefredakteur der Wochenschrift „Tygodnik" war fast von Anfang an bis 1999 Jerzy Turowicz. Seine Sammlungen enthalten unveröffentlichte Gedichte von Tadeusz Borowski und Manuskripte von Czesław Miłosz.

Jerzy Turowicz (1912–1999)
– Chefredakteur von „Tygodnik Powszechny", Mitglied der Redaktion von „Znak", Teilnehmer der Beratungen am Runden Tisch. In der Redaktion in der Ulica Wiślna einfach als „Chef" bezeichnet, war er eine große Autorität besondere Persönlichkeit im Kreise der polnischen Intellektuellen.

Die

Allein in Krakau ist die Weichsel fast 42 km lang, 18 km des Flusses machen die Stadtgrenze aus. Der Name Wisła (Vistula) erscheint zum ersten Mal im 7. Jh. auf der Landkarte von Marcus Vipsanius Agrippa. Im Mittelalter schlug die Weichsel zahlreiche Schleifen, ihr Flussbett unterschied sich erheblich von dem heutigen. Sie hatte mehrere Flussarme, Inseln, Halbinseln und natürliche Kanäle. Es ist heute kaum vorstellbar: der Wawel, Skałka und Kleparz waren einst Inseln gewesen! Einer der Weichselarme floss vermutlich zwischen dem Wawel und der Andreaskirche, ein anderer verlief ungefähr dort, wo sich die heutige Ulica Poselska befindet.

Anfang des 20. Jh. hatte das Wasser der Weichsel die höchste Sauberkeitsstufe, dies änderte sich jedoch radikal bereits Mitte des Jahrhunderts. In den Fünfzigerjahren war der Fluss sehr verunreinigt, auch die natürliche Temperatur änderte sich. 1880 gab es in der Weichsel 41 Fischarten, in den Sechzigerjahren des vergangenen Jahrhunderts waren es nur noch 23. Heute wird die Zahl der Fischarten auf etwa 17 geschätzt.

Vor einigen Dutzend Jahren ist die Weichsel manchmal noch zugefroren. 1929 war die Eisdecke 80 Tage lang fast ganze 30 cm stark. Heute friert der Fluss recht selten zu. Das Wasser ist stark salzhaltig, abgeführt werden in die Weichsel die Abwässer aus schlesischen Steinkohlegruben.Das Gefrieren wird auch durch die erhebliche allgemeine Temperaturerhöhung verhindert. Zum letzten Mal war die Weichsel im Winter 1993/1994 zugefroren.

Die Stadt ist früher häufig von Überflutungen heimgesucht worden, woran die an den Häusern angebrachten Tafeln erinnern. Am Eingangstor zum Prämonstratenserinnenkloster, an jener Stelle, wo der Fluss Rudawa in die Weichsel mündet, sind zwei sol-

Weichsel

che Erinnerungstafeln zu sehen. Die erste informiert über die Hochwasserkatastrophen von 1593 und 1697, die zweite über die Flut am 26. August 1813. Beim Spaziergang am linken Weichselufer findet man an der Ecke der ehemaligen Königlichen Brauerei am Platz Na Groblach weitere drei an Hochfluten erinnernde Tafeln. Die erste gedenkt der Flut von 1813: durch einen Fingerzeig wird dort der damalige Wasserstand gekennzeichnet – 2,15 m über dem Bürgersteig. Die Tafel darunter ist eine Erinnerung an die Flut vom 12.–18. Juli 1903 – auf diese Naturkatastrophe weisen mehrere Tafeln an den wichtigsten Stadtgebäuden der Stadt hin. Eine 66 cm über der Erde eingemauerte Tafel erinnert an die schwere, durch Eisstau verursachte Flut vom Februar 1876.

Rechts am Eingang ins Mateusz-Dubiecki-Haus in der Ulica Koletek, ist 1,6 m über dem Boden eine Inschrift zu sehen, welche man wie folgt übersetzen könnte: „Anno Domini 1813, am 26. August hat sich eine große, 72 Stunden lang anhaltende Regenfülle bis zum unteren Rande dieses Steines angestaut. (Die Marmortafel im gegenüber gelegenen Garten ruft ein kleineres Hochwasser in Erinnerung). Es ist ein Andenken an eine ungeheuere Naturkatastrophe, welcher Menschen, Tiere, Häuser, Saaten und Brücken zum Opfer fielen und zu deren Beweinen es an Tränen mangelte. Von Mateusz Dubiecki, dem Kanzler der Wawel-Kathedrale, dem Eigentümer des Hauses und des Gartens, gestiftet, damit die Nachfahren künftig kläräugiger handeln". Auf dieses Hochwasser bezieht sich auch die im linken Flügel des ältesten Teils des Klosters der Bernhardinernonnen der Hl. Colette angebrachte Gedenktafel. Im benachbarten St.-Agnes-Kloster befindet sich die älteste an Fluten erinnernde Tafel – sie weist auf die Hochwasserkatastrophen von 1670 und 1671 hin.

Studenten

Es ist schön, Student zu sein!

An 18 Krakauer Hochschulen studieren 160 000 Studenten. Sie sind es, denen die Stadt seit vielen Jahrhunderten ihre Energie und Vitalität verdankt. Ihr Zuhause ist die Stadt in der Stadt, das Studentenstädtchen in der Nähe der Strassen Czarnowiejska, Armii Krajowej und Piastowska. Die Hochhäuser tragen altertümliche Namen, wie z.B. Olymp, Akropolis, Babylon), die niedrigen Häuser werden als Dackel bezeichnet. Hier ist immer etwas los, insbesondere an den ersten Frühlingstagen, wenn die Studentinnen und Studenten auf den Rasenflächen vor den Wohnheimen picknicken.

Das Studentenleben besteht nicht nur aus dem Lernen – manche behaupten sogar, es bestehe vor allem aus Spaß und Unterhaltung. Zu den bekanntesten Veranstaltungen gehören die Kabarett-Revue „Paka" im April und das Festival des Studentenliedes im Oktober. Aus beiden sind viele Stars hervorgegangen. Bei der Kabarett-Revue „Paka" im Kulturzentrum „Rotunda" treten beste und vielversprechende Kabaretts auf. Das Liederfestival ist ein Fest für Fans anspruchsvoller poetischer Lieder, bei welchen der Text mindestens so wichtig wie die Musik ist. Hier begann die Karriere solcher Größen wie Maryla Rodowicz, Jacek Kaczmarski, Renata Przemyk und der Gruppe Raz Dwa Trzy.

Etwas Besonderes sind auch die im Mai stattfindenden Studententage „Juvenalien" – an denen die Studenten für einige Tage zu Stadtherren werden. Auf dem Hauptmarkt werden ihnen die Schlüssel zur Stadt übergeben. Außer zahlreichen Konzerten, u.a. im „Wisła-Stadion" und Bacchanalien in den Studentenklubs finden ein farbenfroher Umzug verkleideter Studenten durch die Stadt sowie die Wahl der nettesten Studentin statt.

STADT DER TRÄUME

Krakau ist eine Stadt mit filmischem Antlitz. Es ist also kein Wunder, das sie eine Inspiration für viele Regisseure ist: das Flair der engen Straßen und geheimnisvoller Hinterhöfe bildet einen ausgezeichneten Hintergrund für Filmerzählungen.

Anfang des 20. Jh. sind drei kurze Filme über Krakau entstanden: *Die Arbeiterdemonstration und das Fest im Jordan-Park*, *Automobilschau und Rallye am Berg in Mogilany* und *Die Bestattung von Stanisław Wyspiański*.

Die Stadt war eine sehr gute Schauspielerin in den Filmen der berühmtesten polnischen Regisseure: Krzysztof Kieślowski zeigte sie im *Doppelten Leben Veronikas*, Krzysztof Zanussi brachte Krakauer Landschaften im Film *Bruder unseres Gottes* ins Bild und Wojciech Jerzy Has drehte die *Handschrift von Saragossa* in den malerischen Tälern um Krakau.

Auf Inspirationssuche begeben sich nach Krakau auch ausländische Filmberühmtheiten: Steven Spielberg zeigte in seinem mit dem Oscar preisgekrönten Film *Schindlers Liste* die sehr gut erhaltene Krakauer Deutsche Emailwarenfabrik. Krakau selbst kann sich ebenfalls eines Oscars rühmen – der in Krakau lebende Regisseur Andrzej Wajda hat seine Oscar-Statue im Jahre 2000 der Jagiellonen-Universität geschenkt. In den Universitätssammlungen befanden sich schon früher Preise dieses Regisseurs: Die Goldene Palme von Cannes und der Goldene Löwe von Venedig.

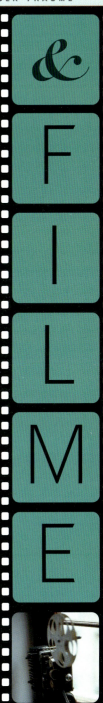

Vom Drachen bis zur Neuen Stadt– die Geschichte der Burgstadt in Kürze

Neun Stadttore, nicht weit voneinander entfernt, die Häuser innen aus Stein, mit Schindeln gedeckt. Die Strassen sind mit großen Steinen gepflastert, die so schlecht zusammengefügt sind, dass man schwer drüber laufen und noch schlechter reiten kann. Am schlimmsten wird es in einer Kutsche. Viele Häuser reicher italienischer, flämischer, französischer, persischer, türkischer, Moskauer und englischer Kaufleute... Es stimmt, wenn es Rom nicht gäbe, dann wäre Krakau Rom geworden.

Giovanni Paolo Mucante

Vor hundert Tausend Jahren, als die Eiszeit bereits in Vergessenheit geriet, gab es in den Höhlen des Krakauer--Tschenstochauer Juras Bärenjäger. Als sich der Gletscher zurückzog, ist die heutigen Südgebiete Polens bewachsende Tundra durch Wälder der gemäßigten Zone verdrängt worden. Immer wichtiger wurde die Rolle der Landwirtschaft und der Tierzucht. Zwei Jahrhunderte vor Geburt Christi siedelten sich im heutigen Kleinpolen die Kelten an. An der Weichsel, in der Nähe von Krakau, wurden ganze keltische Siedlungen, mit Werkstätten und Vorratskammern freigelegt. Nach den Kelten kamen die Hunnen. In der Zeit der Völkerwanderungen war der Süden Kleinpolens schwach besiedelt. Dies änderte sich erst an der Wende des 6. zum 7. Jh., als sich in der Gegend Slawen anzusiedeln begannen.

Der jüdische Kaufmann, Reisender und Diplomat in spanischen Diensten, Ibrahim ibn Jakob, hat nach seiner Reise nach Böhmen im Jahre 965 die Qualität der Wege gelobt, welche er während seiner Wanderung von Prag nach Krakau beschritt. Er berichtet, dass Krakau eine böhmische Stadt, mit reichen Handelstraditionen und mit großer Bedeutung für diesen Teil Europas sei.

Um das Jahr 1000 wurde in Krakau das Bistum gegründet, es unterstand der damaligen Hauptstadt Polens – Gnesen. Die Stadt gehörte schon damals zum polnischen Staat, der von der starken Hand des Königs Bolesław Chrobry regiert wurde. Im Jahre 1038 wurde Polen vom böhmischen Herzog Bretislav überfallen, wobei die Städte Gnesen und Posen vollkommen verwüstet wurden. Krakau ist vermutlich bei diesem Angriff verschont geblieben und so begann hier der Wiederaufbau des Staates und der Kirche. Der Fürst Kazimierz machte die Stadt zu seinem Hauptsitz. Auf dem Wawel-Hügel entstanden die Kathedrale, der Sitz des Bischofs und die Residenz des Machthabers.

Der Nachfolger von Kazimierz Odnowiciel, Bolesław Śmiały, hat die militärische und politische Anwesenheit Polens in Europa stark betont. Im Streit zwischen dem Papst und dem Kaiser erklärte er sich eindeutig für die Tiara. Dies führte zu häufigen Gewaltstreichen der Ruthenen und Böhmen, welche die nachbarlichen Herrschersitze mit Verbündeten Roms besetzen wollten. Das Ergebnis der propäpstlichen Politik von Bolesław Śmiały war die Königskrone. Das Schicksal des Monarchen hat sich an einem einzigen Apriltag des Jahres 1079 schlagartig gewandelt. Nach der Ermordung des Bischofs Stanislaus wurde er des Landes verwiesen. Die Historiker suchen bis heute nach den Ursachen dieses Dramas, bei dem eigentlich beide Seiten Verlierer waren.

Das 13. Jahrhundert stand unter dem Zeichen der Orden. 1222 sind die Dominikanermönche nach Krakau gekommen. Bischof Iwo Odrowąż holte auch die Zisterzienser hierher – sie siedelten sich im Nachbardorf Mogiła an. Einige Jahre später haben sich in der Nähe der Dominikaner auch die Franziskaner eingefunden.

Krakau wurde kurz nacheinander von zwei niederschmetternden Schicksalsschlägen getroffen: 1241 und 1242 ist Krakau den Mongolen (Tataren) erlegen. Vor König Bolesław Wstydliwy stand nun eine schwere Aufgabe: die völlig zerstörte Stadt musste wiederaufgebaut und fortifiziert werden. So kam es 1257 zur Gründung Krakaus auf der Grundlage des Magdeburger Rechtes.

Nach dem Muster der italienischen Hochschulen gründete der König Kazimierz Wielki im Jahre 1364 die Universität (das Studium Generale). Das Hauptanliegen der Akademie war die Ausbildung von Juristen, da der Staat sie dringend benötigte. Außer der Juristischen Fakultät, die aus sieben Lehrstühlen bestand, hatte die Universität ebenfalls Fakultäten für freie Künste und Medizin.

In Krakau gibt es die berühmte Universität, die reich an hochkarätigen und sehr weisen Männern ist, und an der zahlreiche freie Künste gelehrt werden.

Hartmann Schedel, *Weltchronik*, 1493.

1366 ging die Krakauer Aue (Błonia) in den Besitz der Stadt über. In den Sümpfen um die Flüsse Rudawa und Nieciecz lagen kleine Inseln, auf welchen Seuchenopfer bestatten wurden. Im 19. Jh. sind die Sümpfe ausgetrocknet worden. Heute sind die Wiesen 48 ha groß.

1411 sind auf dem Wawel die in der Schlacht bei Grunwald/Tannenberg eroberten Fahnen des Deutschen Ordens niederlegt worden.

Der Zugang zur Stadt war durch eine doppelte, 3 km lange Maueranlage verwehrt. Die Außenmauer war 9 m hoch und alle 30–40 m mit einer Bastei versehen. Im 15. Jh. gab es 15 Basteien. Als die Entscheidung über die Abtragung der Mauer fiel, waren es bereits 47. Vor der niedrigeren Innenmauer lag der 6–8 m breite und 3 m tiefe Burggraben.

Am Auslauf der wichtigeren Straßen wurden gegen Ende des 13. Jh. Einfahrtstore gebaut: so gab es also das Burg-, das Sławków-, das Florians-, das Metzger-, das Weichsel, das Schuster-, das Nikolai- und das Neue Tor (Brama Grodzka, Sławkowska, Floriańska, Rzeźnicza, Wiślna, Szewska, Mikołajska und Nowa). Später entstand am Auslauf der Ulica Kanonicza das Seitentor (BramaPoboczna). Die Tore waren zusätzlich gegen eventuelle Angriffe mit Befestigungen aus Stein und Erde versehen. Von innen waren sie mit einem starken, eisenbeschlagenen Gitter aus Eichenholz verstärkt, das nachts heruntergelassen wurde. Vor dem Hauptor zur Stadt – dem Florianstor – wurde eine zusätzliche Abwehranlage, die Barbakane gebaut.

Im Falle eines Angriffs hatten die Handwerksinnungen die Abwehr zu übernehmen. Jede Zunft hatte einen Teil der Befestigung zu betreuen. Das Pulver und die Waffen wurden im Arsenal an der Piaristenkirche aufbewahrt. Das vom König Władysław IV. errichtete Königliche Arsenal befand sich am Auslauf der Ulica Grodzka, am Fuße des Wawel--Hügels.

Manchmal wurde angesichts der drohenden feindlichen Gefahr das sog. Bezirksrecht angewandt. Es ließ die Abtragung all dessen vom Kampfvorfeld zu, was sich bei der Abwehr als hinderlich erweisen könnte. In Krakau ist dieses Recht zum ersten Mal 1498 eingesetzt worden – abgetragen wurde damals die Bebauung vom Kleparz bis zur Florianskirche hin. Analoge Entscheidungen fassten Jan Zamoyski bei der Verteidigung der Stadt während der Belagerung durch die Truppen des Erzherzogs Maximilian (1587) und Stefan Czarniecki während der Schwedenkriege.

Im Jahre 1500 wurde mit dem Bau des Renaissanceschlosses auf dem Wawel--Hügel begonnen.

Die Wende des 15. zum 16. Jh. brachte günstige Änderungen mit sich. Die Tuchhallen wurden mit Attiken verziert, neue Häuser wurden gebaut, in die Stadt kamen Italiener, die nach und nach die traditionellen deutschen Einflüsse in der Kunst und Architektur verdrängten. Aufgeblüht ist ein neues, humanistisches Ideengut – in den Villen der Vorstadt wurden kluge Dispute geführt – z.B. in der Villa des königlichen Sekretärs Just Decius in Wola, einem Vorort Krakaus der heute nach seinem Vornamen, Wola Justowska heißt.

Im Jahre 1525 hat der preußische Fürst Albrecht von Hohenzollern auf dem Krakauer Markt dem polnischen König, Zygmunt I. Stary gehuldigt.

Das Jahr 1543 brachte tragische Ereignisse mit sich – der Seuche, die sich in der Stadt verbreitete, fielen mehrere Tausend Menschen zum Opfer.

Im Jahre 1609 verlegte König Zygmunt III. Wasa die königliche Residenz nach Warschau. Krakau war nun keine Hauptstadt mehr, die Bezeichnung „königliche Hauptstadt" durfte es jedoch behalten. Selbstverständlich war Krakau auch der Ort der Krönungen und Beisetzungen der polnischen Könige.

Ein halbes Jahrhundert später wurde die Stadt von österreichischen, schwedischen und siebenbürgischen Truppen verwüstet. In den Wogen der schwedischen Sintflut verschwanden das Gold und die Juwelen aus den Krakauer Kirchen, Klöstern und aus dem Wawel-Schloss. Allein für den Transport des Goldes mussten die Schweden 18 Gespanne einsetzen.

Das 17. Jh. war für Krakau verhängnisvoll. Bis vor kurzem ein bedeutendes Handels- und Wissenschaftszentrum, wurde die Stadt allmählich zu einem bedeutungslosen, provinziellen Krähwinkel. Der in den Siebzigerjahren des 18. Jahrhunderts in Krakau zu Besuch weilende Brite namens Coxe schrieb: „Nach der Zahl der verfallenen bzw. verfallender Häuser zu urteilen, könnte man denken, dass die Stadt geradeeben im Sturm erobert wurde, und dass der Feind sie erst gestern verlassen hat".

Die Lage besserte sich etwas, als Krakau Anfang des 19. Jh. zur Grenzstadt wurde, was zur Entwicklung des Handels beitrug – sowohl des legalen als

Allerheiligen-Platz/Plac Wszystkich Świętych und Dominikanerkirche
Alle historischen Fotos stammen aus den Jahren 1900–1920.

Geschäfte am Hauptmarkt/Rynek Główny 11

führte sie bis in die Dreißigerjahre des 19. Jahrhunderts fort...

Am 24. März 1794 hat der Führer der Polnischen Aufstandsarmee, Tadeusz Kościuszko, auf dem Krakauer Markt einen feierlichen Eid geleistet – damit begann der nationale Aufstand. Das Befehlszentrum befand sich im befestigten Krakau. Noch am 8. April ritt Kościuszko triumphierend in Krakau ein, bereits nach zwei Monaten wurde die Stadt jedoch den preußischen Truppen kampflos überlassen. Es fielen zwar einige Schüsse zur Verteidigung des Wawel-Schlosses, es war aber eher eine Verteidigung der Würde, nicht der Stadt.

Nach der Niederlage des Aufstands ist Krakau zuerst unter preußische, später unter österreichische Herrschaft geraten. Die Preußen raubten die Waweler Schätze – aus den königlichen Insignien wurden in Berlin goldene Münzen geprägt. Angesichts dieser Geschehnisse ist die Tatsache, dass das große nationale Andenken, das Krönungsschwert der polnischen Könige – „Szczerbiec" – gerettet werden konnte, als ein Wunder zu betrachten.

auch des illegalen, der mit dem Schmuggel einherging. Trotzdem gab es beinahe in jeder Straße mehrere fenster- und türlose Häuser. Die Dächer wurden notdürftig mit Holzdachschindeln bedeckt, auch um die schwache Mauerkonstruktion zu schonen. Auch die Stadtmauer befand sich im katastrophalen Zustand. Die entlang der Mauer verlaufenden Burggräben waren voller Fäkalien und die Straßen bedeckte eine dicke Staub- und Schlammschicht.

Zu Anfang des 19. Jh. wurde in Krakau die schlechteste aller Entscheidungen gefasst: 1802 schlug der österreichische Baumeister Szmaus die Abtragung der alten Stadtbefestigung vor. Man begann, diese Idee umzusetzen und

14 Jahre lang oblag Krakau dem Warschauer Fürstentum. Beim Wiener Kongress, wurde der Stadt „Freiheit, Unabhängigkeit und immerwährende Neutralität" garantiert. Der Freistaat Krakau, also die Krakauer Republik, überdauerte über 30 Jahre. Sie hatte ihre eigene Verfassung, eine polnische Verwal-

tung, in den Behörden wurde polnisch gesprochen, im Umlauf waren Münzen mit dem Bildnis des Königs Stanisław August Poniatowski. Auch das Gerichtswesen arbeitete recht fähig.

Im Jahre 1846 bereitete sich der Freistaat Krakau auf einen bewaffneten Aufstand vor. Die Lage war ungünstig: in Krakau waren die Österreicher stationiert, vom Norden näherten sich die russischen Truppen und aus Galizien kamen Nachrichten über die Bauernrevolte. Dennoch haben Krakauer Untergrundkämpfer unter der Führung von Ludwik Gorzkowski und Jan Tyssowski zu kämpfen beschlossen. Die ersten Schüsse des Krakauer Aufstands fielen am 20. Februar. Die Antwort der Österreicher war blutig: die Armee begann, auf die Zivilbevölkerung zu schießen.

Es ereignete sich jedoch etwas Unerhörtes: General Collin erließ nach Erhalt der Nachricht über die nahenden Aufständischen den Befehl, die Stadt zu verlassen. Die Macht wurde durch die Nationale Regierung der Republik Polen übernommen, welche aus Ludwik Gorzkowski, Jan Tyssowski und Aleksander Grzegorzewski bestand. Zum Regierungssitz wurde das Palais Krzysztofory gewählt.

In der Veröffentlichung zum europäischen Gedankengut *Europäisches Erbe* (erarbeitet während des Zweiten Weltkrieges durch die Bildungsministerien der Alliierten) ist ein polnischer Text untergebracht worden – das Krakauer Manifest der Nationalen Regierung.

Die Armee der Aufständischen bestand aus etwa 6 000 Männern, dieses Potential ist jedoch nicht genutzt worden. Aus Galizien kamen immer schrecklichere Informationen über die Rebellion der galizischen Bauern unter der Führung von Jakub Szela, bei Gdów hat die österreichische Armee eine Abteilung der Aufständischen zerschlagen. Am 4. März sind russische und österreichische Truppen in

Gymnastik-Show auf der Stadtaue/Błonia

Begegnung am Haptmarkt/Rynek Główny

Krakau eingeschritten. Am 16. November 1846 wurde Krakau Galizien angeschlossen und der Wawel ist zum zweiten Mal in der Geschichte zu einer Kaserne umfunktioniert worden.

Was dem Feind nicht zu zerstören gelang, ist einem schrecklichen Brand zum Opfer gefallen. In Chroniken kann man nachlesen, dass es ein besonders heißer Tag war... Am 18. Juli 1850 brach der Brand in der Mühle in der Straße Dolne Młyny aus. Der Brand erweitere sich rasch auf die umliegenden Häuser und der starke Wind verschob das Feuer in Richtung der Stadt. Die trockenen Dachschindeln fingen sofort Feuer – der Brand erfasste in kürzester Zeit die Häuser in den Straßen Gołębia und Wiślna, zu brennen begann auch die Kirche St. Norbert. Innerhalb von 30 Minuten erfasste das Feuer ebenfalls das Bischofspalais, welches völlig niederbrannte.

Die Flammen machten auch vor der Ulica Grodzka und Teilen des Marktes nicht halt. Das Feuer verschonte den Kleinen Markt und Ulica Poselska, da es am Markt, am Haus zur Gottesmutter, halt machte. Während dieses 7 Tage lang dauernden Brandes sind 160 Häuser abgebrannt, ausgebrannt ist die Innenausstattung der Franziskaner- und Dominikanerkirche, es gab 5 Tote und zahlreiche Verletzte. Erhalten geblieben sind glücklicherweise die Sammlungen der Universität im Collegium Maius und in der Jagiellonen-Bibliothek. Krakau hat aus dieser Tragödie gelernt: 1865 entstand die freiwillige Feuerwehr und acht Jahre später die reguläre städtische Feuerwehr.

Um 1850 begannen die Österreicher mit dem Bau der Festung Krakau. Die Bauarbeiten dauerten bis zum Ausbruch des ersten Weltkrieges. Heute kann man nur noch spärliche Reste der mächtigen Festung besichtigen.

Das Jahr 1866 brachte Galizien, demnach auch Krakau, Autarkie im Rahmen der österreichischen Monarchie. Der zu Anfang seiner Regierungszeit unbeliebte Kaiser Franz Josef wurde allmählich zu einer Persönlichkeit, deren man sich voller Hochachtung, und nach Jahren sogar mir Ressentiment erinnerte. Während seiner Herrschaft hat Franz Josef über 100 000 Audienzen abgehalten. In der Kaiserlichen Monarchie konnte sich jeder Bürger um eine Anhörung bei Seiner Hoheit bewerben und ihm sein Anliegen vorbringen.

Kleiner Markt/Mały Rynek

Franz Josef war ein fleißiger Herrscher. Jeden Morgen stand er um vier Uhr auf und bereits um sechs rief er die ersten Beamten in sein Arbeitsgemach. Zu den wenigen Vergnügen, welche er sich gönnte, gehörte die morgendliche Tasse Kaffee, die er zu frisch gebackenen Hörnchen trank. Sie wurden später Kaiserhörnchen genannt.

Bei seinen Besuchen in Krakau wurde Franz Josef enthusiastisch begrüßt. Die Krakauer wussten die liberalen Maßnahmen Wiens und die Stabilisierung, die die Monarchie gewährleistete, zu würdigen. 1851 besuchte der Kaiser die Jagiellonen-Universität, wo ihn die Professoren nicht in österreichischer Amtskleidung, sondern in Universitätsroben begrüßten. Als das kaiserliche Gefolge 1881 nach Krakau kam, läuteten zur Begrüßung alle Kirchenglocken, zu Ehren des Kaisers wurden ebenfalls 101 Kanonenschüsse abgegeben.

Die letzte Entscheidung des „guten Kaisers" war die Unterzeichnung der Begnadigung einer auf die Ausführung des Todesurteils wartenden Kindesmörderin. Der Kaiser starb am 21. November 1916, zwei Jahre bevor seine multinationale Monarchie zerfiel.

Die politische Aktivität des Unabhängigkeitskämpfers, Józef Piłsudski, datiert in Krakau seit 1902. Als 1910 der Schießverein legalisiert wurde, begann man auf der Krakauer Stadtaue Błonia, in Krzemionki, Wola Justowska und Bronowice Mannschaftsschießen zu veranstalten. Am Vortag des Ausbruchs des ersten Weltkrieges hat Piłsudski Krakau als Versammlungsort der Schießverbände bestimmt. Die Werbung fand im Krakauer Park, im Jordan-Park, in den Straßen Dolne Młyny, Siemiradzkiego und Kochanowskiego statt. Am 3. August 1914 wurde die Erste Kaderkompanie gebildet. In den Morgenstunden des 6. August schlug die sog. „Erste" in der Straße Oleandry ihren Kampfweg ein.

1933 verliehen die Stadtherren dem Marschall die Ehrenbürgerschaft Krakaus und die Ulica Wolska wurde nach dem Namen von Józef Piłsudski benannt. „Er gab Polen Freiheit, Grenzen, Macht und Achtung" – sagte Ignacy Mościcki. Der Sarg mit den sterblichen Überresten von Józef Piłsudski wurde am 18. Mai 1935 in der unterirdischen Gruft in der Wawel--Kathedrale beigesetzt.

Größte Naturkatastrophen:
1125 – der erste notierte Stadtbrand;
1200 – Erdbeben in Krakau;
1305 – Brand der Wawel-Kathedrale;
1551–1552 – Seuche in Krakau und Kazimierz;
1652 – 24 000 Bürger sterben infolge der Seuche;
1683 – Hochwasser; die Weichsel ändert ihren Lauf und bedroht Skałka;
1780 – Angriff der Heuschrecken; dasselbe passiert sieben Jahre später;
1813 – die größte Hochwasserkatastrophe;
1850 – Krakau brennt zehn Tage lang, es brennen 160 Häuser, vier Kirchen und zwei Klöster ab;
1903 – weitere Hochwasserkatastrophe;
2002 – Hurrikan über Krakau, die Attika an den Tuchhallen wird schwer beschädigt.

Insgesamt hat Krakau 2 Heuschreckenangriffe, 13 große Hochwasserkatastrophen, 5 Erdbeben, 28 große Brände, 3 Hungerperioden und 36 Epidemien erlebt.

Während des Zweiten Weltkrieges war Krakau Sitz des Generalgouvernements, der Wawel wurde zur Residenz von Hans Frank. 1941 entstand im Krakauer Stadtteil Podgórze das Ghetto, welches zwei Jahre später brutal vernichtet wurde; 1943 wurde das Konzentrationslager in Płaszów angelegt. Am 11. Juli 1944 haben die Jungen aus der Kompanie „Pegasus", die gerade zum Bataillon „Parasol" umgewandelt wurde, in Krakau ein misslungenes Attentat auf Wilhelm Koppe, den SS- und Polizeiführer des Generalgouvernements verübt.

Am 18. Januar 1945 wurde Krakau „befreit", also von den Einheiten der I. Ukrainischen Front Ukraiński Iwan Koniews besetzt. Nach Marschall Koniew wurde nach dem Krieg eine Allee benannt (heute: Armii Krajowej, „Allee der Landesarmee"), und die Ulica Królewska (Königs-traße) wurde nun zur Straße des 18. Januar. Viele Jahre danach hieß noch die Piłsudski-Straße Straße des Juli-Manifests, Starowiślna – der Helden von Stalingrad, Lea – Dzierżyński-Straße usw. Das Dreigestirn der polnischen Literatur: Słowacki, Mickiewicz und Krasiński, hielt man allem Anschein nach für unpolitisch und ließ es zumindest auf den Straßenschildern in Ruhe, aber von den Schildern im Zentrum verschwanden die

Alltag am Allerheiligenplatz/Plac Wszystkich Świętych

Heiligen, so gab es dann nur noch die Anna-, die Markus-, die Gertrauden-Straße usw. – eine wahrhaftige Schatztruhe an Vornamen.

Zur Zeiten der Volksrepublik Polen hat Krakau wiederholt seinen Stolz und Eigensinn bewiesen. Beim Referendum im Jahre 1946 wurden in Krakau die meisten Neinstimmen verzeichnet, was die entschiedene Haltung gegen die aufgezwungene Gesellschaftsordnung unterstrich. Man versuchte, diesen Starrsinn zu brechen, indem der traditionsreichen Stadt das Stahlwerk und die betriebseigene Wohnsiedlung Nowa Huta angestückelt wurden. Nowa Huta wurde aber schneller ein Stadtteil von Krakau als Krakau sich zu Nowa Huta bekannte.

Am 15. Januar 2000 hat Krakau von Weimar den Titel der Europäischen Kulturstadt übernommen. Auf dem Hauptmarkt fand ein Künstlerjahrmarkt statt und vom Wawel defilierte zur Altstadt ein Zug ehemaliger Monarchen. An den Feierlichkeiten nahmen die Vertreter der acht anderen Europäischen Kulturstädte 2000 – Avignon, Bergen, Bologna, Brüssel, Helsinki, Prag, Reykjavik und Santiago de Compostela teil.

Das 21. Jahrhundert bedeutet für die alte Burgstadt eine große Herausforderung. Direkt am Hauptbahnhof entstand die Neue Stadt (Nowe Miasto) – ein Ensemble moderner Bauobjekte mit Büros, Geschäften, Dienstleistungs- und Unterhaltungszentren. Auch der Hauptmarkt wird gründlich renoviert – die Marktplatte und die unterirdischen Gewölbe werden für touristische Zwecke adaptiert. Es bleibt nur zu hoffen, dass die Architekten wissen, was sie tun…

6.00 Uhr morgens

Krakau erwacht langsam – die sich schläfrig gen Zentrum schleppenden Busse und Straßenbahnen werden allmählich voll. Die Autos stehen bald im Stau – ein Alltagselend Krakaus – nicht nur in der Rushhour. Bei schönem Wetter, sollte man stehen bleiben und zur aufgehenden Sonne aufblicken. Die Sonnenstrahlen besiegen den Nebel und den Smog und lassen die Stadttürme durch die Wolken brechen. Von der Eisenbahnbrücke in der Allee des 29. November (29 Listopada), die von den Krakauern, nach New Yorker Art als die „Neunundzwanzigste" bezeichnet wird, kann man zuschauen, wie die schlaftrunkene Stadt vom Tag überzogen wird.

8.00 Uhr

Frühstückszeit. Um diese Zeit schmecken insbesondere die Backwaren aus der Bäckerei in der Ulica Mazowiecka. In Blätterteig gehüllte Pfirsiche oder Äpfel und die noch ofenwarmen Kräuterbrötchen können den Aufstehschmerz des größten Langschläfers lindern.

9.00 Uhr

In der Ulica Karmelicka öffnen die Kaffeehäuser *Coffeheaven* und *Friends Coffe*. Eine gute Tasse Kaffee sorgt für einen gelungenen Tag.

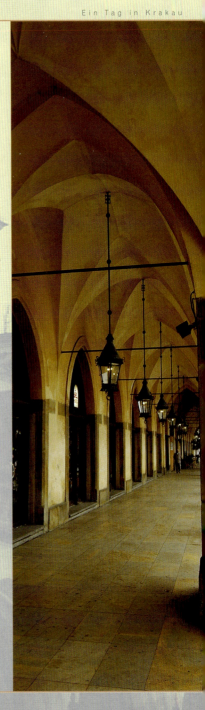

Ein Tag in Krakau

Vormittags sollten die Tageszeitungen durchgesehen werden. In Krakau gibt es drei Tagesblätter mit Informationen: „Gazeta Krakowska", „Dziennik Polski" und „Gazeta w Krakowie" – lokale Zeitungsbeilage zur „Gazeta Wyborcza".

Mittag, 12.00 Uhr

Der Krakauer Markt ist immer schön und sein Flair einzigartig. Jede volle Stunde, insbesondere um 12.00 Uhr Mittags, wird diese Schönheit durch das aus der Marienkirche erklingende Turmlied unterstrichen. Obwohl es mitten am Tag ist, sind die schmalen, vom Markt auslaufenden Straßen wie immer menschenvoll.

16.00 Uhr

Es geht langsam nach Hause. Die Busse und Straßen sind wieder proppevoll. Um diese Zeit sind auch die meisten Buchläden und Cafés überfüllt, es macht sich jedoch bezahlt, sich das durch das Gedränge zu schlagen, um ein hervorragendes und preiswertes Buch im Billigbuchcenter in der Ulica Bracka zu ergattern oder seinen nachmittäglichen Espresso in einem der wunderschönen Cafés in der Gołębia zu genießen.

17.00–18.00 Uhr

Im Vorfrühling ist es eine Tageszeit, wo Krakau noch schöner wird. Die zwischen Tag und Abenddämmerung schwebende Stadt ist besonders ansprechend.

Um diese Uhrzeit schmecken die in den Straßenkiosken angebotenen gerösteten Riesenbohnen einfach phantastisch.

19.00 Uhr

Man kann sich um diese Uhrzeit in der *Prowincja (Provinz) verkriechen*, im Abgrund des *Clubs* verschwinden oder, wenn man New Orleaner Jazz mag, ins verrauchte *Kornet* hineintauchen.

Wer etwas für seinen Nervenmantel tun möchte und aus der Abenddämmerung ins Dämmerlicht eines Kinos schlüpfen möchte, sollte das kleine Kino Mikro in der Ulica Lea besuchen. Hauptvorteile des „Knirpses": tolle Stimmung und hervorragendes Repertoire.

Nacht, 23.00 Uhr

Die Krakauer Nächte haben sehr verschiedene Schattierungen: vom Dunkelblau einer ruhigen Nacht in Bronowice, über die gräuliche Dämmerung der Siedlungen in Nowa Huta bis hin zu zum neonlichterleuchteten Stadtzentrum. Dieses „Stück" Krakaus geht sehr spät schlafen.

DENKMÄLER

Am bekanntesten ist selbstverständlich das Adam-Mickiewicz-Denkmal auf dem Hauptmarkt. Mickiewicz selbst war nie in Krakau gewesen. Die Universität hat ihm zwar 1848 den Lehrstuhl für polnische Literaturgeschichte angeboten, die konservativen Krakauer Politiker waren jedoch dagegen.

Es gibt noch eine Verknüpfung des großen Dichters mit Krakau, recht unglücklich jedoch: Aus Krakau stammte Ewa Henrieta Ankwicz, die große Liebe Mickiewiczs, welche er in Rom begegnete. Um eine Mesalliance zu verhindern, brachte Graf Ankwicz seine Tochter nach Krakau.

Am 4. Juli 1890 fand in Krakau die feierliche Beisetzung von Adam Mickiewicz statt. Vom Matejko-Platz über die Straßen Warszawska, Sławkowska, über den Markt und Grodzka zog der mehrere Tausend zählende Trauerzug zum Wawel. Mickiewicz war der erste Dichter, dessen Leichnam neben den ehrwürdigen sterblichen Überresten der Könige beigesetzt wurde.

Die Idee, dem Dichter ein Denkmal zu widmen, entstand bereits 20 Jahre vor der feierlichen Beisetzung in Krakau. Nach drei Wettbewerben konnte ein Entwurf gewählt werden. Die Auswahl fiel auf die Arbeit von Teodor Rygier, obwohl nicht auf diejenige, welche preisgekrönt wurde. Die Bauarbeiten am Denkmal begannen 1892. Zwei Jahre später wurden die ersten zwei Statuen aufgestellt. Alle Abgüsse wurden in Rom, in der Gießerei der Nelli, angefertigt.

Das Denkmal wurde zum hundertsten Geburtstag von Mickiewicz, im Juni 1898 enthüllt. Die künstlerische Betreuung übernahm Stanisław Wyspiański. Darüber, ob das Denkmal am Markt ein Meisterwerk ist, sind die Meinungen geteilt, obwohl die Ansicht überwiegt, dass es nicht das schönste Denkmal des Dichters sei.

1940 wurde das Mickiewicz-Denkmal von den Deutschen zerstört. Nach dem Krieg fand man in Hamburg fast alle Figuren wieder, so dass es wiederaufgebaut werden konnte. Die Rekonstruktion wurde zum hundertsten Todestag Mickiewiczs, im Jahre 1955, enthüllt. 1985 wurde das Denkmal auch mit der Kette zwischen den Granitpfeilern ergänzt.

„Adams" Denkmal ist ein Ort, an dem gesellige Zusammenkünfte und Konzerte stattfinden. Hier treffen sich Demon-

und Jakub Wujek. Der erste, ein Neffe des Dichters Jan Kochanowski, war ein hervorragender Übersetzer und Verfasser hervorragender Übertragungen von Tasso und Ariost ins Polnische. Die Übersetzung der Bibel von Wujek übte einen großen Einfluss auf die polnische Sprache aus und die Predigten Skargas waren überragende Werke im Bereich des politischen Schriftgutes und der Rhetorik.

Die Kunst verfolgt keine Ziele, sie ist ein Ziel an sich, sie ist das Absolute, da sie das Absolute der Seele widerspiegelt.
Der Künstler steht über dem Leben, über der Welt, er ist der Herr der Herren, in keine Gesetze gezwängt, durch keine menschlichen Kräfte eingeengt.

Stanisław Przybyszewski, *Confiteor*.

In der ersten Hälfte des 18. Jh. ist das literarische Leben Krakaus eingeschlafen. Erst der Streit der Romantiker mit den Klassikern wirkte einigermaßen belebend, aber die Zeiten der literarischen Blüte schien Krakau hinter sich gelassen zu haben.

Die Rolle eines hochrangigen literarischen Zentrums spielte Krakau erneut in der Zeit des Jungen Polens (Jugendstil). Der frische Wind der Moderne wehte hier in den Neunzigerjahren des 19. Jahrhunderts. Das Saatkorn der Dekadenz traf hier auf günstigen Boden. Die Krakauer Intellektuellen schnappten die Neuigkeiten aus dem Westen gierig auf. Da es keine sprachlichen Hindernisse gab (an den Krakauer Schulen wurde Deutsch gelehrt), konnten die neuen Ideen, die neue Literatur und Kunst unmittelbar an der Quelle geschöpft werden.

1898 kam Stanisław Przybyszewski nach Krakau. Er brachte einen schwarzen Umhang, den Geruch von Anisschnaps und einen frischen Blick auf die Literatur mit. Gemeinsam mit seiner Frau, Dagny Juel, zog er in eine Mietwohnung an der Ecke der Straßen Karmelicka und Siemiradzkiego. Die Wohnung wurde bald zum Treffpunkt der Krakauer Boheme: Józef Mehoffer, Stanisław Sierosławski, Stanisław Wyspiański, Tadeusz Żeleński.

Michaliks Höhle/Jama Michalika 1895 erwarb Jan Apolinary Michalik das Haus in der Ulica Floriańska 45. Früher gehörte es der Familie Bełza, Ende des 17. Jh. ist es in den Besitz des Ordens der Hospitalbrüder des Heiligen Geistes gekommen und in der zweiten Hälfte des 19. Jh. befand sich hier die Wodka-Destillieranlage von Józef Kuczyński. In diesem Haus gründete Michalik eines der berühmtesten literarischen Cafés Polens – *Jama Michalika*. Die Stammbesucher bedeckten die Wände des Lokals sehr bald mit Karikaturen, Zeichnungen und Gedichten, wodurch die Räumlichkeiten eine ungewöhnliche, einzigartige Atmosphäre bekamen und zu einem magisch anziehenden Ort wurden.

Der Grüne Ballon/Zielony Balonik Beim Anblick eines grünen Ballons, den der Wind einem kleinen Jungen aus den Händen gerissen hat, soll eine an der Ecke des

Literarisches Krakau

Krakau gleicht einer Muse. Die hiesige Atmosphäre inspiriert Dichter, hier fühlen sich Schriftsteller besonders wohl. Beim Spaziergang durch die Stadt kann man der Nobelpreisträgerin Wisława Szymborska begegnen, in Krakau wohnen auch Adam Zagajewski und Sławomir Mrożek.

Die Geschichte der Verknüpfung Krakaus mit der Literatur begann die *Chronik* von Gallus Anonymus, in welcher die Taten von Bolesław Chrobry und Krzywousty besungen wurden. Zwischen 1190–1205 schrieb Wincenty Kadłubek die *Polnische Chronik* in lateinischer Sprache nieder – die Geschichte Polens seit legendären Zeiten bis 1202. Krakau war als Hauptstadt des Landes auch dessen kulturelles Zentrum. Hierher zogen die ausländischen Gäste, hier lebten und arbeiteten die Künstler, hier blühte die diplomatische Tätigkeit.

In der Zeit der Renaissance gab es in Krakau viele Wissenschaftler und Literaten. Außer auf italienischen Universitäten gründlich ausgebildeten Polen wohnten am Wawel hochrangige europäische Humanwissenschaftler, u.a. Kallimach und Celtis. Die größten Errungenschaften der polnischen Renaissance fielen auf die Herrschaft von Zygmunt II. August. In der königlichen Kanzlei arbeiteten damals Andrzej Frycz Modrzewski, Łukasz Górnicki und Jan Kochanowski.

1518 fand aus Anlass der Eheschließung von Zygmunt Stary und Bona ein europäisches Dichterturnier statt. An die Weichsel kamen Dichter aus Italien, Deutschland, Österreich und aus der Schweiz. Polen wurde von Andrzej Krzycki und Jan Dantyszek repräsentiert. Etwa fünf Jahrhunderte später wird Polen die Literaten nicht mehr bei Turnieren, sondern bei zyklisch stattfindenden internationalen Dichtertreffen begrüßen.

Im Barock gab es drei Persönlichkeiten, die in enger Verbindung zu Krakau standen. Es waren der königliche Sekretär Piotr Kochanowski sowie die Jesuiten Piotr Skarga

stranten differenter Anschauungen. Der Dichter übt noch eine sehr wichtige Rolle aus: jeder, der das Denkmal vor dem Abitur dreimal auf einem Bein umläuft, hat das Abitur so gut wie in der Tasche. Sagt man…

Das ungewöhnlichste Monument Krakaus wurde im Mai 2001 enthüllt. Am Auslauf der Ulica Koletek, in der Nähe des Krakauer Drachens, steht das Denkmal eines Hundes. Den Entwurf lieferte unentgeltlich Bronisław Chromy, derselbe der die Skulptur des Waweler Drachens erzauberte. Die Materialkosten deckten die Krakauer und Einkünfte aus karitativen Konzerten u.a. von Jerzy Połomski, Marek Grechuta und Andrzej Sikorowski. Auf dem Sockel kann man die Inschrift lesen: „Hund Dżok. Der treueste der treusten, ein Symbol der Hundetreue. Ein Jahr lang (1990–1991) wartete er auf dem Grunwald-Kreisel auf seinen Herren, der an dieser Stelle verstarb". Das Denkmal zeigt den Hund Dżok von großen menschlichen Händen umfasst.

Ein Denkmal wurde auch dem großen Kabarett-Magier und Begründer des Kellers Zu den Widdern (Piwnica pod Baranami) – Piotr Skrzynecki gewidmet. Mitstifter der in Bronze gegossenen Figur ist der Komponist Zbigniew Preisner, der mit dem Kabarett zusammenarbeitet. Das Denkmal steht, oder genauer gesagt, sitzt am Tisch im Straßencafé *Vis-à-vis*. So konnte Piotr Skrzynecki an seinen Lieblingsort zurückkehren und die Cafégäste können neben der Berühmtheit Platz nehmen.

Treue

Im Herbst 1990 hat der Eigentümer eines halbblütigen Hundes, am Grunwald-Kreisel während einer Autofahrt, bei der er seinen Vierbeiner mithatte, einen Herzinfarkt bekommen. Er starb auf dem Weg ins Krankenhaus. Der Hund blieb am Unfallort und „kampierte" dort bis Juni 1991. Die Krakauer besuchten ihn, fütterten, bauten ihm sogar eine Hundehütte. Eines Tages ließ er sich von einer älteren Frau mitnehmen, die ihm immer das Essen brachte. Bei seiner neuen Herrin blieb er bis 1998. Als sie starb, kam er in ein Tierheim. Bereits am zweiten Tag hat er einen Tunnel ausgegraben und rückte aus. Am selben Tag wurde er von einem Zug überfahren.

Marktes und der Florianstraße stehende Männergruppe einstimmig gerufen haben: – Grüner Ballon! Grüner Ballon! Diese Männer waren: Jan August Kisielewski, Tadeusz Żeleński, Ludwik Puget und Edward Leszczyński. So entstand die Idee der Gründung – des später berühmten – Krakauer Künstlerkabaretts „Grüner Ballon".

Im Grünen Ballon gab es keine Bühne – die Künstler spielten mitten im Publikum, vielleicht war gerade das der Grund, dass der Kontakt zwischen den Zuschauern und Künstlern so hervorragend war.

Am Samstag, dem 7. Oktober 1905 findet in der Jama Michalika die Eröffnung des ersten – mit edlen Weinen mit dem Namen „Grüner Ballon" getauften – Krakauer Künstlerkabaretts statt (...) Dichter bekommen keine Ermäßigung. Während des Programms ist zu schreien und auf Zeichen des Intendanten mit einer des „Grünen Ballons" würdigen Leidenschaft Beifall zu leisten.

Der Text stammt vom ersten Abend des Kabaretts „Grünen Ballons"

Die abendlichen Kabaretts waren geschlossene Veranstaltungen. Man musste zwar keinen Eintritt bezahlen, aber das Ergattern einer Einladung grenzte manchmal an ein Wunder. Das Kabarett spielte 9 Jahre, bis 1914.

Die Hochzeit/Wesele Es ist das polnischste der polnischen und das „Krakauischste" aller Krakauer Theaterstücke. Eine in gesellschaftlichen Kreisen erzählte Anekdote über die Mesalliance des verheißungsvollen Dichters, Sohn des Universitätsrektors mit einer Bäuerin ist zu einem Literaturwerk geworden, welches zum Gewissen der Nation wurde. Dass es dazu kam, entschied die im Werk enthaltene Symbolik, die den Zuschauern geschickt vorgebrachten Metaphern – sie sahen in der Bronowicer Hütte die Verkörperung Polens – obwohl Wyspiański bis zum Schluss daran festhielt, dass auf den Theaterplakaten anstatt der Namen der Bühnenfiguren authentische Namen der Gäste der berühmten Hochzeit in Bronowice zu erscheinen haben.

Wyspiański schrieb die *Hochzeit* in knapp vier Monaten, die Vorbereitungen zur Uraufführung dauerten nur vier Tage. Die Genialität des Werkes wurde nicht sofort rezipiert. Eine der Schauspielerinnen weigerte sich, die Braut zu spielen, der Intendant behauptete, dass es „ein im Grunde bangloses Stück sei, das aber deswegen auf die Bühne gebracht wird, weil es die destruktiven Folgen des Alkoholmissbrauchs zeige …".

Die „Hochzeit" kann auf keinen Fall unerwähnt bleiben. Wyspiański ist eine derart suggestive und ungewöhnliche Persönlichkeit, dass wir nicht imstande sind, seinem Einfluss zu entkommen.

Sławomir Mrożek

Das Stück wurde am 16. März 1901 aufgeführt. Jean M. Fabre, meinte, es sei ein Tag, der künftig als „das Jubiläum des europäischen Theaters begangen werden sollte".

STADT DER TRÄUME — Musik in Krakau

Krakau ist eine Stadt voller Musik. Auf Schritt und Tritt begegnet man Künstlern, die den Spaziergängern die Zeit verschönern, indem sie eigene oder übernommene Kompositionen spielen. In den Straßenbahnen kann man die *Erste Brigade* oder Motive aus dem Film *Nächte und Tage* hören, auf dem Markt wird Santana und lateinamerikanischer Jazz gespielt.

Musiziert wurde hier schon immer. Für den ersten musikalischen Höhepunkt sorgten jedoch die Benediktiner, die im 16. Jh. im Waweler Dom die Gregorianischen Choräle präsentierten. Wer singt, betet zweimal, sagt das bereits seit den Anfängen des Christentums bekannte Sprichwort.

♪♪♪

Goldne Noten fallen vom Himmel
Musik ist überall
Königliches kocht Wierzynek
Blumenfrauen warten auf Wunder…

Andrzej Sikorowski, Verlegt die Hauptstadt nicht nach Krakau.

♪♪♪

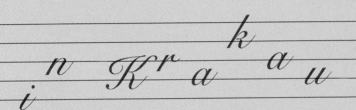

STADT DER TRÄUME

Im 16. Jh. formierte sich am Hofe der letzten Jagiellonen ein Musikkreis, der mit den besten Künstlerreigen Europas mithalten konnte. Leider sind die damals aufgeführten Werke nur fragmentarisch erhalten. Mit dem Krakauer Hof waren Marcin Leopolita, Wacław aus Szamotuły, Mikołaj Gomółka und Mikołaj aus Krakau verbunden.

Die Krakauer Philharmonie

Zwischen 1817 und 1844 fanden jeweils am letzten Sonntag des Monats Konzerte statt, die von der Gesellschaft der Musikfreunde organisiert wurden. Man kann diese Ereignisse als Anfänge der Krakauer Philharmonie betrachten. Bis zum ersten

♪♪♪

*W*incenty aus Kielce (um 1200–1261) war der erste vom Namen her bekannte polnische Komponist, Kaplan des Krakauer Bischofs Iwo Odrowąż, später ein Krakauer Chorherr; Autor des *Gereimten Officiums*, also *der Geschichte vom Hl. Stanislaus* und *der Hymne Gaude, mater Polonia*.

♪♪♪

Konzert in der Katharinenkirche

♪♪♪ Nigel Kennedy (geb. 1956), Musiker und eine überaus exzentrische Person, zuweilen als „Paganini unserer Zeiten" genannt. Weltberühmt wurde er durch die Interpretation der *Vier Jahreszeiten* Vivaldis. 2003 nahm Kennedy gemeinsam mit der Krakauer Klezmergruppe Kroke die hervorragende CD East Meets East auf – eine Verknüpfung von Inspirationen verschiedener Musikkulturen aus Osteuropa. ♪♪♪

Weltkrieg gelang es jedoch nicht, ein festes Philharmonieensemble zu bilden – diese Rolle übernahmen Armeeorchester. Erst 1934 entstand ein Orchester, welches als Krakauer Philharmonie bezeichnet wurde. Mitglieder waren Schüler der älteren Schuljahrgänge und Professoren des Konservatoriums der Musikgesellschaft.

Die Krakauer Philharmoniker absolvierten innerhalb von vierzig Jahren über 100 Konzerttouren. In der hiesigen Philharmonie traten hochrangige Musiker auf, aufs engste mit ihr verbunden sind berühmte Komponisten, wie zum Beispiel Krzysztof Penderecki. Gastierender künstlerischer Leiter der Philharmonie ist aktuell der hervorragende britische Violinist Nigel Kennedy, der seit einiger Zeit in Krakau lebt.

Oper und Operette

Im März 1782 fand die erste öffentliche Opernaufführung *Zemir und Azora* statt. Damit begann die Geschichte des Krakauer Musiktheaters. Die nachfolgenden Spiel-

saisons gehörten nicht zu den Leichtesten. Hoffnung auf einen festen Aufführungsort der Krakauer Oper erweckte die Errichtung des Gebäudes des Juliusz-Słowacki--Theaters. Obwohl die Stadtherren Dramenaufführungen bevorzugten, wurden auf den Bühnenbrettern des Theaters ab und zu auch Opern gespielt. In Krakau traten hervorragende Opernsänger auf, u.a. Jan Kiepura, Adam Didur und Ada Sari.

Kurz nach Ende des Zweiten Weltkrieges wurde im Słowacki-Theater die *Gräfin* von Stanisław Moniuszko aufgeführt, in den nachfolgenden zwei Jahren fanden zehn Premieren statt. 1954 wurden zwei Musikensembles gegründet: die Oper und die Operette. Sie wurden zum Städtischen Musiktheater zusammengeschlossen, das heute als die Krakauer Oper und Operette fungiert.

Stadt der Liedermacher

Hier sang der kürzlich verstorbene Marek Grechuta den *Reigen*, Wojciech Bellon gründete in Krakau die Gruppe Wolna Grupa Bukowina, die Ulica Bracka besingt Grzegorz Turnau, seit Jahren begeistern sich die Polen für die hervorragenden Liedertexte von Andrzej Sikorowski (Gruppe Pod Budą). In Krakau begann auch die musikalische Laufbahn von Ewa Demarczyk. Unvergesslich bleiben ihre einzigartigen Adaptionen der Gedichte von Tuwim *Grande valse brillante* und *Tomaszów* zur Musik von Zygmunt Konieczny. Heute gehören sie bereits zur Klassik des polnischen poetischen Liedes.

Nigel Kennedy

Jahrmarkt mit Seele

Wenn man die historischen Sehenswürdigkeiten als Kopf der Stadt bezeichnen würde, so sind die Marktplätze als ihr Herz zu betrachten. Dort erlebt man den städtischen Alltag, hier wird der neueste Klatsch ausgetauscht, hier übt man das Feilschen, begegnet Bekannten und erfährt welche Speisen am besten und gesündesten sind.

Plac Imbramowski Wenn der Stadtteil Biały Prądnik noch schlummert, bereitet sich der größte Marktplatz im Norden der Stadt, Plac Imbramowski, auf einen arbeitserfüllten Tagesablauf vor. Man kann hier alles kaufen: wohlschmeckende Aprikosen- und Sauerkirschhörnchen, Torten, Heringsalate, exotische Früchte und Gemüse, Backwaren, Fleisch usw. usf. Das Auge erfreut sich an der Farbenpracht verschiedener Apfelsorten, am Dunkelblau der Pflaumen und an roten, grünen und gelben Paprikaschoten. Auf dem Marktplatz in Biały Prądnik werden auch Kleidung, Schuhe und Bücher angepriesen.

Der Markt ist überdacht und in mehrere Gänge mit verschiedenen Handelpavillons aufgeteilt. Kunden gibt es hier bei jedem Wetter und zu jeder Jahreszeit. „Imbramowski" ist sehr beliebt, samstags findet man hier sehr selten einen freien Parkplatz.

Nowy Kleparz Der Marktplatz entstand auf der ehemaligen Kleparz-Aue an der Stelle der ehemaligen Stadtbefestigung. Nowy Kleparz hat reiche kaufmännische Traditionen vorzuweisen: er liegt an der Kreuzung zweier ehemaligen Handelsstraßen – der westlichen (heute die Straße Długa) und der nördlichen (heute Warszawska).

Die dicht aneinander gereihten Pavillons erinnern an orientalische Märkte; es gibt hier eine Fülle an Lebensmitteln, Kleidung und ein große Auswahl an Gegenständen aus Weide. Reizvoll ist die Blumenallee, die vielen Blumenläden bieten eine große Auswahl an Schnittblumen, Topfpflanzen und Blumengebinden.

Stary Kleparz Dieser Marktplatz befindet sich zwischen den Straßen Basztowa, Długa und św. Filipa. Hier wird mit Gemüse, Molkereiwaren, Obst und mit allem, was nicht mit den Errungenschaften der Chemie angereichert ist, gehandelt. Diejenigen, die in der Küche das Prinzip verfolgen: „nicht einen Gramm Bionahrung" haben auf dem Kleparz nichts verloren und sollten sich auf keinen Fall von den Marktfrauen in Diskussionen verwickeln lassen.

Es gibt hier auch ganz normale Büdchen, wie auf anderen Marktplätzen auch, die Atmosphäre macht hier jedoch die Warenpracht aus. Sie werden in Körben aus den Bauernhöfen und Wäldern um Krakau hierher gebracht. Frisch gesammelte Himbeeren, Walderdbeeren, Blaubeeren, schmecken himmlisch, ganz zu schweigen von den Reizkern, die richtiggehend darum betteln, in die Pfanne kommen zu dürfen.

STADT DER TRÄUME

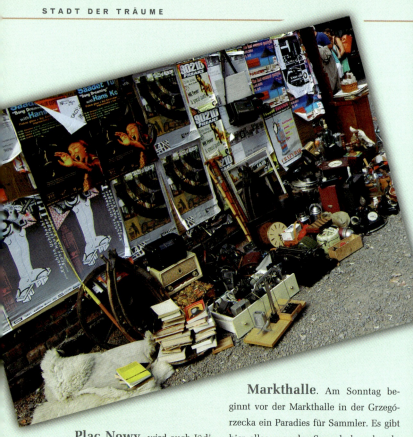

Plac Nowy wird auch Jüdischer Markt (Plac Żydowski) genannt. Er liegt im Stadtteil Kazimierz. Die Mitte nimmt eine runde Halle ein. Das ist der über hundert Jahre alte „Rundbau", in dem sich einst ein ritueller Hühnerschlachthof befand und in dem heute Kleidung, Obst und Gemüse verkauft wird. Plac Nowy ist eine Alternative für diejenigen, die nicht auf modische Kleidung aus den Boutiquen stehen. Jeden Sonntag ab 8.00 kann man zwischen originellen und einmaligen Klamotten wühlen. Gleichzeitig findet hier ein Antiquitätenmarkt statt.

Markthalle. Am Sonntag beginnt vor der Markthalle in der Grzegórzecka ein Paradies für Sammler. Es gibt hier alles, was das Sammlerherz begehren könnte: Telefonkarten, Briefmarken, Comichefte, Bierdeckel, alte Münzen, Bücher und Zeitschriften.

Die Grillwürstchen an der Markthalle sind ein Kapitel für sich. Jeder Stammbesucher der Krakauer Kneipen weiß, dass er – wenn ihn am Samstag, im Morgengrauen, der kleine Hunger plagt – hierher kommen muss.

Es gibt auch Leute, die aus nostalgischen Beweggründen vor die Halle pilgern, weil man nur noch dort Brause mit dem unvergesslichen Geschmack von Lutschbonbons bekommt.

DAS KRAKAUER FEILSCHEN

– einige Worte über die Mentälitat der Krakauer

Es gab in Krakau einen Mann,
der immer auf dem Kopfe stand.
Dem, der ihn fragte, warum den das?
Sagte er einfach: Sparen macht Spaß.
Laßt mich mit euren Fragen in Ruh'
Ich will sparen meine Schuh'.

Wanda Chotomska

Es gibt eine Theorie zur Drahterfindung, welche da behauptet, dass der Draht als Ergebnis eines Streits zweier Krakauer (eventuell eines Krakauers und eines Poseners) um einen Zloty entstand – sie zerrten so lange daran, dass er sich in die Länge zog. Es gibt auch eine Redewendung über das „Krakauer Feilschen" – die Suche nach solchen Lösungen, die jeden zufrieden stellen. Wie nun der wahre Charakter der Einwohner dieser Stadt sein mag? Die Wahrheit liegt wie immer gewiss irgendwo in der Mitte.

Anonymer Autor des *Liedes über die Ermordung von Andrzej Tęczyński* hatte keine besonders gute Meinung von den Krakauern: „Und was das für böse Menschen es sind, die Krakauer Bürger" – sagte der Verfasser vor Jahrhunderten. Es ist aber kein Wunder, da die Verse nach den tragischen Unfällen im Jahre 1461. Der Kastellan Tęczyński, schlug einen Waffenschmied tot, weil er mit der für ihn angefertigten Rüstung unzufrieden war. Daraufhin haben erzürnte Patrizier den Kastellan erschlagen, der Mord war umso entsetzlicher, da er in der Sakristei der Franziskanerkirche stattfand.

Henryk Sienkiewicz war den Krakauern gegenüber freundlicher eingestellt – er war der Ansicht, dass die Menschen an diesem spezifischen Ort glücklich sein müssen: „Die Einwohner einer solchen Stadt sollten nicht sterben und wenn sie es schon tun, dann nur, denke ich, teilweise aus Liebe zu alten Traditionen und teilweise, weil sie das Ausland nachahmen möchten".

Von einem Bein aufs and're Bein

also

KRAKAU – GETRÄNKE UND KAFFEE

Schon Humphrey Bogart überlegte in dem Film *Casablanca,* wie es geschah, dass Ingrid Bergman unter allen Kneipen der Welt ausgerechnet das „Rick" wählen musste. Die Wahl eines entsprechenden Lokals ist keine einfache Sache. Besonders in Krakau, wo es Dutzende gute Restaurants, Kneipen, Cafés und Cafeterias gibt, könnte sich die Fähigkeit Ingrid Bergmans als ein Segen erweisen. Nachfolgend einige weniger bekannte, aber dadurch nicht minder interessante Adressen:

Hallo pizza (ul. Dobrego Pasterza 99)

Ein hervorragendes Beispiel dafür, dass einer guten Lokalität auch der simpelste Namen nicht schaden kann. Vom Zentrum ist sie zwar recht weit entfernt, aber wenn jemand den Aquapark oder das Multikino besucht, ist *Hallo pizza* immer zu empfehlen. Man kann dort einen Happen zu sich nehmen oder ein Bier trinken. Das Ganze ist im Western-Stil gehalten, an den Barhockern sind Sattel und Steigbügel angebracht, damit man nicht herunterfallen kann. Karl May, Wiesław Wernic und süße Erinnerungen aus der Kindheit, die bekanntlich weltweit im Wilden Westen stattfindet.

Wundervolle Jahre (ul. Karmelicka 43a)

Ein in der Tat wundervolles Café. An warmen Tagen werden Stühle und Schirme auf dem Bürgersteig aufgestellt, die Stammgäste bevorzu-

gen es aber, drin zu bleiben. In den *Wundervollen Jahren* kann man immer eine Bilder- oder Fotoausstellung beäugen. Musik verschiedener Kategorien, jedoch gut aufeinander abgestimmt. Unten Nichtrauchersaal.

Oder so/Albo tak (Mały Rynek 4)

Unbedingt so. Das Lokal wird auch Esoterie genannt, da sich im unteren Teil des Gebäudes ein Esoterik-Buchlanden befindet. Bier wird hier in Metern verkauft, auch Trinkhonig und alle dazugehörigen Leckereien. Die Ausstattung und Koloristik stammen aus Träumen, die man nach dem Genuss warmen Bieres hat, aber man kann sich im zeitlichen Leben an viel schlimmere Dinge gewöhnen.

Pro(sa) (ul. Szpitalna 7)

Dieses Eckchen ist die Erfüllung der Träume vieler Leser und Kaffeeliebhaber: ein Buchladen, in dem man eine Tasse Kaffee trinken kann! Das ist schon was, und wenn man hier Bucher für mindestens 40 Zloty kauft, bekommt man den Kaffee umsonst. Zwei Räume, einer mit Büchern, der andere mit zwei Tischen und einem Regal der taschenbuchgroßen Zeitschrift „Literatur in der Welt" („Literatura na świecie").

Imbissbar in der Straße Kazimierza Wielkiego 52

Eine sehr französische Imbissbar. Wenn man rein kommt, fragt man unwillkürlich sein Gedächtnis nach französischen Vokabeln ab, um Wodka in einem Glas mit dünnem Stiel zu bestellen. Am Tisch: Kommissar Maigret und eine betagte Dame mit einem Vorkriegs-Botaniklehrbuch in der Hand, also – ein höchst differenziertes Milieu.

Café-Gallery Larousse (ul. św. Tomasza 22)

Winziges, sehr nettes Café. Es gibt hier zwar keinen Alkohol, aber rauchen darf man, so viel die Lunge begehrt. Über vier Tischen hängen Glühbirnen auf

*Ich verreise. Ich verabschiede das aufdringliche Krakau.
Wo das „Trinken" und „Leben" ein Wort ergeben.*

Piotr Rojzjusz, *Abschied von Krakau*

Schnüren und die Wände sind mit Stichwörtern und Bildern aus der Enzyklopädie von Larousse tapeziert. In der Gegend bekommt man zwar billigeren Kaffee, aber nur hier kann man die Definition für einen Esel lesen und sie dabei mit dem angehängten Bild vergleichen.

CK Browar (Ecke der Straßen Podwale und Krupnicza)
Die Hauptattraktion der kaiserlich-königlichen Kellergewölbe ist frisch gebrautes Bier. Man sieht hier die hinter der Bar installierten großen Bierkessel und denkt: da braut gerade der Inhalt meines bestellten Bierkruges. Langer Saal, große Tische und lange Rohre, in denen man ein Kaiserlich-Königliches Helles bestellen kann.

Letztes Stockwerk des Kaufhauses „Jubilat"
Das Restaurant unterscheidet sich kaum von anderen, die Aussicht von seiner Terrasse ist jedoch durch Nichts zu ersetzen... Von der siebenten Etage aus bietet sich ein wunderschönes Stadtpanorama mit dem Wawel und der Weichsel in der Hauptrolle. Wenn die amerikanische Mode, auf den Dächern der Wolkenkratzer Zigarren zu rauchen (zugeschnitten auf proportionsgerechte Maße) nach Krakau kommt, müsste der Lift des Kaufhauses unentwegt in Bewegung bleiben. Also, kann man durchaus behaupten, das „Jubilat" gute Aussichten hat.

Abschied von Afrika/Pożegnanie z Afryką (ul. św. Tomasza 21)
Zur vollen Zufriedenheit fehlt hier nur noch Meryl Streep an der Kaffeemaschine und Robert Redford, geneigt über einen Fingerhut stark gesüßten Kaffees. Für Kaffeegenießer – ein Muss.

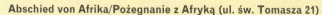

Manggha (ul. Konopnickiej 26)

Zentrum der Japanischen Kunst und Technik – Japan mit Blick auf den Wawel-Hügel. Nach der Besichtigung der Ausstellung oder nach einer Lesung im Seminarsaal, lohnt es sich auf einen Sake oder Kaffee reinzuschauen.

Tiffany (pl. Matejki 6)

Blick zum Matejko-Platz. Die Nähe der Kunstakademie ist wohl der Grund dafür, dass *Tiffany* kunstvoll ist und Klasse hat. Ein besonders geeigneter Ort zum Nachdenken, was man mit dem Rest des Tages anfangen und wo man noch hingehen sollte.

Orient Express (ul. Stolarska 13)

Doktor Ravic aus Remarques *Triumphbogen* wäre zufrieden: im *Orient Express* kann man einen Calvados genießen, obwohl, wenn das ein Rezept fürs Leben werden sollte, wie Wojciech Młynarski sagt, kommt es einen doch recht teuer zu stehen. Beaujolais fließt ab Donnerstag am dritten Novemberwochenende bei einer Sonderveranstaltung. Unbedingt besuchenswert.

STADT DER TRÄUME

Tunkenbraten auf Krakauer Art

also traditionelle

Gerichte und Getränke

grzaniec galicyjski

Tunkenbraten auf Krakauer Art

Zutaten: ein Pfund Schweinsrücken, 300 g Zwiebeln, 40 g Schmalz, 20 g Mehl, Tomatensauce, 250 g Brötchen.

Schweinsrücken mit Salz einreiben. Fein geschnittene Zwiebeln hinzugeben und bei mittlerer Hitze im Backofen braten. Ab und zu den Braten mit der Sauce beträufeln. ½ l Wasser mit der Bratensauce vermengen mit Mehl andichten und aufkochen lassen. Die Brötchen halbieren und in die Sauce tunken. In die Brötchen Bratenstücke hineinlegen. Zum Schluss die Brötchen mit dem Fleisch in den Topf hineinlegen, mit dem Rest der Sauce auffüllen und dünsten.

Galizischer Glühwein

Damit das Leben so richtig schmeckt, sollte neben dem Essen auch dem guten Trank Aufmerksamkeit geschenkt werden. In Krakau muss man unbedingt die hiesige Spezialität – den Galizischen Glühwein probieren: 1/3 l Rotwein mit Nelken, Zimt, Ingwer und einer Prise Muskatnuss fast zum Sieden bringen. Mit Honigtau süßen. Den Rest des Weines aufwärmen, beide Teile zusammenschütten und in vorgewärmten Tonbechern servieren.

Im 14. Jh. hat man in Krakau mit Vorliebe Quarkkuchen gegessen, auf dem Tisch mangelte es auch nicht an Mohnkuchen, Honig und Gewürzen. Als Hauptgerichte bevorzugten die Krakauer Klöße oder Piroggen (gefüllte Teigtaschen), zum Fleisch wurden immer Erbsen gereicht. Des größten Zuspruchs unter den Fleischsorten erfreute sich Rindfleisch, aus welchem man Braten zubereitete, auch Kalbsfleisch wurde gern gegessen.

Es gibt Überlieferungen, welche bezeugen, dass auf dem Hofe der Königin Jadwiga wöchentlich mit Essig gewürzte Kalbsflecke serviert wurden.

Schweinefleisch war in dieser Zeit noch nichts für den Geschmack der Krakauer Gaumen, obwohl es nachgewiesen ist, dass Schweinezucht schon damals betrieben wurde. Man aß lieber Geflügel, insbesondere Hühner und Gänse. Ein bekanntes und beliebtes Gericht war der Gänsebraten mit Essig, mit Pflaumenmus oder Petersilie als Beilage. Bevorzugte Fischarten waren Forellen, Hechte und Zander, seltener wurden – schon aus Preisgründen – Karpfen gewählt. In Krakau kannte man auch die Vorzüge der Heringe – sie wurden mit Borschtsch serviert und, als Fastenspeise mit Żur (saurer Mehlsuppe).

Die Kochkunst des deutschen Bürgertums bereicherte das Menu der Krakauer mit Sülze und Blutwurst. Dem König Władysław Jagiełło verdankt Krakau die litauische Kaltschale, Schinken und selbstverständlich Kaldaunen.

STADT DER TRÄUME — Trams und Droschken

*D*ie Straßengeräusche Krakaus im 19. Jh. bestimmte das Rattern der Droschken. Zuerst wurden sie von zwei Pferden gezogen. Erst Mitte des 19. Jh. kamen Einpferdegespanne auf, die sog. „cypcerówki". Die Bezeichnung wurde vom Nachnamen des Beförderungsunternehmens abgeleitet. Die Hauptstation befand sich zwischen den Tuchhallen und der Marienkirche, die anderen Haltestellen waren Plac Szczepański und der Bahnhof.

Die berühmteste Droschke ist diejenige, die Gałczyński in einem seiner Gedichte beschreibt, die Droschke Nr. 6, deren Kutscher, Jan Kaczara, in Versen sprach. Der legendäre Fiaker starb 1980, fünf Jahre später verschwand, infolge eines Unfalls, auch seine Kutsche von den Straßen Krakaus. Bis heute hat jedoch keine der Droschken die Nummer 6.

Mit der Droschke Nr. 6 und dem verzauberten Kutscher ist eine Epoche zu Ende gegangen, obwohl es weiterhin Droschken gibt, die sich übrigens hervorragend in das Bild Krakaus einfügen. Die einzige Konkurrenz ist der städtische Elektrozug, mit dem man bequem ein Sightseeing machen kann.

Im 19 Jahrhundert. rivalisierten mit den Droschken zuerst Pferdeomnibusse, welche die Strecke Nord-Süd, von der Brücke in Podgórze über den Markt zum Bahnhof befuhren. Sie wurden jedoch weder den Erwartungen der Einwohner noch der Stadtherren gerecht, ein Störfak-

Die Pferdestraßenbahn befuhr ab 1886 auch eine andere Strecke: vom Hauptmarkt über die Straßen Szewska (wo man übrigens noch heute die Schienen sehen kann) und Karmelicka bis zum Krakauer Park. Die Strecke war 1670 m lang. Bis Ende des 19. Jh. hat die Krakauer Pferdestraßenbahn 1,5 Mio. Passagiere befördert.

Das neue Jahrhundert forderte neue Lösungen, auch auf dem Gebiet des Stadtverkehrs. Eine Antwort auf die Herausforderungen des 20. Jh. war die elektrische Eisenbahn. Im März 1901 sahen die Einwohner Krakaus zum ersten Mal ein elektrisch betriebenes Schienenfahrzeug.

Trams und Droschken

tor war vor allem der hohe Preis der Fahrscheine.

1871 bot eine englische Firma der Stadtverwaltung den Bau einer Pferdestraßenbahn an. Wie es so üblich ist, dauerten die Verhandlungen zehn Jahre. Letztendlich entschieden sich die Stadtherren von Krakau, mit dem Bau der Straßenbahnstrecke einer die Belgische Bank vertretende Gesellschaft anzuvertrauen.

Am letzten Oktobertag des Jahres 1882 erschien zwischen dem Markt und der Ulica Wawrzyńca, wo sich der Bahnhof befand, die erste Pferdeeisenbahn. Das ganze für Fahrscheine eingenommene Geld wurde am nächsten Tag für den Bau des Adam-Mickiewicz-Denkmals bestimmt.

Die Passagiere konnten vom Markt über die Straßen Sławkowska (auf der Abbildung), Wiślna und Zwierzyniecka zum Jordan-Park fahren. Die dritte Strecke führte vom Markt über die Straßen Sienna und Starowiślna und bog dann in die Dietla ein.

Ursprünglich betrug der Abstand zwischen den Schienen 900 mm. Erst 1913 wurde ein Breitspurgleis gebaut, der Abstand zwischen den Schienen wurde um 535 mm vergrößert.

1952 entstand die erste Straßenbahnverbindung zwischen Krakau und Nowa Huta. In dieser Zeit ist der Markt für den Straßenbahnverkehr geschlossen worden. Heute fahren durch die Stadt 200 Straßenbahnen mit insgesamt 434 Wagen.

Das Päpstliche

"Wenn es kein Rom gäbe, wäre Krakau Rom" – dieser Spruch gilt seit Langem, hinsichtlich der Schönheit der historischen Objekte, der Architektur und der geistigen Traditionen. Zwischen den beiden Städten gibt es jedoch noch ein anderes Bindeglied – den 2005 verstorbenen Bischof von Rom. Das Haupt der katholischen Kirche war einst Bischof der ehemaligen Hauptstadt Polens. Bevor der Dichter aus Wadowice Papst wurde und in den Vatikan zog, war Krakau sein Zuhause – die Stadt, die er liebte und die seine Liebe erwiderte. Bei einem Besuch in Krakau lohnt es sich, Orte aus der Nähe zu betrachten, welche Zeugen des Lebens eines Menschen waren, dessen Gedanken, Worte und Taten einen so großen Einfluss auf die heutige Welt nahmen.

Karol Wojtyła und sein Vater kamen im Jahre 1938 nach Krakau. Sie zogen in das Haus in der Ulica Tyniecka 10, in eine Zweizimmerkellerwohnung mit Küche. Karol Wojtyła wohnte dort bis 1944. Heute kann man dieses Haus nur von außen besichtigen. Es steht an der Weichsel, in der Nähe des Marktes im Stadtteil Dębniki.

Nachdem der Vater des künftigen Papstes verstorben ist, zog ins Haus in der Tyniecka Mieczysław Kotlarczyk ein, ein Regisseur aus Wadowice, der Begründer des Rhapsodie-Theaters. Karol Wojtyła war Mitbegründer und während der Okkupation auch Schauspieler dieses interessanten Theaterensembles.

1938 begann Karol Wojtyła an der Jagiellonen-Universität in Krakau Polonistik zu studieren und im Oktober desselben Jahres führte er bei einem Lyrikabend

Das 1941 gegründete Rhapsodie-Theater hat während des Krieges illegal gespielt. In dieser Zeit gab es 11 Premieren. Die Basis des Repertoires waren Adaptionen von Werken großer Romantiker, u.a. von Mickiewicz, Słowacki, Norwid, Wyspiański, Kasprowicz und Puschkin. Ab 1945 arbeitete das Rhapsodie-Theater offiziell. Die Stücke wurden im Kino Wolność (ul. Pomorska), in den Straßen Skarbowa 2, Warszawska 5 und Starowiślna 21 aufgeführt. Es wurde 1953 aus politischen Gründen geschlossen, vier Jahre danach wieder eröffnet und 1967 aufgelöst.

Krakau

> *Bei der Entdeckung des Wortes mittels literarischer beziehungsweise linguistischer Studien konnte ich dem Geheimnis des Wortes nicht näher kommen von welchem wir in unserem täglichen Ave Maria sprechen: "Und das Wort wurde Fleisch und wohnte unter uns".*
>
> Johannes Paul II

im Blauen Saal des Katholischen Hauses (heute befindet sich hier die Krakauer Philharmonie) seine Gedichte vor.

Johannes Paul II. ist gehört zu den wenigen Päpsten, die sich auch schriftstellerisch betätigt haben. Lyrik und lyrische Prosa veröffentlichte er seit 1950 im "Tygodnik Powszechny" unter den Künstlernamen Andrzej Jawień, Stanisław Andrzej Gruda und Piotr Jasień. 2003 erschien im Krakauer Verlag Wydawnictwo św. Stanisława das *Römische Triptychon*, welches wie Czesław Miłosz meinte "ein großes Lob auf Kunst und Dichtung sei" – ein Beweis dafür, dass "religiöse Lyrik auch große dichterische Kunst darstellen kann".

Das Haus in der Ulica Różana 11 (heute auch nur von außen zu besichtigen) war Treffpunkt der Mitglieder der Gruppe des Lebendigen Rosenkranzes. Der Leiter war Jan Tyranowski, den Karol Wojtyła im Februar 1940 in der Kirche des Hl. Stanisław Kostka in Dębniki kennen lernte. Die Gruppe sowie Tyranowski selbst spielten eine gewichtige Rolle im Leben von Johannes Paul II.

Für den künftigen Papst war Krakau nicht nur ein Ort der Lehre, der Meditation und des literarischen Schaffens, sondern auch der körperlichen Arbeit in den Sodawerken "Solvay". Von September 1940 bis Oktober 1941 war Karol Wojtyła im Steinbruch in Zakrzówek bei der Zerkleinerung von Felsblöcken und Beladung der Transportbahn mit Stein beschäftigt. Später übernahm er Nachtschichtarbeit im Heizraum an der Wasserreinigungsanlage. Im ehemaligen Solvay-Werk (ul. Zakopiańska 62; Straßenbahn: #8, 19, 22, 23) befindet sich heute das Zentrum für Gegenwartskunst, wo Künstlerworkshops, Konzerte und Ausstellungen stattfinden. Man sieht hier nicht nur bekannte Namen, sondern auch die der Debütanten. Im Solvay befinden sich drei Galerien

> Jan Tyranowski (1901–1947) – Berufsbeamter, Schneider, Organisator des religiösen Lebens; während des Zweiten Weltkrieges Betreuer der Jugendgruppen des Lebendigen Rosenkranzes. Geistiger Führer von Karol Wojtyła während dessen Arbeit bei Solvay. 50 Jahre nach dem Tod des Schneiders aus Dębniki wurde das Verfahren zu seiner Heiligsprechung eingeleitet.

(zwei für professionelle Künstler und eine für Anfänger), ein Zuschauerraum für Theater-Projekte und ein Konferenzsaal. Mit dem Kunstzentrum Solvay waren die Schauspieler des Theaters Cricot 2 verbunden. Hier entstanden zwei Aufführungen: *Manyacs, or Their Master's Voice und America*, or DO NOT LOOK BACK.

Karol Wojtyła wohnte als Student des konspirativen Geistlichen Seminars seit 1944 im Palais der Krakauer Bischöfe in der Ulica Franciszkańska 3. Auf dem Palaisinnenhof steht heute ein Denkmal von Johannes Paul II. – eine fast zwei Meter hohe Figur aus Bronze und Granit. Das Denkmal, ein Geschenk italienischer Künstler von 1980, ist ein Werk von Jole Sensi Croci.

Die Italienische Skulptur inspirierte die polnischen Bildhauer Czesław Dźwigaj und Stefan Kowalówka. Denkmäler des Papstes gibt es weltweit an zwanzig Orten, u.a. in der Pfarrei des Guten Hirten an der Grenze zwischen den Stadtteilen Prądnik Czerwony und Prądnik Biały in Krakau, in Curitiba in Brasilien und im Ozon Park im New Yorker Queensie.

In der Nähe des Bischofspalais erhebt sich die Franziskanerkirche, in der Karol Wojtyła häufig betete. An Silvester 1970, nach den tragischen Ereignissen an der polnischen Küste sprach der künftige Papst in dieser Kirche von „dem polnischen von Polen vergossenen Blut".

Der Papst pflegte auch enge Kontakte mit dem Wawel und der Schlosskathedrale. Als der Fürsterzbischof Adam Sapieha am 1. September 1946 Karol Wojtyła zum Kaplan weihte, hielt Karol Wojtyła die Primizmessen auf dem Wawel, in der Krypta des Hl. Leonard ab.

Zwei Jahre nach der Priesterweihe, nach der Rückkehr vom Studium aus Rom, war Karol Wojtyła Vikar in Niegowić, einer Pfarrgemeinde in der Nähe von dem der Umgebung Krakaus zuzurechnenden Wieliczka. Ein Jahr später wurde er in die Krakauer Kirche St. Florian versetzt. Viele Jahre später, während der Pilgerfahrt nach Polen im Jahre 2002, traf sich der Papst auf dem Innenhof der Basilika mit seinen ehemaligen Gemeindemitgliedern.

Ein Ort, der mit Johannes Paul II. besonders verknüpft ist, ist die Krakauer Aue, wo fast alle päpstlichen Messen stattfanden (nur einmal, 1991, wurde die Messe auf dem Hauptmarkt abgehalten). Nach der Pilgerfahrt 1997 wurde an der Stelle des Päpstlichen Altars ein Gedenkstein aufgestellt – der Felsbrocken stammt vom Morskie Oko (Meeresauge) in der Hohen Tatra.

Im April 2005, einige Tage nach dem Ableben von Johannes Paul II., sind über eine Million Personen zur Stadtaue gekommen, um an der heiligen Dankesmesse teilzunehmen.

Krakauer Veranstaltungskalender

In Krakau kann man sich nicht langweilen, unabhängig davon, ob die touristische Saison im Gange ist oder ob sie zu Ende geht. Die Stadt hat so viele Attraktionen zu bieten, dass man meist zwischen dem, was man unbedingt sehen will und dem, was man aus reinem Interesse sehen möchte, entscheiden muss.

Frühling

Krakau lebt nach dem Winter wieder auf. Draußen wird alles schöner und das Innere lechzt nach geistiger Nahrung. Und an geistiger Nahrung hat es in Krakau nie gemangelt.

März/April

Krakauer Theater-Reminiszenzen Ältestes Theaterfestival in Polen mit internationalem Charakter – es findet jährlich seit einem Vierteljahrhundert statt. Einst waren die Reminiszenzen eine Übersichtsveranstaltung hinsichtlich alternativer Theaterereignisse, heute geben die Veranstalter des Festivals selbst zu, dass der ursprüngliche Modus nicht mehr beibehalten werden konnte. Das Konzept wurde geändert: die Veranstaltung ist themengebunden, es werden nicht nur Stücke des alternativen Theatermilieus, sondern der gesamten jungen Generation der polnischen Regisseure präsentiert. Die Krakauer Theater-Reminiszenzen finden im Kulturzentrum Rotunda (ul. Oleandry 1) und in der Staatlichen Theaterhochschule statt (ul. Straszewskiego 22).

April

Emaus Knallkorkenpistolen, Unmengen an Wasser, Stände, Stände und nochmals Stände – traditionelles Ablassfest am Ostermontag. Ort: am Prämonstratenserinnenkloster, im Stadtteil Zwierzyniec.

Rękawka Traditionelles Ablassfest in der Kirche St. Benedikt, am Dienstag nach Ostern. Stände, Karussell, Präsentation slawischer Trachten und Handwerkserzeugnisse, Verkostung Gerichte der alten polnischen Küche. Sehenswert.

Paka Studenten und professionelle Satiriker sowie Komiker auf der Kabarettbühne. Alte und neue Sketche. Ungezwungenes Gekicher. Im Kulturzentrum Rotunda

Festival Misteria Paschalia Präsentation von in die Karwoche und Ostern eingebundener Musik.

Mai

Internationales Schlagzeuger-Festival
Die Mitglieder der einst populären Gruppe Osjan benutzten u.a. als Schlagzeuginstrumente – was man bei Konzerten und auf den Covers der an der Wende der Siebziger- und Achtzigerjahren erschienen Platten sehen konnte – dekorierte Kochtöpfe aus Olkusz. Sehenswerte moderne, selbst musizierende Schlagzeuginstrumente und jamaikanische Gamelans.

Juwenalia Studentenfest – Krakauer Studenten übernehmen auf dem Hauptmarkt die Schlüssel zur Stadt. Eine farbenfrohe, schallende und sympathische Veranstaltung. Der Reigen verkleideter Gestalten zieht durch die Stadt. Die Wahlen zur charmantesten Studentin, Konzerte und andere Veranstaltungen schaffen eine herrlich sorglose Atmosphäre in der ganzen Stadt.

Krakauer Filmfestival Eines der ältesten Festivals dieser Art in Europa – es findet jährlich seit 1961 statt. Im Mai kann man in Krakau Dokumentar-, Zeichentrickfilme und andere Kurzfilmformen sehen. Vorführungen: Kino Kijów, Kino Pod Baranami.

Polnische Messe für Antiquarische- und Gegenwartskunst Drei Tage mit Kunst im Bunkier Sztuki (pl. Szczepański 3a). Bildhauerei-, Malerei- und Grafikausstellungen. Zu kaufen gibt es sowohl Kunstwerke als auch Arbeiten von Künstlern, die ihre Karriere noch vor sich haben.

Krakauer Begegnungen mit der Orthodoxen Musik Seit 1996 kann man in Krakau griechisch-orthodoxer Musik zuhören. Die Konzerte finden in Kirchen statt – eingeladen sind Chöre aus Polen und aus dem Ausland sowie Preisträger des größten Festivals dieser Musik in Hajnówka. Veranstalter: Kulturhaus „Podgórze".

Sommer

Wie sieht die Stadt im Sommer aus? Wie im Lied von Joe Cocker. Vom Himmel sickert die Glut und aus dem Lautsprecher *Summer in the city*. Lauwarme Abende locken aus der Wohnung, es ist also empfehlenswert, ein Konzert zu besuchen oder die Reize der sommerlichen Stadt aufzuspüren.

Juni

Internationale Ausstellung und Börse für Mineralien, Fossilien und Juwelierezeugnisse Fossile Kuriositäten zum Kkaufen und aufs Regal zu stellen. Meistens ist es voll, trotzdem empfehlenswert. Die Veranstalter laden auch ins Geologische Museum der Bergbau- und Hüttenakademie ein (ul. Mickiewicza 30); die Ausstellungen und Börsen finden auch im Dezember statt.

Festival der Jüdischen Kultur Ein jüdisches Kulturfest: Musik, Literatur, Film und Tanz. Kazimierz lädt zu einer Begegnung mit

außergewöhnlicher, restlos begeisternder Kultur ein. Das Abschlusskonzert in der Ulica Szeroka zieht Unmengen von Menschen an, die an die Kraft des Wortes „Shalom" glauben. Erfrischende Lektion der Toleranz und des Friedens.

Wahl des Schützenkönigs Das Schießen auf den Holzhahn beginnt nach Fronleichnam. Dasjenige Mitglied, welches das Ziel am häufigsten traf, wird zum Schützenkönig gewählt. Eine malerische Veranstaltung mit Historie im Hintergrund.

Lajkonik Buntes Treiben des Lajkonik-Pferdchens durch die Stadt. Man muss ihm unbedingt begegnen, denn denjenigen, die mit seinem Zepter berührt werden, ist ein glückliches Leben gewährleistet. Erster Donnerstag nach Fronleichnam.

Internationales Musiktreffen der Armeeorchester Des Blasorchesters im Gleichschritt klingende Rhythmen... Die Treffen finden auf dem Hauptmarkt und auf dem Armee-Sportstadion WKS „Wawel" statt.

Johannisnacht – Kränze/Wianki In der Johannisnacht ist die Weichsel mit Kränzen besät. Dazu: Feuerwerk, Lasershow und viel Musik. Ort: Weichselschleife am Wawel. Anwesenheit ist Pflicht!

Drachenparade Es ist bekannt, dass die Gattung „Drache" zahlreiche Subgattungen hat. Bestimmt nicht alle, aber viele von ihnen kann man bei der vom Theater Groteska organisierten Drachenparade sehen.

Der Umzug durchstreift im Drachentrab die Altstadt.

Juli

Internationales Festival der Straßentheater Anstatt Bühnenbretter – das Kopfsteinpflaster der Altstadt. Sagenhafter Kontakt der Schauspieler mit den Zuschauern = Passanten. Man hat den Eindruck, mitten im Geschehen zu sein.

Festival der Traditionellen Musik „Rozstaje" Präsentation der reichen und vielfältigen Kultur Galiziens. Zum ersten Mal fand die Veranstaltung 1999 statt. Man kann auâerdem an Konzerten, Ausstellungen und Workshops teilnehmen und die Börse des aussterbenden Handwerks besuchen. Ort: u.a. Hauptmarkt und Festivalklub (Rotunda, ul. Oleandry 1).

Festival der Traditionellen Musik „Rozstaje" – ein Beweis dafür, dass wir in einem globalen Dorf wohnen – von weißrussischen Tschastuschki bis zum Ethno-Jazz. Konzerte von Musikensembles und gruppen, Tanzshows.

Orgelkonzerte in Tyniec An den Sonntagen im Juli und August kann man an einer musikalische Reise von der Renaissance bis zum 21. Jh. teilnehmen. Die Konzerte sind eine Fortsetzung der Sommerveranstaltungen, die bereits Anfang der Siebzigerjahre stattfanden.

August

Krakauer Piroggen-Festival Piroggen in allen möglichen kulinarischen Varianten. Wettbewerbs-Verkostung und Wahl des Krakauer Piroggenmeisters. Ort der Kochanweisung und Verkostung: Der Kleine Markt.

Musik im Alten Krakau Historische Innenhöfe und Kirchen erklingen mit Tönen, die zwischen dem Mittelalter und der Gegenwart entstanden. Die auf diese Weise servierte Musik schmeckt wie alter Wein aus einem sonnigen Jahrgang. Darf auf keinen Fall verpasst werden!

Festival des Hoftanzes Tanz und Ballett vom Mittelalter bis zum Barock. Traditionelle Abschlussveranstaltung: Ball für das Publikum auf dem Hauptmarkt.

Volkskunstmesse „Cepeliada" Glasmalerei und nicht nur. Zu kaufen gibt es Skulpturen, Keramikgegenstände, Spitzen und Stickereien. Besuchenswert. Ort: Rynek Główny.

Herbst

Der Herbst steht Krakau gut. Die Schönheit der Stadt unterstreichen zahlreiche kulturelle Veranstaltungen und Konzerte. Eine schöne Jahreszeit in einer schönen Stadt – was will man mehr?

September

Zum Markt, fertig los! Auf Marathonamateure wartet eine 10 km lange Strecke. Veranstalter ist der vielfache Weltmeister in dieser Sportdisziplin – Robert Korzeniowski.

Internationales Wettbewerb der Modernen Kammermusik Förderveranstaltung für junge und talentierte Musiker.

Dackel-Marsch Der Dackel ist ein Hund mit Charakter. Ein Umzug dieser sympathischen Hunde und die Wahl des längsten Dackels. Hauptmarkt.

Internationale Grafik-Triennale Ende September, Anfang Oktober kann man in Krakau die Arbeiten zum Grafik-Wettbewerb sehen.

Festival Sacrum Profanum Ein Festival, das sich von Jahr zu Jahr größerer Beliebtheit erfreut und ein immer höheres Renommee genießt. Die Idee des Festivals besteht darin, den Zusammenprall des Religiösen mit dem Weltlichen in der Kunst darzustellen.

Oktober

Internationales Festival der Alten Musik Alte Instrumente haben ihre Seele und ihren eigenen, einzigartigen Klang. Es lohnt sich, nachzuprüfen, ob die Behauptung stimmt – alte Musik wird auf originellen Instrumenten aus der jeweiligen Zeit gespielt. In den Kirchen und Konzertsälen Krakaus.

Festival des Studentenliedes Ein Fest singender Autoren, der Liedermacher und der Liebhaber von Liedern mit „Inhalt". Hier begannen u.a. die Karrieren von Maryla Rodowicz, Jacek Kaczmarski, Renata Przemyk, Gruppe Raz Dwa Trzy, Marek Andrzejewski, Barbara Stępniak und Dominik Kwaśniewski.

Buchmesse Die zweitwichtigste – nach Warschau – Buchmesse in Polen. Große, kleine und winzige Verlage. Begleitveranstaltungen und Bücherkirmes – im besten Sinne dieses Wortes. Als besondere Zutat: Schriftsteller, die ihre Bücher signieren.

Folk-Festival – Magische Grüne Inseln Polen und Irland. Begegnung mit keltischem Tanz, Dichtung und Gesang. An zwei Herbsttagen wird

Krakau zu einer grünen Stadt. Kulturzentrum „Rotunda"

November

Allerseelen-Jazz Das älteste Festival improvisierter Musik in diesem Teil Europas. Die Konzerte finden in den Krakauer Jazzklubs statt.

Festival Audio-Art Avantgarde und Verknüpfung des Klangs mit dem Bild. Zuhören und zusehen kann man in Klubs und Kulturzentren. Bisher fanden die Veranstaltungen im Kulturzentrum „Rotunda", im Bunkier Sztuki, im Goethe-Institut (Rynek Główny 20), und in der Musikakademie statt.

Internationales Filmfestival „Etiuda" Studentenfilm-Wettbewerb und Vorführung von zehn Filmen, die von einem der anerkannten Regisseure ausgesucht wurden. Die Filme werden im Kulturzentrum „Rotunda" und im Bunkier Sztuki vorgeführt.

Winter

Obwohl man bei Winterwetter nicht besonders geneigt ist, das Haus zu verlassen, lohnt es sich, die Zeit bis zum Frühling auf irgendeine Weise zu verkürzen. Das alte Krakau fällt nicht in Winterschlaf.

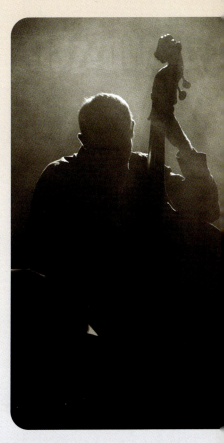

Dezember

Jazz Juniors Jazz-Jugend im Angriff. Internationaler Wettbewerb der Newcomer, also unroutinierte solide Musik, die das das Herz und das Ohr erfreut. Zusätzlich Auftritte von Stars der Jazzszene.

Wettbewerb der Krakauer Krippen Vor dem bronzenen Antlitz des Dichters Adam Mickiewicz auf dem Hauptmarkt wetteifern die Krakauer Krippenbauer. Die ausgezeichneten Arbeiten werden im Krakauer Historischen Museum ausgestellt.

Weihnachtsmarkt Winterlicher, kunterbunter Jahrmarkt auf dem

Markt. Zu kaufen gibt es Baumschmuck, Silberschmuck, chinesische Teebecher mit Sieben für grünen Tee, Gummibonbons in allen Farben, Anhänger und selbstverständlich Glühwein, also Sachen, ohne die man nicht auskommen kann.

Polnisches Trickfilm-Festival
Diejenigen, die mobile Striche auf dem Bildschirm mögen, lädt das Kino „Wrzos" ein (ul. Zamojskiego 50).

Umzug der Weihnachtssternsinger
Eine Verneigung vor der Tradition. Gesang und Glückwünsche der Weihnachtssternsinger aus der Umgebung von Krakau – sehenswert.

Internationales Festival des Stummfilmes Stimmloses Kino, dafür häufig mit Musikbegleitung. Filmcafé „Graffiti", Kino „Pod Baranami".

Januar

Neujahrskonzert Kulturelles Erwachen nach Silvester. Ort: Filharmonia Krakowska.

Großes Orchester des weihnachtlichen Hilfswerks Konzerte aller Musikgenres, welche jedoch alle einem Zecke dienen: Hilfe für kranke Kinder und Krankenhäuser, in denen sie behandelt werden. Für Anhänger schnellerer Rhythmen und härterer Klänge spielt das Punk-Orchester des Weihnachtlichen Hilfswerks.

Februar

Internationales Shanty-Festival Eine Reihe gesungener Lesungen unter dem Sammeltitel: „Krakau als Hafenstadt". Es kann tatsächlich in Schwung bringen. Alle Seelöwen begeben sich an diesen Tagen ins Kulturzentrum „Rotunda".

TEIL II

Der Königsweg

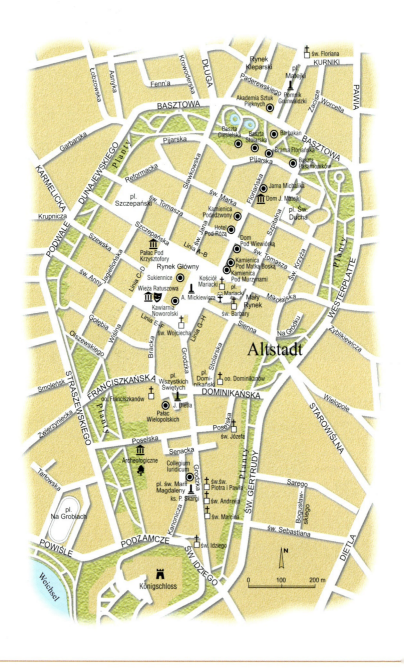

DER KÖNIGSWEG

Krakau ist ein Buch, in welchem Geschichte gelesen wird. Es ist so, als hätten sich die Steine zu Seiten zusammengefügt, zu einer Geschichte, die vor Jahrhunderten begann und unaufhörlich bis heute andauert. Und – was noch wichtiger ist – man liest diese Geschichte mit Wohlwollen – unabhängig davon, welche Seite des Buches aufgeschlagen ist. Jede Straße dieser Stadt hat ihr Geheimnis und ihre Schönheit, welche nur dann wahrgenommen werden können, wenn man aufmerksam zuschaut.

Eine Besonderheit ist der Königsweg, den man als Titelseite des Krakau-Buches bezeichnen könnte. Durch diese Straßen zogen Könige, Abgesande und reiche Kaufleute zum Wawel.

Titelseiten: Gaukler auf dem Markt

Darunter: Cafée *Vis-à-vis*

Der bekannte polnische Dichter Kazimierz Wierzyński schrieb in einem seiner Gedichte, dass Krakau eine durch und durch polnische, aber an das Altertum erinnernde Stadt sei.

Plac Matejki

Der Matejko-Platz sieht am schönsten in der Abenddämmerung aus

Der Matejko-Platz ist kein typischer städtischer Platz, auf dem ältere Herren flanieren und Verliebte versuchen, aus dem unsicheren Trapsen der Tauben ihre Zukunft vorauszuahnen. Der durch zwei verkehrsreiche Straßen geteilte, längliche Platz verbindet die Straßen Basztowa und Warszawska. Früher war der Platz ein Teil des Marktes im Krakauer Vorort Kleparz (Stadtrechte: Kazimierz Wielki – 1366; 1791 wurde Kleparz ein Stadtteil Krakaus). Der Markt wurde im 19. Jh. in die Plätze Matejki und Kleparski aufgeteilt.

Aus dem Gebäude am Pl. Matejki 13 strömen Studenten mit großen Zeichenmappen – es ist also unschwer zu erraten, wo sich die Krakauer Kunstakademie befindet. Gegründet wurde sie 1818 und ihr Schirmherr (und einst Direktor) war selbstverständlich Jan Matejko.

In der Mitte des Platzes steht das der Schlacht bei Grunwald/Tannenberg gewidmete Denkmal.

Das Grunwald-Denkmal

Das Denkmal wurde von Ignacy Paderewski aus Anlass des 500. Jahrestages der Schlacht bei Grunwald gestiftet, der Entwurf stammt von dem damals in Paris lebenden und noch unbekannten Bildhauer Antoni Wiwulski. Das Monument musste von Frankreich auf sieben Güterwagen befördert werden. Bei der feierlichen Enthüllung (1910) waren 150 000 Menschen anwesend, weit mehr als in Krakau damals wohnten. Die Begehung des 500. Jahrestages der Schlacht bei Grunwald schlug in eine große patriotische Manifestation um. Es fielen auch kritische Worte: das Pferd war angeblich zu dick (obwohl das Modell in den besten französischen Gestüten ausgewählt wurde). Infragegestellt wurden auch die Proportionen des Reiters und des Pferdes.

Auf dem mächtigen Sockel befindet sich der König Władysław Jagiełło zu Pferde, vorn, zu Füßen des siegreichen Fürsten Witold, liegt der Hochmeister des besiegten Ordens – Ulrich von Jungingen. Auf der rechten Seite sind die polnischen Mitkämpfer dargestellt: ein Knappe legt die hinterlassenen Kreuzritterfahnen zusammen, ein Reiter hält einen Streitkolben im erstarrten, ausgestreckten Arm. Zur Linken wurde die litauische Gruppe mit einem ins Horn blasenden Kämpfer und einem gefangenen Kreuzritter platziert. Auf dem Sockel befinden sich auch polnische, litauische und schamaitische Wappenschilder.

Während des Zweiten Weltkrieges haben die Deutschen das Werk Wiwulskis Stück für Stück abgetragen (ein ähnliches Schicksal traf auch andere bedeutende Monumente Krakaus: das von Kościuszko und von Adam Mickiewicz). Die metallenen Figuren wurden in den schlesischen Hütten für die Bedürfnisse der Wehrmacht eingeschmolzen. Gerettet werden konnten nur wenige Details des Denkmals. Erst 1972 wurde seine Rekonstruktion beschlossen, die Anfertigung der Kopie wurde Marian Konieczny anvertraut. Später wurde ihm vorgeworfen, dass er das Werk von Wiwulski nicht originalgerecht nachgestaltet hat. Es gab auch Stimmen, welche behaupteten, dass Jagiełło anstatt der Gesichtszüge von seinem Grabmal auf dem Wawel diejenigen von Konieczny hat. Das Monument wurde 1976 mit Hilfe eines Hubschraubers aufgestellt.

Wir hoffen, dass jeder Pole und jeder Litauer, jeder, der in den ehemaligen Teilen unserer Heimat oder am anderen Ozeanufer lebt, dieses Denkmal als Wahrzeichen der gemeinsamen Vergangenheit, als Zeugnis des gemeinsamen Ruhmes, als ein Versprechen besserer Zeiten, als einen Teil seiner im Glauben starken Seele, wahrnimmt.

Ignacy Paderewski, 15. Juli 1910

St. Florianskirche

Hinter dem Denkmal schauen zwei helle Türme der Florianskirche hervor. Von hier zogen zum Wawel die Gefolge der den Thron übernehmenden und der verstorbenen, ins Jenseits beförderten und somit in die Geschichte eingehenden

Einer der 15 Altäre in der Florianskirche

DER KÖNIGSWEG

Eine Darstellung des hl. Florian schmückt auch das Florianstor

Könige. Die *via regia* wurde manchmal auch zur *via dolorosa*: vom Rathaus über die Straßen Sławkowska und Długa wurden zum Tode Verurteilte zum hinter Kleparz befindlichen Galgen gebracht.

Ursprünglich war es ein romanisches Gotteshaus (vermutl. von 1184/85) vermutet wird (erhalten geblieben sind davon nur einige architektonische Details und das südliche Fundament). 1184 schenkte der Papst Lucius III. Polen die Reliquien des hl. Florian. Heute ruhen sie auf dem Wawel, die Kirche am Matejko-Platz ist immer noch Ort des Kultus des heiligen Soldaten.

Der hl. Florian ist Patron der Feuerwehr und schützt die Häuser vor dem Brand. Die an ihn gerichteten Gebete waren unterschiedlich. Auf einem der Krakauer Häuser liest man: „Heiliger Florian, schütze dieses Haus, damit es nicht von Flammen verschlungen wird". Aber es gab auch andere Bitten: „Heiliger Florian, schütze mein Haus und brenn' ein anderes an". Angeblich soll das während des Brandes 1528 wütende Feuer, wie durch ein Wunder, nur die Florianskirche ausgelassen haben – man sollte ihn gesehen haben, wie er, in der Luft schwebend, die Flammen gelöscht hat. Nach dem Namen des Heiligen wurde Kleparz im 14. Jh. (für kurze Zeit) als Florenz bezeichnet.

So richtig genau, wer St. Florian war, weiß man bis heute nicht. Aus den Überlieferungen kann geschlussfolgert werden, dass er entweder ein römischer Beamter oder ein Soldat war. In Kunstwerken wird er häufig in Uniformen dargestellt, manchmal trägt er darauf sogar das Offiziersemblem der Römischen Legionen, später wurde ihm von den Künstlern sogar der Adelstitel verliehen. Er lebte auf dem Gebiet des heutigen Österreichs unter Kaiser Diokletian. Im Jahre 304 starb er als Kämpfer für den neuen, christlichen Glauben den Märtyrertod. Viel später, 1184, hat der Kazimierz Sprawiedliwy auf Anstoß des Krakauer Bischofs Gredek einen Teil der Überreste des Heiligen nach Krakau bringen lassen. Die Legende sagt, dass die Pferde, die an den Wagen mit den Reliquien St. Florians gespannt waren, vor der Stadt stehen blieben und nicht weiterlaufen wollten. An dieser Stelle entstand dann die Frorianskirche.

Im 14. Jh. wurde die Kirche im gotischen Stil umgebaut. Es entstand ein dreischiffiges hallenartiges Gotteshaus (diese Form hat es übrigens bis heute). Ein aufmerksames Auge wird in dem im Barock- und Rokoko-Stil ausgestatteten Inneren 15 Altäre finden. Bemerkenswert ist der spätgotische Altar des Johannes des Täufers in der St.-Anna-Kapelle.

Besonders hervorzuheben ist ebenfalls das gotische Flachrelief *Mariens Tod* von 1440. Das Bildnis des hl. Florian (1686) im Hauptaltar stammt von Alexander Tricius, dem Hofmaler des Königs Jan III. Sobieski.

Im Kirchenschatz werden einmalige Reliquiare aufbewahrt.

Die Barbakane und das Florianstor

Die Barbakane, auch als Rundbau bezeichnet, gehört zu wenigen in Europa erhaltenen Schutzobjekten dieser Art und hinsichtlich der Größe und des sehr guten Zustands ist es der einzige derartige Bau. Gestiftet wurde sie vom König Jan Olbracht Ende des 15. Jhs., um das Florianstor zusätzlich vor türkischen Angriffen zu schützen. Der Bau entstand nach den Regeln der Gotik unter Anwendung neuester Erkenntnisse der Fortifikationskunst, nicht nur europäischer, denn Vieles weist darauf hin, dass die Schutzvorrichtungen den arabischen Kriegsbauten entlehnt wurden. Mit dem Florianstor war die Barbakane durch den sog. Hals verbunden, einen Brückenbau aus zwei Mauern. Im Hals befand sich der Altar mit dem Bildnis der Gottesmutter, der heute im Florianstor zu besichtigen ist, wohin er Anfang des 19. Jhs., nach der Abtragung des Halses verlegt wurde.

Erhaltener mittelalterlicher Barbakanen können sich europaweit nur Krakau und Carcassonne rühmen

Die Mauern des Rundbaus sind fast 3 m stark, sein Durchmesser beträgt 24,5 m. Die Mauer ist mit sieben Türmchen versehen, die sowohl für Observationszwecke als für die Scharfschützen bestimmt waren. Der Rundbau besaß außerdem 130 Schiessscharten, welche auf drei Etagen untergebracht waren. Die Eroberung der Barbaka-

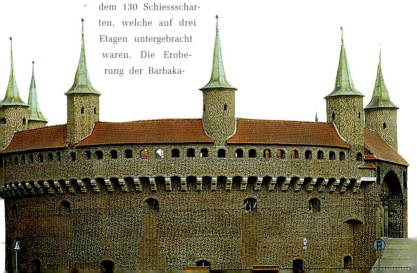

Das Florianstor ist eines der zehn Tore, die einst den Zugang zur Stadt verwehrten.

ne erschwerte zusätzlich ein 3 m tiefer und 26 m breiter Schutzgraben, der mit dem Wasser aus dem Fluss Rudawa gespeist wurde.

Auf der obersten Ebene der Barbakane befindet sich ein Erker mit Löchern im Boden. Durch diese Löcher wurde der Feind mit siedendem Wasser überschüttet oder mit Steinen beworfen. An der östlichen Außenwand befindet sich eine Tafel, die an ein Ereignis aus der Zeit der Konföderation von Bar erinnert: der Krakauer Handwerker, Marcin Oracewicz, erschoss damals das Oberhaupt der russischen Truppen mit einem goldenen Knopf aus seiner Schoßweste.

Im Inneren der Barbakane (geöffnet: Mai–Oktober 10.30–18.00) befindet sich ein großer Innenhof, wo man im Notfall die Verteidigungskommandos versammelte. Bemerkenswert ist die Anordnung der Schiessanlagen: zwei benachbarte Geschütze konnten den Feind ins Kreuzfeuer nehmen. Heute fungiert der Bau nicht mehr zu Schutzzwecken, trotzdem bildet er einen stimmungsvollen Schauplatz für Ritterturniere – die Shows finden einmal im Monat (April–September) im Innenhof statt. Ab und zu werden hier auch Konzerte und andere Veranstaltungen organisiert.

Das benachbarte, um 1300 erbaute und 1307 zum ersten Mal erwähnte **Florianstor** ist 34,5 m hoch. Der barocke Helm von 1694 ersetzte die anfängliche, während des Schwedenangriffs zerstörte Überdachung. In den unteren Partien der Mauer ist das ursprüngliche Baumaterial zu sehen, der obere Teil aus Ziegeln wurde später angebaut. In der Nähe steht heute noch ein Teil der Befestigung mit drei Basteien: links die Posamentiererbastei, rechts die Tischler- und Zimmererbastei.

Auf der Seite des Grüngürtels Planty ist das Tor mit dem Flachrelief des Piastenadlers dekoriert. Es ist das Werk von Zygmunt Langman, der Entwurf stammt von dem berühmten polnischen Historienmaler Jan Matejko. Auf der Seite der Ulica Floriańska sieht man im mittleren Teil des Turmes ein Rokoko--Flachrelief des hl. Florian aus dem 18. Jh. Erhalten sind ebenfalls historische, steinerne Führungsleisten zum Heben der Schutzpforte.

Als der Nachfolger der Pferdebahn, die elektrische Straßenbahn durch das Florianstor fahren sollte, entstand ein ernsthaftes Problem – das neue Gefährt war zu hoch. Es gab unterschiedliche Konzeptionen, vom Anheben des Tores bis zu seiner völligen Abtragung. Die rettende Idee stammte weder von einem Baumeister, noch von einem Ingenieur, sondern von einem Rechtsanwalt – er schlug vor, die Durchfahrt einzusenken, was auch getan wurde. In dieser Zeit sind auch andere Änderungen am Objekt vorgenommen worden: es entstanden ein Durchgang für Passanten und eine Balustrade auf dem Erker für Wachmänner.

Beim Fotografieren des Objektes muss man damit rechnen, dass auf dem Erinnerungsbild ein zufälliger Passant erscheint. Im Grunde sind Aufnahmen vom Florianstor ohne Passanten unmöglich…

Am Florianstor befindet sich eine kommerzielle Kunstgalerie unter freiem Himmel

Ulica Floriańska

Ulica Floriańska wird täglich von 100 000 Menschen besucht

Entlang der 335 m langen Straße, an deren Ende die erhabenen Türme der Marienkirche durchschimmern, stehen Häuser, welche sich noch an das 13. und 14. Jahrhundert erinnern. Es lohnt sich, den Schritt etwas zu verlangsamen, um die 20 Häuser in der Floriańska mit ihren gotischen Dekorationen und Renaissance-Portalen genauer zu betrachten.

Es gibt hier auch „Andenken" aus der jüngeren Vergangenheit, wie **Jama Michalika (Michaliks Höhle)** im Haus Nr. 45. Vor mehr als hundert Jahren zog Jan Ambroży Michalik nach Krakau – ein Mann, welcher den Künstlern die große Rolle von Cafés für die Entwicklung der bildenden und aller anderen Künste bewusstmachte. Im angemieteten Erdgeschoss des Hauses in der Floriańska 45 entstand die Lemberger Konditorei, im Volksmund: *Michaliks Höhle*. Das fensterlose Hinterzimmer der Konditorei, das in der Tat mehr einer Höhle aus einem exklusiven Treffpunkt glich, wurde zum Lieblingsraum der Künstler. Der Trend, sich in Michaliks Café zu treffen, ging von den Malern aus, später schlossen sich ihnen Literaten, Intellektuelle und jeder, der im Zeichen der *Moderne* begriffen werden wollte. Zehn Jahre nach der Entstehung des Cafés stieg der Grüne Ballon empor – Zielony Balonik, ein Literatenkabarett, das den Krakauern mehr Humor und dem Café neue Räumlichkeiten brachte.

Heute lädt Jama *Michalika* ihre Gäste zur Begegnung mit der „entstaubten" Geschichte ein: das restaurierte Innere erinnert an die Blütezeit des Cafés des Lemberger Konditors. Es lohnt sich, hineinzuschauen und die in den Vitrinen im Roten Saal ausgestellten Marionetten, die einst Akteure in den Krippenspielen Jungpolens (Jugendstils in Polen) waren zu beäugen. Im Frycz--Saal (auch als Grüner Saal bekannt) kann man Glasmalereien und von Franciszek Maczyński entworfene Sezessionsmöbel bewundern.

Im aus dem 16. Jh. stammenden Nachbarhaus verbrachte Jan Matejko sein ganzes Leben, bis zum Tod im Jahre 1893. Matejko hat beim Umbau des Hauses dem Renaissance-Haus eine neubarocke Fassade aufgesetzt. Fünf Jahre nach seinem Tod wurde im Haus Nr. 41 ein Museum eingerichtet (▶308).

Das aus dem 14. Jh. stammende Haus Nr. 24 gehörte einst den Glockengießern – es ist auch dementsprechend mit einem Wappen mit drei Glocken dekoriert. Anfangs hieß es „Zur Glocke" (Pod Dzwonem), später wurde die Bezeichnung zu **Podedzwony** umbenannt. Da sich dort eine bekannte Schenke befand, wurde es auch manchmal als „Szynkarska" bezeichnet. Bis zum 18. Jh. hatte das Haus Podedzwony nur eine Etage, teils gemauert, teils aus Holz. Anfang des 19. Jh. wurde das Haus von dem Weinhändler Józef Weiss übernommen, welcher die Glocken mit einem Weinblätterkranz, als Information über den von ihm ausgeübten Beruf, umrahmte.

Masken vom Straßenstand.

Das Haus Nr. 15 ist als Haus „Zum Eichhörnchen" (**Pod Wiewiórką**) bekannt. Im 16. Jh. gehörte es der Familie Boner, einem einflussreichen, mit dem Hof von Zygmunt Stary und Zygmunt August verbundenen Geschlecht. 1578 wurde hier die Druckerei der Piotrkowczyks eröffnet, in der u.a. die Bibelübersetzung von Jakub Wujek und die Predigten von Piotr Skarga erschienen sind. Hundert Jahre später ist die Druckerei von der Krakauer Akademie erworben worden. Mit dem „Eichhörnchen" ist der Arzt und Professor der Jagiellonen-Universität, Rafał Józef Czerwiakowski verbunden, der Schöpfer der modernen Chirurgie und Erfinder zahlreicher Operationsinstrumente. Kurz nach seinem Tod (1816) wurde in dem Haus die Apotheke „Zum goldenen Stern" eröffnet, die dort bis in die Neunzigerjahre des 20. Jh. funktionierte.

Im Haus Zur Glocke wohnten ursprünglich Glockengießer, die Weinranken im Wappen wurden vom späteren Hausbesitzer, einem Weinhändler, hinzugefügt

Das Hotel „Zur Rose" (**Pod Różą**; Floriańska 14; ▶354) ist eines der ältesten Hotels in Krakau. Über dem Eingang sieht man ein schönes Portal mit der lateinischen Sentenz, die auf europäischen Häusern aus der Renaissance und aus späteren Epochen zu sehen ist: *Stet domus haec donec fluctus formica marinos ebibat et totum testudo perambulet orbem*, also „Dieses Haus soll so lange überdauern, bis die Ameise das Meer ausgetrunken und die Schildkröte die Welt umwandert hat". Unter den „historischen" Gästen des Hotels wären Franz Liszt (1843), der Großfürst Konstantin und der Zar Alexander I., zu nennen (sie waren Gäste des Hotels im Jahre 1805). Um den Besuch des Zaren zu würdigen, nannte der Eigentümer das Gasthaus „Hotel de Russie", was den Polen aus verständlichen Gründen missfiel. Erst nach dem Januaraufstand wurde es zum Hotel „Zur Rosen" umbenannt. Angeblich soll hier selbst der große Honoré de Balzac übernachtet haben – das Gerücht, das um dieses Quasi-Ereignis wucherte, resultiert aus purer Namensverwechslung. Balzac wohnte in Wirklichkeit in einem anderen Krakauer Hotel – *Pod Białą Różą (Zur Weißen Rose)* in der Ulica Stradom.

Das Haus Nr. 13 stammt aus dem 14. Jh. Im 16. Jh. gehörte es Piotr Kmita. Die Renaissance hinterließ hier die steinernen Fensterumrahmungen und Wandmalereien in der ersten Etage. 1988 wurden während der Sanierungsarbeiten historische Details aus dem 16. Jh. freigelegt: eine Säule und Wanddecken. Im 17. Jh. gehörte das Haus der Familie Amendi, es hieß damals demnach **Amendzińska**.

Das Wappen des Hauses Nr. 5 „Zur Mutter Gottes" (**Pod Matką Boską**) stammt aus der Frührenaissance – die steinerne Figur der Madonna mit dem Kinde, in der Nische in Höhe der ersten Etage, gilt als eine der interessantesten Skulpturen Krakaus aus damaliger Zeit Krakaus.

*P*iotr Kmita (1477–1553) – Kronmarschall. Krakauer Woiwode, einer der wohlhabendsten Magnaten der Republik Polen. Anhänger der Königin Bona, ein Mäzen der Künstler und Wissenschaftler. Er förderte u.a. Maciej Bielski, Klemens Janicjusz, Stanisław Orzechowski.

Die Nr. 1 hat das Haus „Zu den Mohren" (**Pod Murzynami**). Im 16. Jh. befand sich hier eine Apotheke, in der Arzneimittel, Obst und Wein unter dem Schild „Sub Aethiopibus" verkauft wurden. Das Wappen der Apotheke – zwei Mohren, die einen Korb mit Obst halten, war nicht nur an der Außenwand des Hauses (genauer an der Hausecke) angebracht, sondern auch im Inneren der Apotheke. Bald wurde das Haus auch so genannt. An diesem Haus hält übrigens die berühmte, verzauberte Droschke…

Das Shoppen in der Floriańska ist sehr angenehm. Es lohnt sich, die ab und an stattfindenden Sonderangebote abzuwarten, um ein Schnäpchen zu machen.

Plötzlich erhallten von der Marienkirche aus Klänge des Turmliedes, von mehreren Trompetern geblasen, voller wunderbarer Akkorde. Es war so herrlich, als wäre Licht nicht nur Licht allein, als bestünde es auch aus Tönen… Diese Töne sprühten durch die Helligkeit, rein, deutlich, beinahe zum Greifen nahe, als würde man sie in die Hand nehmen und festhalten können.

Juliusz Kaden-Bandrowski

In der Floriańska kann man sich auch in netten Cafés und Klubs relaxen. Ein Muss für Jazzfans ist der Besuch des Klubs **U Muniaka** (Haus Nr. 3). Jeden Abend finden hier Konzerte verschiedener Bands statt. Donnerstags, freitags und samstags spielt dort die Gruppe Janusz Muniak & Friends. Ein anderer empfehlenswerter Music-Klub befindet sich im Haus Nr. 26, wo man viele Musikarten hören kann – besonders Rock, Pop und Jazz.

Hauptmarkt / Rynek Główny

Der Markt wurde bei der Stadtgründung 1257 ausgesteckt, als die Marien- und die Adalbert-Kirche bereits dastanden (daher ihre quere Lage zum Platz hin). Von jeder Seite gehen rechteckig drei Straßen aus. Die Sienna, Bracka, Szewska und św. Jana teilen die Fläche des Platzes in vier Teile auf. Dies entspricht der griechischen und römischen Tradition, Siedlungen auf dem Grundriss eines Kreuzes zu bauen (die Kreuzung soll sich in der Mitte der Tuchhallen befinden, obwohl es vor einigen Forschern bestritten wird).

Warum ist der Krakauer Markt so faszinierend? Vielleicht liegt es seinen historischen Verknüpfungen mit dem Altertum: die schachbrettartige Anlage, wie in hellenischen Städten, platziert Krakau hinsichtlich der Anordnung eindeutig am Mittelmeer und unterstreicht die kulturelle Einheit des Kontinents. Vielleicht sind es die Häuser, von

... Cracovia... omnium Polonorum facile arx et metropolis
(Krakau... aller Polen Festung und Mutter.)
Jan Długosz

denen jedes eine reiche Geschichte und berühmte Bewohner vorzuweisen hat? Oder vielleicht das Schlagen der Taubenflügel, das Schnauben der Droschkenpferde und das Marienlied, das seit Jahrhunderten ohne Eile die Krakauer Zeit abmisst.

Tuchhallen

Am Anfang standen hier, entlang einer Allee, nur zwei Reihen von Verkaufsständen. Gehandelt wurde vor allem mit Stoffen aus Flandern und Deutschland – mit guter und teurer Ware also. Für die Nacht wurde die Handelsallee von beiden Seiten mit Gittern abgeschlossen, damit die Käufer ihre Waren in Sicherheit wissen konnten. Um 1300 wurden die Stände überdacht, wodurch sie das Aussehen einer großen Handelshalle bekamen. An die Halle wurden kleine Metzgerläden, Verkaufsstände und -buden von Einzelhändlern angebaut. Ende des 14. Jh. ließ der Bauherr, Martin Lindentolden, die Halle mit einem starken Dach bedecken und eine Mauer bauen. Das Verkaufsrecht für die Halle war vererbbar und recht teuer: die Pachtmiete wurde an den König und an die Stadt abgeführt.

1555 ist die gotische Tuchhalle bei einem Brand im Stadtzentrum abgebrannt. Das Dach zerbrach, die Wände wurden beschädigt. Mit dem Wiederaufbau wurde der Bildhauer und Architekt aus Padua, Giovanni il Mosca (in Polen nannte man ihn Padovano) betraut. Die 1556 begonnenen Bauarbeiten dauerten drei Jahre. Aus damaliger Zeit stammt die berühmte Attika der Tuchhallen. Sie wird auch als polnische Attika bezeichnet – die üppige Verzierung der Dächer wurde aus den geographisch nahe gelegenen Ländern im Süden und Osten übernommen. Den Gebäudekamm schmücken groteske Gesichter, die vermutlich das Werk des Florentiners Santi Gucci sind, des Künstlers, der am Hof von Zygmunt August lebte. Andere gehen davon aus, dass die Maskaronen – so werden diese Gesichter genannt – aus verschiedener Hand stammen

Ich kenne weltweit keinen *schöneren* Fleck Erade *als den Krakauer Markt.*

Igor Mitoraj, Bildhauer

Die aus dem 16. Jh. stammenden grotesken Gesichter – die Maskaronen – sind vermutlich das Werk von Santi Gucci, obwohl einige Kunstgeschichtler der Meinung sind, dass sie von mehreren Künstlern stammen

DER KÖNIGSWEG   Hauptmarkt / Rynek ...

Krakauer Werke von Santi Gucci:
- Skulpturen an der Attika des Boner-Hauses (Rynek Główny 9);
- Grabsteine des Königs Zygmunt August und Anna Jagiellonka (Sigismund-Kapelle, Wawel)
- Dom Dziekański (Dekanatshaus; ul. Kanonicza 21).

und dass das einzige Bindeglied zwischen ihnen ihre Entstehungszeit ist.

1601 hatte Joachim Ciepielowski die glorreiche Idee, einen zusätzlichen Durchgang, quer durch die Tuchhallen zu bauen. Er finanzierte dieses Vorhaben, welches den Verkehr erheblich erleichterte und dank dem man heute nicht das ganze Gebäude umgehen muss...

Als in der ersten Hälfte des 19. Jh. in Krakau die „Stadtsäuberung" also Abtragung alter Gebäude in Mode kam, ist das Gelände um die Tuchhallen aufgeräumt worden. Das diesbezügliche Interesse galt auch der renovierungs- und umbaubedürftigen Halle selbst. Die Leitung der Bauarbeiten (1875–1879) übernahm der von Jan Matejko unterstützte Tomasz Pryliński. An beiden Außenseiten baute er Arkaden, die Kapitelle auf den Arkadensäulen entwarf Matejko. An den Wänden über den hölzernen Verkaufsständen wurden Stadtwappen und Embleme der Kaufmannsinnungen angebracht. Die feierliche Eröffnung der renovierten Tuchhalle, die mit dem 50. Schaffensjubiläum des Schriftstellers Józef Ignacy Kraszewski zusammenlief, fand Anfang Oktober 1879 statt. Während des Banketts zu Ehren Kraszewskis schenkte der Maler Henryk Siemiradzki der Stadt sein Gemälde *Neros Fackeln*. Es war das erste Gemälde der künftigen Sammlungen des Nationalmuseums. Siemiradzki folgten auch andere Maler und Sammler, sodass 1883 die erste Ausstellung der polnischen Malerei eröffnet werden konnte (▶307).

„Noworol"

Jan Noworolski stammte aus Lemberg. Den Beruf des Konditors erlernte er bei den Fachbesten – er war Praktikant in den Lemberger Schokoladenwerken von Gross und die Patissierkunst ergründete er bei Sacher in Wien. Nach dem Tode seiner Frau beschloss er, nach Krakau zu ziehen – er erwarb ein hinfälliges Café in den Tuchhallen und machte es zu einem Lokal mit Format und Wiener Flair. Ihren Kaffee genossen bei „Noworol" unter anderen Jan Matejko, Stanisław Wyspiański, Wojciech Kossak, Julian Fałat, Jacek Malczewski, Józef Piłsudski und Ignacy Daszyński. Das Kaffeehaus hat sein außergewöhnliches Fluidum bis heute beibehalten – hier regiert der Jugendstil und der Charme der Belle Epoque. Geschlossen ist das Café nur zu Ostern, zu Weihnachten und am Neujahrstag.

Hauptmarkt / Rynek... **DER KÖNIGSWEG**

Im Inneren der 108 m langen Tuchhallen blüht auch heute der Handel. Auf Ständen beiderseits des Durchganges werden Souvenirs, Handwerkserzeugnisse und vor allem Schmuck angeboten. Nicht nur die Besucher, sondern auch die Krakauer selbst wissen, dass man sich auf die Suche nach apartem Silber-, Bernstein- oder Korallenschmuck auch in den Tuchhallen umschauen muss. Die Preise kleinerer Schmuckstücke – Ohrringe, Anhänger, Armbänder – unterscheiden sich kaum von denen in den Juwelierläden und die Auswahl ist hier wirklich enorm. Unbedingt besucht werden muss das berühmte Café Noworolski. Hier schmeckt die Geschichte nach Kaffee und derselbe ruft Erinnerungen hervor.

Vor den Tuchhallen bieten die Krakauer Maler Bilder mit Ansichten von Krakau an. Man kann also die Wirklichkeit sofort mit dem Blick des Künstlers vergleichen.

Gedenktafel für Jan III. Sobieski in der Marienkirche.

Marienkirche

Die Kirche wurde 1226 vom Krakauer Bischof, Iwon Odrowąż, gestiftet. Der ursprüngliche Bau wurde 1241 beim Angriff der Tataren zerstört. An ihrer Stelle entstand 1290–1300 eine zweitürmige Hallenkirche. Die Reste des ersten Gotteshauses – romanische Fundamente und Postamente von Säulen, die einst zwischen den Schiffen standen – sind heute noch unterirdisch erhalten. Zwischen 1392 und 1397 wurde die Kirche von Mikołaj Werner zu einer dreischiffigen Basilika umgebaut.

Die Marienkirche von Außen

Die Fassade der Marienkirche besteht aus zwei Türmen verschiedener Höhe. Der höhere, die Hejnalica, von welcher stündlich das Turmlied erklingt, misst 81 m, der kleinere Turm ist 12 m niedriger. Die Hejnalica hat einen quadratischen Grundriss, ab der neunten Etage geht sie jedoch in ein Achteck über. 1478 bekam der Bau einen gotischen Helm, dessen Spitze acht Türmchen umsäumen. 1666 wurde die Spitze mit einer goldenen Krone von

Die Marienkirche kann täglich (außer während der Gottesdienste) besichtigt werden: Mo-Fr: 11.30–18.00 Uhr, sonn- und feiertags 14.00–18.00 Uhr. Öffnung des Hochaltars: 11.50 Uhr. Besichtigt werden kann der Teil mit dem Presbyterium und Hochaltar.

Gottesdienste: wochentags (an den Seitenaltären oder in den Kapellen) 6.00, 6.30, 7.00, 7.30, 8.00, 8.30, 9.00, 9.30, 10.00, 10.30, 11.00, 18.30 Uhr; sonn- und feiertags (am Altar) 6.00, 7.00, 8.00, 9.00, 10.00, 11.15, 12.00, 13.00, 18.30 Uhr.

Auch Bulat Okudshawa, der bekannte russische Dichter und Chansonier erwähnte Krakau in seinem Lied „Abschied von Polen".

Die Sonnenuhr von T. Przypkowski

4 m Durchmesser dekoriert (bei der 1912–1913 durchgeführten Sanierung haben in der auf dem Boden liegenden Krone zwölf Männer Platz gefunden). Sie wurde Stück für Stück nach oben transportiert und erst dort zusammengefügt. Um einer Deformation vorzubeugen ist die Krone mit Metallstäben verstärkt worden. Die ursprüngliche Krone, die wahrscheinlich aus mit Blech verkleidetem Holz bestand, ist den Witterungseinflüssen zum Opfer gefallen.

Der Helm auf dem niedrigeren Turm stammt aus der späten Renaissance (1592). Auf der Höhe der zweiten Etage, am Fenster der Kapelle der Bekehrung St. Paulus, ist eine Glocke für Verstorbene montiert (sie ruft die Gläubigen zum Gebet für den Sterbenden auf). Sie stammt aus der Werkstatt des Breslauers, Kasper Koerber. Von den fünf weiteren Glocken stammt die älteste aus der Wende des 13. zum 14. Jh. und die jüngste aus der Mitte des 16. Jh. Die Glocke Półzygmunt, die 1438

Das Trompetenlied

Das Trompetenlied erklang ursprünglich nur zweimal täglich. Erst im 16. Jh. begann die Tradition der stündlich geblasenen Melodie. Bekannt ist weder der Komponist des Turmliedes noch das Datum dessen ersten Erklingens. Die Melodie basiert auf fünf Tönen – ihre Schlichtheit rührt von der Notwendigkeit her, sie dem Instrument anpassen zu können: niemand war imstande, der Fanfarentrompete eine kompliziertere Melodie zu entlocken. Das Lied änderte sich im Wandel der Geschichte – beim Vergleich der vor 100 Jahren aufgezeichneten und der heutigen Noten lassen sich einige Unterschiede feststellen.

Gegen Ende des 18. Jh. wurde es still... Die Stadt hat aus finanziellen Gründen die Bezahlung der Trompeter eingestellt. Das Trompetenlied erklang erst 1810, dank Tomasz Krzyżanowski wieder – die Stiftung seiner Familie ermöglichte die Wiederaufnahme dieser edlen Tradition. Am Tage der Grablegung von Piotr Skrzynecki erklang das Trompetenlied (in Moll) von der höchsten Etage... des Warschauer Kultur- und Kunstpalastes in der Ausführung von Tomasz Stańko.

gegossen wurde, soll der für seine enorme Kraft bekannte Stanisław Ciołek ganz allein nach oben gebracht haben.

Die unteren Teile der Türme verbindet die spätbarocke Vorhalle, das Werk Francesco Placidis von 1750–1753. Beim Entwurf der Vorhalle ließ sich Placidi von der Architektur des Grabeskirche Christi in Jerusalem inspirieren. Obwohl der Anbau viel später als die Kirche entstand, ist die andersartige Stilistik kein Störfaktor. Die geschnitzten Häupter der Apostel und der polnischen Heiligen an der Eingangstür sind noch jünger, sie stammen aus dem Jahre 1929 und sind das Werk von Karol Hukan. Das Spitzbogenfenster über der Vorhalle zieren Glasgemälde von Józef Mehoffer und Stanisław Wyspiański, die Details aus Stein entwarf 1891 Jan Matejko. An beiden Wänden der Vorhalle stehen Weihwasserbecken aus dem 12. Jh.

Eingangstür zur Vorhalle der Marienkirche

Vor dem Betreten der Kirche sollte ihr Äußeres betrachtet werden. An das Hauptgebäude wurden zahlreiche Kapellen angebaut – die Marienkirche ist kein durchgehend gotischer Bau, sondern ein geschickt komponiertes und mit Details aus der Gotik bedachtes Werk. An den Außenwänden sind Grabtafeln angebracht, sie stammen von dem hier einst befindlichen Friedhof. Die dem König Jan III. Sobieski gewidmete Tafel an der Nordwand ist auf das Jahr 1883 datiert.

Wenn man die Kirche im Uhrzeigersinn umläuft, geht man an drei Kapellen und an der nördlichen Vorhalle vorbei. Die gotische Sakristei am Presbyterium wurde im 15. Jh. und der Schatz Anfang des 17. Jh. angebaut.

Es lohnt sich auch, den Blick nach oben zu richten: die Spitzbogenfenster sind mit Pflanzenmotiven und an den Gipfelpunkten mit Skulpturen dekoriert. Günstig ist es, wenn man ein Fernglas bei der Hand hat, um die gotischen Skulpturen näher beäugen zu können: die drei Verdammten und Satanen in der Höllengruppe, die Gottesmutter, die hl. Katharina, den hl. Christoph und die mit Engelfiguren umsäumte

𝒟ie Gotik entstand um 1140 in der Île-de--France. Als Initialbau der Gotik gilt der Chorneubau der Klosterkirche in Saint Denis. In Polen begann sie mit den Bauten der Zisterzienser (in Kleinpolen die Basiliken in Jędrzejów, Koprzywnica, Sulejów). Es entstanden nun große Kirchen, deren Inneres durch das durch die spitzbogigen Fenster einfallende Licht erhellt wurde. Die schmalen Fenster ähnlen den schlanken Türmen. Zur Schönheit der entstehenden Basiliken trug die gekonnte Anwendung (nicht Erfindung, da es diese Lösung bereits in der vorgotischen Bauweise gab) des Kreuzrippengewölbes bei. In der gotischen Faszination für das Senkrechte – Symbol des Emporsteigens zum Himmel, dem Schöpfer zu Ehren – kommt einerseits die Gotteshingabe und gleichzeitig der Mut der mittelalterlichen Architekten, die Größe des Menschen und seiner Werke zu präsentieren.

Hauptmarkt / Rynek Główny

Den Springbrunnen von Jan Budziłło am Plac Mariacki schmückt die Figur eines Studenten – Kopie einer der Figuren aus dem Marienaltar

Darstellung des Hauptes Christi. Die Außenwände des Presbyteriums krönt ein von 21 Auflagern gestütztes Gesims.

An der Außenwand der Kapelle St. Johann Nepomuk befindet sich die Sonnenuhr von Tadeusz Przypkowski – ein Graffito (auf Wände, Mauern, Fassaden usw. eingeritzte, mehrfarbige ornamentale oder figurale Dekoration). Die Uhr wurde an der Stelle der früheren, von 1682 angebracht.

Sehenswert ist der **Marienplatz**, einer der schönsten Orte in Krakau. Er entstand Anfang des 19. Jh., nachdem der Gemeindefriedhof geschlossen wurde. Zwischen dem Plac Mariacki und dem Kleinen Markt (Mały Rynek) steht die St. Barbara-Kirche (14. Jh.) und das angrenzende Jesuiten-Kloster.

Auf dem mit weißem Stein gepflasterten Platz (die scharfe Mittagssonne unterstreicht seine Schönheit besonders, der Winter und der Herbst sind diesbezüglich ungnädiger) steht ein Springbrunnen mit der Figur eines Studenten – Kopie einer der Figuren aus dem Altar von Veit Stoß. Der von Jan Budziłła entworfene Brunnen wurde 1958 von Krakauer Handwerkern gestiftet. Gegenüber, im Südteil der Marienkirche befindet sich der Eingang für Besucher und daneben eine Spur des alten Brauchtums – das Halseisen.

Im Inneren der Kirche

Im spätbarocken Altar im Südschiff befindet sich das Kruzifix von Veit Stoß – die Figur Christi besteht aus einem einzigen Stein-

Die St. Barbara-Kirche (Kościół św. Barbary)

Entstand 1338–1402; gestiftet wurde sie von der Königin Jadwiga. In der zweiten Hälfte des 17. Jh. umgebaut, behielt sie ihren gotischen Charakter. Die dreieckige Fassade hat keinen Turm. Den vorderen Teil des Bauwerks nimmt die Friedhofskapelle mit dem als Ölgarten bezeichneten Vorraum ein. Sehenswert ist darin *Das Gebet im Ölgarten*, welches Ende des 15. Jh. entstand und das Werk eines Künstlers aus dem Kreise um Veit Stoß ist. Die Innenausstattung stammt aus den Sechzigerjahren des 18. Jh. Autor der Deckenmalereien (1765) ist F. I. Molitor, der u.a. auch die Gemälde in den Seitenaltären der Kirchen in Mogiła und in der Kapuzinerkirche malte. Sehenswert ist das um 1616 entstandene Werk Dolabellas *Gottesmutter mit dem Kinde, angehimmelt vom hl. Stanisław Kostka und Aloisius von Gonzaga*. Schenswerte ist die Skulptur der Schmerzensmutter Pietà des Meisters schöner Madonnen aus Breslau.

block. Einen vortrefflichen Hintergrund für das Kruzifix ist die von Józef Ceypler im Jahre 1723 auf Silberblech angefertigte Ansicht Jerusalems. Ein zweites einzigartiges Kruzifix, welches vermutlich von einem der Schüler von Veit Stoß stammt, wurde auf dem von Jan Matejko entworfenen Kreuzbalken zwischen dem Hauptschiff und dem Presbyterium angebracht.

Auf der rechten Seite des Altars, im Südschiff, befindet sich der Eingang zur Kapelle St. Nepomuk von 1435. Die Wandmalereien im Inneren stammen von Włodzimierz Tetmajer und Jan Bukowski (Anf. 20. Jh.). In der unterirdischen Gruft ruhen die Fürsten von Oświęcim, Racibórz und Zator und die schlesischen Piasten.

Auf der linken Seite des Südeingangs befinden sich zwei Kapellen. In der ersten, 1443 gestifteten St. Valentin-Kapelle ist eine der ältesten Grabplatten der Marienkirche zu sehen. In der 1435 gestifteten Kapelle St. Lazarus ist das barocke Kruzifix sehenswert.

Die Seitenschiffe sind vom Hauptschiff durch Stützpfeiler getrennt. Das Kircheninnere ist recht hoch – die 28 m Höhe, verbunden mit der reichen Verzierung wirken beeindruckend. Beim Passieren des Hauptschiffes zum nördlichen (linken) Seitenschiff hat der Besichtigende die Gelegenheit, das gotische Kreuzrippengewölbe zu bewundern. Alles ist hier aufeinander abgestimmt: die Farbgebung der Wandmalereien, die alten, noch aus dem Mittelalter stammenden Buntglasmalereien im Presbyterium und jene von Wyspiański und Mehoffer über dem Chor. Die Pfeiler des Nordschiffes sind mit Gemälden von Jan Kulumbach (16. Jh.) dekoriert.

Aus dem Seitenschiff führen die Eingänge zu drei Kapellen. In der Kapelle Johannes des Täufers ist die Polychromie von Józef Mehoffer sehenswert, die Ausstattung ist barock. Gleiches gilt für die im 15. Jh. von dem Ratsherren Marek Noldenfesser gestiftete St. Laurentius-Kapelle: sie wurde später errichtet, weist jedoch sehr sehenswerte barocke Züge auf. Die Wandgemälde entstanden noch etwas später, und zwar Anfang des 20. Jahrhunderts. Jan Bukowski ist der Künstler,

𝒟as Halseisen wird mit einer Kette am Rathaus, der Kirche oder einem sonstigen öffentlichen Gebäude befestigt. Um zu dieser demütigenden Ruhigstellung verurteilt zu werden, reichte ein geringfügiger Diebstahl – oder im Falle der Verkäufer – eine Beleidigung des Kunden aus. Die Strafe wurde in Krakau bis 1779 verhängt. Das Halseisen an der Marienkirche ist das letzte erhaltene Folterstück dieser Art in Krakau.

Im Sommer kann man auch den Marienturm besichtigen: 1. Mai – 31. August. Di, Do, Sa: 9.00–11.30 und 13.00–17.00, Eintritt alle 20 min. Besichtigungen mit einem Fremdenführer in Gruppen von 10 Personen. Eintrittskarten an der Kasse der Basilika.

$\mathcal{G}$iovanni Maria Padovano (1493–1574) kam im Alter von etwa 40 Jahren nach Polen. Bereits damals war er als Künstler bekannt, der Werke zu biblischer und antiker Thematik schuf. Er sollte eine Grabskulptur anfertigen, man weiß jedoch nicht, ob sie für das Grab von Zygmunt Stary in Krakau oder für jenes von Zygmunt August in Vilnius bestimmt war. Das Werk in der Sigismundkapelle ist nach Meinung der Wissenschaftler ein Werk von Berrecci.

Unter den Krakauer Werken Padovanos sind der Altar mit dem Grab von Piotr Gamrat in der Wawel-Kathedrale und der Hof des Bischofs Samuel Maciejowski im Stadtteil Biały Prądnik zu nennen.

auf dessen Fähigkeiten sie zurückgehen. In der Kapelle der Verklärung Christi lohnt es sich, am barocken Altar aus der Mitte des 18. Jahrhunderts stehen zu bleiben. Geschaffen hat ihn Francesco Placidi, und das Ganze ist ein Meisterstück der barocken Kirchenbaukunst.

Im Nordschiff auf der Seite des Presbyteriums befindet sich ein barocker Altar mit einer wertvollen Mensa vom Anfang des 15. Jahrhunderts. Links am Eingang zum Presbyterium steht der zum Barock tendierende Altar von Kasper Bażanka. Das Altarbild malte Giovanni Battista Pittoni.

Auf der anderen Seite der Verengung, welche das Schiff vom Presbyterium trennt, steht das Ziborium, ein Gefäß zur Aufbewahrung der konsekrierten Hostien. Sein Autor ist Giovanni Maria Padovano, italienischer Bildhauer, Architekt und Medaillenkünstler. Auf den Stufen der Treppe am Ziborium wiederholte Tadeusz Kościuszko das am Markt abgelegte Gelübde.

Hinter dem Kreuzbalken befinden sich zwei Steingräber aus der Zeit der späten Renaissance. Auf der rechten Seite erhebt sich das weiß schimmernde Grab der Familie Montelupi, wahrschein-

Farbige Ziegelsteine

Jeder Backstein, aus dem die kirchlichen und profanen Bauten im Mittelalter entstanden, wurde einzeln gefertigt. Ihre Oberfläche kennzeichneten, einer Unterschrift gleich, die Fingerspuren des Formers. Für die mittelalterlichen Bauherren war die Art und Weise des Ziegellegens von höchster Relevanz. Durch die Anwendung verschiedenfarbiger Bindemasse ließen sie diverse Muster entstehen. Auch wurden häufig ungleichmäßig ausgebrannte Ziegelsteine aneinander gelegt – die mittelalterlichen Architekten haben es verstanden, aus der Not eine Tugend zu machen – sie haben die Unvollkommenheit der Backsteine zur Vollkommenheit ihrer Bauten umgemünzt. Infolge der unterschiedlichen Dauer der Ausbrennung entstanden grauschwarze oder ganz schwarze Ziegeln. Zusätzlich wurden sie auch mit Klinker – meist grün – glasiert. Dadurch hatten die Hauswände farblich unterschiedliche Partien und wurden zu wahrhaftigsten Wunderwerken – nicht mehr der Handwerks – sondern bereits großer Kunst.

$\mathcal{V}$eit Stoß (1447–1533) arbeitete früher in Schwaben und Nordrhein. An der Weichsel verbrachte er 19 Jahre, ging dann nach Nürnberg zurück. Er hinterließ in Krakau außer dem berühmten Hochaltar und seinem Sohn Stanisław das Grabmal von Kazimierz Jagiellończyk auf dem Wawel, das Epitaph Kallimachs in der Dominikanerkirche, das Flachrelief Christi im Ölgarten (Nationalmuseum) und den Kruzifix in der Marienkirche. Das weitere Schicksal von Veit Stoß war dramatisch, wegen einer Urkundenfälschung wurde er auf beiden Wangen mit glühendem Eisen gebrandmarkt.

lich ein Werk Guccis, zur Linken das dem der Montelupis ähnelnde Familiengrab der Celaris. Beide ergänzen sich durch weitere Merkmale: bei den Montelupis findet man die Allegorien der Kühnheit, der Enthaltsamkeit und der Vernunft, bei den Celaris – den Glauben und die Hoffnung.

Das Presbyterium der Marienkirche stiftete 1365 Mikołaj Wierzynek, welcher, wie man daran sieht, nicht nur üppige Festmähler spendierte. Das Gewölbe wurde 1442 von einem Baumeister aus der Familie Czipser gefertigt. An der Verbindung der Gewölberippen sieht man die Wappen Polens und Krakaus sowie das Wappen des Stifters der ursprünglichen Kirche, Iwon Odrowąż. In den Wandnischen stehen die Figuren der sechs alttestamentarischen Propheten: Jeremias, Daniel, David, Ezechiel, Jonas und Isaias.

Sowohl die Wände als auch das Gewölbe sind mit von Jan Matejko entworfenen und 1890–1892 entstandenen Malereien bedeckt. Die Fertigstellung des ungewöhnlichen Gemäldes war eine hervorragende Geschicklichkeitsübung für die jungen Malerassistenten Matejkos, u.a. Stanisław Wyspiański, Józef Mehoffer, Antoni Gramatyka, Edward Lepszy und Stanisław Bieńkiewicz. Die

Wandgemälde von Jan Matejko

technischen Zeichnungen erarbeitete Tomasz Lisiewicz, mit den Goldarbeiten wurde Michał Stojakowski betraut. Über dem Besucher der Basilika ist ein Sternenhimmel gespannt. An den Wänden stehen Engelfiguren mit Schärpen, auf welchen man den Text der Litanei an die Gottesmutter sieht. Im oberen Teil des Wandgemäldes befinden sich die Wappen der Handwerksinnungen, darüber die Wappen von Königen, Bischöfen und Fürsten.

Im Presbyterium kann man das frühbarocke Chorgestühl und gotische Glasmalereien bewundern, welche zu den ältesten in Polen gehören (1370–1390).

Der Hochaltar von Veit Stoß

Der Veit-Stoß-Altar besteht aus 200 Figuren und aus etwa 2 000 bildhauerischen Details. An diesem Lebenswerk arbeitete der Künstler mit seinen Schülern insgesamt 12 Jahre (1477–1489). Im sechsten Jahr lie en die Krakauer Stadtherren, die den Meister aus Nürnberg holten, die Arbeitsfortschritte am Altar nachprüfen. Das, was sie gesehen haben, hat ihre Erwartungen weit überschritten – sie nahmen bereits in dem entstehenden Werk das bildhauerische Genie von Stoß wahr. Als Annerkennung befreite die Stadt den Künstler von sämtlichen steuerlichen Verpflichtungen. Die Mittel für den Altarbau verschafften die Einwohner Krakaus: die gesammelte Summe betrug 2808 Gulden – so viel wie das Jahresbudget der Stadt betrug.

Die Figuren von Veit Stoß sind in Lindenholz geschnitzt, das weiche Holz ließ sich gut verarbeiteten. Die Bäume soll der Künstler im Urwald in Niepołomice bei Krakau selbst ausgewählt haben. 500-jährige Baumstämme waren erforderlich, um die notwendige Größe der Figuren zu erreichen. Den Altarrahmen fertigte der Meister aus Eichenholz an, zum Verschalen benutzte er Lärchenholz. Auf die geschnitzten Schreinfiguren wurden Farben und Gold aufgetragen.

Kurz vor dem Ausbruch des Zweiten Weltkrieges wurde der Altar von Veit Stoß gesichert und versteckt. Ein Teil des Meisterwerkes wurde nach Sandomierz gebracht, ein anderer in den Kellergewölben des Hauses in der Ulica św. Jana 9 sicher-

In den riesigen Fenstern des Presbyteriums sind wunderschöne gotische Glasmalereien erhalten

...Krakau. Tiefe Demut, Nachdenklichkeit...
Es ist nicht Freude, nicht Traurigkeit, sondern vielmehr Verehrung, die dich zwingt, den Hut abzunehmen und beim Hinsehen auf die von Weitem schimmernden Türme, aus der Tiefe deiner Seele zu flüstern:
Domine, non sum dignus...

Stefan Żeromski *Dzienniki (Tagebücher)*

Der größte hölzerne Hochaltar im mittelalterlichen Europa, das Werk von Veit Stoß

gestellt. Während der Besatzung ist es den Nazis gelungen, den Altar ausfindig zu machen und nach Nürnberg zu transportieren. Er wurde nach langen Sucharbeiten erst von Emeryk Hutten Czapski jr. gefunden und von Karol Estreicher nach Krakau geholt. Der Altar wurde nach der Restaurierung 1946–1949 fragmentarisch auf dem Wawel ausgestellt. An seinen ursprünglichen „Wohnort" in der Marienkirche kam er erst im Jahre 1957.

Der Altar ist ein Pentaptychon – er besteht aus fünf Teilen. Der Altarschrein hat zwei Flügelpaare, einen beweglichen und einen unbeweglichen. Den Untersatz des Altars bildet der sog. Jesse--Baum – der Stammbaum Mariens mit 14 figürlichen Darstellungen. Bei der Arbeit an diesem Teil des Altars benutzte Veit Stoß wahrscheinlich als Vorlage die Grafik von Yzrael van Meckenem.

Im Mittelschrein ist das Entschlafen Mariens dargestellt. Stoß knüpfte hier an die mittelalterliche *Goldene Legende* von Jakob de Voragine an: die als junges Mädchen dargestellte Maria stirbt ohne zu leiden, umringt von den zwölf treuen Aposteln.

Über dieser Hauptszene ist Maria Himmelfahrt dargestellt. Auf dem die gesamte Komposition umrahmenden Bogen befinden sich figürliche Darstellungen der Kaufleute, Patrizier und Handwerker, welchen der Künstler vermutlich alltäglich in der Stadt begegnete. In jeder der oberen Ecken sieht man je zwei Büsten. Das eine Paar sind die Heiligen Gregor und Hieronymus, das zweite – Ambrosius und Augustinus. Bestechend ist

*B*reite des Altars im offenen Zustand: 11 m.
Höhe des Altars: 12,85 m.
Breite des Altarschreins: 5,34 m.
Maximale Größe der Altarfiguren: 2,8 m.

bei Stoß die Art und Weise der Darstellung der menschlichen Charakterzüge. Seine Skulpturen stellen sowohl eine Studie der menschlichen Psyche als auch eine hervorragende Basis für Erforscher der mittelalterlichen Sitten, Kultur und Gesundheitszustands der damals lebenden Menschen dar.

Wer die Seele Polens kennenlernen will – der sollte in Krakau nach ihr suchen. Sie ist in Steine und Bilder eingezaubert, in die Melancholie der Gräber und in die Würde einiger auserwählter Schöpfergeister.

Wilhelm Feldman

Der Aufsatz auf der Spitze des Altars zeigt in der Mitte die Krönung Mariens, zwei Engel und die zwei Schirmherren Polens, links den Heiligen Stanislaus und rechts den Heiligen Adalbert.

Auf den beweglichen Flügeln befinden sich Flachreliefs mit Darstellungen von Szenen aus dem Leben Jesus und Marias. Die geöffneten Flügel zeigen *Sechs Szenen der Freuden Marias*. Links oben: Mariä Verkündigung, links Mitte: Die Geburt Jesu, links unten: Anbetung der Heiligen drei Könige. Rechts oben: Auferstehung Jesu, rechts Mitte: Christi Himmelfahrt, rechts unten: Ergießung des Heiligen Geistes. Wenn der Altar geschlossen ist, sind auf den Flügeln folgende Flachreliefs zu sehen: Begegnung Joachims und der hl. Anna am Goldenen Tor, Marias Geburt, die Opferung Mariens (linker Außenflügel), Opferung Christi, Christi im Tempel, Gefangennahme Christi (linker beweglicher Innenflügel), Kreuzigung, Beweinung, Grablegung Christi (rechter beweglicher Innenflügel), Abstieg Christi in die Hölle, Drei Marien am Grabe, Jesus als Gärtner vor der hl. Maria Magdalena (rechter Außenflügel). Vom Presbyterium führt ein Portal aus dem 17. Jh. in die Sakristei. Das Gewölbe des auf das 15. Jh. datierten Raumes schmückt die barocke Polychromie von Peter Franz Molitor. Die Wanddekoration stammt aus viel jüngerer Zeit, sie entstand Anfang des 19. Jahrhunderts. Hinter der Sakristei befindet sich die Ende des 16. Jh. an die Basilika angebaute Schatzkammer der Marienkirche.

Grablegung – Szene auf dem rechten Flügel des Pentaptychons

Rathausturm

Vom Mittelalterlichen Krakauer Rathaus ist nur ein einziger Turm übrig geblieben. Das an der Wende des 13. zum 14.

Jahrhundert erbaute Rathausgebäude befand sich an dessen Nordseite und stand parallel zu den Tuchhallen. Vom Markt war der Turm durch eine Mauer getrennt – der auf diese Weise entstandene Innenhof wurde als Hinrichtungsort (Galgen und Bock) und als Gefängnis genutzt. 1562 wurde der Speicher und nach 120 Jahren an der Südseite des Turmes die Stadtwache angebaut. Angesichts schwerer Bauschäden wurde das Rathaus 1818 abgetragen.

Den Turm betritt man von der Nordseite; das gotische Portal schmücken das Staats- und das Stadtwappen. Die Löwen am Eingang stammen aus dem 19. Jh. Sie sind aus dem Schloss der Familie Morstin in Pławowice nach Krakau gebracht worden.

Der 70 m hohe, auf quadratischem Grundriss gebaute Turm ist ein Stein- und Ziegelbau, der 50 cm vom Lot abweicht. Im Obergeschoß befinden sich kleine Balkone. Ursprünglich hatte der Bau eine gotische Überdachung, sie erinnerte an jene des höheren Turmes der Marienkirche, der barocke Helm wurde erst 1686 aufgesetzt.

Der Rathausturm ist 70 m hoch und weicht 50 cm vom Lot ab

Im Parterresaal kann man um ein Dutzend Meisterzeichen der Krakauer Steinmetze von 1444 sehen. Die restaurierten Räume beherbergen die Filiale des Historischen Museums (▶322). Im Kellergewölbe befindet sich ein Pub und die Rathausbühne des Teatr Ludowy (Volkstheater).

Zwischen dem Rathausturm und dem Auslauf der Ulica Szewska, an der Stelle, wo Tadeusz Kościuszko 1794 seinen Eid ablegte, ist in die Marktplatte eine Gedenktafel eingebaut worden. Die zweite, an die Preußische Huldigung (1521) erinnernde Tafel, befindet sich zwischen den Tuchhallen und der St. Adalbert-Kirche.

St. Adalbert-Kirche

Diese schlichte Kirche an der südöstlichen Ecke des Marktes ist eines der ältesten Gotteshäuser Krakaus – die Schichten der Historie werden hier wie die Schichten der Steine freigelegt. Die Legende erzählt, dass hier der heilige Adalbert Predigten abhielt. Nach seinem Märtyrertod hat der König Bolesław Chrobry den Heiligen zum Patron dieser Kirche gemacht. Außer zu religiösen Zwecken diente der Bau als auch ein Stützpunkt der Abwehr auf dem Weg zum Wawel-Schloss.

Bereits im 10. Jh. gab es hier eine romanische Kirche, welche vermutlich größer als die heutige war und einen Turm mit quadratischem Grundriss hatte. Nicht auszuschließen ist, dass die ursprüngliche Kirche aus Holz bestand, dafür zeugen Spuren, die unter dem Fundament gefunden wurden.

Das heutige Aussehen der Kirche, die eher an eine Kapelle mit einer barocke Kuppel erinnert, ist das Ergebnis des Umbaus im 18. Jh. Beim Betreten der Kirche muss man einige Stufen hinabsteigen – dies vergegenständlicht, wie sich der Boden unter dem Platz während der Jahrhunderte erhöhte.

Adalbertkirche,
Gottesdienste:
So: 10.30, 12.15 Uhr.

Die Gebäude rund um den Markt

1882 wurden die Häuser auf dem Markt mit Nummern versehen und der Markt in Linien aufgeteilt. Die Linie A–B bildet den Abschnitt zwischen den Straßen Floriańska und Sławkowska; Linie C–D jenen zwischen der Szczepańska und św. Anny; E–F kennzeichnet den Abschnitt Wiślna–Grodzka, und die Linie G–H den Teil zwischen Grodzka und dem Marienplatz.

In den Erdgeschossen der Gebäude um den Markt schillern die Vitrinen exklusiver Geschäfte. Elegantes Schuhwerk, Dekorglas, Alkoholgetränke… Man muss schon sehr aufmerksam sein, um zwischen den Neonlichtern und Schildern ein interessantes architektonisches Detail zu erblicken und um die Spuren des alten Krakaus nicht zu versäumen.

Die Strecke G–H: pl. Mariacki–Grodzka

Darstellung des hl. Adalberts im Kircheninneren

Auf dem Markt begegnet die Tradition Schritt für Schritt der modernen Gegenwart. In der Nachbarschaft der Marienkirche (welche Farbe haben eigentlich ihre Ziegelsteine? Ein farbensensibler Beobachter wird Unterschiede in der Koloristik der Türme bemerken – sie sind sowohl von der Jahres- als auch von der Tageszeit abhängig) entstand **Empik** – das Königreich der Zeitschriften, Plat-

Hauptmarkt / Rynek Główny

Empik ist ein Muss für Bücherwürmer und Melomanen

ten und Bücher. Die Fülle des Angebots gewährleistet einen recht langen Aufenthalt in der Buchhandlung – man kann sie von der Sienna und vom Markt aus betreten. Und im Winter kann man sie getrost auch dazu nutzen, die kalten Füße und Hände ein wenig auftauen zu lassen.

Gleich in der Nähe befindet sich ein empfehlenswertes, ab 6.30 Uhr geöffnetes Gasthaus mit dem längsten Namen in Krakau: *Erstes Lokal in Krakau, in der Ulica Stolarska, wenn man vom Kleinen Markt (Mały Rynek) kommt.* Die Gaststätte ist recht klein, so dass man dort keine größeren Veranstaltungen planen sollte. Bei dieser Gelegenheit lohnt es sich, einen Blick auf den Kleinen Markt (**Mały Rynek**) – im Mittelalter war es der zweitgrößte Marktplatz der Stadt, heute fungiert er leider nur als ein Parkplatz. Nachdem man etwas zu sich genommen und Kräfte gesammelt hat, kann man sich über die spiegelglatten Pflastersteine der Ulica Sienna zu einer weiteren Wanderung über den Markt begeben. (Und diejenigen, welche sich für die Ulica Stolarska entscheiden, sollten zur Seite 122 weiterblättern).

Kamienica Szara (Das Graue Haus; Nr. 6) steht gegenüber der Buchhandlung Empik. Es entstand im 14. Jh. durch die Verbin-

---

Wenn die Füße nicht mehr mitmachen...

Wer nicht laufen mag, kann die Stadt mit dem Elektrofahrzeug „Melex" oder mit dem Bus besichtigen. Die Melex-Strecke umfasst: die Wehrmauer, die Altstadt, das Königsschloss, den jüdischen Stadtteil Kazimierz und die Kirche auf dem Felsen (Na Skałce). Die Touristen bekommen einen Audioführer, aus dem Erzählungen über die Königsstadt, deren Geschichte und historische Sehenswürdigkeiten erklingen (in vier Sprachversionen, Polnisch, Englisch, Deutsch, Französisch). Die anderthalb Stunden vergehen wie im Fluge. Abfahrt: Ulica Mikołajska, täglich 10.00 und 12.00 Uhr. Das ganze Jahr über kursieren auf der Strecke Wawel – Łagiewniki Sightseeing-Busse. Abfahrt: Kreuzung der Straßen Grodzka und św. Idziego von 9.30 bis in die Abendstunden. Empfehlenswert wäre auch eine Strassenbahnfahrt mit der Line 4, von Bronowice über das Stadtzentrum bis Nowa Huta hin.

Kleiner Markt (Mały Rynek) – im Mittelalter der zweitgrößte Marktplatz Krakaus

𝒟as Graue Haus (Szara Kamienica) hat große Geschichte miterlebt:

- 1574 – auf Einladung von Piotr und Samuel Zborowski war hier Henri de Valois zu Gast;
- 1794 – befand sich hier das Quartier von Tadeusz Kościuszko;
- 1846 – wurde es zum Sitz der Nationalen Regierung.

dung zweier kleinerer Gebäude. Der Legende nach soll hier die Geliebte des Königs Kazimierz Wielki – Sara – gewohnt haben. Daher leiten manche die Bezeichnung „Szara" ab. In Wirklichkeit gehörte es ab Mitte des 19. Jh. Stanisław Feintuch, der seinen Nachnamen zu „Szarski" änderte. Früher gehörte das Haus, in welchem Szarski ein exklusives Tee-Geschäft einrichtete, den Familien Zborowski, Zebrzydowski und Zieliński.

Heute lädt hier das Restaurant *Szara* – und zwar nicht nur zum Tee – ein. Das Schild lässt zwar viel zu wünschen übrig, die wichtigste Aufgabe erfüllt es dennoch: die Information über die vorzügliche Küche bleibt im Gedächtnis hängen, also bleibt einem nichts anderes übrig, als sich auf ein kulinarisches Abenteuer einzulassen. Und die „Küchenrealität" erweist sich in der Tat nicht als grau, wie der Name vermuten ließe: die Köche, deren Spezialität Fischgerichte sind, achten darauf, dass alles in bester Ordnung ist.

Das gotische Montelupi-Haus (Nr. 7) wurde 1556 im Renaissancestil umgebaut. Hier befand sich die erste, Mitte des 16. Jh. gegründete Polnische Post. Das Montelupi-Haus hat zwei Pforten. Das Hauptportal stammt aus der Wende des 16. zum 17. Jh. Die Einfahrt mit dem zweiten, älteren Portal (16. Jh.) führt aus der Diele (sehenswert ist das Wappen der Montelupi aus der Renaissance) zum Innenhof. Dieses Portal stammt aus einem anderen Haus und ist Anfang des 20. Jh. im Haus Nr. 7 eingebaut worden.

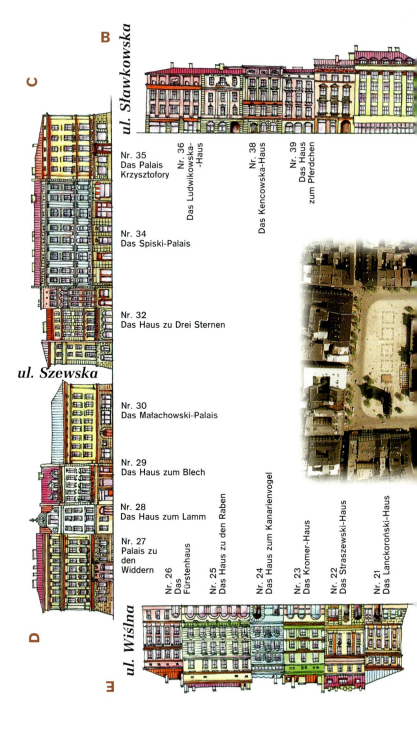

ul. Sławkowska

Nr. 35
Das Palais Krzysztofory

Nr. 36
Das Ludwikowska-Haus

Nr. 38
Das Kencowska-Haus

Nr. 39
Das Haus zum Pferdchen

Nr. 34
Das Spiski-Palais

Nr. 32
Das Haus zu Drei Sternen

ul. Szewska

Nr. 30
Das Małachowski-Palais

Nr. 29
Das Haus zum Blech

Nr. 28
Das Haus zum Lamm

Nr. 27
Palais zu den Widdern

Nr. 26
Das Fürstenhaus

Nr. 25
Das Haus zu den Raben

Nr. 24
Das Haus zum Kanarienvogel

Nr. 23
Das Kromer-Haus

Nr. 22
Das Straszewski-Haus

Nr. 21
Das Lanckoroński-Haus

ul. Wiślna

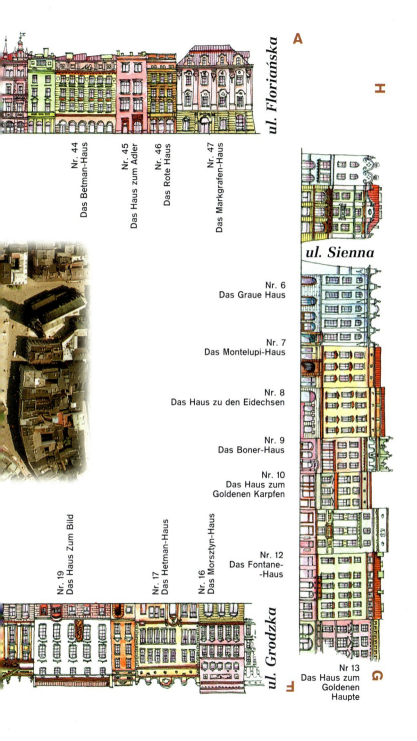

Montelupi – Krakauer Financier- und Kaufmannsfamilie, deren italienische Vorfahren Mitte des 16. Jh. aus der Gegend um Florenz nach Krakau kamen. Die Familie Montelupi besaß eine der größten Banken der Republik Polen, welche nicht nur dem Adel und dem Bürgertum, sondern auch dem Königshofe eine finanzielle Stütze war. Ende der Sechzigerjahre des 16. Jh. kaufte Sebastian Montelupi das Haus auf dem Markt – damals wurde es als Italienisches Haus bezeichnet. Die Nachfahren der Montelupis haben ihren Namen ins Polnische übersetzt und hie en Wilczogórscy (Wolfsberger). An der Stelle der früheren Besitztümer der Familie befindet sich heute die Ulica Montelupich, wo sich die Krakauer Untersuchungshaft und das Gefängnis befinden.

Das Haus Pod Jaszczurami (Zu den Eidechsen). Das Wappen des Hauses Nr. 8 gehört zu den wertvollsten historischen Objekten der mittelalterlichen, sog. Tierbildhauerei. Es wird vermutet, dass die zwei gegeneinander kämpfenden Eidechsen das Werk eines Künstlers aus dem Kreise um Veit Stoß sind, worauf die Ähnlichkeiten mit Tierdarstellungen aus dem Rahmen bestimmter Partien des Marienaltars hinweisen. Das Wappen ist eine Kopie, das wertvolle Original befindet sich im Museum im Rathausturm.

Im Erdgeschoss, wo sich heute der Studentenklub *Pod Jaszczurami* befindet, sind gotische, asymmetrische Bogenrippengewölbe erhalten, sog. Piasten-Gewölbe. In Polen gibt es nur noch vier gotische Sehenswürdigkeiten dieser Art. Es lohnt sich also, in den Klub hineinzugehen – nicht nur, um den berühmten *Kamikaze-Drink* zu genießen, oder den genauso berühmten *tollwütigen Hund* zu bezähmen – sondern auch, um diese auf der UNESCO-Liste stehende Sehenswürdigkeit zu sehen.

Das Haus Bonerowska (Boner-Haus; Nr. 9) Das ursprünglich gotische Gebäude wurde im 16. Jh. im Renaissance-Stil umgebaut. Im Jahre 1604 fand hier die Riesenhochzeit von Grischka Otrepjew (Sohn Iwans des Schrecklichen) und Maryna Mniszchówna statt.

Einen (nicht unbedingt Tanz-) Schritt weiter befindet sich die **Bielak-Passage**, die den Markt

Das Portal aus dem 16. Jh. im Inneren des Montelupi-Hauses

mit der Ulica Stolarska verbindet. Wer den „aus chinesischen Kräutern extrahierten Gehalt" mag, sollte unbedingt das Geschäft „Herbaty świata" (Tee aus aller Welt) aufsuchen. Köstliche Mischungen (zum Beispiel „Afrikanische Blumen" – wundervoll, „Chinesischer Tempel" – am frühen Nachmittag zu empfehlen) werden wohl jeden Teeliebhaber ertüchtigen. Es gibt hier auch etwas für den Intellekt – das kleine Kino „Pasaż" für 70 Personen. Daneben befindet sich ein Internetcafé, man kann also gleich nach dem Kinobesuch eine Rezension an Bekannte verschicken. Die Bielak-Passage führt direkt zum Café *Siesta* in der Stolarska. Achtung! Rauchen ist dort verboten, wer also dem Tabak nicht zu entsagen gewillt ist, muss auf dieses nette Café verzichten. Kurz: Rauchen oder Siesta, wer die Wahl hat, hat die Qual... Es ist auch noch nicht an der Zeit, den Markt zu verlassen.

*D*er Klub *Pod Jaszczurami* (Zu den Eidechsen) ist eine der ältesten Einrichtungen für studentische Kultur in Polen. Großer Beliebtheit erfreuen sich neben kulturellen Veranstaltungen die Vorlesungsreihen „Predigten" und „Politischer Salon". Im Hinterhaus befindet sich das „Teatr 38", welches – mit Unterbrechungen – seit 1957 aktiv ist. Interessant ist auch die Veranstaltungsreihe „Kinematograf" – unkommerzielle und unabhängige Filme werden hier mittels eines Projektors aus des Zeisswerken Jena von 1951 vorgeführt, was jeder Darbietung zusätzliche Würze verleiht. Die Klubsäle sind für 500 Personen eingerichtet, obwohl man bei den Wochenenddiskos den Eindruck gewinnt, als passten hier vielmehr Leute hinein.

Gotisches Gewölbe im Haus zu den Eidechsen

Das Haus Pod Złotym Karpiem (Zum Goldenen Karpfen). Der Karpfen im Wappen des Hauses Nr. 10 war einst vergoldet – daher die Bezeichnung. Vor dem ersten Weltkrieg wurde das Wappen ins Nachbarhaus verlegt (Nr. 11), es wurde dort weit oben an der rechten Innenhofmauer angebracht. Anfang des 17. Jh. wohnte in dem Haus der Italiener Tomaso Dolabella, der Hofmaler der Wasa-Dynastie.

Das Haus Nr. 11 stammt vom... Anfang des 20. Jh. Früher stand hier das Venezianische Haus, das im 16. Jh. dem italienischen Geschlecht Alantse gehörte und wo sich die Abgesandten der Dogen während ihrer Besuche in Krakau aufhielten. Das Gebäude wurde kurz vor dem ersten Weltkrieg abgetragen, an seiner Stelle wurde ein neues gebaut.

Tomaso Dolabella (1570–1650) – Autor der „Wundersamen Nahrungsvermehrung" im Dominikanerkloster und der „Verneigung der Hirten" in der Fronleichnamskirche. Er gehört zu den herausragendsten in Polen tätigen Malern und war der erste Künstler, der seine Gemälde großflächig anlegte. Bestattet wurde er bei den Dominikanern, denen er Werke höchster künstlerischer Qualität hinterließ.

Das Fontani-Haus (Nr. 12). 1830 sind die Häuser der Fontani und der Gutterer verbunden worden. Das Fontani-Haus war das schmalste Gebäude des Marktes. Ab dem 16. Jh. wohnte dort der Rektor der Krakauer Akademie (1596) Walenty Fontani mit seiner Familie.

Das Haus Pod Złotą Głową (Zum Goldenen Haupt; Nr. 13) entstand 1847 durch die Verbindung zweier Häuser. Drei Jahre später ist das Gebäude, in welchem sich seit dem 15. Jh. eine Familienapotheke befand, ausgebrannt. Heute befindet sich in dem sanierten Haus ein großer Musikladen (Music Corner) und ein netter Klub *Bei Louis*. An kühlen Tagen sollte man dort unbedingt ein warmes Bier zu sich nehmen. Schmeckt vorzüglich! Im Klub finden zahlreiche interessante Veranstaltungen statt, wie z.B. das Internationale Schlagzeugerfestival „Quellen und Inspirationen", Jazzfestival Alter und Junger Leute, Jazz in Krakau und Allerseelen-Jazz.

Die Strecke E–F: Grodzka–Wiślna

Das Haus Pod św. Anną (Zur Hl. Anna; Nr. 14) stammt aus dem 15. Jh. Das Gebäude wurde mit dem Haus Zum Goldenen Haupt mit einer Holzbrücke über die Grodzka verbunden. Auf der Brücke stand ein Mädchenchor, welcher die Krakau besuchenden Herrscher begrüßte. Aus der Renaissance stammen u.a. die Decken, die Säule mit Merk-

Ein Fenster des Hauses Zum Goldenen Haupte (Pod Złotą Głową)

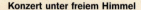

Konzert unter freiem Himmel

Von der Rathausbühne aus erklingen häufig über dem Markt verschiedene Melodien. Wenn man zufällig Zeuge einer Musikrevue, eines Konzerts oder eines Festivals wird, lohnt es sich, sogar ein wichtiges Treffen abzusagen.

Der Markt ist sehr künstlerfreundlich – seine Gastfreundschaft genießen häufig Amateurmusiker (zuweilen findet sich auch ein hochklassiger Amateur ein, welchen so mancher Berufsmusiker um sein Können beneidet), die auf diese Art und Weise ihren Lebensunterhalt verdienen.

malen aus der Gotik und der Renaissance zwischen den Fenstern und das Portal. Die heutige Form bekam das Haus gegen Ende des 19. Jh.

Das Pinocci-Haus (Nr. 15) entstand in der ersten Hälfte des 15. Jh. Im 17. Jh. wurde es Eigentum italienischer Familien, u.a. der Pinocci – daher die Bezeichnung. Gegenwärtig gehört es zum Restaurant-Ensemble *Wierzynek*.

Pinocińska-Haus

Im Morsztyn-Haus (Nr. 16) fand 1363 (oder 1364) der lukullische Empfang statt, der von Mikołaj Wierzynek zum Anlass des Kongresses der Monarchen ausgerichtet wurde. Die Historiker streiten, ob es ein oder zwei Treffen gab. Immer häufiger wird auch behauptet, dass Wierzynek das Festmahl zwar vorbereitet, jedoch nicht dessen Gesamtkosten getragen hat. Der Empfang soll 20 Tage gedauert haben.

Das Hetman-Haus (Nr. 17) hatte im 16. Jh. große Bedeutung – hier befand sich die Königliche Münze. Ins Innere kommt man durch ein Portal aus dem 18. Jh. Das Rippengewölbe mit Schlusssteinen im Erdgeschoss schmücken Wappen aus dem 14. Jahrhundert, auf welchen u.a. ein Bildnis des Königs Kazimierz Wielki zu finden ist. An der Fassade wurde eine Tafel angebracht, die an den großen Brand von 1850 erinnert.

In der Hetman-Haus-Passage findet man die **Hetman-Buchhandlung** und ein breit gefächertes Souvenir-Angebot: T-Shirts, Krüge, Töpfe und CDs. Im Innenhof wird es Zeit für eine Rast mit italienischem Akzent in dem vorzüglichen Restaurant *Da Pietro* (▶351). Wenn man dennoch keine Lust auf Spaghetti verspürt, sollte man nach oben schauen und die hübschen, den Hof umsäumenden Balkone betrachten. Wenn der Blick und die Gedanken wieder unten angelangt sind, sieht man die *Czekolada*, wo man außer vorzüglichem, aroma-

[Wierzynek] lud zu dem Empfang in seinem Haus fünf Könige und alle Prinzen, Herren und Gäste ein (...) Den bedeutendsten Platz wies er dem polnischen König Kazimierz, die zweitwichtigsten dem Römischen und dem böhmischen König Karl, den dritten dem König von Ungarn, den vierten dem König von Zypern und den letzten dem König von Dänemark zu. (...) Er empfing sie mit den vorzüglichsten Speisen, außerdem wurden alle mit den herrlichsten Gaben beschenkt. Aber das Geschenk, welches er vor den Augen aller Könige dem polnischen König Kazimierz aushändigte, soll so ausgesucht gewesen sein, dass es über 100 000 Gulden wert war und bei Vielen nicht nur Aufsehen, sondern auch Erstaunen auslöste.

Jan Długosz.

𝒟er Krakauer Kongress – das von Kazimierz Wielki 1363 organisierte Zusammentreffen der Monarchen, fiel wahrscheinlich mit der Vermählung der Enkelin des Königs, Elżbieta mit dem deutschen Kaiser und böhmischen König Karl IV. von Luxemburg zusammen. Bekannt sind die politischen Ziele des Kongresses: die Zusammenkunft sollte die Bedeutung Polens in Europa unterstreichen und den Charakter der europäischen Bündnisse ändern. Bilaterale Ententen sollten durch einen Sammelpakt der Länder Mitteleuropas ersetzt werden.

tischem Kaffee auch meisterhaft zubereitete heiße Schokolade bekommt. Auf der gegenüberliegenden Seite des Innenhofes erscheint „das Licht im Dunklen", eines der fantasievollen alkoholischen Getränke, welche im *Irrkreis* (*Błędne Koło*) gereicht werden, des Weiteren lädt der beliebte Pub *Podium* und zuletzt – Ulica Bracka ein (▶166). Man kann wieder Richtung Markt laufen, und – wenn man alle Häuser kennenlernen möchte, ein paar Schritte in Richtung Grodzka zurücklaufen.

Das Haus Pod Obrazem (Zum Gemälde; Nr. 19) war ursprünglich mit einem Tierwappen versehen und hieß „Das Haus zum Blauen Löwen". Während der 1718 erfolgten Sanierung ist die Frontwand mit einem Bildnis Muttergottes versehen worden – seitdem gilt die Bezeichnung „Das Haus zum Gemälde". Seit 1875 gehörte es der Familie Wentzl. Das in den ersten Jahren des 20. Jh. eröffnete Restaurant verdankt seinen Namen dem ehemaligen Eigentümer *Wentzl* (▶350) und eignet sich für festliche Mahle oder für ein romantisches tête à tête.

Wierzynek ist eines der ältesten Restaurants in Polen

Diejenigen, welchen der Geschmack fremdländischer Kochkünste keine Furcht bereitet, sollten die *Sushi*-Bar besuchen. Serviert wird hier das auf dem Schild versprochene Gericht sowie japanisches Bier. Das exotische i-Pünktchen ist das

DER KÖNIGSWEG

Das Haus zum Gemälde beherbergt ebenfalls ein exklusives Restaurant – Wentzl

Restaurant *Taco*, wo das Beste serviert wird, was die mexikanischen Köche anzubieten haben.

Das Potocki-Palais (Nr. 20) gehörte den Familien Jordan, Tarło, Ostrogski, Zbaraski, Wiśniowiecki, Potocki, Wodzicki und Jabłonowski. Es entstand durch die Verbindung zweier gotischer Häuser, welche zuerst im Stil der Renaissance und später im Barock umgebaut wurden (unter der Leitung des Architekten Henryk van Peene, der das Schloss und die Festung Sbarash/ukrainisch: ˙ Æ   entwarf). Erhalten ist lediglich der Arkadenhof und die wunderschöne Eingangshalle. Zwischen 1777–1783 entstand im Auftrag der Jabłonowskis die neoklassizistische Fassade im Stil des Louis XVI. mit allegorischen Figu-

Glühwein zu Winterszeit

Der Markt war, ist und wird immer ein Zeuge von Kundgebungen, Manifestationen und anderen Arten des Gruppen-Zeitvertreibs im Freien. Präsentiert wird dabei ein breites Spektrum an politischen Ansichten, es gibt hier aber auch Platz für die an keine politischen Ideen gebundene Veranstaltung – die vermutlich größte Silvesterfeier in Polen. Im Winter bezaubert der Markt mit dem farbenfrohen Weihnachtsmarkt. Wenn man von einem zum anderen Stand zieht, kann man durchaus eine sehr wichtige Verabredung verpassen. Dies kompensiert jedoch das „Ershoppte" eine hübsche Baumkugel (in manchen Regionen sagt man auch „Baumbömbchen" dazu), ein Becher zum Aufbrühen grünen Tees, ein silberner Armreifen, Bernsteinohrringe, eine hübsche Halskette und ein Glas galizischen Glühweins als Dessert nach einem schmackhaften Würstchen vom Grill.

Der Klopfer an der Eingangstür zum Potocki-Palais

Begegnung am „Adaś"

ren. In dieser Zeit auch wurde dem Palais das Haus auf der Seite der Ulica Bracka (heute Nr. 2) angefügt. Seine neoklassizistische Form behielt das Gebäude bis heute.

Ende des 18. Jh. wurde das Palais erneut Eigentum der Potockis. Bei dem Streit um die Abtragung des gotischen Rathauses haben sich die Potockis für den Abbau der Mauern eingesetzt. Sie behaupteten, dass er ihnen die Sicht zum Markt versperre. Dem Wunsche der Vertreter des ehrwürdigen Geschlechts wurde entsprochen, zumal sie bei ihren Bemühungen um die Entfernung des Rathauses ihre Geldbeutel ohne zu geizen zuckten.

Im Innenhof ist außer den hübschen Bogengängen auch die steinerne Tränke bemerkenswert. Gegenwärtig beherbergt die ehemalige Magnatenresidenz das Goethe-Institut.

Das Lanckoroński-Haus (Nr. 21) wird auch – wegen des Säulenportikus mit Darstellungen der Evangelisten auch Evangelistenhaus bezeichnet. Es hatte mehrere Bezeichnungen: Kamienica Waxmanowska, Fiauzerowska, Bolepinowska und Lanckorońskich.

Vom ehemaligen Charakter des Hauses ist nicht viel übrig geblieben: in der ersten Etage sieht man noch die Renaissance-Decken, die ablaufende Zeit konnte auch dem Stuck auf dem Gewölbe, das als Kapelle bezeichnet wird, nichts anhaben. In dem Haus verstarb 1930 Władysław Orkan, ein Offizier der Legionen, Dichter, Prosaiker und Dramenautor.

Das Straszewski-Haus (Nr. 22) stammt aus dem 16. Jh. 1683 schaute aus dem Fenster dieses Hauses der siegreiche König Jan

---

Traditionelle Treffpunkte

Soll man ein Treffen am „Adaś" (Adam Mickiewicz-Denkmal) oder am „Sparschwein" (ein Glasbehälter, in welches Spenden für die Sanierung der Stadt eingeworfen werden) ausmachen? Die Poesie scheint die Oberhand über das Materielle gewonnen zu haben – das Denkmal wird viel häufiger gewählt. Das geplante Treffen kann aber wegen der vielen Menschen am „Adaś" durchaus mit einem Fiasko enden, insbesondere wenn man das Denkmal in gleicher Richtung wie der Erwartete umringt, um einander zu suchen. Das „Sparschwein" ist, schon seinem Wesen nach, viel unromantischer, es gewährleistet jedoch einen „banksicheren" Erfolg. Viele treffen sich auch an den Löwen an der Treppe zum Rathausturm, aber auch dort wird es immer voller...

III. Sobieski dem jubelnden Volke zu, als es den Sieg bei Wien feierte. In der ersten Etage sind Wandmalereien vom Anfang des 18. Jh. erhalten.

Das Kromer-Haus (Nr. 23) – seine 4 Etagen waren damals die einsame Spitze des bisherigen Bauwesens. Man könnte das Haus als „süßen Buchhandel" umschreiben, da sich hier die Konditorei der Schweizer Familie Wielandt und eine Buchhandlung befand. Bücher verkauften hier im 18. Jh.: Kuik, Mercenich und Hierat; 1914 zog in das Haus die Buchhandelfirma Gebethner und Wolff ein.

Das Haus zum Kanarienvogel (Pod Kanarkiem; Nr. 24). Der Kanarienvogel stammt von dem auf einem Brett gemalten Wappen, welches über dem Eingang angebracht war. Das Brett mit der Darstellung des Vogels gibt es nicht mehr, aber der überlieferte Name blieb. Die heutige Fassade stammt aus der 2. Hälfte des 19. Jh., die ältesten Teile blicken wahrscheinlich auf das 13. Jh. zurück. Barockliebhaber wird die Diele dieses Hauses entzücken. Die erhaltene Säule zwischen den Fenstern stammt aus der Renaissance.

Das Haus zum Kanarienvogel

Das Haus zu den Raben (Pod Krukami; Nr. 25). Die Bezeichnung stimmt zwar düster, das Haus erhallte jedoch im 19. Jh. mit Gelächter und lauten Gesprächen – die Nichte des Fürsten Józef Poniatowski, Anna Wąsowiczowa, gründete hier den ersten literarisch-künstlerischen Salon in Krakau, in welchem sich Musiker, Meister der Feder, Gelehrte und Maler trafen. Heute beherbergt das Haus das Kleinpolnische Kulturinstitut.

Das Fürstenhaus (Kamienica Książęca; Nr. 26) – der Name stammt von den Besitzern – den Fürsten von Masowien. Das Haus Nr. 26 hat aber auch eine andere Bezeichnung: „Zum Heiligen Johannes Capestranus" (eigentlich: Giovanni da Capistrano). Die Figur des Heiligen schmückt die Hausecke in Höhe der ersten Etage. Johannes Capestranus, ein Rechtsgelehrter, wurde zum Patron aller Juristen. Zur Welt kam er in Italien, wo er dem Bernhardinerorden beitrat und für seine Wanderpredigten berühmt wurde. In Polen hielt er sich acht Monate auf. Bekannt ist, dass er bei der Vermählung von Kazimierz Jagiellończyk mit Elisabeth, der Tochter des Kaiser Albrecht. II. zugegen war. Das zweite Krakauer Andenken an Giovanni aus Capistrano ist das Bernhardiner-Kloster (▶178).

Das Fürstenhaus gleicht einer doppelseitigen Medaille: einerseits der heilige Bernhardiner, andererseits – der hier angeblich wohnende Magier Twardowski: Es lohnt sich hineinzuschauen, um die Frage beantworten zu können, zu welchem der Beiden das Haus besser passte.

Die Strecke C–D: św. Anny–Szczepańska

Palais zu den Widdern (Pałac Pod Baranami; Nr. 27). Früher soll sich hier ein Gasthaus befunden haben und direkt daneben der Platz, auf dem die Schafe gesammelt wurden, bevor sie auf die Tische der Krakauer Gourmets kamen. Von damals stammt vermutlich das Wappen an der Hausecke: zwei Schafe – einer auf der Seite der Straße der Hl. Anna, einer auf der Marktseite – welche einen gemeinsamen Kopf haben. Die ersten geschichtlichen Erwähnungen stammen aus dem 16. Jh., man sollte jedoch dem Volksmund mehr Vertrauen schenken, der da behauptet, dass das Wappen schon viel früher existierte.

Bleibende Geschichte geschrieben hat das Haus Nr. 27 auch im 20. Jahrhundert. Hier entstand das bis heute existierende Kabarett **„Keller zu den Widdern"** (**Piwnica pod Baranami**) – der für Krakau dasselbe wie „Chat Noir" für Paris bedeutete – dieses Mekka unruhiger Geister und Rom der Künstler trug zur Ermunterung des Geistes der Zuschauer und zum Herzklopfen der sturköpfigen Beamten bei.

In dem Palais gibt es seit 1969 das Kino „Pod Baranami", wo bereits ab 12.00 Uhr Filme vorgeführt werden – ein durchaus interes-

Heiliger Johannes Capestranus, Patron der Juristen

Das bekannteste Palais-Wappen in Krakau

Alle diese alten Städte Europas – wie Krakau – bergen etwas Mystisches in sich und bringen Sonderlinge hervor... Die aber auch nur in solchen Städten zu leben fähig sind.

Piotr Skrzynecki

santes Angebot für die Mittagsstunden, umso mehr, da hier außer dem „normalen" kommerziellen Repertoire auch anspruchsvolle und Low-Budget-Filme gezeigt werden.

Das Haus zum Lamm (Pod Jagnięciem; Nr. 28) Das Haus, welches auch nach seinen späteren Besitzern als das Fihauzer-Haus genannt wird, wurde im 14. Jh. errichtet. In dem häufig umgebauten Gebäude sind im Parterre und in der ersten Etage Balkendecken aus der Zeit der Renaissance erhalten. Sehenswert sind die Umrahmungen der Fenster und Türen, ebenfalls aus der Zeit der Wiedergeburt.

Im Harris finden fast täglich Jazzkonzerte statt

1537 wurde vor dem Haus der Erbauer der Sigismund-Kapelle, Bartholomäus Berrecci erdolcht. Die Gegenwart ist jedoch weitaus erfreulicher als die Vergangenheit: Im Kellergewölbe der *Harris Piano Jazz Bar* (Eingang in der Passage) ertönt Jazz live – die hiesigen Improvisationen haben bereits ein Renommee und ziehen zahlreiche Jazzfreunde an. Das mit Holz verkleidete, gemütlich beleuchtete Innere von *Harris* kann auch als ein besonders geeigneter Ort für ganz normales Freizeitverbringen betrachtet werden. Die Anhänger des „Kellers zu den Widdern" sollten unbedingt ins legendenumwobene Lieblingscafé der Kellerkünstler *Vis-à-Vis* reinschauen, wo an einem der Tische die geschnitzte Figur von Piotr Skrzynecki sitzt.

Ein ungewöhnlicher Keller – Piwnica pod Baranami

Der „Keller" wurde im Juni 1956 eröffnet. Niemand vermutete damals, dass dieser kurzfristig gedachte Joke sich künftig in ein seriöses Kabarett umwandelt. Unter den Begründern waren Kazimierz Wiśniak, Piotr Skrzynecki, Andrzej Bursa, Krystyna Zachwatowicz, Bronisław Chromy, Joanna Olczakówna, Wiesław Dymny.

Es wurde gesungen, man unterhielt sich und andere und… lehrte dabei. Der „Keller" war nämlich nie ein Ort des leeren Gelächters. Als Textgrundlage dienten aus dem Leben gegriffene Texte: Dekret zum Kriegszustand, Epidemiebericht, Notiz über die Verhaftung von Piotr Skrzynecki.

Der „Keller" wäre nie zu DEM „Keller" geworden, wäre da nicht Piotr Skrzynecki – wie es sich für einen Magier gehört: im schwarzen Umhang und mit einer Glocke, die sein Erscheinen auf der Bühne verkündete. Sein Ableben bedeutete für den „Keller" das Ende einer wichtigen Epoche: Der gute Kellergeist verstarb im April 1997, im Alter von 67 Jahren.

Im Keller sangen Ewa Demarczyk, Leszek Długosz, Grzegorz Turnau und die Komponisten Zygmunt Konieczny und Zbigniew Preisner.

Der bronzene Piotr Skrzynecki hält immer frische Blumen in der Hand

Das Haus zum Blech (Pod Blachą, auch „Zum Kupfer" – Pod Miedzią genannt; Nr.29) war gegen Ende des 13. Jh. eines der größten Gebäude der Stadt – die Parzelle, auf welcher es stand, war zu alledem noch breiter als alle anderen Grundstücke um den Markt). Am Eingang ins Kellergewölbe sind gotische Portale aus dem 15. Jh. erhalten. Eine dauerhafte Spur seines Könnens – Stuckdekorationen (um 1700) – hinterließ hier Balthasar Fontana, italienischer Bildhauer und Stuckateur.

Eingang zum Małachowski-Palais

Das Małachowski-Palais (Pałac Małachowskich; Nr. 30) entstand 1799 durch die Verbindung von drei Häusern: Cyglarowska, Kortynowska und Ryntowska. Das Gebäude erreicht man durch ein barockes Portal aus dem 18. Jh. In der Diele befinden sich zwei Portale aus der Renaissance, sehenswert sind auch die Holzdecken in den Sälen (17. Jh.).

Im Spiski-Palais (Pałac Spiski; Nr. 34) befindet sich heute vor allem das Restaurant-Komplex *Hawełka*. Das Gebäude aus dem 15. Jh. hat sich jedoch im 18. Jh. einen festen Platz in der Theatergeschichte verdient: Jacek Kluszewski veranstaltete hier die ersten Theateraufführungen.

Das Palais Krzysztofory (Pałac Pod Krzysztofory; Nr. 35) gilt als eines der schönsten Häuser Krakaus. Die Bezeichnung stammt von der Figur des hl. Christoph (1380). Sie befindet sich in den Sammlungen des Nationalmuseums. Das Palais entstand im 17. Jh. durch die Verbindung von drei Häusern.

𝒥acek Kluszewski (1761–1841) hatte einen Sinn für Geschäfte. Er betrieb Immobilienhandel, war Eigentümer einiger Krakauer Häuser, einer Kutschen-, einer Pianofabrik und eines Theaters. Anfang 1799 verlegte Kluszewski sein Theater vom Spiski-Palais in das Gebäude an der Ecke des Plac Szczepański und Ulica Jagiellońska – das Stary Teatr steht (und spielt) bis heute.

Durch ein barockes Portal gelangt man in eine große Diele. Sehenswert sind der Innenhof und der barocke Marmorbrunnen mit dem Wappen der Familie Wodzicki. Anfang des 18. Jh. ist das Palais von Balthasar Fontana dekoriert worden – seine Stucks schmücken zwei Säle in der ersten Etage. Heute ist das Haus Sitz des Historischen Museums der Stadt Krakau (▶319). Hier enthüllt die Gegenwartsgeschichte auch dramatische und schmerzhafte Ereignisse. Am 31. März 1980 hat hier der pensionierte Bäcker, Soldat der Landesarmee Walenty Badylak, den Akt der Selbstverbrennung vollzogen – als Protest gegen die Degradierung des Handwerks, die Verlogenheit und den sittlichen Verfall der Gesellschaft sowie gegen das Schweigen der Staatsorgane über das Massaker in Katyn. An der Gedenktafel flackert ein Grablicht – erst jetzt bemerkt man im Turmlied auch klagende Töne. Das ist auch eines der Krakauer Antlitze...

Die Strecke A–B: Sławkowska–Floriańska

Das Ludwikowski-Haus (Kamienica Ludwikowska; Nr. 36), manchmal auch als Das Haus zum Hirsch (Pod Jeleniem) bezeichnet – erinnert an jene Zeiten, als sich hier der Gasthof „Zum Hirsch" befand. 1790 wohnte dort Johann Wolfgang Goethe, woran eine Gedenktafel erinnert.

Unten: Innenhof im Palais Krzysztofory

Die zweite Etage des Kencowska-Hauses (Kamienica Kencowska; Nr. 38) ist mit Gemälden von Michał Stachowicz dekoriert. In den Zwanzigerjahren des 19. Jh. eröffnete Lorenzo Paganino Cortesi (ein Schweizer! Kein Italie-

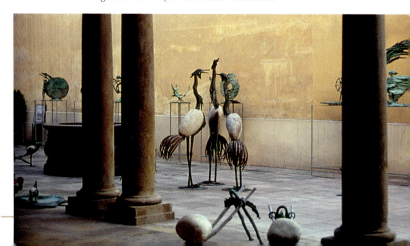

Glasmalerei im Haus zum Pferdchen

ner!) hier das erste Krakauer Café. Der nächste Eigentümer war Redolfi – sein Name ist im Buntglasfenster über dem Eingang zu sehen. Nach dem Zweiten Weltkrieg hieß das Café *Antyczna*, jetzt heißt es wieder wie früher: *Redolfi*.

Das Wahrzeichen des Hauses zum Pferdchen (Kamienica Pod Konikiem; Nr. 39) stammt von dem Wappen Starykoń (wörtl. übersetzt: Altpferd), welches die aus England stammende Familie Krzeczyk bekam, als sie von König Jan III. Sobieski zum Adel erhoben wurde. Das Haus wurde später von der Familie Stachowicz übernommen.

Das Betman-Haus (Kamienica Betmańska; Nr. 44) entstand 1834 infolge der Verbindung zweier gotischer Gebäude: Bełzowska und Betmańska. Zofia, die Tochter des Hausbesitzers, Seweryn Betman, ehelichte Seweryn Boner – ihre bronzenen Grabplatten können in der Marienkirche besichtigt werden. Sie gehören zu den schönsten Werken der Gießkunst der Renaissance. An der Fassade befindet sich ein gotisches, biblisches Wappen aus dem 15. Jh.: in einer von zwei Engeln getragener

Wappen und Vorderfront des Betman-Hauses

Schüssel ruht das Haupt des hl. Johann (daher die zweite Bezeichnung des Hauses: Zum Enthaupteten Kopf/Pod Ściętą Głową). Diese Spur führt nach Wroclaw/Breslau: ein enthaupteter Kopf in der Schüssel ist das ehemalige Wappen der Hauptstadt Niederschlesiens, woher einer der Eigentümer der Häuser am Krakauer Markt stammte.

Das Haus Zum Adler (Kamienica Pod Orłem; Nr. 45) hat eine interessante Fassade, welche Merkmale der Gotik und der Renaissance verknüpft. Im Erdgeschoss und in der ersten Etage sind gut erhaltene Kassettendecken aus der Zeit der Renaissance zu sehen. 1775 wohnte hier Tadeusz Kościuszko.

Um im Sommer der lästigen Mittagshitze zu entgehen, kann man sich im Garten des Cafés Zum *Weißen Adler/Pod Białym Orłem* einfinden. An kühleren Tagen laden die historischen Innenräume ein.

Das Markgrafenhaus (Kamienica Margrabska; Nr. 47) Das Haus an der Ecke des Marktes und Ulica Floriańska erfreut das Auge durch eine spätbarocke Fassade aus dem 18. Jh. Besonders sehenswert ist das reich verzierte barocke Portal. 400 Jahre früher befand sich hier die Münze und im 17. Jh. das *Dresdner Hotel*.

Im Markgrafen-Haus befand sich einst die Münze

Einige gute Ratschläge für das Verhalten auf dem Hauptmarkt:

1. Man darf keine Tauben verscheuchen – sie sind hier zu Hause. Außerdem können sie einen ganz schön blamieren… Sie sind ziemlich rachsüchtig.

2. Der Stuhl im Café ist immer so zu drehen, dass man die Marienkirche sehen kann.

3. Wenn man einen aufblasbaren oder Schwammdrachen kaufen will, sollte man auf Preis und Farbe achten. Ein gesunder Drachen hat eine schöne Farbe und einen niedrigen Preis.

4. Den Besuch aller Cafés, Restaurants und Pubs auf dem Markt und in dessen Nähe sollte man auf einige Tage aufteilen (weniger „Standhafte" auf mehrere Dutzend Tage).

5. Wenn man ein Foto geschossen hat, sollte die Kamera gleich in der Hand behalten werden.

6. Wenn man bei den Blumenfrauen am Markt einen Strauß kauft, bringt es erstens Glück und zweitens ist es eine so viel sagende Geste, dass sich alle Worte erübrigen. Eine hervorragende Gelegenheit für Wortsparsame und Schüchterne.

7. Am schönsten ist es, ziellos durch die Altstadt zu schlendern, ohne vorherige Pläne zu schmieden.

8. Eile ist hier in keiner Form zu empfehlen.

Ulica Grodzka

Grodzka lebt immer, zur Tages- und zur Nachtzeit

Wenn man sich die ganze Zeit an den Königsweg hält, kommt man vom Markt in die Ulica Grodzka. Diese repräsentative – älteste – Straße Krakaus verbindet den Markt mit dem Königsschloss auf dem Wawel. Meist weniger voll als die Floriańska, bezaubert sie durch Stil und Klima. Ihre Schönheit wird besonders durch das Herbstlicht unterstrichen, obwohl das Flanieren durch diese Straße zu jeder Jahreszeit einen bleibenden Eindruck hinterlässt.

Die Grodzka ist ein Teil des ehemaligen Handelsweges Nord--Süd. Sie ist die einzige vom Markt ausgehende Straße, die nicht rechtwinklig ausgerichtet ist, sondern eine Verlängerung dessen Diagonale bildet. Heute – als ob der Handelstradition zu Ehren – gibt es in der Grodzka zahlreiche, größtenteils exklusive Geschäfte, Restaurants und Bars. Man muss hier nicht unbedingt Shoppen, es ist auch schön, sich in eines der Cafés zu setzen und das gemächliche städtische Treiben zu beobachten.

Der erste Abschnitt der Grodzka führt vom Markt bis zum Plac Wszystkich Świętych. Der zweite, längere Teil, der durch das Gebiet der mittelalterlichen Siedlung Okół verläuft, führt vom Plac Wszystkich Świętych bis zum Wawel. Der vom Markt ausgehende Teil wurde nach dem Brand im Jahre 1850 etwas weitläufiger angelegt. Aus einem schmalen Weg, auf dem kaum zwei Pferdegespanne aneinander vorbeifahren konnten, wurde die Grodzka zu einer bequemen Straße. Die heutige Länge (680 m) bekam sie 1808, als die alte Stadtmauer abgetragen wurde. 1844 wurde auch die Friedhofsmauer an der Andreaskirche abgerissen, was eine erneute Erweiterung der Straße ermöglichte.

*H*elena Modrzejewska (1840–1909) – herausragende Schauspielerin, geboren in Krakau. 1865–1869 Schauspielrein am Krakauer Theater. 1876 siedelte sie nach Kalifornien um. Sie spielte 260 Rollen, die ihr weltweiten Ruhm und Anerkennung brachten. Sie bewunderte und propagierte das Werk von Shakespeare und Słowacki. Sie wurde auf dem Krakauer Friedhof Rakowice bestattet. Das Alte Theater wurde mit ihrem Namen benannt.

Im Haus Nr. 1 befand sich nach dem Krieg das Café *Lili* – ein beliebtes Lokal der Krakauer Künstler und Schriftsteller. 1970 wurde es in die Ulica św. Gertrudy verlegt und Anfang der Neunziger Jahre verschwand es vollkommen aus dem Stadtbild.

Das Haus an der Ecke der Straßen Grodzka und Dominikańska ist das Geburtshaus der Schauspielerin Helena Modrzejewska. In die Hauswand wurde eine Gedenktafel zu Ehren der Schauspielerin eingemauert.

Beim Passieren der Plätze, durch welche die Grodzka verläuft – Wszystkich Świętych und Dominikański – sieht man zwei Kirchen aus dem 13. Jh.: rechts die Kirche der Franziskaner, links die der Dominikaner. Auf dem Weg zur Franziskanerkirche liegt das **Wielopolski-Palais**, aus dem 17. Jh., gegenwärtig Sitz der Stadtbehörde. Davor steht das von Xawery Dunikowski entworfene Denkmal von Józef Dietl, eines der Stadtpräsidenten Krakaus (▶264), welches als eines der besten Werke der Krakauer Denkmalkunst gilt.

Das Restaurant *Chłopskie jadło*, wo bäuerliche Hausmannskost serviert wird, genießt große Anerkennung der Städter

Wer sich auf die Schnelle stärken will, kann es für sieben Zloty an einer der Kebabbuden tun. Für etwa einen Złoty gibt es auch runde Brezeln – eine Krakauer Spezialität – ein kulinarisches Muss für jeden Besucher der ehemaligen Hauptstadt. Die Anspruchsvolleren werden sicherlich ein Restaurant bevorzugen: *Akropolis* (Grodzka 9; griechische und arabische Küche), *Arlecchino* (Grodzka 39; italienische Küche), *Wiśniowy Sad* (Grodzka 33; russische Küche mit ihren stadtberühmten Pelmeni), *Chłopskie Jadło* (Grodzka 9; ▶350).

Die Franziskanerkirche/ Kościół Franciszkanów

Franziskanerkirche, pl. Wszystkich Świętych 5; Wochentage: 6.00, 6.30, 7.00, 8.00, 16.30, 18.00, 19.00 Uhr, sonn- und feiertags 6.30, 7.00, 8.00, 9.30, 11.00, 12.00, 16.30, 18.00, 19.00 Uhr.

Autor der Stationen des Kreuzweges ist Józef Mehoffer

Die vom König Henryk Pobożny gestiftete Kirche wurde zwischen 1237 und 1269 gebaut. Traditionsgemäß fand hier 1386 die Taufe von Władysław Jagiełło statt. Später sind die Wände der Kirche höher gezogen worden und das Schiff verlängert. Im 15. Jh. entstanden die Kapellen und die berühmten **Kreuzgänge** mit den äußerst wertvollen Malereien aus der Gotik, der Renaissance und des Barock. Die wertvollsten sind: *Christus in der mystischen Weinpresse, Verkündung und Stigmatisierung des hl. Franziskus.*

Die mittelalterliche Ausstattung fiel einem großen Brand zum Opfer (1850), bald danach übernahmen jedoch die Krakauer Künstler deren Wiederaufbau. Das Presbyterium und das Querschiff wurde von Stanisław Wyspiański mit Pflanzen-, heraldischen- und geometrischen Motiven dekoriert. Um 1900 entstand der Zyklus seiner Buntglasfenster: im Presbyterium befinden sich die Darstellungen des hl. Franziskus, der Gesegneten Salome und der vier Naturelemente und über dem Chor das bekannteste, **Vater Gott – Werde**, welches auch als das beste Werk des Künstlers gilt. Das mächtige (fast 8,5 x 3,90 m) große Bild sprüht vor Dynamik und Energie, die Darstellung der göttlichen Gestalt, die den Schöpfungsakt vollzieht ist voller Kraft und Majestät. Wenn sich

Ordensbrüder in Kapuzen

Die Erzbruderschaft der Passion Christi wurde 1595 vom Bischof Marcin Szyszkowski gegründet. Das Ziel der Ordensbrüder ist nicht nur das Gebet und die Vergötterung des Kreuzes, sondern ebenfalls die Unterstützung der Häftlinge, insbesondere jener, welche zum Tode verurteilt wurden. Der Bruderschaft gehörten auch Vertreter des Bürgertums, des Adels sowie bedeutende und einflussreiche Persönlichkeiten (u.a. Zygmunt III. Wasa, Władysław IV. und Jan Kazimierz) an. Das Prinzip der Bruderschaftsmitgliedschaft war die Anonymität – und diese gewährleisteten die während der Liturgie aufgesetzten Kapuzen. Gegenwärtig ist die Bruderschaft (die einzige derartige Organisation in Europa) nicht mehr im sozialen Bereich tätig.

die Lichteinfallswinkel verändern, scheint das Bild lebendig zu werden. Es lohnt sich ein bisschen zu warten, um es in unterschiedlicher Beleuchtung zu betrachten.

Der Hauptaltar ist das Werk von Edward und Zygmunt Stehlik aus dem Jahre 1861. Ebenfalls in der zweiten Hälfte des 19. Jh. schuf Gebhard Flatz die im Altar befindliche Apotheose des hl. Franziskus.

Auf der rechten Seite des Hauptschiffes, in seiner Mitte etwa, befindet sich der Eingang zur Mater-Dolorosa-Kapelle. In den barocken Altar (2. Hälfte des 17. Jh.) wurde die von Engeln umringte Mater Dolorosa einkomponiert – das Werk stammt von Meister Jerzy (Anfang 16. Jh.). Durch den Eingang auf der anderen Seite des Hauptschiffes kommt man in die Kapelle der Passion Christi aus der ersten Hälfte des 15. Jh. mit der Darstellung des 1933 von Józef Mehoffer gemalten Kreuzwegs.

Gottvater Werde

Während der vierzigtägigen Fastenzeit vor Ostern, finden in der Franziskanerkirche jeden Freitag Gottesdienste der Erzbruderschaft der Passion Christi, auch unter der Bezeichnung Bruderschaft von Gutem Tod bekannt, statt. Die Gottesdienste beginnen um 9.00 Uhr mit der Aufstellung des Heiligsten Sakraments – die Anbetung in der Kapelle der Passion Christi dauert den ganzen Tag. Um 16.30 Uhr findet die heilige Messe statt, danach ziehen die Mönche in schwarzen Kapuzen durch die Kreuzgänge zum Hauptaltar. Nach dem bitteren Klagelied werden die Kreuzreliquien angebetet. Das Ritual hat immer viele Zuschauer, das Interesse für diese bereits vier Jahrhunderte alte Tradition ist sehr groß.

Die Dominikanerkirche/ Kościół Dominikanów

Die aus dem 13. Jh. stammende Kirche der Heiligen Dreifaltigkeit ist – wenn es sich so zu sagen schickt – ein bisschen weniger interessant als der Tempel der

Dominikanerkirche; Stolarska 12; Gottesdienste: Wochentage: 6.30, 7.00, 7.30, 8.00, 9.00, 12.00, 17.00, 19.30 Uhr, sonn- und feiertags 7.00, 8.00, 9.00, 10.30, 12.00, 13.30, 17.00, 19.00, 20.20, 21.30 Uhr.

Franziskaner. Ihr Inneres ist auch einem Brand zum Opfer gefallen, leider hat sich ihrer danach kein Wyspiański oder Mehoffer angenommen. Aber die Klosterkreuzgänge gehören zu den schönsten in Krakaus Kirchen.

Den neogotischen Charakter verdankt die Kirche dem 1872 abgeschlossenen Umbau. Das Hauptportal stammt aus dem 15. Jh., die Kirchenvorhalle entstand jedoch später, im Jahre 1875. Die Kirche ist von zahlreichen Kapellen umsäumt. Besonders hervorhebenswert ist die Myszkowski-Kapelle (rechts, Mitte), welche nach dem Muster der Waweler Sigismundkapelle entstand und mit Stuckarbeiten von Balthasar Fontana dekoriert ist. Die Treppen zur Linken führen in die älteste, aus dem 14. Jh. stammende **St. Hyazinth-Kapelle**, des Mitbegründers und ersten Prioren des Klosters (gest. 1257). Über der Treppe hängen zwei Gemälde von Tomaso Dolabella – *Das letzte Abendmahl* und *Die Hochzeit in Galiläa*.

Im Presbyterium befindet sich das bronzene, dem bekannten Humanisten Filippo Buonacorsi (Kallimach) gewidmete Epitaph, dessen Autor vermutlich Veit Stoß war und daneben die Kopie des Grabsteines von Leszek Czarny sowie das Grabmal des Bischofs Iwon Odrowąż.

Der Platz vor der Dominikanerkirche fungierte vor der Stadtgründung als Marktplatz und an der Stelle der heutigen Ulica Dominikańska befand sich der Kirchenfriedhof. Die Begräbnisstätte wurde erst in den Dreißigerjahren des 19. Jh. abgetragen.

Von der Kirche ist es nur noch ein kleiner Sprung zur **Ulica Stolarska**. Auffallend sind dort vor allem die Dominikanerkramläden, welche früher Eigentum des Ordens waren. 1861 wurden hier 25 kleine Häuser in einer Reihe aufgestellt, die mit einem von 18 Säulen gestützten Dach überspannt worden sind. Heute ist es eine Handels- und Dienstleitungszeile, wo man Souvenirs, Flug- oder Zugtickets kaufen oder aber auch etwas zu sich nehmen kann.

Freunde von Antiquitäten sollten unbedingt das Antiquariat Silva Rerum besuchen, in dem eine große Auswahl von Ansichtskarten aus aller Welt und aus allen Zeiten angeboten wird.

Ulica Stolarska ist auch eine diplomatische Straße: hier befinden sich die Konsulate Deutschlands, Frankreichs und der USA. Um den Kunden der Vertretungen entgegen zu kommen, öffnen sich bereits um 6.00 Uhr morgens die Türen des Lokals mit dem längsten Namen in Krakau (▶100), und ab 7.30 Uhr kann man sich in die *Trambar* hineinsetzen (Stolarska 11), die einem Straßenbahnwagen gleicht. Denjenigen jedoch, welche echte Pubs bevorzugen, sei jedoch der Sturm auf die mehrstöckige *Bastille* (Nr. 3) empfohlen – endlich etwas Überirdisches!

Die Rückkehr vom Dominikanerkloster zur Grodzka dauert nicht länger als eine Minute. Und gleich danach kommt man zur Kreuzung der Grodzka mit der **Poselska** – einer schmalen, mit Kopfstein gepflasterten, stillen Gasse „mit Klima". Wenn man links – in die Richtung der zu sehenden St.-Joseph-Kirche abbiegt, findet man mehrere kleine Lokale, die sich hervorragend für eine Regenerationsrast eignen. Wenn einen nur der Durst und die Hitze quält, empfiehlt es sich, im *Fischer Pub* ein Guinness zu trinken, wenn sich jedoch auch der kleine Hunger meldet, muss zwischen *Taco Mexicano* (▶352), *Corleone* (▶352) oder *Paese* (▶351) gewählt werden. Wenn man von der Grodzka rechts abbiegt, gelangt man zum Archäologischen Museum (▶316) mit dessen herrlichen **Gärten** – einer Insel des Grünen in der Altstadt. In den Sechzigerjahren des 20. Jh. wurden alle Details des aus der Renaissance stammenden Klostergartens nach alten Stadtplänen mit Pietät wiederhergestellt. Heute erfreut die grüne Enklave sowohl Freunde der Natur, als auch Ästheten und Melomanen. In den Gärten finden Konzerte klassischer Musik statt, aufgetreten sind hier bereits die Preisträger des Festivals des Studentenliedes und *Lluis Llach*, der legendäre Barde und Komponist aus Katalonien.

Das Restaurant *Corleone* gehört zu den empfehlenswertesten gastronomischen Höhepunkten Krakaus

St. Peter- und Paulskirche/ Kościół św. św. Piotra i Pawła

Die erste Krakauer barocke Kirche entstand 1597–1619. Gestiftet wurde sie von Zygmunt III. Wasa, an welchen das Wappen an der Fassade erinnert. Die Architekten ließen sich von der Kirche Il Gesù in Rom inspirieren, obwohl sich das Innere der Kirche in der Grodzka deutlich von jenem des römischen Gotteshauses unterscheidet. In Krakau sind das Schiff mit dem Querschiff und dem Presbyterium höher als sie es bei ihrer Breite eigentlich sein müssten. Eine derartig gotische Schlankheit wäre in Italien nicht denkbar, die italienische Architektur war dazu zu sehr von der Renaissance „durchtränkt". In Polen hat die Tradition der Gotik einen großen Einfluss auf die sakrale Architektur ausgeübt. Dieses ist auch an viel später entstandenen Bauten sichtbar.

Ursprünglich sollte die St. Peter- und Paulskirche an der Ecke des Marktes und der Ulica Wiślna errichtet werden. Die neuen Baugrundstücke sind vom Priester Piotr Skarga (er ruht in der Krypta, gegenüber der Kirche steht sein Denkmal) erworben worden. Während der Bauarbeiten lief nicht alles nach Plan. Mit den Arbeiten wurde zuerst Josef Britius betraut, sie mussten jedoch wegen

Peter- und Pauls-Kirche, ul. Grodzka 54; Gottesdienste: Wochentage: 6.30, 7.00, 18.00, sonn- und feiertags: 8.00, 9.30, 11.00, 12.30, 18.00 Uhr.

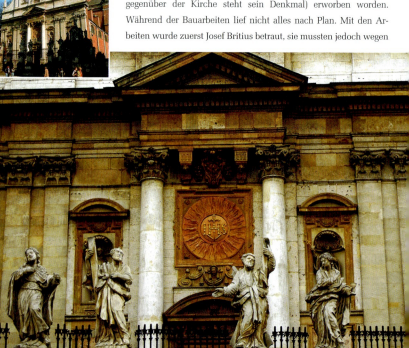

Foucaultsches Pendel

Das Foucaultsche Pendel ist ein langes Fadenpendel mit einer großen Pendelmasse, mit dessen Hilfe die Erdrotation anschaulich nachgewiesen werden kann. Die Bezeichnung stammt vom Namen des französischen Physikers, der 1851 im Pariser Panthéon mit einem 67 Meter langen Pendel mit einem 28 kg schweren und 60 cm Durchmesser umfassenden Pendelkörper der Öffentlichkeit vor. Am unteren Ende des Pendelkörpers befand sich eine Spitze, die mit jeder Schwingung eine Spur in einem Sandbett am Kirchenboden markierte. Hiermit wurde ein laientauglicher Nachweis der Erdrotation vorgelegt. Infolge der Erdrotation und der Einwirkung einer Corioliskraft beschreibt der Pendelkörper eine so genannte Rosettenbahn. Im Juni 1949 wurde ein ähnlicher Versuch in der Krakauer Peter- und Paulskirche durchgeführt. An einer 46,5 m langen Leine, die von der Kuppel herunterhing, wurde eine Kugel befestigt. Das Experiment wurde – nicht zufällig – 1991 wiederholt und zwar zum 500. Jahrestag des Studienbeginns Nikolaus Kopernikus in Krakau. Gefeiert wurde auch der 140. Jahrestag des Pariser Versuches. Da die Kugel von 1949 nicht mehr auffindbar war, wurde eine neue (16 kg) angewandt. Der erste offizielle Versuch mit diesem Pendel fand am 19. Juni 1991 statt. Drei Jahre später begann man mit der Restaurierung der Kirche: das Pendel wurde abgenommen und in der Sternwarte der Jagiellonen-Universität deponiert. 2000 wurde sie wieder angebracht, seitdem kann der laientaugliche Nachweis der Erdrotation wieder beobachtet werden (diesmal wiegt die Kugel 25 kg, von ihrer Vorgängerin unterscheidet sie ein unten angebrachter Laser).

fehlerhafter Durchführung unterbrochen werden. Später wurden die Architekten Giovanni Maria Bernardoni aus Como und Giovanni Trevano aus der Lombardei, der Hofarchitekt der Wasas, eingestellt. Der Bau wurde letztendlich von Trevano, 1635 fertiggestellt. Sein Werk ist die charakteristische Fassade (zweifelsohne eine der schönsten Kirchenfassaden in Polen), die Kuppel über dem Schnittpunkt des Haupt- mit dem Querschiff und die Innendekoration.

Auf der Umzäunung der Frontseite, die die schräge Lage der Kirche zur Straße kaschiert, stehen zwölf Aposteln – Kopien der spätbarocker Skulpturen von David Heel. Wenn man die Jesuitenkirche von der Fassadenseite her betrachtet, kann man sich nur schwer vorstellen, dass sich hinter ihren weißen Mauern Wände aus rotem Backstein verstecken. Dass Innere besteht aus dem Mittelschiff mit einer Reihe von Kapellen. Sehr dekorativ ist der spätbarocke Altar (1735), ein Entwurf von Kacper Bażanka, mit dem Gemälde von Józef Brodowski *Aushändigung der Schlüssel an hl. Petrus* (1820). In der Apsis sind die Stuckarbeiten von Giovanni Battista Falconi (1633) bemerkenswert: Begegnung des hl. Petrus mit dem hl. Paulus und Szenen

*P*iotr Skarga (1539–1612) – Jesuit, Theologe und Schriftsteller, Hofprediger von Zygmunt III. Wasa, der erste Rektor der Akademie in Vilnius. Vertreter der Konterreformation, Autor der Parlamentpredigten (Kazania sejmowe), in welchen er die Willkür und die Streitsucht des Adels kritisierte.

Luci di Nara von Igor Mitoraj im Innenhof des Collegium Iuridicum

aus dem Martyrium der Heiligen. Die Ausstattung ist viel jünger als die Kirchmauern, sie stammt aus der ersten Hälfte des 18. Jh. Eine Ausnahme ist das bronzene Taufbecken an dem Pfeiler, welcher die Kuppel trägt. Es stammt von 1528 und wurde aus einer abgetragenen Kirche vom Plac Wszystkich Świętych hierher verlegt.

Diejenigen, die immer noch nicht fest genug daran glauben, dass sich die Erde doch dreht, können sich eigenäugig davon überzeugen, wenn sie das an einem Eichenholzbalken angebrachte Foucaultsche Pendel betrachten.

Nach diesen geistigen und körperlichen Erlebnissen, kann man wieder in der Spaziergängerwelt der Grodzka untertauchen. Im Haus Nr. 53 befindet sich das **Collegium Iuridicum.** Es wurde Anfang des 15. Jh. von der Königin Jadwiga gestiftet. Heute beherbergt es das Institut für Kunstgeschichte). Es lohnt sich, einen Blick auf den Innenhof zu werfen – mit der faszinierenden Skulptur von Igor Mitoraj *Luci di Nara*, die der Künstler der Universität schenkte.

Wenn man ein wenig Zeit und Geld hat, kann man sich auf einem Porträt oder, wenn es jemand vorzieht – auf einem Karikaturbild verewigen lassen. Die Straßenkünstler, am **Platz der hl. Maria Magdalena** präsentieren gern ihre Fähigkeiten und Talent. Es ist auch eine bei den Straßenmusikern sehr beliebte Stelle, es lohnt sich, für einen Moment stehen zu bleiben und den zuweilen sehr guten Interpretationen klassischer Werke zu lauschen.

Die Kanzel in Form eines Bootes in der Andreaskirche

In der Nähe befindet sich in einem Haupttor ein Billigbuchladen. Zwar sind nicht alle Bücher hier so billig, wie es der Name verspricht, die Buchhandlung hat aber ein unanfechtbares Positivum – sie ist sogar sonntags geöffnet.

Der Platz der hl. Maria Magdalena bildet das Zentrum von Okół, einer Siedlung aus dem frühen Mittelalter. Einst befand sich hier gewiss ein Marktplatz, um den sich das Leben der Einwohner drehte. Gefunden wurden hier Spuren von Häusern aus dem 11. Jh., Im Westen wird der Platz durch die Ulica Kanonicza (▶168) abgeschlossen – es ist vielleicht ein ganz guter Moment, um ein weiteres verzaubertes Eckchen Krakaus kennenzulernen.

Andreaskirche

Einen Schritt von der St. Peter- und Paulskirche entfernt, sehen wir zwei weiße Steintürme der Andreaskirche. Der romanische, 1079–1098 entstandene Bau gehört zu den ältesten in Polen.

Die hoch angebrachten Fenster und die 160 cm dicken Mauern bezeugen die Abwehrbestimmung der Kirche. 1260 sollen sich hier die Krakauer Bürger bei dem Tatarenüberfall verteidigt haben. Die Kirche wurde zum ersten Mal im 13. Jahrhundert, später im 17. Jh., in barocker Manier umgebaut. Die Türme hatten ursprünglich romanische Spitzen, im 17. Jh. bekamen sie barocke Helme. Die Türme sind symmetrisch – die Zwillingsfenster in Polen sehr selten.

Die Stuckdekoration des Inneren ist das Werk (1701) von Balthasar Fontana, ein Jahr später entstand das Wandgemälde von Karol Dankwart. Sehenswert sind der barocke Altar aus schwarzem Marmor (1685) und das Bildnis der Gebenedeiten Salome im Presbyterium. Ein sehr interessantes Detail ist die Kanzel in Form eines Bootes (zweite Hälfte des

St. Andreaskirche,
ul. Grodzka 54;
Gottesdienste:
Wochentage: 7.00, sonn- und feiertags 7.00, 10.00 Uhr.

Innenhof des Klarissinnenklosters

18. Jh.). Fontanas Stuckarbeiten darüber stellen Szenen aus dem Leben der Gebenedeiten Salome dar.

Auf der Treppe des Nordturmes ist ein Signum eines Bauherren aus dem 12. Jh. erhalten – eine der ältesten Inskriptionen in polnischer Sprache (älter sind nur Inschriften dieser Art in den Kathedralen in Gnesen und Wiślica).

Hinter der Andreaskirche befindet sich das Bauensemble der **Klarissinnen-Klosters**. Die Nonnen kamen 1316 hierher und vier Jahre später bekam der Orden die Genehmigung, die Andreaskirche zu übernehmen. Das Kloster wurde vom König Władysław Łokietek um 1325 gestiftet. Die Klostergebäude sind vierflügelig gestaltet – in der Mitte befindet sich der Innenhof, im Osten und Süden kleinere Höfe. Leider kann das Klosterinnere nicht besichtigt werden. Die dort aufbewahrten Schätze wurden zum ersten Mal auf der Ausstellung im Arsenal des Czartoryski-Museum im Jahre 1999 der Öffentlichkeit vorgestellt. Die wertvollste Kuriosität ist die mobile byzantinische Mosaikikone – die Gottesmutter Hagiosoritissa, datiert auf die Wende des 12. und 13. Jahrhunderts. Sie stellt ihre Fürbitte beim auferstandenen Jesus dar. Es gibt weltweit nur wenige derartige Ikonen. Außergewöhnlich ist auch der Aufbau dieses Werkes – es besteht aus

Frustra vivit, qui nemini prodest – Umsonst lebt jener, der niemandem nützt.

Inschrift über dem Eingang zur Martinskirche

winzigen, knapp 1 mm großen Teilchen. Als Material benutzte der Künstler Kupfer, Glasmasse, Onyx und Marmor. In den Sammlungen der Klarissinnen befinden sich auch Weihnachtskrippenmarionetten, ein Geschenk der Königin Elżbieta Łokietkówna, der Schwester von Kazimierz Wielki.

Unter der Nr. 58 befindet sich die 1638–1644 an der Stelle der ehemaligen romanischen Kirche aus dem 12. Jh. erbaute **Martinskirche**. Das Gotteshaus hat eine turmlose, nach oben schmaler werdende Fassade. Sie scheint eine Verkleinerung der St. Peter- und Paulskirche zu sein, vermutlich wurde sie von Giovanni Trevano entworfen. 1787 sind die Karmeliternonnen aus der St.- Martins-Kirche in das Kloster in der Ulica Wesoła (heute: Kopernika) gezogen und das Kirchengebäude wurde zur Veräußerung bestimmt. 1816 wurde es vom Senat der Krakauer Republik den Protestanten übergeben.

Das Innere ist nach protestantischer Tradition sehr schlicht eingerichtet. Die Kirche hat nur ein Schiff, keine Kapellen, und schließt mit einem viereckigen Presbyterium ab. Die Glasmalereien entstanden in der Zwischenkriegszeit, sie sind das Werk von Adam Ciomp. Im Altar befindet sich das Gemälde von Henryk Siemiradzki *Christus beim Beschwichtigen des Gewitters* (1882). Das gotische Kruzifix von 1380 über dem Altar ist eines der ältesten Kreuze in Krakau. Seit 1816 gehört die Kirche der Lutheranischen Kirchengemeinde.

Am Fuße des Wawel steht die kleine **St.-Ägidius-Kirche**. Aus Überlieferungen ist bekannt, dass es an dieser Stelle schon früher ein Gotteshaus gab – ein Dankgeschenk des Fürsten Władysław Herman und seiner Gattin Judyta für die Geburt ihres Sohnes Bolesław, der später als Krzywousty (der Schiefmündige) bekannt wurde. Die Geschichte dieser wunderbaren Geburt wird in der Chronik von Gallus Anonymus beschrieben. In ihrer poetischen Version ist sie in der herausragenden Gesangsinterpretation von Ewa Demarczyk bekannt.

Die Kirche in ihrer heutigen, gotischen Gestalt stammt aus der ersten Hälfte des 14. Jh. Im Inneren befinden sich Darstellungen der Passion Christi aus dem 15. Jh. Vor der Kirche steht das hölzerne Katyn-Kreuz (1990), welches den Opfern des Kommunismus gewidmet ist.

St. Martinskirche, ul. Grodzka 58; Gottesdienste: So: 10.00 Uhr.

St. Ägidiuskirche, ul. św. Idziego 1; Gottesdienste: So: 9.00, 12.00 Uhr.

DER KÖNIGSWEG

Dekoration des Hauses Pod Elefanty.

In der Ulica Grodzka trifft man einen Löwen, einen Elefanten und ein Nashorn. Es handelt sich selbstverständlich um steinerne Wappen über den Eingangspforten – im Mittelalter ersetzten sie die Hausnummern. Am ältesten ist der Löwe über dem Eingang zum Haus Nr. 32 (**Podelwie/Haus zum Löwen**). Er stammt vermutlich aus dem 14. Jh. und erinnert an die Löwen von Peter Parler in Prag.

Der Elefant und das Nashorn schmücken das Haus Nr. 38 (**Pod Elefanty**). Sie sind bedeutend jünger als der Löwe (17. Jh.). Das Haus Nr. 39 bewohnte einst Veit Stoß (1478–1492) woran die Gedenktafel an der Hauswand erinnert.

Zum Wawel hin wird die Grodzka breiter und geht in die Straße Podzamcze über. Man gewinnt den Eindruck, man würde einem Flusse gleich auf die helle Fläche unterm Schlosshügel fließen. Falls die Füße protestieren, ist es empfehlenswert, sich in den aus Weidenzweigen geflochtenen Sesseln des Cafés *Santos* auszuruhen: mit der in Efeu gehüllten Hauswand im Rücken, genießt man einen Schluck guten Kaffees und verkostet die Teilansicht des Wawel-Schlosses und der Ägidiuskirche.

Und darauf der Bischof:: „Es gibt da einen Heiligen in einem französischen Lande (...), das Land heißt Provence und der Heilige – Ägidius – er hat sich beim Gott so verdient gemacht, dass jeder, der ihm fromm vertraut und seinen in Ehren gedenkt, das Erbetete erhält. Lasst also eine goldene Statue in Kindesgröße anfertigen, bereitet königliche Gaben vor und schicket sie eiligst an den hl. Ägidius". Ohne zu zögern wurde also die Statue eines Knaben und ein Kelch aus purstem Gold gefertigt, Gold, Silber, Mäntel und heilige Gewänder vorbereitet, die von vertrauten Abgesandten in die Provence gebracht werden sollten. (...) Noch bevor die Mönche aus der Provence zu fasten aufhörten, schon freute sich die Mutter in Polen, einen Sohn empfangen zu haben.

Gallus Anonymus, *Polnische Chronik*.

TEIL III

Ein Spaziergang durch die Altstadt

EIN SPAZIERGANG DURCH DIE...

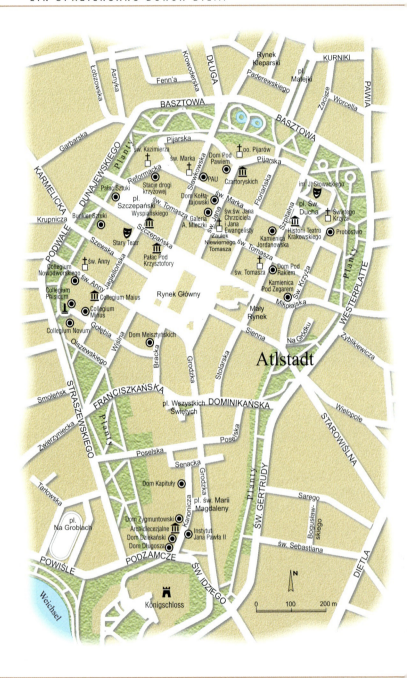

EIN SPAZIERGANG DURCH DIE...

In der Nähe des Hauptmarktes ist nicht nur die historische Bebauung und die mittelalterliche Stadtanlage erhalten. Neben Gebäuden, die an die uralte Geschichte erinnern, haben sich hier elegante Geschäfte, exklusive Restaurants und stimmungsvolle Kneipen angesiedelt. Beim Flanieren durch die Straßen um den Markt, in welchen sich die Geschichte mit der Gegenwart verflicht, weiß man sofort, worauf der Reiz Krakaus – einer Jahrhunderte alten, vornehmen und zugleich außerordentlich vitalen Stadt – zurückzuführen ist.

Es empfiehlt sich, den Spaziergang durch die Altstadt am Platz des Hl. Geistes (Plac Św. Ducha) zu beginnen. Wenn man sich dabei an die von uns ausgesteckte Route hält, verpasst man die interessanten und reizvollen Gässchen bestimmt nicht. Es ist aber auch nicht weiter schlimm, wenn man die Reihenfolge des Rundganges ein wenig abändert.

Titelseite und darunter: Ulica Kanonicza

Ulica Szpitalna

Die Innenräume werden mit einem Guide besichtigt (außer während Proben und Aufführungen). Infos: Marketing-Abteilung, pl. Św. Ducha 4, ☎0124224022. Ein anderer guter Ausweg ist es, eine Aufführung zu besuchen.

Die parallel zur Ulica Floriańska (Florianskastraße) verlaufende Szpitalna (Spitalstraße) verbindet den Kleinen Markt (Mały Rynek), den Plac Św. Ducha und die Basztowa. In der Vergangenheit hatte sie verschiedene Namen. Der heutige stammt von dem hier einst befindlichen Krankenhauskomplex des Ordens vom Hl. Geist (Ordo Hospitaliarus S. Spiritus). Die Krankenhausgebäude wurden Ende des 19. Jahrhunderts abgetragen, der Name blieb: er erwies sich beständiger als die Mauern.

Das Juliusz-Słowacki-Theater

Das monumentale Gebäude des Juliusz-Słowacki-Theaters entstand an der Stelle des Klosters und des Krankenhauses des Ordens vom Hl. Geist. Die Krakauer protestierten gegen die Abtragung der historischen Gebäude aus dem Mittelalter und Jan Matejko verzichtete sogar auf die Ehrenbürgerschaft der Stadt.

1890 beschloss der Stadtrat, Jan Zawiejski mit dem Bau des Theaters zu beauftragen. Die Kosten des Vorhabens wurden auf 767 000 Österreichische Gulden veranschlagt (im selben Jahr hat vergleichsweise der junge Stanisław Wyspiański, der bei Jan Matejko an deren Polychromien der Marienkirche arbeitete, 818 Österreichische Gulden verdient, was eine recht große Summe war; das Jahreskünstlerstipendium von Wyspiański (1890–1893) betrug 500 Österreichische Gulden.

Regula Ordinis S. Spiritus de Saxia – Orden des Heiligen Geistes

Als *Guido* von Montpellier 1175 in dieser Stadt ein Hospital errichtete, in welchem er zusammen mit den Augustinern Waisenkinder und Arme betreuen sollte, widmete er die Einrichtung dem Heiligen Geiste. Seit dieser Zeit wurde der Orden, der sich der Armen annahm, als Orden des Heiligen Geistes bezeichnet. Anfang des 13. Jh. übergab der Papst Innozenz III dem Orden das römische Hospital S. Maria de Saxia.

Nach Polen wurde der Orden S. Spiritus de Saxia vom Krakauer Bischof Iwo Odrowąż geholt. Die Mönche siedelten sich in der Heiligkreuzkirche an. Ihr Symbol war ein weißes Kreuz mit zwei waagerechten Balken und einer Taube auf der Mönchskutte.

Beim Entwerfen des Theatergebäudes ließ man sich von der Architektur der Pariser Oper inspirieren, das Gebäude wies jedoch auch Merkmale des italienischen Barock und der Wiener Baukunst auf.

Die zweistöckige Fassade schmücken allegorische Figuren: Dichtung, Drama, Komödie (Tadeusz Błotnicki), Musik, Oper, Operette (Alfred Daun), Freude und Melancholie (Mieczysław Zawiejski). Man findet dort auch Figuren aus dem Nationaldrama von Mickiewicz „Pan Tadeusz", Tadeusz und Zosia (M. Korpal). Über dem Theatereingang ist die Inschrift angebracht: *Der Nationalkunst – Von Krakau*. Bei der Gestaltung der anderen Fassaden wurde ebenfalls weder an Geld noch an Anstrengungen gespart, um ihre Dekoration imposant zu gestalten. Für die bemalten Innendekorationen war der Österreicher Anton Tuch verantwortlich (Autor der Wandgemälde in der Kinga-Kapelle in Bochnia bei Krakau).

Den berühmten **Vorhang** malte zwischen 1893 und 1894 Henryk Siemiradzki. Er konnte nicht aller Geschmack zufrieden stel-

> *Dass in diesem Gebäude immer unsere geliebte Muttersprache erklingt, für das Wohl des ganzen Volkes, für die Gunst der heimatlichen Volksbildung und des nationalen Schrifttums.*
>
> Fragment der Inaugurationsrede bei der Eröffnung des Juliusz-Słowacki-Theaters

Auf der Großen Bühne des Słowacki-Theaters werden ebenfalls Opern und Ballettaufführungen gezeigt

Ludwik Solski (1855–1954) gehört zu den berühmtesten polnischen Schauspielern. Er lernte zuerst Geschäfts- und Schlosserbursche. 1875 Statist. Er trat unter dem Künstlernamen Solski auf (sein bürgerlicher Name lautete: Sosnowski), da er wegen Wehrdienstverweigerung von der österreichischen Gendarmerie gesucht wurde. Von 1905 bis 1911 war er Intendant des Städtischen Theaters Krakau. 1909 führte er eine Reihe von Dramen Słowackis auf, im selben Jahr wurde das Theater nach dessen Namen getauft. (Bestattet wurde Solski in der Kirche auf dem Felsen, im Kreise anderer verdienter Polen).

Bedeutende Uraufführungen im Słowacki-Theater":
- S. Wyspiański, *Warszawianka* (1898);
- J.Słowacki, *Kordian* (1899);
- A. Mickiewicz, *Dziady* (*Die Ahnenfeier*, 1901);
- S. Wyspiański, *Wesele* (*Die Hochzeit*, 1901);
- Z. Krasiński, *Nie-Boska komedia* (*Un-Göttliche Komödie*, 1902);
- S. Wyspiański, *Noc listopadowa* (*Die Novembernacht*, 1908);
- S.I. Witkiewicz, *Tumor Mózgowicz* (1921);
- K. Wojtyła, *Brat naszego Boga* (*Bruder unseres Gottes*, 1980).

len, kritisiert wurde er u.a. von Stanisław Wyspiański. Seiner Objektivität bei der Beurteilung des Werkes kann man sich jedoch nicht sicher sein, da der Schöpfer der „Strohpuppen" im Planty-Grüngürtel auch zu jenen gehörte, welche sich erfolglos am Wettbewerb für den Entwurf des Vorhangs beteiligten.

Der Vorhang von Siemiradzki ist im akademischen Stil gehalten. In der Bildmitte segnet der Genius des Theaters die Verknüpfung der Personifizierungen des Guten und des Schönen, darunter, auf dem Teppich, sieht man den Hofnarren in der innigen Umarmung der Komödie. Das verschlossene Innere steht an der Grenze zwischen Licht und Schatten: die mit Gewitterwolken bedeckte linke Seite des Bildes verbleibt unter der Herrschaft der Tragödie und ihres Gefolges, die rechte Seite ist hell, freundlich, ferner die Muse des Tanzes, Terpsychore, welche den tanzenden Reigen anführt.

Sehenswert sind die Garderobe des großen polnischen Schauspielers **Ludwik Solski** und die berühmten Wandinschriften seiner Freunde. In diesem originellen Gästebuch findet man Namen wie Helena Modrzejewska, Stanisław Wyspiański, Gabriela Zapolska, Wojciech Kossak, Józef Mehoffer, Karol Estreicher. Es gibt hier auch jüngere Eintragungen, unterzeichnet von Czesław Miłosz, Tadeusz Różewicz und Krzysztof Penderecki.

Die Kirche des Hl. Geistes (Kościół Świętego Krzyża)

Die kleine Kirche des Hl. Geistes in der Nähe des Słowacki-Theaters gehört zu den schönsten historischen Bauwerken der gotischen Architektur in Polen. Die Westseite beherrscht der viereckige Turm aus dem 15. Jh. Die Kirche ist einschiffig, das Gewölbe stützt sich auf nur einen Pfeiler und Palmrippen. Die Wandmalereien aus dem 15. – 17. Jh. wurden von Stanisław Wygspiański restauriert. Sehenswert sind die Gemälde: *Die Kreuzigung* (Andreaskapelle), *Das letzte Gericht* (Sophienkapelle) und

Das Leiden Christi im südwestlichen Teil des Schiffes. Das bronzene Taufbecken stammt aus dem Jahr 1423 und das Chorgestühl vom Anfang des 16. Jh.

In der Ulica Szpitalna 7 steht das **Haus zum Krebs (Pod Rakiem)**. Vor Jahrhunderten befand sich hier vermutlich ein Geschäft, welches Krebse auf die Krakauer Tische lieferte, die früher beliebter waren als heute.

Das Haus Nr. 21 beherbergt die **Filiale für Geschichte des Krakauer Theaters** des Historischen Museums (i323). Das Haus Nr. 26 heißt „Kamienica **Jordanowska**". Das Datum 1638 auf dem Portalgitter steht vermutlich für das Jahr der Fertigstellung der Bauarbeiten. 1860 verstarb in diesem Haus Wincenty Pol, Dichter, Geograf und Teilnehmer des Novemberaufstands in Litauen.

Heiligkreuzkirche,
ul. św. Krzyża 23;
Gottesdienste:
wochentags 17.30, 18.00,
sonn- und feiertags 7.30,
9.00, 10.30, 12.00, 13.15,
18.00, 21.00 Uhr.

Die Thomaskirche (Kościół św. Tomasza)

An der Ecke der Straßen Szpitalna und św. Tomasza befand sich einst die Arianische Gemeinde. 1591 wurde das arianische Haus abgerissen, an seiner Stelle wurde ein Wohnhaus gebaut. Etwa

---

Paon – Pfau

In der Szpitalna 38 befand sich einst das Café Paon, ein Treffpunkt der Jugendstilboheme. Sein Eigentümer war F. Turliński, den Namen verdankte es Stanisław Wyspiański, welcher sich – obwohl er keine alkoholischen Getränke mochte – oft im Paon aufhielt („Fantasie hab' ich immer, nach Wodka hab' ich Kopfweh"). In der Kaffeestube hing eine große Leinwand, auf der die schmausenden Künstler Skizzen und Porträts malten. Heute, nachdem sie sich Gediegenheit und historischen Charakter „erarbeitet" hat, gehört sie zu den Beständen des Nationalmuseums.

Das Bildnis der Gottesmutter im Hauptaltar stammt vom Anfang des 17. Jh

dreißig Jahre später wurde aus öffentlichen Spenden eine Kirche errichtet. Sehr bemüht waren um dieses Gebäude die Karmeliter, die einen Sitz in der Stadt haben wollten; Piasek, wo sich ihr Kloster befand, lag damals außerhalb der Stadtmauer. Das an der Thomaskirche errichtete Kloster diente ihnen bis in die Achtzigerjahre des 18. Jahrhunderts. Da der Orden keine Mittel besaß, die anstehende Renovierung durchzuführen, wurde das Kloster im Jahre 1801 dem Regula Ordinis S. Spiritus de Saxia übergeben.

Neben dem Hauptportal ist ein eiserner Glockengriff in Form des Kreuzes des Ordens vom Hl. Geist befestigt. In der Vorhalle befindet sich die Skulptur des Schmerzhaften Christi aus der zweiten Hälfte des 18. Jh. aus der abgerissenen Kirche vom Hl. Geist. Sehenswert sind der Hauptaltar mit dem Bildnis der Gottesmutter, das Kruzifix im Seitenaltar (Mitte des 17. Jh) und die Kanzel (18. Jh.).

Die heutige Szpitalna hat nichts mehr von der „Szpitalka" behalten, dem magischen Zentrum alter Bücher. Beinahe an jedem Haus hingen Schilder: Taffet, Seiden, Litman, Raucher, Wetstein. Heute kann man alte Bücher nur an einem Ort kaufen: im Haus Nr. 7/4, im Antiquariat Rara Avis. Übrig blieben alte Fotos und Erinnerungen des Antiquars Taffet, der die erste Ausgabe von *Pan Tadeusz* nach Israel brachte und wie ein Gebetsbuch in der Rocktasche aufbewahrte.

Jüdische Bücherantiquariate in der Szpitalna

Im Jahr 1816 verbot Kaiser Franz II den Verkauf gebrauchter Bücher durch Handelsreisende. Ab diesem Zeitpunkt konzentrierte sich der jüdische antiquarische Handel um den Markt, bald wurden die Gebrauchtbücherhändler auch dort zu unliebsamen Gästen. So zogen sie auf den Plac Św. Ducha und auf die Szpitalna. Der erste bekannte jüdische Antiquar war der Mitte des 19. Jh. verstorbene Lejb Taffet. Der erste Gebrauchtbuchladen soll dank der Zusammenarbeit von Lejb und einem Mönch entstanden sein.

Ulica św. Krzyża (Heiligkreuzstraße)

Von der Szpitalna tragen einen die Beine automatisch in die Ulica św. Tomasza. Ursachen kann es dafür mehrere geben. Verlockend ist nicht nur der Vormittagskaffee bei *Larousse* (vorzüglich – muss man unbedingt gekostet haben), sondern auch der abendliche Martini in der **Oldsmobil Drink Bar** (dieser Ort wird mit Sicherheit den Autofans zusagen). Über die Ulica św. Tomasza kommt man zur Ulica św. Krzyża, der Verbindungsstraße zwischen der Sienna und dem Plac Św. Ducha.

Die reizvolle, von Touristen recht selten besuchte Straße, entstand vermutlich um 1300. Auch sie trug früher unterschiedliche Namen: Szpitalna, Świńska, Rzeźnicza. Im 19. Jh. sind einige Teile von ihr als Mikołajska bezeichnet worden, andere wiederum als Różana. Der heute gültige Name stammt aus dem Jahr 1881.

An der Ecke der Straßen św. Tomasza und św. Krzyża erhebt sich das **Bartynowski-Haus**. Es entstand 1808–1811 auf Bestellung eines der damals zu den Reichsten gehörenden Bürgers, des

Nr. 23 – **Das Pfarrhaus der Heiligkreuzkirche – ist 700 Jahre alt**

Re produziert eigenen, hausgemachten Wein

Ein Teil der Mauern der Heiligkreuzkirche

Weinhändlers Sztumer. Die klassizistische Form unterscheidet das Gebäude von den anderen in der Nähe des Grüngürtels Planty stehenden Häusern.

An der Ecke der Straßen Mikołajska und św. Krzyża steht seit dem Ende der Zwanzigerjahre des 19. Jh. das Haus „Zur Uhr" (**P**od **Z**egarem). Es entstand durch die Verbindung zweier älterer, wahrscheinlich aus dem Mittelalter stammender Häuser, welche häufig umgebaut wurden, da sie immer wieder neuen Zwecken dienten. In der ersten Hälfte des 19. Jh. gab es hier eine Brauerei und in den Zwischenkriegsjahren das Café *Ziemiańska*. Das Haus „Zur Uhr" hatte einen berühmten Bewohner: hier wohnte bis zu seinem Tod Antoni Zygmunt Helcel, Teilnehmer des Novemberaufstands, Historiker, Publizist und Politiker.

Musik- und Kinoliebhabern ist das Haus Nr. 4 zu empfehlen. Der dortige **Klub Re** lädt zu Konzerten von Gruppen ein, welche man in den öffentlichen Radiosendern nicht zu hören bekommt. Im Klubkino werden Dokumentar- und Kurzfilme, unabhängiges Animationskino und wichtige, aber längst vergessene Filmwerke vorgeführt.

Die Jungs aus unserem Pueblo gehen nie weit weg. In der Ulica św. Krzyża 13 befindet sich ein exzellentes mexikanisches Lokal, das *El Paso*. Serviert werden hier – wie zu erwarten war – Burritos und Enchiladas, 12 Tequillasorten warten auf Freunde guter Spirituosen, welche mit einer Limone in der einen und Salz in der anderen Hand den berühmten Agaveschnaps kosten wollen.

Nummer 23 – Die Pfarrei der Heiligkreuzkirche. Das Haus stammt vermutlich vom Anfang des 14. Jahrhunderts, gründlich saniert wurde es 1909. Eine ausgezeichnete Gelegenheit, um in der Luft nicht nur einen Hauch Geschichte zu spüren, sondern sie auch anzufassen: die Mauersteine sind angenehm kühl, wie schon vor Jahrhunderten. Ein Foto mit dem Haus 23 im Hintergrund schmückt gewiss jedes Album. Die Farbe der Fassade und ihre spezifische Rauheit bleiben im Gedächtnis, gewissermaßen als Gegengewicht zu der überall lauernden Welt aus Plastik und schrillen Farben, mit denen sich die Städte immer mehr „bedecken".

Ulica św. Jana

In Krakau führen alle Wege zum Hauptmarkt, so findet jeder Besucher früher oder später dorthin. Vom nördlichen Teil des Platzes aus kommt man in die Ulica św. Jana (Johannisstraße). Den Augen eröffnet sich 290 m weiter die Fassade der Piaristenkirche. Diese abgeschlossene Perspektive, obwohl zweifelsohne interessant, wirkt ein wenig bedrückend, denn sie versperrt den Raum. Man kommt von einer offenen Ebene und von dem Licht des Marktes zu einem in der Straßenschlucht verborgenen hellen Fleck, der an den Kanonenlauf eines festgemachten Schiffes erinnert. Und man ist verblüfft, weil sich am Ende herausstellt, dass die Ulica św. Jana keine Sackgasse ist und dass man einen anderen Rückweg nehmen kann, als jenen, welchen man nahm, um hierher zu kommen.

Im *Rio* werden seit einem halben Jahrhundert guter Kaffee und ein einzigartiges Klima serviert

Am Anfang der Straße öffnet bereits um 8.00 Uhr früh das berühmte Café ***Rio***, eine weitere Krakauer Legende. Es existiert bereits seit 50 Jahren (zuerst als *Krakus*) und zieht unabänderlich viele Besucher an. Das ist kein Wunder, denn der Reiz dieses Cafés beruht auf seiner natürlichen Schlichtheit, ohne eine Spur von Styling. Es lohnt sich also, hierher zu kommen, einen Kaffee zu bestellen und dann den Kampf um einen freien Platz zu gewinnen.

Auf der anderen Straßenseite, gegenüber dem *Rio*, befindet sich ein Antiquitätengeschäft: eine verträumte, wunderliche, vom Schleier der Zeit und der Mystik umhüllte Welt. Nur fünf Minuten in einem solchen Antiquitätenladen sind ein hervorragendes Mittel gegen die Folgen von Aufenthalten in modernen, hell erleuchteten Geschäften mit Sonderangeboten und einem Übermaß an Künstlichkeit.

Langsam schlürft man den Kaffee im Rio,
Der Schnaps ist teurer – und außerdem?
Außerdem hat sich kaum etwas verändert...

Maciej Maleńczuk, *Die Stadt Krakau*

EIN SPAZIERGANG DURCH DIE...   Ulica św. Jana

Aus der Krypta der Kirche der Verklärung Christi zogen durch die Ulica św. Jana Trauerzüge, welche große Polen auf ihrem letzten Weg zur Kirche auf dem Felsen begleiteten. 1887 verabschiedete man auf diese Weise den Schriftsteller Józef Ignacy Kraszewski und 1907 Stanisław Wyspiański. Heute läuten in der Ulica św. Jana keine Trauerglocken mehr.

Direkt daneben befindet sich eines der drei Krakauer Restaurants *Chłopskie jadło* – Bauernschmaus. Von Mittags bis Mitternacht werden hier Speisen nach bewährten altpolnischen Rezepten serviert.

In der Ulica św. Jana 6 befand sich seit der zweiten Hälfte des 16. Jahrhunderts die protestantische Gemeinde. Nachdem die Gemeinde abgebrannt war, entstanden an dieser Stelle die Kirche und das Kloster der Bernhardiner, das sog. Kloster „Zur Krippe" („Na Żłobku"). Nach desses Schließung entstand im Haus Nr. 6 die Gastwirtschaft *Zum Ungarischen König* (*Pod Węgierskim Królem*), welche später das Hotel *Saski* übernahm und wo u.a. Johannes Brahms, Franz Liszt, Ignacy Paderewski und Artur Rubinstein konzertierten.

Gasse des treulosen Thomas

Heute befindet sich unter dieser Adresse der Multikinokomplex **Ars**: Aneks, Kiniarnia, Sztuka und Reduta. Man kann zwischen verschiedenen Sälen wählen: Sztuka ist für 237, der elegante Saal Reduta für 171 Personen gedacht, es gibt auch das kleine Aneks und den ganz kleinen Saal Kiniarnia mit 30 Plätzen. Besonders zu empfehlen ist der Saal Kiniarnia

mit seinem Kaffeehausflair. Gleich um die Ecke, in der Ulica św. Tomasza, gab es noch ein Kino, das Apollo, welches zu dem Kinokomplex Kijów und Mikro gehörte, es konnte jedoch den nach Popcorn duftenden Multikinos leider nicht standhalten. Ein ähnliches Schicksal erlitten die Einrichtungen der Zehnten Muse am Rande des Zentrums: Uciecha, Wanda und Atlantic.

Ungefähr in der Mitte der św. Jana, an der Kreuzung zur Ulica św. Tomasza, steht zwischen die Häuser gepresste die **Kirche des Heiligen Johannes des Täufers und Johannes der Evangelisten** (**kościół św. św. Jana Chrzciciela i Jana Ewangelisty**), mit einer weißen Fassade und einem dreieckigen Ziergiebel. Früher befand sich an dieser Stelle eine kleine, noch vor der Stadtgründung gebaute Kirche, wovon die Querlage des Bauwerks zur Straße zeugt. Im unteren Teil der Fassade und unter dem Presbyterium sind romanische Details erhalten. Über das barocke Schiff gelangt man vor den Hauptaltar mit dem Bildnis der Johannismutter aus dem 16. Jh. Neben dem Altar wurden Fesseln angebracht. Sie gehörten vermutlich einem Häftling, welchem es gelang, aus der türkischen Gefangenschaft zu fliehen. Seit 1726 gehört die Kirche der Kongregation der Jungfrauen der Opferung der Heiligsten Jungfrau. Im Nebenhaus befindet sich die berühmte, erste Mädchenschule Polens.

Nach der Besichtigung der Kirche empfiehlt es sich, ein paar Schritte weiter zu gehen und nach links abzubiegen. Schon ist man in der **Gasse des treulosen Thomas** (**Zaułek Niewiernego Tomasza**). Ein schöner Ort und auch die hier befindlichen Gaststätten sind erstklassig. Das legendäre Café *Dym* oder das *Cherubino*, eine kulinarische Reise in die Toskana, mit seiner hervorragenden Küche, der Chianti und das stilvolle Innere verlocken zum „länger bleiben". Daneben das *Camelot* (▶356), Kabarett und Lokal mit demselben Namen. Empfehlenswert: warmer Sauerkirschlikör und unbedingt ein Fensterplatz.

In seine „Autorengalerie" in der Ulica św. Jana 14 lädt der von den einen geliebte, von anderen wiederum gehasste Karikaturist

Kirche des hl. Johannes des Täufers und des hl. Johannes der Evangelisten, ul. św. Jana 7; Gottesdienste: wochentags 6.30, 14.30, 18.00, sonn- und feiertags 8.00, 14.30, 18.00 Uhr.

Andrzej Mleczko ein. „Ein guter Cartoon oder eine gute Karikatur muss auch in zehn Jahren noch verständlich sein. Ich mache keine Kommentare zur Tagespolitik." An dieser Galerie (und dem Laden) geht niemand gleichgültig vorbei.

In der Ulica św. Jana 18 befindet sich ein in Punkto Atmosphäre und Ausschank gut nachgebildeter irischer Pub mit dem polnischen Namen „Zu den Papageien". So hieß einer der bekanntesten Songs des verstorbenen Czesław Niemen. Im Pub **Pod papugami** gibt es Guinness, irische Musik und Billard. Ein guter Ab-stecher an heißen Tagen, insbesondere dann, wenn man nicht unbedingt nach Dublin fahren möchte.

Der Name des **Kołłątaj-Hauses** an der Ecke der Straßen św. Jana und św. Marka (Nr. 20) stammt von dessen Besitzer Hugo Kołłątaj (18. Jh.). Bemerkenswert ist das Portal in der Rokokofassade: das Wappen von Sulim gehörte den späteren Eigentümern, der Familie Popiel, welche hier in der zweiten Hälfte des 19. Jh. einen Salon gründete, in dem sich das kulturelle und gesellschaftliche Leben Krakaus konzentrierte.

Das Portal des Kołłątaj-Hauses mit dem Sulim-Wappen

Das Haus Nr. 24 ist ein Königreich des Tees. Im Angebot: über 100 Teesorten und alle zum entsprechenden Aufbrühen der Teeblätter notwendigen Accessoires. Auf der anderen Straßenseite lädt das Lokal **Stalowe magnolie** vorher genau „gemusterte" Gäste ein. Das **Magnolien aus Stahl** im Lubomirski-Palais hat „aristokratisch gehobene" Preise, so wird es von jenen aufgesucht, die imstande sind, für ein Bier doppelt so viel wie woanders zu zahlen. In den berühmten „Bettensaal" kommen nur Klubmitglieder hinein.

Die Darstellung des Pfaus im Haus Nr. 30 stammt aus dem 16. Jahrhundert

Das Haus Nr. 30, das Sub Pavone – **Pod Pawiem (Zum Pfau)**. Die Darstellung des Pfaus befindet sich im mittleren Fenster der ersten Etage. Das Haus wurde vermutlich Ende des 16. Jh. errichtet und ist heute ein Teil des Hotels **Fran-**

cuski (▶355; Eingang: Ulica Pijarska). Das 1910 eröffnete Hotel war sofort eine Konkurrenz für das berühmte *Grand-Hotel*. Ausgestattet mit allen damals zugänglichen technischen Innovationen verfügte es ebenfalls über ein Auto, welches die Reisenden vom Bahnhof abholte. Von der Mondänität und Qualität des Hotels zeugt allein die Tatsache, dass der Portier acht Sprachen beherrschte

Die Ulica św. Jana hatte als eine der wenigen vom Markt ausgehenden Straßen kein Stadttor. Vor Jahrhunderten stand an ihrem Ende das Haus zu den Fasanen (Pod Bażanty). Es wurde in der zweiten Hälfte des 17. Jahrhunderts abgetragen, an ihrer Stelle entstand die Piaristenkirche.

Die Piaristenkirche (Kościół Pijarów)

Die Querverbindung über die Ulica Pijarska (direkt an der Kirche) und die umliegende Bebauung gehören zu den schmucksten Winkeln Krakaus. Ein erträumter Hintergrund für ein Erinnerungsfoto.

Nach Polen kamen die Piaristen 1642, nach Krakau 12 Jahre später. Die barocke Klosterkirche der Verklärung Christi, das Werk der Architekten Kacper Bażanka und Francesco Placidi, der die Fassade gestaltete, entstand 1718–1739.

Über dem Eingang zur Krypta führt zur Kirche eine Treppe, welche über die gesamte Länge der Kirche führt. Während des Pascha-Triduums bauen die Piaristen in der sog. unteren Kirche das Grab Christi auf. Es wird alljährlich von zahlreichen Gläubigen besucht. Jeden Winter finden in der Krypta Wohltätigkeitskonzerte statt. Ihr Initiator ist der Krakauer Kabarettist Marcin Daniec. Die Einnahmen werden Kindern aus sozial bedrohten Familien zur Verfügung gestellt.

Piaristenkirche, ul. Pijarska 2; Gottesdienste: wochentags 7.00, 8.00, 19.00, sonn- und feiertags 8.30, 10.00, 11.30, 13.00, 19.00 Uhr.

*K*asper Bażanka (1680–1726), Schüler von Andrea del Pozzo, studierte Architektur an der Lukas-Akademie in Rom. Bürgermeister von Krakau. Die wertvollsten architektonischen Werke Bażankas sind seine Kirchen: wunderschöne Beispiele des Barock in seiner römischen, ausgereiften Formel. Er entwarf u.a. die Missionarskirche in der Ulica Stradom, die Kirchenmauer der Peter- und Paulskirche in der Grodzka und den Helm des Uhrenturmes auf dem Wawel. Seine optischen Effekte und ein gekonnter Umgang mit dem Lichteinfall erwecken bis heute Bewunderung.

Auf der Treppenbalustrade befindet sich eine Marmorbüste von Stanisław Konarski, ein Werk von Tadeusz Błotnicki (19. Jh.). In dem Mausoleum im Inneren der Kirche, auf der rechten Seite des Presbyteriums, wird seit 1882 das Herz des Schulreformers und Wegbereiters der polnischen Aufklärung aufbewahrt. In den Altären kann man Werke polnischer Malerei des 18 Jh. von Andrzej Radwański und Szymon Czechowicz bewundern.

Sehenswert ist die Dekoration des Gewölbes im Hauptschiff. Die illusionistische Deckenmalerei von Frantisek Eckstein aus Mähren verlängert optisch das Kircheninnere. Bei der Schaffung dieses perspektivischen Gemäldes hat sich der Künstler vom Deckenfresko Andrea del Pozzos in der St. Ignazio-Kirche in Rom inspirieren lassen.

Direkt neben der Kirche, an der Ecke der Straßen Pijarska und św. Jana befindet sich das Czartoryski-Museum mit einer reichen Sammlung an Kunstgegenständen und nationalen Reliquien.

Piroggen und Anderes

Die Ulica Sławkowska sorgt für die Gaumen der Besucher und erfüllt ausgefallenste kulinarische Wünsche. Es gibt hier auch etwas Exotik, denn an der Ecke der Sławkowska und Św. Marka werden im *Indus* indische Gerichte angeboten. Gegenüber bekommt man knusprige Eierkuchen und hausgemachte Piroggen (gefüllte Maultaschen) in der *Pierogarnia*, gleich am Restaurant *Miód i wino* (*Honig und Wein*, Nr. 32). Beide Lokale sind Filialen des Restaurants *Hawełka*. Besonders anspruchsvollen Gourmets wären die Restaurants *La Fontaine* (Sławkowska 1; ▶351) und *Cyrano de Bergerac* (Sławkowska 26; ▶351) zu empfehlen, wo man vorzüglich (jedoch recht teuer) speisen kann. Diejenigen hingegen, welche sich an Omis unvergessliche Küche erinnern möchten, sollten unbedingt das Lokal *U babci Maliny* (*Bei Omi Malina*) am Sitz der Polnischen Akademie der Fähigkeiten (PAU) besuchen.

Ulica Sławkowska

Die Sławkowska verbindet die Nordwestecke des Marktes mit der Ulica Długa. Der Straßenname erscheint in den Stadtbüchern bereits Anfang des 15. Jh. Hier verlief die Handelsstraße über Olkusz und Sławków nach Schlesien. In Sławków wurde Silber gefördert, und da die kaufmännischen Kontakte mit der Hauptstadt gut und gewinnbringend sein mussten, entstand die Redewendung, dass Krakau auf Sławkówer Silber gebaut wurde. Ab dem 13. Jh. war auch von Sławkówer Brot die Rede. Gemeint waren die Spenden, durch welche die königliche Stadt nach den Tatarenangriffen wieder aufgebaut werden konnte. Die Straße endete mit dem Tor Sławkowska und der Barbakane. In der Nähe des zwischen 1817 und 1822 abgetragenen Tores wurden Kanonen gegossen und im Torgebäude selbst war das Stadtgestüt untergebracht.

Am Treffpunkt der Straßen św. Tomasza und św. Jana lädt das altehrwürdige *Grand-Hotel* ein, welches 1855 von Eustachy Jaksa Chronowski aus dem eleganten Palais der Fürsten Czartoryski ausgebaut wurde. Für Hotelzwecke erwarb er auch anliegende Häuser. Das Hotel verfügte über eine eigene Elektrizitätsanlage, Telefone in den Zimmern, teilweise Zentralheizung, einen reichen Weinkeller und über einen Lesesaal mit polnischen und ausländischen Zeitschriften. Im *Grand* arbeitete Henryk Worcell, der sich vom Kellner zum Schriftsteller entwickelte. Seine Erlebnisse im Hotelrestaurant beschrieb er in dem Roman *Zaklęte rewiry*, der 1975 als Hotel Pacific verfilmt wurde.

Das Hotel *Grand* blickt auf eine 150-jährige Tradition zurück

Seit dem Ende der Zwanzigerjahre des 20. Jh. gab es im *Grand-Hotel* das modische Café von Jan Bisanz. Noch 1936 hing an der Wand ein Stück Leinenstoff, welcher als Gästebuch fungierte: mit Hunderten von Zeichnungen, Skizzen, Ge-

147

EIN SPAZIERGANG DURCH DIE...

Die *Golgota* an der Mauer der St. Markus-Kirche ist eine Kopie. Das Original befindet sich im Inneren der Kirche

dichten und Sprüchen berühmter Cafébesucher. An den Cafétischen trafen sich u.a. Stanisław Wyspiański, Włodzimierz Tetmajer und Lucjan Rydel.

Die Jahre der Volksrepublik Polen waren für das Hotel, gelinde gesagt, nicht besonders günstig. Unfähig verwaltet, verfiel es immer größerem Ruin, Als Janusz Majewski den Roman von Worcell verfilmte, musste er nach Innenräumen, die an das *Grand-Hotel* erinnern sollten, in Tschechien suchen. Heute leuchtet der Bau wieder in seinem ehemaligen Glanz. Imposant sind die Deckenmalereien, vor allem der Spielsaal (entworfen von Józef Pokutyński) mit seinem bemalten gläsernen Dach.

Auf der gegenüberliegenden Straßenseite, fast gegenüber vom *Grand-Hotel*, befindet sich eine exzellente Bodega. Man kann hier entweder eine Flasche Wein kaufen (die Auswahl ist enorm; der Wein stammt aus Spanien, Frankreich, Italien, Chile, Argentinien, Australien und Südafrika) oder die Weinstube besuchen. Die *Tapas Bar* hat spanische Spezialitäten im Angebot.

St. Markus-Kirche, ul. św. Marka 10; Gottesdienste: wochentags 12.30, 18.30; sonn- und feiertags 9.00, 10.15, 11.30, 15.30 Uhr.

Die St. Markus-Kirche (Kościół św. Marka)

An der Straßenecke der Sławkowska und św. Marka erhebt sich eine der ältesten Kirchen Krakaus. Die erste Kirche entstand an dieser Stelle 1263. Gestiftet wurde sie von König Bolesław Wstydliwy, der die Augustiner von Prag nach Krakau holte. Sie wurden als „Marken" oder wegen der Form ihrer Hüte häufig als Hornis bezeichnet. Die polnische Provinz des Ordens wurde – als letzte in Europa – 1832 geschlossen.

Die Kirche hat vier Brände überstanden: 1494, 1528, 1589 und 1724. Sie wur-

de mehrmals umgebaut, so veränderte sich auch ihr Aussehen bei jedem Baueingriff. Überdauert haben die gotische Außenform und das Innere aus der Spätrenaissance. Sehenswert ist die silberngoldene Kanzel in Form eines Herzens: das Herz ist das Kennzeichen des Markusordens. Der Hauptaltar ist das Werk des Krakauer Bildhauers Baltazar Kuncz vom Anfang des 17. Jh., die Figur des gekreuzigten Jesu wird jedoch auf das 15. Jh. datiert. Der Volksmund sagt, dass Christi von diesem Kreuze aus mit dem Mönch Michał Giedroyć gesprochen hat.

Auf der rechten Seite, zwischen dem Presbyterium und dem Hauptschiff, steht eine Figur von Balthasar Fontana. Sein Engel fügt sich in die Tradition des häufig auftretenden Darstellungsmotivs des Kampfes gegen den Drachen ein: das erhobene Schwert ist gegen die Verkörperung der Sünden und den Satan gerichtet. Im Presbyterium befindet sich die Grabstätte des gesegneten Michał Giedroyć. Das vom Anfang des 17. Jh. stammende Werk weist Merkmale aus der Spätrenaissance auf. Autor der marmornen Statue von Giedroyć (1988) ist der Krakauer Maler und Bildhauer Maciej Zychowicz.

Im Schiff steht die von der Außenseite nach Innen verlegte *Golgota*. Alle Skulpturen, welche sich außerhalb der Kirche befinden, sind lediglich Kopien. Die ursprüngliche Gruppe (beiderseits des Kreuzes stehen die Schmerzhafte Gottesmutter und der hl. Johannes, der Evangelist) stammt vom Anfang des 16. Jh.

Michał Giedroyć (1425–1485) stammte aus einer litauischen Fürstenfamilie. Er lebte in jenen Zeiten, als durch die Straßen Krakaus der hl. Jan Kanty, der hl. Kazimierz, der Gesegnete Szymon aus Lipnica, Władysław aus Gielniów oder Izaias Boner wandelten. Johannes Paul II. bezeichnete diese Zeit als „die Zeiten des Glanzes und der Heiligkeit Krakaus". Giedroyć war der erste litauische Student der Krakauer Akademie, eine erstaunliche Persönlichkeit: ein gebildeter Fürst, der damit einverstanden war, bis an sein Lebensende die bescheidene Funktion eines Klostermessners auszuüben. Berühmt war er insbesondere in Litauen, obwohl die Kommunisten seinen Kult zu bekämpfen versuchten.

Kasimirkirche,
ul. Reformacka 4;
Gottesdienste:
wochentags 6.30, 7.30,
8.00, 10.00, 16.15, 17.30;
sonn- und feiertags 7.30,
9.00, 10.30, 12.00, 13.00,
16.15, 19.00 Uhr.

Das Gebäude gegenüber (Nr. 17) beherbergt die Polnische Akademie der Fähigkeiten. Erbaut wurde es 1864 nach dem Entwurf von Filip Pokutyński, der ebenfalls das Palais Mieroszewski in der Ulica Krupnicza und das Kloster der Charitinnen in der Ulica Warszawska projektierte.

Nachdem man hinter der Kirche rechts in die Ulica św. Marka abbiegt, ist man nach wenigen Minuten in einem re-

EIN SPAZIERGANG DURCH DIE... Ulica Sławkowska

Das Café *Huśtawka* (*Schaukel*) ist bis in die späten Nachtstunden geöffnet

izvollen Winkel Krakaus angelangt: in der **Ulica Reformacka**. Man sollte hier, abseits des Straßenlärms, stehen bleiben und seine Aufmerksamkeit der historischen Bebauung widmen, um dann in die barocke Kasimirkirche neben dem Franziskanerkloster (früher Reformatenkloster) reinzuschauen. Im Inneren befindet sich das berühmte Bild der Gottesmutter und das Bildnis des hl. Kasimir aus der zweiten Hälfte des 18. Jh., vermutlich das Werk von Daniel Schultz aus Danzig. 1901 entstand am Hauptschiff die Kapelle des Barmherzigen Jesu. Beeindruckend sind die Dankesgaben jener Menschen, welche durch die Wirkung des gnadenbringenden Bildnisses des auferstandenen Christi geheilt wurden.

In der Klosterwand ist eine der ehemals drei Trauerglocken angebracht. Die eine befindet sich an der Fassade der Dominikanerkirche, die andere an der Südfassade des Marienturmes. In der Krypta unter der Kirche liegen Dutzende von Leichnamen, die durch das in der Krypta herrschende Mikroklima auf natürliche Weise mumifiziert worden sind. Nur zu Allerheiligen oder auf Voranmeldung im Kirchenbüro erhalten Interessierte Eintritt in die kirchliche Unterwelt.

Auf der gegenüberliegenden Straßenseite kann man die 1816 von Michał Stachowicz gemalten Kreuzwegstationen besichtigen.

Die Straße ist noch aus einem anderen Grund sehenswert, denn nur hier kann man an einen Ort gelangen, den es eigentlich gar nicht gibt: *Ecke Bracka und Reformacka* (gegenüber der Kirche). Die beiden Straßen kreuzen sich zwar überhaupt nicht,

𝒟ie Krakauer Totenglocken stammen aus dem 18. Jh. Geläutet wurden sie nach dem Ableben eines Hausbewohners oder Gemeindemitglieds. Es war nicht nur die Bekanntgabe eines Todesfalls, sondern auch eine Bitte, für die Seele des Verstorbenen zu beten. Ein solches Gebet zog eine Absolution nach sich, so muss dieser Krakauer Brauch päpstliche Akzeptanz genossen haben.

aber nichtsdestotrotz kann man hier ein Glas richtig guten Bieres genießen. Dann wird es Zeit, sich wieder der Sławkowska zuzuwenden.

Durch die Hitze ermattete Touristen wird sicherlich ein Eis von Jacek und Monika an der Ecke der Straßen Sławkowska und św. Tomasza erfrischen. Hier bekommt man eine der besten gefrorenen Gaumenfreuden Krakaus. Einige wenige

Schritte weiter, in der **Ulica św. Tomasza** eröffnet sich vor dem Passanten ein gewaltiger Bücherreichtum: das Wissenschaftliche Antiquariat (Nr. 8). Nach dem Kauf eines Buches sucht man normalerweise ein stilles Plätzchen, um das Erworbene zumindest in Ruhe durchblättern zu können. Für diesen Zweck empfehlen wir, sich auf die **Schaukel „na Huśtawce"** zu setzen. Das Café liegt direkt gegenüber dem Antiquariat. Im Angebot steht eine anständige Auswahl an alkoholischen Getränken, ein gar nicht mal so übler Kaffee und Musik, die zum Längerbleiben verlockt. Kein Gegenstand dieses Cafés gleicht dem anderen, aber als Ganzes wirkt es recht gemütlich.

Denjenigen, welche das Traditionelle bevorzugen, ist das Restaurant *Honig und Wein* (*Miód i wino*; Sławkowska 32) zu empfehlen, wo man eine – nicht nur kulinarische – Zeitreise in die goldene Adelszeit machen kann. Die Gaumenfreuden auf dem Teller und die reiche Ausstattung im sarmatischen Stil bleiben unvergesslich.

Und am Abend lädt eines der studentischen Kultlokale ein, das ***Jazz Rock Cafe*** (Sławkowska 12). Man kann sich auch die steile Treppe in die Abgründe des Lokals ***Kacper*** (Sławkowska 2) hinunterwagen.

U Kacpra ist es immer laut und fröhlich

Ulica Szczepańska und plac Szczepański

Wenn man von der Sławkowska aus auf dem Markt angelangt ist, richtet man sich am besten gleich rechts in die Ulica Szczepańska. Mit ihren 88 m Länge ist sie die kürzeste der vom Markt ausgehenden Straßen. Anfang des 19. Jh. wurde der Straße ein großer Platz angeschlossen. Beide Namen stammen von der heute nicht mehr existierenden Stephanuskirche.

Das Anfang des 14. Jh. fast direkt am Markt gebaute Haus Nr. 1 trägt den Namen **Zur Birne (Pod Gruszką)**. Einer in keiner Weise schriftlich bestätigten Information nach soll sich hier im Jahre 1386 Herzog Wilhelm, der Verlobte von Königin Jadwiga versteckt haben, der – eher politisch als in der l'amour – besiegte Rivale Jagiełłos. Seit 1898 befand sich hier das Kaffeehaus von *Sauera*, wo sich die Boheme Krakaus traf. Dazu gehörten u.a. Tadeusz Boy-Żeleński, Lucjan Rydel und Włodzimierz Tetmajer. Heute beherbergen die historischen Mauern den Klub der Journalisten. In der ersten Etage befindet sich ein Saal mit spätgotischem Gewölbe, das Stuckaturen von Balthasar Fontana zieren.

Direkt gegenüber steht das mit dem Schaffen der Krakauer Künstlergruppe verbundene Palais **Pod Krzysztofory** (▶114) mit einer Galerie und einem Café. Zwischen 1961 und 1978 war es auch Ort der Auftritte des Theaters Cricot 2. Heute beherbergt das Gebäude das Historische Museum (▶319) und das Dokumentationszentrum der Kunst von Tadeusz Kantor (▶324).

Seit dem Ende des 16. Jh. befand sich in der Szczepańska das Gebäude des Jesuitennoviziats. Nach der Auflösung des Ordens wurde das Klostergebäude zum Domizil österreichischer Truppen. Vier Jahre lang ertönten in der Straße Echos der

Das Restaurant *Morskie Oko* ist ein farbiger Akzent im Grau des Plac Szczepański

Exerzierübungen, bis die Kaisertruppen in den Wawel umgezogen sind, was allerdings die schlechteste aller Lösungen war. Die nun unbewohnten Gebäude wurden abgetragen, wodurch ein recht großer Platz entstand, der 1811 offiziell zum Platz der Nationalen Garde ernannt wurde. Offizielle Bezeichnungen vermögen es aber nur äußerst selten, die bei den Einwohnern verankerten Namen zu verdrängen.

1812 sollte auf dem Platz ein Denkmal der Legionen aufgestellt werden. Das Vorhaben ist gescheitert, ähnlich wie der Sieg Napoleons über Russland. Einige Jahre später sollte hier eine Parkanlage entstehen. Daraus wurde jedoch auch nichts. Die Baumwurzeln stießen unter der aufgeschütteten Erdschicht immer wieder auf Reste von Fundamenten. Das einzig Vernünftige war es, an diesem Ort einen Markt einzurichten, da dieser weder guten Boden noch gutes politisches Klima brauchte. 1822 wurde der Platz gepflastert und umzäunt. Ende des 19. Jh. plante man den Bau des ersten Krakauer Supermarktes (die Tuchhallen mitgezählt, des zweiten). Unter der Markthalle sollten ebenfalls mehrere Geschäfte entstehen. Die Idee scheiterte, und den städtischen Markt auf dem Plac Szczepański gab es noch nach dem zweiten Weltkrieg. Heute befindet sich hier ein großer (gebührenp-

An der Ecke des Plac Szczepański und der Ulica Reformacka erhebt sich das 1936 errichtete Gebäude, welches einst als Krakaus Wolkenkratzer galt, was heute recht wundersam klingt. Nach dem Zweiten Weltkrieg befand sich hier das Woiwodschaftskommando der Volksmiliz, heute sind hier verschiedene Firmen eingezogen. Im Haus Nr. 1 wohnte und schuf der Komponist und Dirigent Bolesław Wallek-Walewski (1885–1944). Die 30 Jahre nach dem Ableben des Musikers angebrachte Gedenktafel wurde von der Gesellschaft für Musik gestiftet.

Jadwiga und Wilhelm

Verlobt wurden die beiden, als sie wenige Monate alt war und er gerade vier wurde. Das Schicksal wollte es jedoch anders: Innerhalb von 10 Jahren haben sich die bestehenden Bündnisse geändert. Jadwiga sollte Polens Königin und Gattin des 20 Jahre älteren Litauers Jagiełło werden. Wilhelm war damit nicht einverstanden, und um seine Rechte und die Einhaltung der Verträge einzufordern, kam er sogar nach Krakau. Er konnte jedoch bei den kleinpolnischen Magnaten nicht viel bewirken. Er wurde fortgejagt, vorher gelang es ihm jedoch, seine Braut in der Franziskanerkirche zu treffen. Ob zwischen der elfjährigen Königin und dem sechzehnjährigen Fürsten tatsächlich Gefühlsbande bestanden? Oder war es so, wie einige Historiker behaupten, dass Jadwiga und Wilhelm einander nie kennenlernten? War ihre Verbindung eine rechtmäßige Ehe oder waren sie nur verlobt? Eine eindeutige Antwort auf diese Fragen wird man nicht mehr finden. Stille Zeugen der vergangenen Jahrhunderte, die Steine des Hauses „Zur Birne" schweigen für alle Ewigkeiten.

EIN SPAZIERGANG DURCH DIE... Ulica Szczepańska

flichtiger) Parkplatz. Für nicht knauserige Autofahrer ist es ein hervorragender Ausgangspunkt für einen Spaziergang über den Markt und dessen Umgebung.

An der Ecke des Plac Szczepański und Ulica Jagiellońska befindet sich das **Stary Teatr (Altes Theater „Helena Modrzejewska")**. Der ursprüngliche Bau von 1798 entstand aus der Verbindung der Wände zweier gotischer Hausmauern. Seit 1843 war es das einzige Theatergebäude Krakaus. Durch die Umbauten von Tadeusz Stryjeński und Franciszek Mączyński (1903–1906) wurde es zum repräsentativsten Beispiel des Jugendstils in Polen. Das Stary Teatr hat vier Bühnen und seit 1981 auch ein Museum (Di – Sa: 11.00 – 13.00 Uhr sowie eine Stunde vor Beginn

Das Café *Maska* gilt als etwas versnobt

Altes Theater – Narodowy Stary Teatr im. Heleny Modrzejewskiej, ul. Jagiellońska 5, ☎0124228566, 0124228020, www.stary-teatr.krakow.pl

und während der Dauer der Vorstellung), in dem die reiche Geschichte dieses zu den besten Bühnen Polens zählenden Theaters dokumentiert wird.

Das im gotischen Stil erbaute Haus Nr. 8 hat die heutige Zeit nicht erleben dürfen. Abgetragen wurde es 1908. So teilte das Haus des berühmten Alchemisten Michał Sędziwoj (▶156) das Schicksal vieler historischer Objekte, denn es verschwand, um neuen Gebäuden Platz zu machen. In den Kellern des abgerissenen Hauses wurden Steine mit hebräischer Aufschrift gefunden. Sie stammten entweder von den hier früher lebenden Juden oder gehörten dem prominenten Alchemisten.

Im vergangenen Jahrhundert begab man sich zum Plac Szczepański, um ausgezeichnetes Met zu kaufen. Heute kann sich kaum jemand daran erinnern. Um den Parkplatz haben sich Banken und exklusive Geschäfte angesiedelt.

Ein Besuch im Wyspiański-Museum ist ein Muss

Die Bewunderer der Kunst von Stanisław Wyspiański sollten unbedingt das Museum im **Szołayski-Haus** (Nr. 11) besuchen

Im Westen schließt der Platz mit dem **Palast der Kunst (Pałac Sztuki)** ab. Er entstand Anfang des 20. Jh. nach dem Entwurf von Franciszek Mączyński. Interessant ist die Dekoration des Gebäudes: Darstellungen der Musen, des Pegasus, die Personifizierungen der Tugend, des Glaubens, der Hoffnung und der Lie-

---

USA ohne zu fliegen

Man lebt nicht von der Kunst allein, so möchte man nach einer Aufführung im Stary-Theater gewiss noch um die Häuser ziehen. Am und um den Plac Szczepański ist die Auswahl an Lokalen recht gut. Vom Theater tragen die Füße einen Steakfreak wie von selbst zum Haus gegenüber, ins Restaurant Rooster. Man findet sich sofort irgendwo zwischen Chicago und Santa Monica auf der Route 66. Wer jedoch nicht Steinbeck, sondern Tetmajer bevorzugt, der sollte sich schnurstracks zur Ulica św. Tomasza ins Morskie Oko begeben. Dort ist das Klima idyllisch, die Küche regional und gespielt wird Folklore, man speist gut, sitzt sehr gemütlich und bequem. Gespielt wird vor allem Folklore.

EIN SPAZIERGANG DURCH DIE... Ulica Szczepańska

Die Szewska ist die reizloseste Straße der Krakauer Altstadt

be und (auf der Westseite) der Hoffnungslosigkeit, der Verzweiflung und des Schmerzes. Der Fries, der um das Gebäude herum läuft, stammt von Jacek Malczewski. Der Palast ist Sitz der Gesellschaft der Freunde der Schönen Künste.

Rechts der Esplanade, im Schatten der Bäume des Grün-gürtels Planty, befindet sich der modernistische **Kunstbunker (Bunkier Sztuki)**. In die moderne Fassade wurde ein historischer Speicher aus dem 17. Jh. eingebaut. Wer näher hinschaut, entdeckt, dass das Effekt der Brettermaserung auf dem Beton durch die Abdrücke der ungleichmäßig langen Bretter aus der Verschalung erreicht wurde. Im Bunker wird moderne Kunst aus der ganzen Welt präsentiert,

Der Anonyme Sarmate und der Stein der Weisen

Anno Domini 1617 veröffentlichte der deutsche Arzt und Alchimist Michael Maier ein Werk mit den Porträts der zwölf herausragendsten Naturwissenschaftler. Darunter befand sich auch das Bild des Anonymen Sarmaten Michał Sędziwój. Er wurde 1566 in Łukowica geboren, seine Ausbildung genoss er in Krakau, Leipzig, Wien und Altdorf. Er war Sekretär von Sigismund III. Wasa, Diplomat am Hofe von Rudolf II., wahrscheinlich betrieb er auch Kundschafterdienste. Einige sind der Meinung, dass die Entdeckung des Stickstoffs Sędziwoj zu verdanken ist, andere wiederum sind von seinen 55 philosophischen Schriften entzückt. Das Buch, in dem die Forschungen und Entdeckungen des Alchimisten beschrieben sind, wurde zum Bestseller und ist in 30 Sprachen übersetzt worden.

nicht nur jene, die auf traditionellen, sondern auch solche, die auf modernen Ausdrucksformen beruht (Multimedia, Video, Performance). Der hier ansässige Klub lädt dreimal wöchentlich zu Reihenveranstaltungen, Diskussionen und Filmvorführungen ein.

Vom Plac Szczepański aus wählt man am besten die zum Universitätskomplex führende **Ulica Jagiellońska**. Unterwegs durchquert man die **Szewska**. Sie unterscheidet sich von den übrigen Straßen in der Altstadt. Beiderseits mit sanierten Häusern umsäumt, ist sie breit, hell und immer voll Menschen. Verlockend sind die sich aneinanderreihenden Geschäfte mit Markenartikeln, Schuhläden, Butiken, auch *McDonalds* führt hier zu keinerlei „Tonverwirrung". Von Weitem sieht man die Straßenbahn, die am Theater „Bagatela" in die Ulica Karmelicka einbiegt (früher fuhr die Straßenbahn durch die Szewska; am Ende der Straße wurden die alten Schienen freigelegt). Vom Großstadtlärm kann man sich bei Jazzmusik im *Piec Art* (Szewska 12) oder im stilvollen „künstlerisch-kulinarischen" Komplex *Moliere* (Szewska 4; www.moliere.art.pl) erholen.

Am Haus Nr. 7, wo man am 7. Mai 1977 den Leichnam von Stanisław Pyjas entdeckte, der an der Jagiellonen-Universität Polonistik studierte, wurde eine Gedenktafel angebracht. Der vierundzwanzigjährige Oppositionelle wurde von den Sicherheitsfunktionären (oder in deren Auftrag) totgeschlagen. Das Verbrechen wurde nie aufgeklärt.

Über die Jagiellońska gelangt man direkt ins Herz des Universitätsviertels, wo seit über 600 Jahren Wissenschaftler und Studenten „regieren".

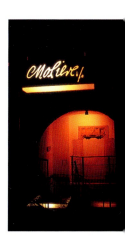

Der „künstlerisch--kulinarische" **Komplex** *Moliere*

Ob es Michael Sendivogius (unter diesem Namen war er in Europa bekannt) in der Tat gelang, den Stein der Weisen zu erfinden, der Blei in Gold verwandelte? Er selbst behauptete dies zumindest. Diese Behauptung brachte ihm viele Schwierigkeiten. In Deutschland wurde er deswegen mehrmals verhaftet und Torturen ausgesetzt. Man versuchte, ihm Informationen über die Erfindung zu entlocken. In Polen erging es Sędziwoj nicht so schlimm, da Polen gegenüber alchimistischer Forschung recht tolerant war. 1403 alchimistische Forschungen betreibende Dominikaner einen bedrohlichen Brand entfacht. Wenn man zu diesem Zeitpunkt Meinungsforschung betrieben hätte, hätte sich gewiss erwiesen, dass die Billigung für das Treiben der Alchimisten deutlich danach abgenommen hat.

Ulica św. Anny

Das Universitätsviertel konzentriert sich um die Straßen Jagiellońska, św. Anny, Wiślna und Gołębia mit den wichtigsten Gebäuden der Jagiellonen-Universität. Die jungen Leute, die durch diese Gassen eilen, sind ganz bestimmt Studenten, welche zu Vorlesungen gehen. Und wenn sie langsam laufen, ist es nicht ausgeschlossen, dass sie gerade das Privileg des akademischen Viertels genießen und überlegen, wo sie die nächste freie Stunde am angenehmsten verbringen könnten.

Die Ulica św. Anny hieß früher Żydowska (Judenstraße), denn die Gegend war früher von Juden bewohnt, die hier eine Synagoge und eine Mikve hatten. Anfang des 15. Jh. wurden die Juden in die Nähe des heutigen Plac Szczepański umgesiedelt. Der heutige Straßenname wurde 1473 zum ersten Mal erwähnt und rührt von der hier befindlichen Stiftskirche St. Anna her.

Das Collegium Maius

Sehenswert sind die architektonischen Details des Collegium Maius

An der Ecke der Straßen św. Anny und Jagiellońska erhebt sich das prachtvolle Gebäude des Collegium Maius, das älteste Universitätsgebäude Polens. Auch wenn man keine Lust hat, das Innere zu besichtigen, empfiehlt es sich, dem Innenhof Aufmerksamkeit zu widmen.

Der Sitz der Akademie befand sich hier seit 1400. Damals hatte Władysław Jagiełło das Eckgebäude der Familie Pęcherz aus Rzeszotary der Hochschule zur Nutzung übergeben. Heute findet man Reste dieses Gebäudes in Teilen der Fundamente und an der Hausecke auf der Seite der Jagiellońska und des Innenhofes. Da das Eckgebäude recht klein war, wurden das ganze 15. Jahrhundert hindurch sowohl Nachbarhäuser aufgekauft als auch neue Gebäude errichtet. Nach den zwischen 1462–1492 erfolgten Bränden sind sie miteinander verbunden worden. In dieser Zeit entstand auch der Innenhof mit den Lau-

bengängen. Erst Mitte des 19. Jh. wurden sie nach dem Entwurf vom Karol Kremer im Stil der Neugotik umgebaut. Hundert Jahre später wurden die neugotischen Elemente bei den Umbauarbeiten unter der Leitung von Karol Estreicher entfernt, wodurch dem Bau seine ursprüngliche, gotische Form zurückverliehen wurde.

Der mit Säulengängen aus dem 15. Jh. umsäumte Innenhof ist einer der magischsten Winkel Krakaus. Hier steht die Zeit in der Tat still

Im Erdgeschoss des Collegium Maius befanden sich Vorlesungssäle, sog. Lektorien. Die Lehr- und Lernbedingungen waren wenig luxuriös. Die Säle waren zwar recht lang, dafür aber dunkel und niedrig. Die Frage, ob die Meister der Geheimkünste Twardowski und Faust tatsächlich hier ihr Wissen vertieften, bleibt offen. Die Legenden sind sich ihrer sicher und die düsteren Säle scheinen dies zu bestätigen. In der ersten Etage befanden sich die (im zweiten Jahrzehnt des 16. Jh. angebaute) Bibliothek, der Gemeinschaftsraum (Versammlungsort und Mensa für Professoren), die Schatzkammer und die Aula. Wohnungen für Professoren wurden im Erdgeschoss, in der ersten und in der zweiten Etage eingerichtet.

Heute beherbergt das Gebäude das **Museum der Jagiellonen--Universität** (▶313). Auf dem Weg von der Libraria über die Stuba Communis zur Aula kann man zahlreiche mit den Anfängen der polnischen Wissenschaft verbundene Exponate besichtigen.

Besonders sehenswert ist die rekonstruierte Spieluhr mit beweglichen Figuren. Täglich um 9.00, 11.00, 13.00, 15.00 und 17.00 Uhr erklingt auf dem Innenhof die Melodie des *Gaudeamus igitur*.

Die Jagiellonen-Universität war die dreizehnte Hochschule Europas und die zweite in diesem Teil des Kontinents. Sie entstand noch vor den Universitäten in Köln und Heidelberg, gehört bis heute zu den wichtigsten Wissenschaftszentren Polens und erfreut sich großer Anerkennung von Wissenschaftlern aus der ganzen Welt.

Die Stiftskirche St. Anna gilt als akademische Kirche

Die Stiftskirche St. Anna (Kościół św. Anny)

In der Vergangenheit befanden sich in diesem Stadtteil drei Kirchen. An der Stelle der ersten, hölzernen Kirche entstand ein von Władysław Jagiełło gestiftetes Gotteshaus. Als dessen Entstehungsdatum wird das Jahr 1407 angegeben; vermutlich wurde es gleich danach gebaut, nachdem die vorherige Kirche abgebrannt war. 1418 ging sie in die Schirmherrschaft der Krakauer Akademie über, hundert Jahre später wurde sie von Bischof To-

Die Geschichte der Jagiellonen-Universität
- 1364 – Kazimierz Wielki erlässt das Privileg der Einführung des Studium Generale.
- 1397 – durch Bemühungen von Königin Jadwiga bekommt die Krakauer Akademie das Recht zur Gründung der Theologischen Fakultät.
- 1409 – die Vertreter der Krakauer Akademie nehmen am Konzil in Pisa teil.
- 1433 – Vorlesungen von Grzegorz aus Sanok, eines der ersten Humanwissenschaftler.
- 1450 – Marcin aus Żurawica gründet den Lehrstuhl für Astrologie.
- 1472 – Vorlesungen des herausragenden italienischen Humanwissenschaftlers Kallimach.
- 1475–1525 – die besten Jahre der Akademie, in dieser Zeit wurden in Krakau etwa 14 000 Studenten ausgebildet.
- 1492–1496 – Nikolaus Kopernikus besucht Mathematik-, Astronomie- und Medizin-Vorlesungen
- 1520 – Beginn der Griechisch-Vorlesungen.
- 1528 – in der Krakauer Akademie beginnen Vorlesungen des römischen Rechts.

micki zur Stiftskirche erhoben. Zwischen 1689 und 1705 wurde sie abgerissen. An ihrer Stelle entstand nach dem Entwurf von Tylman van Gameren ein neuer Kirchenbau, dem die römischen Kirchen San Carlo ai Catinari und San Andrea della Valle als Vorbild dienten.

Die auf dem Grundriss eines Kreuzes erbaute Kirche ist eine der schönsten barocken Kirchbauten Polens und Europas. Die Stiftskirche St. Anna ist eine dreischiffige Basilika, mit einem Querschiff. Das ganze überspannt ein Tonnengewölbe mit Stichkappen und einer Kuppel über der Vierung des Querschiffs. Die Fassade schließt mit zwei spätbarocken Türmen ab, die nach dem Entwurf des Priesters Sebastian Sierakowski errichtet wurden. Das Portal entwarf Balthasar Fontana, die illusionistischen Fresken und Gemälde schufen Karl Dankwart aus Schweden und Carlo und Inocenzo Monti aus Italien. Den Schöpfern der Kirche gelang es, ein homogenes architektonisches Werk zu schaffen, ohne stilistische Fehler, was manchmal bei mehreren Autoren der Fall ist.

Die Besichtigung des Kircheninneren gleicht einer Wanderung in die Welt des späten Barock. Interessant ist die Darstellung der Geburt Christi im Presbyterium sowie die Szenen aus

Tylman van Gameren (um 1632–1706) – niederländischer Architekt, Vertreter des Barock in dessen klassizierender Abwandlung. In Polen lebte er seit etwa 1662. Werke: Krasiński-Palais in Warschau, Palais in Puławy, Palais in Nieborów, die Sakramenteinnen- und Bernhardinerkirche Kirche in Warschau, Stiftskirche St. Anna in Krakau.

Stiftskirche St. Anna, ul. św. Anny 11; Gottesdienste: wochentags 7.00, 7.30, 8.00, 8.30, 19.30; sonn- und feiertags 7.30, 9.00, 10.00, 11.00, 12.00, 13.00, 19.30, 20.30, 21.30 Uhr

- 1778 – Reform von H. Kołłątaj; die Akademie wird in Königliche Hauptschule umbenannt.
- 1818 – Umbenennung in Jagiellonen-Universität.
- 1883 – den Professoren der Jagiellonen-Universität Karol Olszewski und Zygmunt Wróblewski gelang es erstmals, Sauerstoff und Nitrogen zu verflüssigen.
- 1939 – Nationalsozialistische Sonderaktion Krakau.
- 1940 – Die seit 1777 im Collegium Maius aufbewahrten Sammlungen der Jagiellonen-Bibliothek werden im Bibliothekgebäude in der Mickiewicz-Alle untergebracht.
- Fünfzigerjahre – Die Fakultäten für Theologie, Medizin und Landwirtschaft werden von der Universität getrennt.
- 1953 – Letzte Habilitation an der Fakultät für Theologie; der Habilitant ist Karol Wojtyła.
- 1983 – Johannes Paul II. wird mit dem Ehrendoktortitel der Jagiellonen-Universität gewürdigt.
- 1993 – Die Medizinische Akademie wird der Universität als Collegium Medicum wieder einverleibt.

𝒟er hl. Jan Kanty (Johannes aus Kęty) 1390–1473), Gelehrter und Kaplan, Schirmherr der Wissenschaftler und der Universität. Seine Arbeiten versah er mit der lateinischen Version seines Namens: Joannes de Kanty. Nach dem Theologie- und Philosophiestudium war er 50 Jahre lang Professor der Krakauer Akademie. 1767 wurde er heilig gesprochen. Das 1549 gestiftete Steingrab des Heiligen befindet sich heute im Collegium Maius.

der Apokalypse des heiligen Johannes im Schiff. Die Kanzel von Antoni Frąckiewicz und Jan Olbrosowicz (1720) ist ein hervorragendes Beispiel der Zierkunst des 18. Jahrhunderts.

Den Ende des 17. Jh. von Balthasar Fontana entworfenen Hauptaltar schmückt das Gemälde von Jerzy Eleuter Siemiginowski (Hofmaler von König Jan III. Sobieski) mit der Darstellung der heiligen Anna und der Gottesmutter mit dem Kinde. Autor der im Chorgestühl dargestellten Szenen aus dem Leben der hl. Anna ist der Krakauer Künstler Szymon Czechowicz.

Auf der rechten Seite des Querschiffs befindet sich das Mausoleum des hl. Jan Kanty (Johannes aus Kęty) mit dem beeindruckenden, um die Wende des 17. zum 18. Jh. entstandenen monumentalen Altar. Der Sarg wird von vier Figuren getragen, welche die theologische, juristische, medizinische und philosophische Fakultät der Universität personifizieren. In den Ecken befinden sich vier auf hohen Postumenten stehende Säulen. Es ist ohne Weiteres zu erkennen, dass sich der Autor vom Confessio des hl. Petrus in der vatikanischen Basilika inspirieren lie . Die römischen Säulen krönt ein Baldachin, in Krakau hingegen sind es die Statuen der Heiligen: Johannes des Täufers, Johannes des Evangelisten, Johannes Chrysostomus und Johannes Damaszen. Die in Carrara-Marmor gearbeitete Büste Kantys ist das Werk von Franciszek Wyspiański, dem Vater von Stanisław. Sie entstand 1875. Unter den Voten am Confessio befinden sich türkische Symbole militärischer Gewalt der Osmanen, welche bei Wien erobert wurden.

In dem anderen Arm des Querschiffs befindet sich das Flachrelief *Beweinung Christi* von Balthasar z (Ende 17. Jh.) und das in ganz Polen erste Denkmal des

Das Gewölbe der Stiftskirche St. Anna

bekannten Astronomen Nikolaus Kopernikus. Die interessante, klassizistische Figur fertigte 1822 der Italiener Giovanni Galli nach einem Entwurf des Priesters Sebastian Sierakowski an.

Beeindruckend sind die Orgelkonzerte in der Stiftskirche. Sie ist der einzige Ort in Krakau, wo man Orgelklängen „im Original" aus der Zeit von Johann Sebastian Bach lauschen kann. Das in den Zwanzigerjahren des 18. Jh. von Szymon Sadkowski gebaute Instrument gehört zu den Meisterwerken der polnischen Orgelbaukunst während des Barock.

Das Gebäude gegenüber der Stiftskirche St. Anna ist das 1636–1643 von Bartłomiej Nowodworski und Gabriel Władysławski (Lehrer von Władysław IV. und Jan Kazimierz) gestiftete Nowodworski-Collegium. Der Innenhof mit den Laubengängen stammt von dem ursprünglichen Gebäude, der westliche Teil entstand Mitte des 19. Jh.

Im 18. Jahrhundert beherbergte das Nowodworski-Collegium eine der ersten Oberschulen Polens – Classes. Ihre Absolventen waren Berühmtheiten wie Jan Sobieski, Wespazjan Kochowski, Jan Matejko, Stanisław Wyspiański, Tadeusz Boy-Żeleński und Ignacy Daszyński. Ende des 19. Jh. wurde die Oberschule auf den Plac Na Groblach verlegt. Seitdem gehört das Objekt der Universität.

In dem Haus befindet sich heute das Collegium Medicum der Jagiellonen-Universität

Bartłomiej Nowodworskis Abenteuer

Nowodworski wurde Mitte des 16. Jh. geboren, in einer Zeit, die dafür günstig war, Dichter oder Soldat zu werden. Trotz literarischer Befähigungen wurde er kein Dichter, er hatte dafür eine Vorliebe und ein Händchen für das Soldatendasein. 1582 reiste er nach Frankreich, wo er sich in das Gewirr der Religionskriege hineinziehen ließ, später kämpfte er in den Reihen der Ritter des Malteserordens. 1605 legte er die Priesterweihe ab. Nach fünfundzwanzig Jahren Wanderschaft kam er nach Polen zurück und wurde Kapitän der Leibgarde von König Sigismund III. Wasa.

Bartłomiej Nowodworski war nicht nur Soldat. In seiner Jugend genoss er eine hervorragende humanistische Ausbildung. Er beherrschte Latein, als einer der ersten Polen sprach er französisch und italienisch, gewiss auch deutsch. Er gründete eine der ersten polnischen Stiftungen, die Stipendien an Studenten und Gehälter an Professoren auszahlte und außerdem den Erwerb von Büchern finanzierte. Nowodworski wird in einem Zuge mit solchen Förderern der Krakauer Akademie genannt wie Kazimierz Wielki und Władysław Jagiełło.

Ulica Gołębia

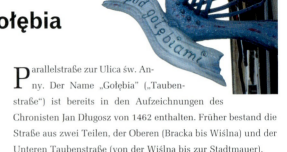

Parallelstraße zur Ulica św. Anny. Der Name „Gołębia" („Taubenstraße") ist bereits in den Aufzeichnungen des Chronisten Jan Długosz von 1462 enthalten. Früher bestand die Straße aus zwei Teilen, der Oberen (Bracka bis Wiślna) und der Unteren Taubenstraße (von der Wiślna bis zur Stadtmauer).

Den „unteren" Teil beherrscht das Universitätsgebäude **Collegium Novum**. Trotz seines noblen Aussehens und der wichtigen Rolle, welche es im Universitätsleben spielt (Rektorat, Dekanate, Verwaltung), ist das Objekt noch recht jung. Es entstand 1883–1887 an der Stelle, an welcher sich seit dem 15. Jh. das Studentenwohnheim *Jerusalem* befand. Der Stifter von *Jerusalem* war Kardinal Zbigniew Oleśnicki, der eine Wallfahrt ins Heilige Land gelobte. Da er sein Versprechen nicht halten konnte, ließ er Jerusalem in Krakau errichten.

Das neogotische Gebäude des Collegium Novum entwarf der Krakauer Architekt Feliks Księżarski

Architektonische Details weisen darauf hin, dass sich der Erbauer des Collegium Novum, Feliks Księżarski, von den Innenräumen des Collegium Maius inspirieren ließ. Die Korridore beider Gebäude überspannt ein ähnliches Gewölbe, in beiden befinden sich spitzbogige Portale, in beiden wurden weißer Stein und roter Backstein verarbeitet.

Gegenüber dem Collegium Novum, in der Gołębia 13, erhebt sich das Ende des 19. Jh. errichtete **Collegium Phisicum „August Witkowski"**. Davor steht das Denkmal von Nikolaus Kopernikus (Anfang 20. Jh.), welches sich anfänglich in der Mitte des Innenhofes des Collegium Maius, an der Stelle eines ehemaligen Brunnens befand. Es kann also durchaus sein, dass es ursprünglich als Springbrunnen gedacht war. Die Verlegung des Denkmals veranlasste Karol Estreicher. Die Figur des Astronomen entwarf Cyprian Godebski, Namensvetter und Enkel des berühmten Dichters und Legionärs.

Das Haus Nr. 11, das mehrmals umgebaute **Collegium Minus**, stammt aus dem 15. Jh. Aus der Gotik stammen die Portale und die Universitätswappen. Im Collegium Minus befand sich einst die Fakultät für schöne Künste, an der u.a. Jan Matejko Malerei studierte.

Die „obere" Gołębia ist ein Königreich des Kaffees, des Tees und der Dichter. Zwischen den vielen Cafés und Teestuben haben sich reizvolle kleine Geschäfte angesiedelt, in welchen Waren „mit Seele" angeboten werden. Am Café *Gołębia 3* steht ein blauer Briefkasten, in welchen junge Dichter gereimte und ungereimte Gedichte hineinwerfen, in der Hoffnung, den Wettbewerb „Poetenrinne" für das beste Gedicht der Woche zu gewinnen. Eines der gemütlichsten Lokale in der Gołębia ist das exklusive Restaurant *Kawaleria* (Gołębia 4), das hier sogar ein wenig fremdländisch wirkt. Es empfiehlt sich, einen Blick in diese höfischen Gemächer zu werfen, um dann in die friedsame Welt der Poesie und der tönernen Engel zurückzukehren.

Dekoratives Tor in der Ulica Gołębia

Der „dichterische" Briefkasten wird einmal in der Woche geleert

Ulica Bracka

Die ersten Häuser in der Ulica Bracka entstanden im 13. Jh

Über die Bracka kommt man auf dem kürzesten Wege zur Franziskanerkirche. Der Weg wäre noch kürzer, wenn die Straße nicht einen leichten Bogen schlüge. Diese sanfte Kurve spricht Bände über die Geschichte dieser Straße. Sie musste noch vor der Stadtgründung Krakaus existiert haben, noch bevor die geradlinig vom Markt auslaufenden Straßen angelegt wurden. Bis zum Ende des Mittelalters hatte sie vier Namen: Bracka, Braci, ul. św. Franciszka oder ul. Franciszkanów (alle von den Brüdern des Franziskanerordens hergeleitet). Früher war sie eine wichtige Straße: hier amtierte der Vogt und später der Woiwode. Wohnhäuser entstanden hier bereits im 13. Jh.

Mit dem Haus Ecke Bracka und Gołębia (Nr. 7) ist eine romantische, unglückliche Liebesgeschichte verbunden. Hierher wurde nämlich das Fräulein Ankwicz gebracht, damit sie sich den Dichter Adam Mickiewicz aus dem Kopf und aus dem Herzen schlägt. Trotz seines Talents und seiner Fähigkeiten konnte Mickiewicz bei dem Vater des Mädchens, dem Grafen Stanisław Ankwicz, kein Verständnis finden.

Das gotische **Melsztyński-Haus** (Nr. 5) war seit 1470 ein Heim für ungarische Studenten, die nach Krakau kamen, um an der Jagiellonen-Universität zu lernen. Heute wird dies auf einer Granittafel in polnischer und ungarischer Sprache bestätigt. Anfang des 20. Jh. wurde hier der erste Krakauer Kunstsalon gegründet.

Merkur ist Schirmherr mehrerer Berufe. Abgesehen von der Tatsache, dass er die Gymnastikübungen erfunden haben soll, ist ebenfalls hervorzuheben, dass er sich der Wanderer, der Abgesandten, der Diebe – und des Ausgleichs wegen – der Kaufleute annimmt. Der Merkurstab ist neben dem Schiff das bekannteste Symbol der Kaufleute. Diese zwei Motive schmücken die Fassade des Hauses in der Ulica Szczepańska 5. Merkur finden wir dort zwischen den Ankern, die ebenfalls als Symbole der Schifffahrt und des Handels gelten. Das Weiße Haupt in der Bracka 6 erinnert an die kaufmännische Vergangenheit des Hauses.

Das Haus Nr. 6 hieß einst **Haus zum Weißen Haupte (Pod Białą Głową)**. Nach dem ersten Weltkrieg wurde es abgetragen und an seiner Stelle entstand ein völlig neues Gebäude. Erhalten ist das Portal mit einem weißen Steinflachrelief. Verflochtene Schlangenkörper umwickeln einen Medusenkopf, über dem zwei Flügel zu sehen sind – ein fester Bestandteil des Merkurstabs.

Für Bücherwürmer ist die Bracka ein Paradies, denn hier befindet sich das **Billigbuchzentrum**. Diese besondere Buchhandlung kennzeichnet das Produkt „3 x am": am billigsten, am meisten und – leider – am vollsten. Die hiesige Atmosphäre ist hier zwar nicht so, wie im Billigbuchladen und dem Traffic in der Ulica Lea (unweit des Park Krakowski; außer Büchern eine große Auswahl an Comics und die Diskussionsbereitschaft anderer Bücherfreunde) aber: es lohnt sich hineinzuschauen.

Auf ermüdete Touristen warten Cafés und Pubs

Die Restaurants und Cafés in der Bracka sind für eine kurze Rast wie geschaffen. Einen Jasmintee und Toasts bekommt man im **Botanika** (Bracka 9). Bei den Botanikern gibt es zwei Säle, für den Fall, dass jemand keine Pflanze mit dem Namen Tabak mag. In der **Stara und Nowa Prowincja** – Nr. 3–5 – ist es wie bei Täntchen, und der Kaffee schmeckt auf keinen Fall provinziell. Das „Krakau der K.u.K.-Monarchie" kommt ohne ein Gasthaus mit altem, gutem Charme nicht aus. Diese Funktion übernimmt das **Ck Dezerter** (Bracka 6; ▶352), wo man bei den Melodien „Bei Ulm, bei Ulm, bei Austerlitz..." oder bei „In Olomouc am Fischplatz...", Piroggen mit Weizengrütze, Eisbein und gerösteten Käse schlemmen kann.

Straßenfest in der Bracka und Gołębia

Seit einigen Jahren findet im Juni in den Straßen Bracka und Gołębia ein kleines Musik-, Tanz-, Wein- und Dichterfestival statt. Auf den Gehsteigen werden Cafétische aufgestellt und in der frühlingshaft-sommerlichen Luft schweben Gedichte und Melodien. Es gibt Blues und Jazz, also all das, was den Spaziergänger in gute Laune versetzt.

Ulica Kanonicza

Gotisches Kippfenster aus dem 15. Jh. im Haus Nr. 17, dessen besondere Konstruktion maximalen Lichteinfall gewährleistet

Am schönsten und am geheimnisvollsten ist diese Straße am Abend, im Lichte der Laternen. Im Mittelalter war sie die Hauptstraße der Siedlung Okół. Anfang des 15. Jahrhunderts bekam sie die Bezeichnung **canonicorum** und wurde mit den Kanonikern der Wawel-Kathedrale besiedelt. Ihre Häuser hatten hier aber auch Ritter des königlichen Hofes.

Unbedingt sehenswert ist das **Haus Nr. 2**. Die dekorative Attika mit dem Zinnenfries (auch als „Deutsches Band" bezeichnet) ist eine von vier in ganz Krakau. Solche architektonischen Details sind nur noch am Rathaus von Kazimierz, an der Bastion am Kleinen Markt (Nr. 4) und am Wielopolski-Palais am Platz Wszystkich Świętych erhalten.

Das Kapitelhaus (Nr. 5) ist eines der ältesten Gebäude in der Kanonicza. Erbaut wurde es im 15. Jh. von Jan Długosz, daher wurde es auch häufig als Długosz-Haus bezeichnet (es sollte jedoch nicht mit dem Długosz-Haus Nr. 25 verwechselt werden). Die Fassade schmückt das Wappen Wieniawa, das Familienemblem der Familie Długosz. Nach der Renovierung ist das Objekt dem Theater Cricot 2 übergeben worden. Derzeit ist dort die **Archiv-Galerie der Cricoteka** untergebracht (▶324).

Eigentümer des **Hauses Nr. 6** war Hińcza aus Rogów, Ritter am königlichen Hofe, der seiner Schönheit wegen berühmte Kastellan von Sandomierz. Das Haus in der Kanonicza war gewiss komfortabler als das Gefängnis im Turm des Schlosses in Chęci-

Lebende Denkmäler in der Kanonicza-Straße

Sie erscheinen alljährlich am 8. Dezember, um den Todestag von Tadeusz Kantor zu ehren. Die Rollen der zwei Chassiden mit dem Brett der Letzten Rettung und des Ewigen Wanderers übernehmen die Zwillingsbrüder Wacław und Lesław Janicki sowie Jan Książek. Die Figuren sind den Anhängern des Theaters von Kantor aus den Aufführungen *Wasserhuhn* und *Ich kehre niemals hierher zurück* bekannt.

Die Idee Kantors war, die Figuren in Stein entstehen zu lassen: die zwei Chassiden sollten auf gegenüberliegenden Straßenseiten stehen und der Ewige Wanderer im Garten des Künstlers in Huciska. Das Vorhaben wurde nie umgesetzt.

ny, wo ihn Władysław Jagiełło für die (tatsächliche oder nur vermutete) Liaison mit seiner jungen Frau Sonka einkerkern ließ.

An der Fassade des **Hauses Nr. 7** befindet sich das aus dem 11. Jh. stammende Wappen des Krakauer Kapitels – Drei Kronen. Die Portale aus der Gotik und Renaissance und das Renaissance-Gebälk der Decken lassen den Besucher für Augenblicke die Geschichte und den Geschmack weit entlegener Zeiten spüren. Interessant ist auch die barocke Fensterumrahmung.

An der Stelle des **Hauses Nr. 9**, wo Hugo Kołłątaj und Władysław Anczyc wohnten, standen ursprünglich zwei separate, durch ein Gässchen getrennte Häuser. Das heutige Aussehen bekam das Gebäude im 14. Jh. Es ist das einzige Haus in Krakau mit Marine-Dekoration. Diese ungewöhnliche Fassadenmalerei ist ein Beispiel dafür, wie überraschend Krakau zu sein vermag.

Das Haus Nr. 15 wird die Bewunderer der Gotik bezaubern. Obwohl die heutige Fassade aus der Renaissance stammt, sind darin zahlreiche Details erhalten, welche die frühere Entstehung des Hauses bezeugen. Interessant sind die gotischen Portale und Fensterumrahmungen. An der Fassade befindet sich das Wappen der Eigentümer, Szreniawa, in einer reich dekorierten Rokoko-Kartusche aus dem 18. Jahrhundert.

Das Szreniawa-Wappen an der Fassade des Hauses Nr. 15; im Hintergrund: die Kanonicza und der Wawel

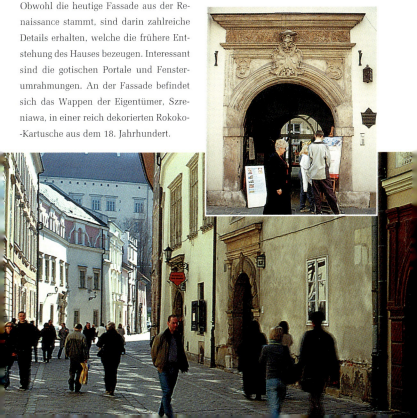

Das Dekanhaus erbaute im 16. Jh. Santi Gucci

Sicht auf die Ulica Kanonicza von einem Souvenirladen aus

Das Sigismund-Haus (Dom Zygmuntowski; Nr. 17) repräsentiert die Baukunst des 14. Jahrhunderts. Am Portal befindet sich eine Wappenkartusche mit dem gekrönten Adler und dem Initial des letzten Jagiellonen – „S". Auf der rechten Seite des Eingangs sieht man ein gotisches Kippfenster, dessen besondere Konstruktion maximalen Lichteinfall gewährleistet. In Krakau gibt es nur wenige solche Fenster. Eines befindet sich im Rathaus, das zweite im Collegium Maius zu sehen.

Das Steinportal des **Hauses Nr. 18** ist ein Werk von Jan Michałowicz aus Urzędów. Über dem Portal befinden sich Drei Kronen, das Wappensymbol des Krakauer Kapitels. Der Vorraum führt zum Arkadeninnenhof. Die ebenen toskanischen Säulen wirken harmonisch und friedlich. Schon aus diesem Grunde lohnt es sich, diesen Hof zu besichtigen. Das Haus Nr. 18 ist heute Sitz des Johannes-Paul-II.-Instituts.

Nr. 19: **Das Kapitelhaus** oder auch Haus des hl. Stanislaus stammt aus dem 15. Jh. Es wurde recht häufig umgebaut, so steht heute vor dem Betrachter ein Beispiel klassizierender Architektur des 18. Jahrhunderts. In der zweiten Hälfte des 16. Jh. wurde im zweiten Stock die Stanislaus-Kapelle errichtet, die einzige bis heute erhaltene Kapelle der Kanoniker. Der Patron wurde nicht zufällig gewählt. Aus Überlieferungen ist bekannt, dass in dem Haus der Heilige Stanislaus aus Szczepanów lebte.

𝒥an Michałowicz aus Urzędów, Schüler von Giovanni Maria Padovano, zählt zu den hervorragendsten Bildhauern der polnischen Renaissance. Seit 1570 war er Innungsmeister der Krakauer Maurer und Steinmetze. In seinen Werken verknüpfte Michałowicz italienische und niederländische Einflüsse, die er später gekonnt mit gotischen Details verband. Er ist u.a. Autor des Grabmales von Filip Padniewski in der Wawel-Kathedrale.

Viele Jahrhunderte später, Ende der Fünfzigerjahre des 20. Jh., wohnte hier Karol Wojtyła. 1994 wurde das Haus Sitz des **Erzdiözesenmuseums** (Di-Fr: 10.00–16.00, Sa u. So: 10.00–15.00 Uhr).

Im Haus Nr. 21 wohnten die Dekane des Kapitels, daher auch der Name: **Dekanhaus** (oder Dziekanka). Errichtet wurde es 1582–1588 von Santi Gucci. Das Dekanhaus hat den Wirren der Jahrhunderte widerstehen können, obwohl es im 18.

EIN SPAZIERGANG DURCH DIE... Ulica Kanonicza

Jh. erhebliche Zerstörungen erlitt. Die Fassade dekoriert ein Sgraffito, in die große Diele gelangt man durch ein Steinportal aus dem letzten Jahrzehnt des 16. Jahrhunderts. Sehr deutlich sind selbstverständlich italienische Einflüsse, obwohl einige Verzierungen wie die Säulenverankerungen auf Verknüpfungen mit nordeuropäischer Kunst hinweisen. Die Verbindung von zwei unterschiedlichen Baukunsttraditionen ist dem Architekten hervorragend gelungen. Besonders sehenswert ist der Hof mit ionischen Säulen im Erd- und mit viereckigen Pfeilern im Obergeschoss. Den oberen Teil zieren bischöfliche Wappen. In der Mitte des Innenhofes steht eine barocke Statue des hl. Stanislaus.

Beim Flanieren durch die Kanonicza lohnt es sich, auf die architektonischen Details zu achten

An der Ecke der Straßen Kanonicza und Podzamcze steht das **Długosz-Haus** (Nr. 25). Der Chronist wohnte hier ab 1450 und hier entstanden auch die *Annalen, also die Chronik des berühmten Polnischen Königreiches* (*Roczniki czyli kroniki sławnego Królestwa Polskiego*). In dem Haus wohnten übrigens mehrere Historiker, u.a. auch Maciej Miechowita. Seit den Siebzigerjahren des 19. Jh. befand sich hier das Atelier von Franciszek Wyspiański, dem Vater von Stanisław.

An der Fassade auf der Seite der Ulica Podzamcze befindet sich die Darstellung der Gottesmutter mit dem Kinde aus dem 17. Jh. Das Holz weist Kugelspuren auf, eine Erinnerung an Ereignisse, die sich vor Jahrhunderten in dieser stillen Gasse abspielten. Man weiß nicht genau, ob die Kugeln aus den Gewehren von Schweden oder aus späteren Kriegen stammen. Verschiedenen Quellen sind darüber unterschiedliche Informationen zu entnehmen. Wer weiß, vielleicht sind die Schüsse, deren Spuren bis heute sichtbar sind, erst während der Konföderation von Bar gefallen oder vielleicht noch später, am unvergesslichen 26. April 1848, als die österreichische Artillerie die Stadt angriff.

Du weißt: Zu jeder vollen Stunde bläst der Trompeter
vom Turm und das Signal bricht abrupt ab
(sein Urahn wurde von einem Tatarenpfeil getroffen).

Wolfgang Bittner *Libretto*

Die steinerne Inschrift über dem Tor im Długosz-Haus lautet: *Nil est in homine bonamente melius* (Nichts ist im Menschen besser als sein Verstand).

TEIL IV
Wawel

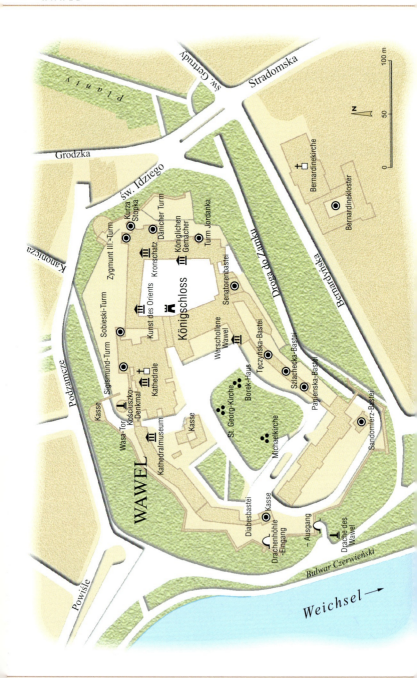

WAWEL

Der Wawel-Hügel wirkt wie ein Magnet. Bergauf ziehen Schulklassen, Händchen haltende Verliebte, die einer Begegnung mit der Geschichte entgegengehen. Der Wawel-Hügel ist auch ein Ort, an dem ganze Familien am Sonntag spazieren gehen. Sie bewundern das Stadtpanorama, entspannen sich zwischen dem Grün und Bunt der Rabatten im Innenhof, begegnen Bekannten. Es kommen also alle hierher (vielleicht bis auf abergläubische Studenten: als Student des ersten Studienjahres tut man das nicht, genauso, wie man das Studienbuch nicht aufschlagen darf, auf dessen letzte Seite übrigens unbedingt auch ein Eselsohr hingehört).

Ein Wawel-Besuch sollte mit Bedacht und Sorgfalt geplant werden. Es wäre sinnlos, alles an einem Tag zu besichtigen, was sicherlich möglich, jedoch nicht zu empfehlen ist. Es ist besser, den Hügel allmählich zu erkunden und sich für das Erleben der Zeugnisse der Vergangenheit und langsame Streifzüge durch die Wege des Wawel Zeit zu lassen. Daher sollte man die Besichtigung auf zwei Tage verteilen. Die Erinnerungen bleiben dann auch besser haften.

Titelseite: Fremdenführer-Büro auf dem Wawel

Unten: Scharfe Abfahrt vom Wawel-Hügel

Der Wawel-Hügel ist 6 ha groß. Höhe: 228 m üdM., 25 m über dem Weichselpegel.

Alles was Ihr über den Wawel nicht wisst...

Die Kathedraluhr

Der Dänische Turm und die Bastei Hahnenfuß

Ab dem 8. Jh. war der Wawel Sitz der Könige, ab dem Jahre 1000 befand sich auf dem Hügel auch die Residenz der Krakauer Bischöfe. Die Bebauung des Wawel-Hügels verlief in Etappen: 1. während der Herrschaft von König Bolesław Chrobry (992–1025), 2. während der Regierungszeit von Kazimierz Wielki (1333–1370), die dritte Phase, die sog. Sigismund-Epoche, fiel in die Herrschaftszeit von Zygmunt Stary (1506–1548) und Zygmunt August (1548–1572).

Das älteste Gebäude auf dem Wawel war wahrscheinlich die aus der Zeit um 1000 stammende Rotunde der Heiligen Jungfrau Maria. Die erste Kathedrale (Mitte 11. Jh.) stand nördlich davon. In dieser Zeit befand sich hier auch ein Bauwerk mit quadratischem Grundriss. Darauf hinweisende Fundamente wurden in der nordwestlichen Ecke des Innenhofes freigelegt. Über die Bestimmung dieses Gebäudes können die Wissenschaftler bis heute leider noch nichts aussagen. 1085, zur Regierungszeit von Władysław Herman, begann man, im Norden des Hügels eine weitere Kathedrale (die sog. Herman-Kathedrale) sowie einen Repräsentativbau mit Merkmalen eines Fürstenschlosses, den sog. Saal mit 24 Säulen, zu bauen. Während der Herrschaft von Bolesław Krzywousty bekam die Kathedrale vier Türme, von welchen bis heute nur noch der Turm der Silbernen Glocken erhalten ist.

Während der Herrschaft von Leszek Czarny entstand das **frühgotische** Schloss. Wenzel II., der sich in Krakau nicht besonders sicher fühlte, hatte das Abwehrsystem des Schlosses ausgebaut. Er ließ die gemauerte Befestigung errichten. Anfang des 14. Jh. ist die Kathedrale abgebrannt und andere Gebäude wurden stark in Mitleidenschaft gezogen. 1306 begann Władysław Łokietek mit dem Beheben der Schäden und mit dem Wiederaufbau. In dieser Zeit wurde der Wawel-Hügel in das Obere und Untere Schloss mit dem Dom, den anderen Kirchen, Bischofs- und Hofresidenzen aufgeteilt. Das Obere Schloss wurde mit einer Mauer umsäumt und das Ganze bekam dadurch die Form eines Dreiecks. In der östlichen Ecke entstanden Türme, ein romanischer und ein gotischer, der als Łokietek--Turm bezeichnet wird. Die Südecke nahm die Rotunde der Heiligen Jungfrau Maria ein, die in eine Bastei umfunktioniert wurde und im nordwestlichen Teil entstand ein zweiflügeliges Pallatium. Der nächste Schritt bei der Fortifizierung der Burg war der Bau einer Ringmauer um das Untere Schloss.

Nicht mehr existierende Kirchen auf dem Wawel-Hügel:
- *St. Gereon-Kirche;*
- *St. Georg-Kirche;*
- *Michaelkirche;*
- *Kirche der Allerheiligsten Jungfrau Maria (der Heiligen Felix und Adauktus);*
- *Kirche B;*
- *Kirche an der Sandomierz-Bastei;*
- *Kirche an der Bastion Władysław IV;*
- *Kirche an der Drachenhöhle.*

Gotisches Aussehen bekam Wawel unter Kazimierz Wielki. Das Schloss bekam weitere Befestigungselemente, die Basteien Jordanka, Złodziejska, Tęczyńska und Panieńska, fertiggestellt wurde die gotische Kathedrale. Als Władysław Jagiełło den Thron bestieg, entstand zum besseren Schutze des Schlosses eine weitere Mauer, das Untere Tor wurde mit drei Basteien befestigt und der Kazimierz-Turm und Kurza Stopka (Hahnenfuss) wurden umgebaut. Ende des 14. Jh. errichtete man den Dänischen Turm, den Nachbarturm des Kurza Stopka.

Mitte des 15. Jh., während der Herrschaft von Kazimierz Jagiellończyk, entstanden die zwei größten Schlossbasteien. Die in der Südwestecke des Oberen Schlosses gebaute Senatorenbastei, auch als Lubranka bezeichnet, war mit dem Hauptschloss ver-

Die Sandomierz-Bastei

Wąwel, Wąwał, Wawel

Worauf ist die Bezeichnung „Wawel" eigentlich zurückzuführen? Unsere Urahnen nannten ihn „wąwel", was so viel wie „Schlucht" bedeutete. Diese Hypothese ist wahrscheinlich, weil der Hügel in der Tat eine Schlucht hatte, welche ihn teilte (sie wurde im 16. Jh. zugeschüttet). Einige Wissenschaftler sind wiederum der Ansicht, dass die Schlucht früher „wąwat" hieß, und „wąwel" bedeute: trockener Platz, der sich über den Sümpfen erhebt. Diese mögen vielleicht auch Recht haben. Heute verbergen sich unter dem uralten Wort „Wawel" sowohl der Wawel--Hügel, als auch das Schloss und die Kathedrale.

Schokolade und Taxis

Die Bezeichnung des Wawel-Hügels erscheint häufig auch außerhalb des geografisch-historischen Kontextes. Es gibt einen Sportklub „Wawel" und eine gleichnamige Schokoladenfabrik. Es gibt auch die Musikband „Wawele". Die Bezeichnung wird oft von Reiseunternehmen benutzt, auch ein Taxiunternehmen heißt so. Auch die Tabakindustrie hat sich in diese Tradition eingeschrieben. Vor Jahren gab es eine Zigarettensorte „Wawel".

bunden. Die Sandomierz-Bastei nahm die Südwestecke des Unteren Schlosses ein. Sie war niedriger als Lubranka. Von hier sollten die nahenden Angreifer beschossen werden. Zu diesem Zwecke sind auch die Fenster so gebaut worden, dass darin Gewehrläufe Platz finden konnten.

Der Anfang des 16. Jh. brachte der königlichen Residenz neue architektonische Lösungen. Die Dynastie der Jagiellonen – ein wohlhabendes und machtbewusstes Haus – musste über eine entsprechende Residenz verfügen. Zygmunt Stary holte aus Italien berühmte Architekten und die Bildhauer Francesco Fiorentino und Bartolomeo Berrecci. Ein Teil der gotischen Bebauung wurde abgetragen und auf dem Wawel-Hügel entstand ein neuer, dreiflügeliger, diesmal im Stil der **Renaissance** errichteter Palast. Trotzdem mussten – unabhängig von den Vorlieben – Veränderungen vorgenommen werden: 1499 sind einige Räume Opfer eines Brandes geworden. Dem neuen Schloss sind der Dänische Turm und der Hahnenfuss, Jordanka und Lubranka sowie der Łokietek-Turm einverleibt worden. Der Innenhof bekam

Die Bernhardinerkirche

Die Kirche erhebt sich am Fuße des Wawel-Hügels. Ihre Entstehung ist mit der Ankunft des berühmten italienischen Predigers Giovanni da Capistrano (Johannes Kapistran) in Krakau verbunden (1450). Seine Predigten auf dem Markt zogen viele Menschen an, sie waren so suggestiv, dass als deren Folge etwa 100 Personen dem Observantenorden, der im Volksmund Bernhardinerorden hieß, beitraten. Während der Schwedenkriege ist die Kirche bei der Belagerung des Wawel-Hügels zerstört worden. Die wiederaufgebaute Kirche weist bereits barocke Züge auf. Beachtenswert sind die barocken Altäre, deren Vergoldung den Glanz auf den übrigen Raum zu übertragen scheint. Die Visitenkarte der Bernhardinerkirche ist die gotische Figur der Heiligen Anna Selbstdritt und Marias mit Jesus. Die Skulptur stammt wahrscheinlich aus der Werkstatt von Veit Stoß, obwohl es nicht sicher ist, ob es ein Werk des Meisters selbst oder eines seiner Schüler ist. Eine Kuriosität ist auch der sog. Todestanz, ein künstlerisches Argument im Disput über die Nichtigkeit des menschlichen Lebens. Es ist eine der wenigen erhaltenen Darstellungen des Danse macabre in Polen. Zu sehen ist er in der Kapelle der hl. Anna. Wegen der hervorragenden Akustik finden in der Kirche häufig Konzerte statt.

eine dreistöckige Laubengangumsäumung. Es muss schon unterstrichen werden, dass Wawel in dieser Zeit zu den schönsten königlichen Residenzen Europas zählte. Die Änderungen hatten auch Nachteile: die Innovationen im Stil der Renaissance schwächten das Abwehrsystem der ehemaligen Festung. Daher wurde Mitte des 16. Jh. mit dem Bau einer Mauer begonnen, die sich vom Unteren Tor um den Hahnenfuß herum bis zur Stadtmauer an der Bastei Jordanka zog. Vor dem Ost- und Nordflügel der Residenz entstanden Terrassen für die Artillerie.

Weitere Änderungen der Hügelbauten verursachte ein weiterer Brand im Jahr 1595. Dem Zeitgeist gemäß ließ Zygmunt III. Wasa das Schloss im **barocken** Stil umbauen. Als Wawel kein Sitz der Könige und nur noch Ort der Krönungen und Beisetzungen war, hat das Schloss erheblich an Bedeutung verloren. 1655 wurde es ohne große Kämpfe von den Schweden besetzt und ausgeraubt. Während der Schwedenbesatzung ist es achtmal geplündert worden, glücklicherweise konnten die Gobelins und der Schatz nach Schlesien gerettet werden.

Die längste Besatzung in der Geschichte des Wawel war die Verteidigung des Hügels vor den russischen Truppen während der Konföderation von Bar. Die Konföderaten wurden aus Tyniec von dem Franzosen General de Choisy geholt. Genutzt wurde dazu einer der Geheimgänge des Wawel, vielleicht auch der Kanal, dessen Ende sich hinter dem Sandomierz-Turm befindet. Nach der Eroberung des Schlosses konnte noch über 60 Tage den Truppen des Zaren Widerstand geleistet werden. Schließlich musste wegen Nahrungs- und Arzneimittelmangel aufgegeben werden.

Nach der Niederlage des Kościuszko-Aufstands kam Krakau unter die Herrschaft Preußens. Nachdem die im Teilungsvertrag festgelegte Regierungsperiode der Preußen abgelaufen war, ist die Stadt an Österreich übergeben worden. Vor dem Abzug aus Krakau haben die Preußen das Schloss zum wiederholten Male ausgeraubt. Die Öster-

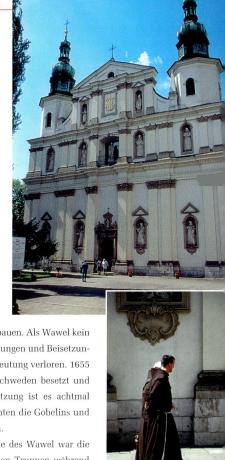

Die Bernhardinerkirche und -kloster wurde Mitte des 15. Jh. vom Kardinal Zbigniew Oleśnicki gestiftet

Das Leben Krakaus erinnert an einen friedlichen alten Mann. Es sitzt auf seinem gemauerten Stuhl und macht ein Nickerchen. Manchmal kommen jedoch die Enkel, die Urenkel und zu den Festen zieht der Mann seinen ausgeblichenen Rock an, und nach einem Gläschen hat er sogar Lust zum Tanzen… Nur nicht zu lange, da seine Beine nicht mehr richtig mitmachen.

Stefan Żeromski

Früher war der Wawel-Hügel felsig, viel höher und fast von allen Seiten von der Weichsel umsäumt

reicher begannen, den Hügel mit Kasernen, Speichern und Munitionslagern zu bebauen. Im Juli 1809 sind die Truppen von Józef Poniatowski in Krakau einmarschiert. Die österreichischen Pläne, den Wawel in Kasernen umzubauen, wurden auf später verschoben. Das „Später" kam nach 37 Jahren, als man 1846 auf dem Wawel wieder österreichische Soldaten stationierte. Den südwestlichen Teil des Hügels nahmen zwei Krankenhausgebäude ein und das Schicksal der Basteien des Wawel war auch nicht erfreulich.

Als die Österreicher 1905 den Wawel verließen, wurde auf dem Hügel mit Sanierungsarbeiten begonnen. Unterbrochen wurden sie durch den Zweiten Weltkrieg und die deutsche Besatzung, der Wawel wurde zum Sitz von Gouverneur Hans Frank. Nach dem Krieg begannen erneute Restaurierungs- und Forschungsarbeiten. Sie umfassten die Innenräume des Schlosses, die Sigismund-Kapelle und auch die reparaturbedürftigen Befestigungsmauern.

Der Hügel

Zum Wawel-Hügel führen zwei Wege. Diejenigen, die ihn von der Kanonicza aus erklimmen, begrüßt das Reiterdenkmal von Tadeusz Kościuszko. Das Originalwerk von Leonhard Marconi haben die Nazis zerstört, das heutige Denkmal ist ein Geschenk der Dresdner an Krakau. An der roten Backsteinmauer sind graue rechteckige Tafeln zu sehen, Erinnerungen an die Edelmütigkeit der polnischen Bevölkerung, die bei der Erneuerung des Wawel half.

Die Waweler Ziegelsteine erinnern an Personen und Institutionen, die in der Zwischenkriegszeit die Renovierung des Wawel-Schlosses finanziell unterstützt haben. Um auf diese ehrenvolle Liste zu kommen, musste man den Gegenwert eines Arbeitstages bei der Renovierung des historischen Objekts spenden.

Der zweite Weg führt vom Süden her. Er verbindet sich mit der Treppe, die von der Ulica Bernardyńska zum Wawel hinaufführt. Es empfiehlt sich, gerade diesen Weg zu nehmen, da die organisierten Führungen normalerweise den anderen Weg nehmen, um das Kościuszko-Denkmal abzuhaken und sofort in die Kathedrale zu gelangen. Bei diesem Weg hingegen kommt man zunächst auf den weiträumig angelegten Außenhof, mit viel Grün und Bänken. Von der Mauer aus kann man der träge fließenden Weichsel zuschauen. Unterwegs passiert man den Eingang zur Drachenhöhle. Diese sollte jedoch zum Schluss besichtigt werden, da der Gang nach unten führt, d.h. man wäre also wieder unten und müsste die Bergaufwanderung wiederholen.

Die Spendeaktion der Bevölkerung für die Mitfinanzierung des Wiederaufbaus des Wawel verdanken wir Adolf Szyszko-Bohusz

Auf dem Rasen des äußeren Innenhofes sieht man die Umrisse der von den Österreichern im 19. Jh. abgetragenen Gebäude. Darunter befand sich die St.-Michael-Kirche aus dem 12. Jh., die St.-Georg-Kirche und das Haus des Kanonikers Stanisław Borek aus der zweiten Hälfte des 16 Jahrhunderts.

Eintrittskarten

Auf dem Wawel gibt es zwei Kassen (eine im ehemaligen österreichischen Krankenhaus, die zweite am Wasa-Tor). Eintrittskarten für die Kathedrale werden an einer Sonderkasse verkauft. Wenn man die Privatgemächer besichtigen möchte, muss man entsprechend früher auf dem Wawel-Hügel erscheinen. Die Anzahl der Eintrittskarten ist begrenzt.

WAWEL   Der Hügel

1. Die Drachenhöhle (Eingang)
2. Die Diebesbastei
3. Wikarówka
4. Das Kathedralmuseum
5. Das Wasa-Tor
6. Der Uhrenturm
7. Der Sigismund-Turm
8. Der Sobieski-Turm
9. Der Zygmunt III.-Turm
10. Kurza Stopka
11. Dänischer Turm
12. Der Turm Jordanka

13. Die Senatorenbastei
14. Das Bernhardiner-Tor
15. Die Sandomierz-Bastei
16. Das ehemalige Krankenhausgebäude
17. St. Georg-Kirche
18. Michaelkirche
19. Das Borek-Haus
20. „Der verschollene Wawel"
21. Der Kronschatz
22. Die Rüstkammer
23. Die königlichen Gemächer

Das Schloss

Auf einer Fläche von über 7 000 m² befinden sich 71 Säle. Den Besuchern stehen sechs Ausstellungen zur Auswahl. Besichtigt werden können die Königssäle, die Privatgemächer, die Schatzkammer die Rüstkammer, die Orient-Sammlungen des Wawel und die Ausstellung „Der verschollene Wawel".

Die lateinische Inschrift *Si Deus nobiscum, quis contra nos* über dem Eingangstor zum Innenhof lautet übersetzt: Wenn Gott mit uns ist, wer dann gegen uns? Der Durchgang führt zum mit Laubengängen umsäumten Renaissance-Platz. In Polen ließen sich zahlreiche Großgrundbesitzer solche Residenzen nachbauen, so gibt es viele Nachahmungen des Innenhofs. Sog. „kleine Wawels" gibt es z.B. in Sucha Beskidzka und Baranów Sandomierski. Die ursprüngliche Farbgebung war anders als das heutige ehrwürdige Grau: die Kapitelle waren gold- und die Säulen purpurfarben.

Die Kreuzgänge des Wawel entstanden 1507–1536, ihr Erbauer war Francesco Fiorentino. Der Architekt ließ sich von der italienischen, genauer gesagt von der florentinischen Baukunst inspirieren, das Ergebnis hat jedoch die Dimensionen der Besitztümer der toskanischen Magnaten weit überschritten.

Die Schatzkammer

Der Inhalt der Schatzkammer war in der Vergangenheit nicht immer gleich, denn die Sammlungen wurden häufig ausgeraubt. Die Anfänge der Schatzkammer gehen auf die Krönung von Bolesław Chrobry zurück. Seit damals wurden hier die Insignien der königlichen Macht aufbewahrt.

Die Sammlungen sind in fünf Räumen untergebracht, von denen der Kazimierz Wielki-Saal am größten ist. Zum Jadwiga- und Jagiełło-Saal führt ein separater Eingang. Das wichtigste Exponat ist das Krönungsschwert der polnischen Könige – **Szczerbiec**. Das aus dem 13. Jh. stammende Schwert ist 98,4 cm lang, hat eine stählerne Klinge, sein Griff ist aus Goldblech angefertigt. Seine Form erinnert an jene Waffen, die von den Rittern der Orden des Heiligen Landes genutzt wurden. Das legendäre Schwert

Der Wawel-Hügel ist täglich geöffnet, April – September: 6.00–20.00, Oktober – März: 6.00–18.00 Uhr. Der Arkaden-Innenhof wird eine halbe Stunde vor der Schließung der Tore zum Wawel geschlossen. Die Ausstellungen bleiben an folgenden Tage geschlossen: 1. und 11. November und 24., 25. und 31. 12. Auch an eintrittsfreien Tagen ist eine freie Eintrittskarte an der Kasse zu holen. Für Kinder bis 7 Jahre ist der Eintritt frei. Touristenservice: Wawel 5, ☎/Fax 0124221697, www.wawel.krakow.pl.

„Szczerbiec" von Bolesław Chrobry (gekrönt in Gnesen) ist Anfang des 14. Jh. verloren gegangen. Das heute in der Schatzkammer ausgestellte Exemplar wurde erstmals bei der Krönung von Władysław Łokietek 1320 verwendet. In der Schatzkammer werden außerdem das Schwert von Zygmunt Stary und der Krönungsmantel von Zygmunt August aufbewahrt, beides sehr wertvolle und sehenswerte nationale Erinnerungsstücke.

Das älteste Ausstellungsstück ist der wunderschöne, in Gold gefasste Anhänger aus Bergkristall. Dieses auf das 10.-11. Jh. datierte Juwel wurde Mitte der Sechzigerjahre des vergangenen Jahrhunderts bei den archäologischen Arbeiten auf dem Wawel-Hügel gefunden. In den Kronschatz wurden auch die wertvollen Funde der sakralen Kunst aus Tyniec gebracht.

Sehenswert sind der Kelch von Kazimierz Wielki aus dem 2. Jahrzehnt des 14. Jh. sowie der Gürtel mit der Schwertscheide, dem Schwert und der seidene, mit Gold und Perlen bestickte Hut, mit der Darstellung des Heiligen Geistes in der Gestalt einer Taube, Geschenke von Papst Innozenz XI. für Jan III. Sobieski.

Die Rüstkammer

Die Königliche Rüstkammer befindet sich in den Gotik- und Renaissancesälen in der nordöstlichen Ecke des Königsschlosses.

Schatz- und Rüstkammer, Di und Fr: 9.30–17.00, Mi, Do, Sa: 9.30–16.00, So: 10.00–16.00 Uhr, montags geschlossen, Eintritt 15 Zl., ermäßigt: 8 Zl.

Zu Lebzeiten der Könige – insbesondere der Jagiellonen – fanden im Innenhof höfische Feierlichkeiten und Ritterturniere statt

Präsentiert werden hier historische Waffensammlungen, die einst auf dem Wawel aufbewahrt wurden. Die Sammlung enthält Husarenhalbharnische (Harnasche), einen unikalen Flügelharnasch, Schuppenpanzer, Säbel, Panzerstecher, Schwerte und Streitkolben, Henkerschwerte und einen Satz italienischer, deutscher und spanischer Dolche. Wer einst mit Begeisterung die „Drei Musketiere" genoss, kann hier auch Säbel aus dem 17.-19. Jh. bewundern.

Beeindruckend sind die Kopien der bei Grunwald eroberten Fahnen des Deutschen Ordens. Als Vorlage diente das Werk des Chronisten Jan Długosz, *Banderia Prutenorum* (mit Miniaturen von Stanisław Durink). Es wurde der Jagiellonen-Universität geschenkt, von wo es später in die Kathedralbibliothek des Wawel kam.

Der verschollene Wawel

Grundriss der von den Österreichern zerstörten Michaelkirche aus dem 12. Jh

Verloren zwar, aber glücklicherweise nicht völlig. Dank Rekonstruktionen, Funden und freigelegten Teilen alter Mauern kann der Besucher die Geschichte des Wawel-Hügels und seine herrliche materielle Kultur kennenlernen. Die Ausstellung besteht aus dem archäologisch-architektonischen Reservat und einer reichhaltigen Sammlung von Gegenständen, die bei den Renovierungs- und Freilegungsarbeiten gefunden wurden. Sie befindet sich im Erdgeschoss des Gebäudes, welches den Innenhof im Westen abschließt.

In der Mitte der Halle steht das Modell der Hügel-Bebauung aus dem 18. Jahrhundert und eine Tafel mit dem Plan des Hügels und der Beschreibung der Maquette. Sehenswert sind die Sockel von vier Pfeilern aus dem 16. Jh., die die Abzugshaube des Küchenschornsteins stützen. Interessant sind die Konstruktionen aus Stein und Ziegeln auf der rechten Seite, links unten hingegen die erhaltenen Teile des gotischen Schlosses.

Von dieser Stelle aus sieht man auch die südöstliche Apsis der um das Jahr 1000 gebauten Rotunde der **Allerheiligsten Jung-**

frau Maria (auch der hl. hl. Felix und Adauctus genannt), einer der ältesten romanischen Bauten in Polen. Im weiteren Teil der Ausstellung kann man ihr Modell in einer Glasvitrine sehen. Erbaut wurde sie auf dem Grundriss eines Vierblattes, Baumaterial war mit Kalkmörtel verarbeiteter Feldspatsandstein, ihre Mauern waren 1 m stark. Im 13. Jh. wurde die Rotunde Bestandteil des Befestigungssystems, unter Kazimierz Wielki wurde sie der gotischen Burg angeschlossen. Im 16. Jh. verlor sie ihre Funktion als Gotteshaus. Der untere Teil diente nun zur Aufbewahrung silberner Gefäße und Bestecke, der obere als Wohnraum. Zu Beginn des 19. Jh. haben die Österreicher bei der Umfunktionierung des Baus zum Hospital das Obergeschoss abgetragen. Vor Ende des ersten Weltkrieges legte Adolf Szyszko-Bohusz den unteren Teil des Objektes frei und führte eine Rekonstruktion der Innenräume durch.

Der andere Teil der Exposition hat den Charakter einer Musealausstellung. In den Vitrinen sind mittelalterliche Objekte ausgestellt, die bei den Ausgrabungen auf dem Wawel gefunden wurden. Gegenstände alltäglichen Gebrauchs, Fußbodenplatten aus dem 13. Jh., Schmuck und Münzen. Sehenswert ist die Steinfigur eines Kälbchens (10.-12. Jh.) und die Statue des hl. Stanislaus (Mitte 14. Jh.), die früher die Domfassade schmückte. Besichtigt werden können weiterhin die Rekonstruktion der Bebauung des Hügels im 13. Jh., der freigelegte sog. Viereckbau (Wende 10./12. Jh.), eine Grabplatte aus der „B"-Kirche. In einer Drehvitrine befindet sich die nachgebaute, dreischiffige St. Gereon-Kirche mit einem Querschiff und zwei Türmen, die wahrscheinlich zwischen der Kathedrale und dem Nordostflügel des Schlosses stand. Erbaut wurde sie wahrscheinlich 1020; sie existierte bis Anfang des 16. Jh., als sie von italienischen Architekten in Königsgemächer umfunktioniert wurde. In den letzten zwei Sälen sind Mauerstücke aus der Renaissance und eine große Ofenkachelsammlung aus dem 16.–18. Jh. dargestellt.

Der verschollene Wawel; die Wiedereröffnung der wegen Renovierungsarbeiten heschlossenen Ausstellung ist für 2007 geplant.

Im Vorraum neben der Vorhalle kann man sich die „Virtuelle Rekonstruktion des Wawel-Hügels aus der Zeit der Romanik, vom 10. bis zum 12. Jh." ansehen.

Die Königsgemächer

Haben die Königsgemächer früher in der Tat so ausgesehen, wie heute? Leider nicht. Die heutige Einrichtung und Ausstattung ist lediglich ein Rekonstruktionsversuch, die heutige Vorstellung über das damalige Leben, dessen Ablauf, über den Alltag, die jeweilig aktuellen Ideen und Stilgefühle.

Im Erdgeschoss betritt man in die Welt der vergangenen Jahrhunderte. Die Stilrichtung des 16. Jh. spiegeln die steinernen Portale wider. Die Werke aus der Werkstatt von Meister Benedikt verknüpfen Merkmale der Gotik und der Renaissance und, wenn jemand die Kunst lieber aus geographischer Sicht betrachtet, sie stellen eine Mischung des nördlichen und südlichen italienischen Stils dar. Früher waren sie polychromiert, heute bleibt uns nur, die Anordnung und die Art der Dekoration zu bewundern.

Im Erdgeschoss befinden sich der Empfangssaal, das Schlafgemach und das Kabinett des ehemaligen Statthalters des Wawel-Schlosses – Seweryn Boner. Der erste zu sehende Gobelin stellt den Kriegsgott Mars dar. Rechts an der Treppe (wenn man die Gemächer des Statthalters verlassen hat) hängt auf der rechten Seite der *Brand Trojas* von Valckenborch. Wenn man nicht mehr darüber nachdenkt, ob Helena dies wert war, ist es Zeit, die Besichtigung fortzusetzen. Hinter dem Eingang rechts wartet der mit der Erklärung von Träumen beschäftigte Josef (Antonio Zanchi, 2. Hälfte 17. Jh.).

Die Gesandtentreppe aus dem 15. Jh. führt zum Obergeschoss, von wo zwei stolze Büsten römischer Kaiser auf die Besucher herunterschauen. Der erste – Caracallus – war eine düstere und „denkmalsunwürdige" Persönlichkeit, sein einziges wirklich wertvolles, erwähnenswertes Erbe sind die Römischen Thermen. Der zweite Römer ist Oktavian August. Der dritte, dem man alsbald begegnet, konnte nicht identifiziert werden. Man weiß nur, dass die Büste aus dem 1. Jh. n.C. stammt.

Königliche Gemächer,
Mo 9.30–13.00,
Di u. Fr: 9.30–17.00,
Mi u. Do: 9.30–16.00,
Sa 11.00–18.00,
So 10.00–16.00 Uhr,
Eintritt 15 Zł., ermäßigt
8 Zł., Mo frei.

Er unterschrieb mit: Seweryn Boner aus Balice, Gutsherr und Erbe von Ogrodzieniec und Kamieniec, und: er untertrieb dabei nicht dabei. Der Gutsherr war er nicht nur wegen des (märchenhaften) Besitzes, sondern auch hinsichtlich der (bemerkenswerten) Kinderstube bekannt. Zum Erbe seines Onkels Jan kam das Vermögen seiner Gattin Zofia Betham hinzu. Insgesamt besaß er mehrere Dutzend Dörfer und an die zwanzig Häuser. Den im Umland liegenden Städten verlieh er Privilegien, wobei er königliche Gnade walten lassen konnte. Kaiser Ferdinand I. nahm bei ihm Geldanleihen auf, mit Erasmus von Rotterdam korrespondierte er häufig. Auch in der Geschichte des Wawel-Hügels hat Boner einen festen Platz, da er seinerzeit die Umbauarbeiten leitete.

Gespräch Noahs mit Gott ist eines der schönsten Gobelins aus der Sammlung von Zygmunt August

Man bekommt auch die Gelegenheit, zu sehen, wie die Menschen zurechtkamen, als auch der kühnste „Ertüftler" noch nicht imstande war, sich so etwas, wie einen elektrischen Kühlschrank vorzustellen. Unter dem Gobelin *Dianas Jagd* steht eine holländische Weinkühltruhe, heute ihrer Aufgabe entbunden.

Bevor man den Turniersaal betritt, sollte dem Gobelin *Jagd auf Hornwild* (über der Treppe) und dem *Porträt eines Jünglings*, von Jan Lievens, einem Schüler Rembrandts, Aufmerksamkeit geschenkt werden.

Im **Turniersaal** fanden Zusammenkünfte und Beratungen statt, er fungierte ebenfalls als eleganter Warteraum, in dem die ausländischen Gesandten auf Audienzen im Thronsaal warteten. Der 1535 von Hans Dürer angefangene und von Anton aus Breslau fertiggestellte Fries stellt ein Ritterturnier dar. Die Kassettendecke und der persische Teppich stammen aus dem 19. Jh., der wunderschöne Tisch aus Siena wurde Mitte des 16. Jh. gefertigt. Es ist schade, dass man die *Madonna beim Anbeten des Kindes* nicht aus der Nähe betrachten kann. Das einfallende Licht ist häufig die Ursache dafür, dass man rein gar nichts sieht. Ein farbenfroher Blickfang ist hingegen *Sacra conversazione* von

WAWEL   Das Schloss

*Die Geschichte ist in Krakau einbalsamiert, wie die Geschichte Englands
in London. Die Stadt ist Polens eigenartiges Phänomen. Hier gibt es die Kontinuität
der polnischen Lebensweise im guten und im schlechten Stil, hier gibt es
das Miteinander der Lebenden mit den Toten, ein Miteinander der Heiligen.
Gleichzeitig gibt es hier das Heute, den Alltag, den Schultag... eintönig in ihrer
Unvermeidlichkeit.*

Mieczysław Jastrun

Bernardino Detti (1. Hälfte des 16. Jh.). Aus dem 16. Jh. stammt ebenfalls das *Porträt des Bernadetto de Medici* von Giorgio Vasari (Maler und Kunsthistoriker). Sehenswert ist auch der Kachelofen aus Wiśniowiec (18. Jh.).

Zwischen dem Turnier- und dem Gesandtensaal liegt der **Heeresschau-Saal**, der einst als Vorraum diente. Sehr dekorativ ist der Fries von Anton aus Breslau von 1535. Den Saal schmücken außerdem Gobelins mit grotesker Verzierung, Wappen-Gobelins und Porträts der Könige Zygmunt I. Stary, Zygmunt August, Stefan Batory und der Königin Anna Jagiellonka.

Der Gesandtensaal ist der einstige Thronsaal, in dem der König die Gesandten empfing und wo die Beratungen des Parlaments vor der Königswahl stattfanden. Besonders beachtenswert ist die Deckendekoration, eine europäische Seltenheit. Ursprünglich bestand die Decke aus 194 um 1540 von Sebastian Tauerbach aus Breslau und Hans Schnitzer in Holz geschnitzten und bemalten Köpfen. Erhalten ist davon leider nur ein Sechstel, trotzdem vermittelt das Verbliebene dem Betrachter eine Vorstellung über die ursprüngliche Größe des Werkes und über die gekonnte Handführung des Meißels, wobei realistische Gesichtsdarstellungen von Menschen entstanden, welchen sogar deren Charaktermerkmale und Neigungen zu entnehmen sind. Der Volksmund sagt, dass einer der Köpfe es gewagt haben soll, König Zygmunt August höchstpersönlich zu ermahnen, dass dieser gerecht zu urteilen habe. Sei wie es sei, für alle Fälle hat der Künstler jedoch diesem Kopf ein Schweigeband vor den Mund gesetzt.

Beachtenswert ist der Fries von Hans Dürer *Tabula Cebetis*, eine allegorische Darstellung aller Etappen des menschlichen Lebens, von der Kindheit über das hohe Alter bis zum Tod, nach der

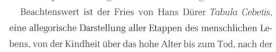

philosophischen Abhandlung des griechischen Moralisten Kebes. Hinter dem Thron hängt ein Wappengobelin, auf der rechten Seite ein geschnitzter Ritter aus dem 16. Jh. An der Wand gegenüber hängt ein Medaillonporträt von Zygmunt August und ein Gemälde von Marcin Kober: *Zygmunt Stary* und *Anna Jagiellonka*. Im Gesandtensaal befinden sich auch Gobelins mit biblischer Thematik, die Wände um die Fenster sind mit Verdüren dekoriert.

Der nächste Saal ist der **Tierkreissaal**, wo früher vermutlich der Speiseraum untergebracht war. Ein besonderes Werk ist *Imago Pietatis* aus der zweiten Hälfte des 15. Jh., ein kleines, zwischen die Fenster und die Wand „gedrücktes" Bild, welches trotzdem tief beeindruckend ist und dem Betrachter Konzentration abverlangt. Am Eingang hängt *Verkündigung an die Hirten* von Francesco Bassano (zweite Hälfte des 16. Jh.), dem wahrscheinlich talentiertesten Maler aus der Künstlerfamilie da Ponte in Venedig. In der Gobelin-Reihe *Turmbau zu Babel* ist die Figur des Nimrod in orientalischen Gewändern besonders einprägsam. Diese berühmte biblische Geschichte verbildlichen außerdem *Gottes Zorn*, *Vermischung von Sprachen* und *Verstreuung der Menschheit*.

Der nächste Saal heißt – wegen des am Anfang des 20. Jh. entstandenen Wandfrieses von Leonhard Pękalski – **Zu den Planeten.**

Der Senatorensaal ist der größte und schönste Raum des Schlosses

Nachbarseite: Von den ursprünglich 194 Köpfen sind nur 30 erhalten. Sie wurden von Fürstin Izabela Czartoryska gerettet, welche sie nach Puławy brachte, als die Österreicher den Wawel zu einer Kaserne umbauten

Gobelin aus der Reihe *Die Geschichte Noahs*

Rechts vom Eingang eilen die von Leander, dem jüngeren Bruder Francesco Bassanos mit dem Pinsel „gezauberten" Tiere zur Arche Noahs. Des Weiteren präsentiert hier Bonifacio Veronese seine Vorstellung der Heiligen Familie und Johannes des Täufers. Besondere Aufmerksamkeit erwecken jedoch die Gobelins, auf welchen das Schicksal des Erbauers der Arche dargestellt wird: *Gott segnet die Familie Noahs* und die *Trinksucht Noahs*. Unter dem Fenster steht ein italienischer Tisch aus dem 16. Jh., so sieht man gleich, worauf zu damaliger Zeit gespeist wurde.

Vom Saal **Zu den Planeten** gelangt man zum **Saal der Schlacht bei Orsza**. Auch dieser Name entstammt einem Wand-

Die Geschichte der Waweler Gobelins

Zygmunt August wollte alle Räume des Schlosses mit Gobelins dekorieren lassen. Der König bestellte 156 Gobelins in den besten Werkstätten Brüssels. Die Ausführung des Projekts übernahmen zwei berühmte flämische Maler: Michal Coxie und Willem Tons. Die Vorbereitung der Gobelins nahm 10 Jahre in Anspruch (1550–1560). Gewebt wurden sie aus Seiden- und Wollfäden, eingeflochten sind Metallfäden aus Silber und Gold.

Die Sammlung enthält 19 monumentale Gobelins mit Szenen aus dem biblischen Buch der Genesis, 44 Verdüren (Darstellungen von Landschaften und Tieren) und eine Vielzahl kleinerer Gobelins (Monogramm- und Wappengobelins, Fensterumrahmungen, Stuhl- und Kissenbezüge).

fries von Leonhard Pękalski. An der Südwand hängt das Gemälde von Tomasso Dolabella *Die Schlacht bei Lepanto* (um 1630). Man kann hier wunderschönen alten Werken zuhören, die von Musikern in historischen Gewändern vorgetragen werden. Vor ihnen steht eine Truhe für freiwillige, aber sehr gern gesehene Gaben.

Wäre nicht der Fries und die Darstellungen der Schlachten bei Orsza und Lepanto, könnte der Saal bedenkenlos auch Porträt-Saal heißen. Auf der linken Seite sieht man Stanisław Tęczyński, auf der rechten Jan Zbigniew Ossoliński und Jakub Zadzik, gemalt 1678 von Jan Tretek, auch Trycjusz genannt. Die toskanische Truhe aus dem 16. Jh. bewacht Mikołaj Hieronim Sieniawski (17. Jh.).

Der Saal zu den Vögeln befindet sich im dritten Stock des Łokietek-Turmes. Früher befanden sich unter der Decke geschnitzte Vögel, daher die Ornithologie im Namen. Sie fielen zwar dem Brand des Wawel im Jahre 1702 zum Opfer, die Erinnerung an die alte Dekoration vermittelt jedoch der 1929 von Felicjan Szczęsny-Kowarski gemalte Wandfries. Es gibt hier auch betagtere historische Objekte, wie den frühbarocken Kamin mit den Wappen Polens und des Hauses Wasa und die Portale von Giovanni Trevano. Gegenüber vom Eingang hängt das Porträt des Prinzen Władysław Zygmunt in einer noblen Gesellschaft: auf der linken Seite des Throns befindet sich die Büste von Kaiser Domitian, von der rechten werden die Besucher von Kaiser Ne-

Ich verabschiede mich von Krakau!
Ich wünsche der Stadt, dass sie, wie gehabt, für Polen, für Europa und für die Welt weiterhin dieser wundervolle Zeuge der Geschichte der Nation und der Kirche bleibt. Dass das historische Erbe, welches die Mauern Krakaus in sich bergen […] weiterhin die einzigartigen Inhalte zum Ausdruck bringt.

Johannes Paul II.

1795 wurde die Sammlung auf Befehl von Zarin Katharina II. nach Russland verschleppt, wo die Gobelins nun die Wände des Zarenpalastes schmückten. Erst 1921–1926, kraft des Rigaer Vertrags, wurden die Gobelins in einer geringeren Stückzahl an Polen zurückgegeben. 1939 gelang es die Sammlung nach Kanada zu retten, von wo sie 1961 zurückkamen.

Heute gibt es noch 138 erhaltene Gobelins. Die Pracht dieser Sammlung liegt jedoch nicht an der Anzahl. Es gibt Museen in Europa, die über viel größere Gobelinsammlungen verfügen. Der wirkliche Wert liegt in der einheitlichen Stilistik und im Motivreichtum der Gobelins suf dem Wawel. Hinzuzufügen ist, dass viele der Gobelins sog. *editio princeps*, erstmalige Muster, aufweisen, die später auf anderen Geweben nachgeahmt wurden.

Der Fries im Saal Zu den Vögeln knüpft an die ornithologische Tradition an und der Plafond stellt die entblößten Körper der allegorisch dargestellten Naturelemente dar

rva gemustert. Wunderschön ist das holländische, im linken Teil des Saales befindliche Kabinett aus dem 17. Jh.

Neben dem Saal zu den Vögeln befindet sich eine kleine **Kapelle** vom Anfang des 17. Jh., die man jedoch nicht betreten kann. Der Triptychon im Mittelteil stellt die Heilige Dreifaltigkeit dar. Die Wandmalerei in der Kapelle stammt von Józef Pankiewicz (frühe Dreißigerjahre des 20. Jh.).

Die Diele, die man daraufhin betritt, ist mit wertvollem, inkrustiertem und bemaltem Leder aus dem 18. Jh. ausgelegt. Die Wände sind mit Darstellungen von Zygmunt III. bei Smoleńsk und Władysław IV. im Armeelager dekoriert. Abgesehen von seinem künstlerischen Wert ist zu vermerken, dass sich darauf die erste Ansicht des Wawels in der Geschichte der Malerei befindet.

Im nächsten Saal, **Zum Adler**, fanden königliche Gerichtsverhandlungen statt. Die ursprüngliche Decke mit der Darstellung des Adlers hat die heutige Zeit nicht erleben können. An deren Stelle befindet sich ein Plafond mit der Darstellung Polens mit dem Adler: ein Werk von Pękalski. In diesem Saal wurde auch eines der wertvollsten Gemälde der Wawel-Sammlung untergebracht, und zwar das Porträt von Władysław Zygmunt Wasa, bevor er die Krone übernahm. Eine Replik des Rubens´schen Werkes von 1624.

Bevor man den nächsten Raum betritt, lohnt es sich, an dem länglichen italienischen Bild mit der Darstellung des Einzugs von Jan Ossoliński nach Rom stehen zu bleiben. Das Werk entstand vermutlich 1643, etwa 10 Jahre nach dem dargestellten Ereignis.

Vom Adlersaal kommt man in die Diele mit dem Plafond, auf dem sich die Musen mit dem für sie typischen Anmut präsentieren. Beachtenswert sind auch die Szenen aus dem Leben der Ersten Eltern von Jan Cybis und Czesław Rzepiński (2. Hälfte 20. Jh.). Der Siegreiche Heerführer Jan III. Sobieski (Familienbildnis von 1691, Henri Gascar) ist inmitten von Schlachtszenen untergebracht: auf der einen Seite spielt sich die Schlacht bei Chocim (Autor: Jan van Hughtenburgh, nach 1674), auf der anderen der Wiener Entsatz ab.

Die schönste Dekoration hat das größte aller Gemächer, der **Senatorensaal** (240 m^2). Die fünf Gobelins mit der Darstellung der *Geschichte von Adam und Eva* werden so manchen zum Nachsinnen bewegen. Die Ausschmückung des Saales ergänzen sechs Verdüren. An den Wänden sind Sessel aufgestellt, Kopien authentischer Möbelstücke aus dem 17. Jh.

Jetzt muss man nur noch die schwere Eingangstür bewältigen und schon ist man im Treppenhaus. Schritt für Schritt läuft man hinunter und vor dem Fenster gegenüber entfaltet sich ein wunderschöner Ausblick: Grün vermischt sich mit Weiß und alles ist mit gourmethaftem Rot abgeschmeckt: die Dächer der Häuser, die Marienkirche und der Rathausturm bewegen einen dazu, erneut einige Stufen nach oben zu laufen, um sich diesen Genuss wiederholt die Augen zu führen.

Private Königsgemächer,
Di u. Fr: 9.30–17.00,
Mi, Do, Sa: 9.30–16.00,
So 10.00–16.00 Uhr,
Mo geschlossen, Eintritt
20 Zł., ermäßigt 15 Zł.
Im Eintrittspreis ist die
Führung eingeschlossen.
Besichtigung nur mit
Fremdenführer möglich,
keine freien Eintrittstage.

Private Königsgemächer

Die Besichtigung der privaten Königsgemächer kann nur mit einem Guide und einer Dame, die die Räume auf- und abschließt, der Schlüsselmeisterin also, erfolgen. Um eine zuvor ausgemachte Uhrzeit (Termin nicht verpassen, der Eintritt gilt nur für diese Uhrzeit!) versammelt sich eine Gruppe von 10 Personen am Eingang zu den Gemächern.

Bei der Besichtigung der Privatgemächer passiert man wunderschöne alte Portale, meistens ohne diesen Beachtung zu schenken. Man muss dies vermeiden und bisweilen vor einer derartigen Perle der Steinmetzkunst stehen bleiben. Unter den etwa 20 historischen Portalen findet man keinen, der einem anderen gliche!

Im königlichen **Speisesaal** kann man italienische Möbel bewundern. In der **Garderobe** lohnt es sich, an der Truhe stehen zu bleiben, die einst als Mitgifttruhe diente. Die Anzahl solcher durch die künftige Gattin mitgebrachten Truhen zeugte vom Vermögensstand des Hauses, aus dem die Frau stammte. Bona brachte 36 Mitgifttruhen nach Krakau mit.

Das Zimmer in der Bastei Hahnenfuß diente dem König Zygmunt III. Wasa zur Entspannung

Das Schlafgemach, welches man von der Garderobe aus betritt, schmückt ein Gobelin mit der Darstellung der mittelalterlichen Geschichte von dem Ritter mit dem Schwan. Diejenigen, die hoffen, dass sie das Bett von Zygmunt August vor Augen haben, täuschen sich. Das Baldachinbett ist ein später erworbenes Exponat, ein Werk englischer Tischlermeister. Sehr kunstvoll sind die in Lärchenholz gearbeiteten Decken. Auch Liebhaber der Malerei kommen hier bei der Besichtigung der italienischen Gemälde auf ihre Kosten. Beachtenswert ist das kleine Bild *Engel* von Simone Martini aus Siena (der, wenn man dem Dichter Zbigniew Herbert Glauben schenkt, der am meisten reisende Sienaer war). Sehr schön und kostbar ist ebenfalls das kleine Bild *Madonna mit dem Kinde unter Heiligen und Engeln* von Niccola di Tommaso.

Nach der italienischen Malerei erwartet den Besucher eine Begegnung mit der Kunst des Rokoko. In einem der Säle des Nordflügels sind Bestecke mit Griffen aus Meißner Porzellan, sächsische Kandelaber und Knüpfteppiche mit bezaubernden Pflanzenmotiven zu sehen. Am schönsten ist die aus 15 Figuren bestehende, in Meißen gefertigte Kreuzigungsgruppe von Kändler. Es gibt weltweit nur drei authentische Versionen des Kändlerschen

Werkes: in Dresden, in den Museen des Vatikan und in den Kunstsammlungen des Wawel (seit 1966). Dem Exponat gilt die besondere Aufmerksamkeit der Kunstrestauratoren: die Erneuerung der Kreuzigungsgruppe dauerte etwa sechs Jahre. Die Wand schmückt *Die Verkündigung* von Giovanni Battista, das einzige Gemälde dieses Künstlers in Polen.

Um in den sog. **Alchemie-Saal** zu gelangen, muss man in Richtung der Schlossecke gehen. In der Mitte des Raumes steht ein gotischer Pfeiler, der bis ins Kellergewölbe reicht. Die Bezeichnung des Saales hängt mit den Interessen von Zygmunt III. Wasa zusammen.

Als nächstes kommt man in die Bastei **Hahnenfuß** mit einem kleinen Zimmer, welches vermutlich der Ruheraum von Zygmunt III. war. Die Fenster des Raumes sind alle mit Glasmalereien versehen, schade, dass es hier keine einzige durchsichtige Scheibe gibt, denn die Sicht von hier aus wäre gewiss phantastisch.

Die Kunst des Orients

„Der Orient in den Waweler Sammlungen" ist eine der weltweit größten Kollektionen von türkischen und persischen Zelten. Viele der hier ausgestellten Exponate sind Kriegseroberungen von König Jan III. Sobieski. Als besonders wertvoll gelten sechs türkische Zelte aus dem 17. Jh. sowie die unter der Decke angebrachten türkischen Fahnen aus mit goldenen Fäden durchflochtener Seide. Beachtenswert ist auch der Teppich aus Tabriz, der so genannte Krakauer--Pariser Teppich, das andere Stück der Darstellung des Paradieses mit märchenhaften Tieren zwischen Mandelbäumen und Zypressen befindet sich im Museum für Dekorationskunst in Paris.

Kunst des Orients, Di u. Fr: 9.30–17.00, Mi, Do, Sa: 9.30–16.00, So 10.00–16.00 Uhr, Mo geschlossen, Eintritt 7 Zł. ermäßigt 4 Zł., kein eintrittsfreier Tag.

Auf diejenigen, die alte Kriegswerkzeuge mögen, wartet eine Ausstellung östlicher Säbel, Streitäxte und Pferdegeschirre. Ein besonderes Objekt ist hierin die Klinge des Säbels von Kara Mustafa. Die Ausstellung ergänzt die Sammlung japanischer und chinesischer Vasen, ein Beispiel für abgerundeten Geschmack und vortreffliches Handwerk.

Die Kathedrale

Die heute zu besichtigende Kathedrale hatte zwei Vorgängerinnen. Die erste Kathedrale auf dem Wawel-Hügel entstand um 1020. Unter dem westlichen Teil des Schlosses sind Teile dieses Baus erhalten. Angenommen wird, dass er beim Angriff der Truppen von Bretislav 1038 zerstört wurde. Die zweite Kathedrale wurde zwischen 1090 und 1142 errichtet. Sie war dreischiffig, hatte zwei Chöre und eine Krypta. Leider ist sie Anfang des 14. Jh. abgebrannt. Eine Erinnerung an sie ist die Krypta des hl. Leonhard und der untere Teil der Glocke der Silbernen Türme.

1320 wurde mit dem Bau der dritten Kathedrale begonnen, wobei erhaltene Teile der vorherigen Kirche involviert wurden. Nach 25 Jahren wurden das Presbyterium und ein Schiff und 1364 das Haupt- mit dem Querschiff und die Seitenschiffe fertiggestellt. Die anliegenden Kapellen entstanden bereits während der Errichtung der Kathedrale.

Das Schicksal war der Kathedrale gegenüber nicht immer hold. Sie wurde während der vielen Jahrhunderte mehrmals von feindlichen Truppen ausgeraubt, während des Schwedenüberfalls wurden die in der Kathedrale gesammelten Kunstwerke zerstört, auch während der Naziokkupation sind mehrere Objekte verloren gegangen.

Wawel-Kathedrale, April und Oktober Mo–Sa 9.00–16.00, sonn- und feiertags 12.15–16.00, Mai–September Mo–Sa 9.00–17.15, sonn- und feiertags 12.15–17.15 Uhr, November–März: Mo–Sa 9.00–15.00, sonn- und feiertags 12.15–15.00 Uhr, geschlossen 1.1., Ostern (Do, Fr, Sa u. So), die ersten drei Adventssonntage, 1. November und 25. November, Eintritt 10 Zl., ermäßigt 5 Zl. (inkl. Besichtigung der Königsgräber und der Sigismundglocke).

Schutz des Wawel-Hügels

Auf dem Wawel wohnen viele Menschen, darunter drei Priester, Wachleute, Restauratoren und einige pensionierte Mitarbeiter des Schlosses. Die Domgemeinde ist die kleinste Gemeinde Polens. Die erste Messe findet um 6.30 statt, die Kathedrale wird um 17.30 Uhr abgeschlossen. Die Plomben werden, nach vorheriger Überprüfung, ob niemand in der Kirche geblieben ist, von mehreren Personen angelegt. Nachts wird die Burg von Schutzpersonal bewacht, installiert wurde ebenfalls ein elektronisches Überwachungssystem. Bisher gab es keine größeren Diebstähle.

Das eisenbeschlagene Tor ist eine Schenkung von König Kazimierz Wielki an die Kathedrale. Daran erinnert sein Initial

Das von Wojciech Serebryski gestiftete Portal am Haupteingang ist aus schwarzem Marmor, die Tür aus eisenbeschlagenem Holz gefertigt. Auf der äußeren Türverkleidung aus netzgitterförmig geprägtem Blech ist in den einzelnen Feldern deutlich ein „K" zu sehen, das Initial von Kazimierz Wielki. Die Tür war sein Geschenk zur Konsekrierung der Kathedrale. Die Portalseiten sind mit Schnitzereien aus der ersten Hälfte des 14. Jh. dekoriert: Erzengel Michael und die hl. Margarethe. An der linken Seite des Eingangs sind ein Mammutknochen, eine Walfischrippe und ein Nashornschädel angebracht. Einem Aberglauben zufolge soll die Kathedrale verfallen, falls die Überreste der Tiere entfernt werden. Im Mittelalter war es üblich, Knochen von Tieren aus der Eiszeit in Kirchen aufzuhängen.

Das Innere

Zum Hauptschiff gelangt man unter dem von Francesco Placidi Mitte 18. Jh. entworfenen Chor. Über den die Schiffe voneinander trennenden Pfeilern stehen Figuren von Heiligen: Hieronymus mit dem Löwen, Ambrosius, Gregor und Augustins. Hieronymus und Ambrosius sind vermutlich Werke eines Künstlers aus dem Kreise von Veit Stoß. Neben dem Chor befindet sich ein Buntglasfenster von Józef Mehoffer mit der Darstellung des hl. Kasimir.

Auf beiden Seiten des Hauptschiffes stehen Grabsteine der polnischen Könige **Władysław Jagiełło** und **Władysław Warneńczyk**. Am Grabmal von Jagiełło aus rotem ungarischen Marmor sind beiderseits Wappen Polens und Litauens angebracht, die von den den König beweinenden Untergebenen umgeben sind. Der Baldachin über dem Sarkophag ist ein Geschenk von Zygmunt I. Stary, die Ausführenden waren vermutlich Sienaer Künstler aus dem Kreise um Giovanni Cini (1519–1524). Das Grab von Władysław

Was denkst du hier, wo der Wind,
Von der Weichsel wehend,
Den roten Ruinenstaub fortbläst?

Czesław Miłosz

(übertragung: Karl Dedecius)

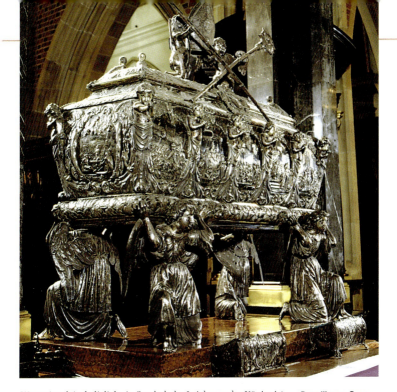

Warneńczyk ist lediglich ein Symbol, der Leichnam des Königs ist nach der Schlacht bei Varna nicht aufgefunden worden (1444).

In der Mitte der Kathedrale steht das **Confessio des hl. Stanislaus**. 1184 wurden hier die Reliquien des hl. Florian und 70 Jahre später die sterblichen Überreste des hl. Stanislaus untergebracht. Die 1628–1630 entstandene Baldachin-Kapelle ist ein Entwurf von Giovanni Trevano. Der silberne Sarg wurde 1671 in der Danziger Goldschmiede Peters von der Renne angefertigt. Daneben stehen Gräber der Bischöfe Marcin Szyszkowski, Piotr Gembicki, Jan Małachowski und Kazimierz Łubieński aus schwarzem Marmor.

Der ansehnliche, reich vergoldete barocke **Altar** (hier fanden die Krönungen der Könige des mächtigen Staates statt), ein Teil des Presbyteriums, das sich dem Besucher hinter dem Confessio des hl. Stanislaus präsentiert, entstand im Jahre 1650. Die Darstellung des gekreuzigten Christi ist vermutlich ein Werk von Tommaso Dolabella. In dem mittleren Teil der Altartreppe wurde Kardinal Fryderyk Jagiellończyk, der Bruder von Zygmunt I. Stary bestattet. Auf der Grabplatte vom Anfang des 16. Jh. sieht man das Bildnis des

Der silberne Sarg wird von Engeln getragen und die Flachreliefs an den Sargwänden stellen Szenen aus dem Leben des hl. Stanislaus dar

Verstorbenen, vorn schließt das Grab mit einer konvexen Bronzeskulptur ab, die das Gebet für die Seele des Kardinals an die Gottesmutter darstellt. Beide Platten stammen aus der Nürnberger Gießerei Peter Vischers. An der linken Seite des Grabmals von Kardinal Fryderyk Jagiellończyk ruhten vom Ende des 14. bis Mitte des 20. Jh. die Gebeine von Königin Jadwiga, die dann in das Grab im südlichen Teil des das Presbyterium umsäumenden Schiffes verlegt wurden. Das frühbarocke Chorgestühl beiderseits des Altars ist das Werk von Jan Szabura (um 1620).

Gegenüber dem Eingang zur Sakristei, links hinter dem Presbyterium, steht das **Grabdenkmal** von **Władysław Łokietek**, dem ersten König, der in der Wawel-Kathedrale gekrönt und bestattet wurde. Das Grabdenkmal wurde von Kazimierz Wielki Mitte des 14. Jh. gestiftet. Zur Sakristei führt ein barockes Portal von Francesco Placidi (1767). Von der Sakristei aus ist es nur noch ein kleiner Schritt zum Kathedralschatz. Er wurde gegen Ende des 15. Jh. gebaut, die ersten Sammelstücke stammen jedoch bereits aus dem 11. Jh. Der Kathedralschatz kann nicht be-

Das gegenüber dem Eingang zur Sigismundkapelle befindliche Grabdenkmal von Königin Jadwiga ist in Carrara-Marmor gearbeitet

sichtigt werden. Ein Teil der Exponate befindet sich im Dommuseum, die anderen werden dem breiten Publikum bei Zeitausstellungen vorgestellt.

Über die Sakristei gelangt man auch zum **Sigismund-Turm**, der zu seiner Entstehungszeit anderen Zwecken als heute diente. Er war ein Teil der Schlossbefestigung. Zur Kathedrale gehört er erst seit 1412.

Im ersten Geschoss hängen zwei Glocken: Urban und Półzygmunt. Die Glocken Kardinal und Stanislaus befinden sich im zweiten Geschoss und den dritten krönt der **Sigismund**. Die Glocke wiegt etwa 12 Tonnen (allein der Klöppel, der an Kamelledergurten hängt, hat ein Gewicht von 300 kg), ihr Durchmesser beträgt 2,5 und der Umfang 8 m. Dekoriert ist sie mit den Wappen Polens und Litauens und mit den Figuren der Heiligen, Stanislaus und Sigismund. Die lateinische Inschrift auf der Glocke bedeutet auf Deutsch folgendes:

„Gott, dem Besten, dem Größten und der Jungfrau, Mutter des Gottessohnes. Den heiligen Patronen. Dem großartigen König Polens, Sigismund. Diese Glocke, würdig der Größe seines Gewissens und seiner Werke, ließ er im Jahre der Erlösung, 1520, errichten."

Die Sigismund-Glocke verkündet den Krakauern und den Polen die wichtigsten Ereignisse. 1978 erklang ihr feierlicher Ton **g°**, als Karol Wojtyła zum Papst gewählt wurde, 2005 schlug sie, als er verstarb. Ihren wunderschönen Klang soll sie einer Lautensaite verdanken, die in das flüssige Metall (Kupfer und Zinn) hineingearbeitet wurde. Behauptet wird auch, dass ein Tonfehlschlag Unglück und Naturkatastrophen verkündet. Das Herz (der Klöppel) der Sigismund-Glocke zerbrach 1860, zu Ostern 1939 und am Heiligen Abend 2000. Es wurden jeweils neue Klöppel gegossen und angebracht. Die Sigismund-Glocke war Jahrhunderte lang die größte Glocke Polens, sie wurde jedoch fast 500 Jahre nach ihrer Entstehung von der 15 Tonnen schweren Glocke der 2004 fertiggestellten Kirche in Licheń auf den zweiten Platz verdrängt.

Die Glocken im Sigismund-Turm:

- Kardinal – 1445
- Urban – 1460
- Półzygmunt – 1463
- Stanislaus – 1751
- Sigismund – 1520

WAWEL   Die Kathedrale

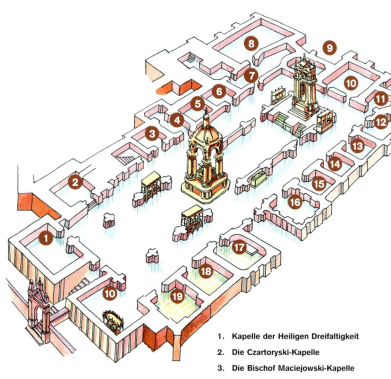

Seite 209:
Die Grabdenkmäler
von Zygmunt Stary
und Zygmunt
August in der
Sigismundkapelle

1. Kapelle der Heiligen Dreifaltigkeit
2. Die Czartoryski-Kapelle
3. Die Bischof Maciejowski-Kapelle
4. Die Lipski-Kapelle
5. Die Skotnicki-Kapelle
6. Die Bischof Andrzej Zebrzydowski-Kapelle
7. Die Sakristei
8. Der Kathedralschatz
9. Die Bischof Piotr Gamrat-Kapelle
10. Die Marienkapelle
11. Die Bischof Tomicki-Kapelle
12. Die Bischof Załuski-Kapelle
13. Die Jan Olbracht-Kapelle
14. Die Bischof Jakub Zadzik-Kapelle
15. Die Bischof Konarski-Kapelle
16. Die Sigismund-Kapelle
17. Die Wasa-Kapelle
18. Die Szafraniec-Kapelle
19. Die Potocki-Kapelle
20. Die Heiligkreuz-Kapelle

DIE KAPELLEN

Die Kathedrale ist von einem Kapellenkranz umsäumt. Kunsthistorisch Interessierten empfehlen wir, alle zu besichtigen (am besten im Uhrzeigersinn), denn sie erwartet eine Wanderung durch die herrliche Welt der sakralen Kultur, Kunst und Geschichte. Denjenigen, welche nur die wertvollsten Kapellen besichtigen möchten, werden die nachfolgenden *-Sternchenzeichen die Route erleichtern.

KAPELLE DER HEILIGEN DREIFALTIGKEIT*

Die erste Kapelle links – Baujahr: 1431. Die Buntglasfenster und die Wandgemälde sind das Werk von Włodzimierz Tetmajer (Anf. 20. Jh.). In der Kapelle befindet sich das Grabmal der 1461 verstorbenen Königin Zofia, die Grabstätte der Verwandten des letzten Königs Polens, Anna von Tyszkiewicz Wąsowiczowa und die Büste ihrer Mutter. Am Eingang steht eine Statue von Oberst Włodzimierz Potocki, der um 1812 auf der Seite Napoleons kämpfte und gefallen ist. Der Schöpfer, Bertel Thorvaldsen, hat sich bei der Erstellung des Denkmals von klassischen griechischen Werken inspirieren lassen.

DIE CZARTORYSKI-KAPELLE

Die Kapelle befindet sich im Erdgeschoss des Uhrenturms. Sie fungierte lange Zeit als Kapitelsaal, zur Kapelle wurde sie erst in der zweiten Hälfte des 20. Jh. umfunktioniert. Die Deckenmalerei stammt von Karol Maszkowski (1909). Die Treppe in der Czartoryski-Kapelle führt zur Gruft mit den Königsgräbern.

DIE BISCHOF MACIEJOWSKI-KAPELLE

In der Maciejowski-Kapelle befindet sich das Grabmal des Stifters, dessen Autor wahrscheinlich einer der Künstler um Giovanni Maria Padovano ist. In der kleinen Sakristei hinter dem Altar ist ein Stück einer frühromanischen Mauer eingemauert.

DIE LIPSKI-KAPELLE*

Die Kapelle war ursprünglich im gotischen Stil ausgestattet. Um 1643 ist sie zur Grabkapelle des Bischofs Andrzej Lipski umgebaut worden. Auf der linken Seite steht das Denkmal von Bischof A. Lipski, auf der rechten das von Kardinal Jan Aleksander Lipski. Das Gemälde von Franciszek Smuglewicz aus der zweiten Hälfte des 18. Jh. im Altar stellt den hl. Matthäus dar. Die Kuppel der Kapelle schmückt ein Deckengemälde mit Darstellungen der theologischen Tugenden: des Glaubens, der Kühnheit, der Vernunft, der Wahrheit und der Gerechtigkeit.

DIE SKOTNICKI-KAPELLE

Die Kapelle wurde 1339, auf Anregung des Krakauer Kanonikers und späteren Erzbischofs von Gnesen, Jarosław Bogoria Skotnicki, gebaut. Im spätbarocken Altar befindet sich das Gemälde von Walenty Janowski *Huldigung der Hirten* (18. Jh.). Das Marmorgrab von Michał Skotnicki ist eine Replik des Denkmals aus der Kirche Santa Croce in Florenz.

DIE BISCHOF ANDRZEJ ZEBRZYDOWSKI-KAPELLE

Die 1335 errichtete Kapelle wurde Mitte des 16. Jh. umgebaut. Diese Aufgabe übernahm Jan Michałowicz aus Urzędów, der auch das Bischofsgrab in der Kapelle schuf.

Nachdem man das Grabmal von Władysław Łokietek passiert hat, kommt man in den östlichen Säulengang, wo sich ein wunderschöner Altar aus schwarzem Marmor befindet. Das Werk von Francesco Placidi schmückt ein großes gotisches Kruzifix vom Ende des 14. Jh., an dem die hl. Jadwiga gebetet habe soll. Im September 1912 hat hier Angelo Giuseppe Roncalli, der päpstliche Nuntius und spätere Papst Johannes XXIII. einen Gottesdienst abgehalten.

DIE PIOTR GAMRAT-KAPELLE

Schirmherrin der 1545–1547 von Padovano auf Antrag von Königin Bona umgebauten Piotr Gamrat-Kapelle aus dem 14. Jh. ist die hl. Katharina. Padovano ist ebenfalls Autor des Grabdenkmals, einer Nachahmung des Grabmals von Bischof Tomicki. Die Darstellungen der Heiligsten Jungfrau Maria und der hl. Katharina im Altar stammen aus dem 18. Jh. Auf der Altarmensa steht ein Silbersarg mit den sterblichen Überresten der Krakauer Bischofs und Chronisten, Wincenty Kadłubeks. (Das bronzene Tor zur Kapelle stammt aus der Renaissance).

DIE MARIENKAPELLE*

Die aus der zweiten Hälfte des 14. Jh. stammende Kapelle wurde gegen Ende des 16. Jh. auf Geheiß von Anna Jagiellonka in die Grabkapelle des Königs Stefan Batory umgebaut. Den Umbau betreute Santi Gucci, der das Grab Batorys aus Sandstein, Marmor und Alabaster an der Nordseite der Kapelle platzierte. Mitte des 17. Jh. ist die Kapelle erneut umgebaut worden. Aus der damaligen Zeit stammen das marmorne Chorgestühl, die Portale und das Tabernakel.

Gegenüber der Marienkapelle stehen die spätbarocken Grabsteine von **Jan III. Sobieski** und seiner Gattin Maria Kazimiera sowie von **Michał Korybut Wiśniowiecki** und dessen Gemahlin Eleonora. Entworfen wurden sie von Francesco Placidi. Beide illustrieren die während der Herrschaft dieser Könige stattgefundenen Schlachten. Das Flachrelief stellt die Schlacht bei Wien 1683 dar, das Grab von Wiśniowiecki ist mit einer Szene aus der Schlacht bei Chocim versehen.

DIE BISCHOF TOMICKI-KAPELLE*

Die Kapelle wurde 1530 nach dem Entwurf von Bartolomeo Berrecci errichtet. Früher befand sich an ihrer Stelle eine gotische Kapelle. Nach dem Umbau wurde hier der Leichnam von Bischof Piotr Tomicki beigesetzt. Autor des Grabes, das auf die Dreißiger Jahre des 16. Jh. datiert ist, war wahrscheinlich Berrecci, obwohl es von manchen Padovano zugeschrieben wird. Im oberen, klassizistischen Teil des Altars befindet sich das Gemälde Huldigung der Drei Könige (erste Hälfte 16. Jh.), der untere Teil mit dem bischöflichen Wappen stammt aus der Renaissance.

DIE BISCHOF ZAŁUSKI-KAPELLE *

Die Kapelle wurde 1344 vom Bischof Jan Grot gestiftet, daher ihre zweite Bezeichnung: Grot-Kapelle. 1758–1766 wurde sie von Francesco Placidi im Rokokostil dekoriert. Bemerkenswert ist das Gemälde von Salvatore Monosilio *Kindermord in Bethlehem* im Altar. In der Kapelle befindet sich auch ein Grabmal mit einer bildhauerischen Darstellung des Bischofs Grot aus dem 18. Jh. In der Gruft wurde Jan Paweł Woronicz, Primas des Kongresskönigreiches und Dichter, beigesetzt.

DIE JAN OLBRACHT-KAPELLE

Die Kapelle stiftete Königin Elżbieta Rakuszanka, um das Andenken ihres Sohnes zu ehren. Auf dem Sarkophag aus rotem Marmor liegt die Figur von Jan Olbracht im Krönungsgewand, die Skulptur stammt vermutlich von Stanisław Stoß (oder Jörg Huber aus Passau).

Gegenüber der Jan Olbracht-Kapelle befindet sich das von Ludwig von Ungarn gestiftete **Grabdenkmal Kazimierz Wielkis**. Es gehört zu den künstlerisch wertvollsten Grabmälern im damaligen Europa. Es wurde in Ungarn aus rotem Marmor angefertigt, der Baldachin aus Sandstein entstand in Polen. 1869, während der Restaurierungsarbeiten, ist der König, d.h. dessen Asche, exhumiert worden, wonach er zum wiederholten Male beigesetzt wurde.

DIE BISCHOF JAKUB ZADZIK-KAPELLE

Die Kapelle wurde im 14. Jh. errichtet und diente als Umkleideraum der Könige vor der Krönung. Überspannt ist von einer Kuppel mit Stuckarbeiten und mit Darstellungen von Szenen aus dem Leben Johannes des Täufers. Im Altar befindet sich das Gemälde von W. K. Stattler *Christus Taufe* (1836). Beim näherem Betrachten des Gesichtes von Johannes dem Täufer bemerkt man eine Ähnlichkeit mit den Gesichtszügen des polnischen Nationaldichters Adam Mickiewicz, der mit Stattler befreundet war.

Nach der Besichtigung der Kapelle empfiehlt es sich, näher an die den Säulengang vom Presbyterium trennende Wand heranzutreten. Über dem Grab von Anna Cylejska (Enkelin von Kazimierz Wielki und der zweiten Gattin von Władysław Jagiełło) befinden sich die **Grabinsignien von Königin Jadwiga**.

DIE BISCHOF KONARSKI-KAPELLE

Die Anfänge der Bischof Konarski-Kapelle gehen auf das Jahr 1351 zurück. Der herausragende Humanist wurde hier jedoch Anfang der Zwanzigerjahre des 16. Jh. beigesetzt. Das Marmorgrab stammt von Bartolomeo Berrecci (1521). Zwischen 1722 und 1728 wurde die Kapelle umgebaut. Damals entstand das monumentale Portal, der Altar aus Marmor und das spätbarocke Denkmal von Bischof Szaniawski.

Bevor man die Sigismund-Kapelle betritt, sollte man dem ihr gegenüber stehenden **Grabmal der Königin Jadwiga** Aufmerksamkeit schenken. Autor des von Karol Lanckoroński gestifteten Sarkophags aus Carrara-Marmor ist Antoni Madeyski (1902). Die Gebeine der Königin lagen früher am Hauptaltar und sind 1949 hierher verlegt worden.

DIE SIGISMUND-KAPELLE*

Diese Kapelle ist eine Perle der Renaissance. Sie entstand an der Stelle der früheren, gotischen, von Kazimierz Wielki 1340 gestifteten Kapelle. Die Bauleitung übernahm Bartolomeo Berrecci, welcher beste italienische Künstler zur Mitarbeit veranlasste.

Die auf quadratischem Grundriss gebaute Kapelle überspannt eine runde, vergoldete Kuppel. Die von Anna Jagiellonka gestiftete Vergoldung erfolgte 1591–1592. Vom Säulengang ist die Kapelle durch ein bronzenes Gitter aus der Nürnberger Werkstatt von Hans Vischer mit den Wappen Polens, Litauens und dem Familienemblem der Sforza getrennt. Über dem Eingang hängen drei Porträts aus dem 16. Jh.: in der Mitte Zygmunt Stary (Kopie von 1547), an den Seiten Anna Jagiellonka im Krönungs- und Witwengewand.

Das Innere bestimmt das zarte Rot des Marmors und der Glanz der Vergoldungen. Die grotesken und arabesken Ornamentierung stammt von Giovanni Cini. Gegenüber vom Eingang steht das Grabmal von Anna Jagiellonka, ein Werk von Santi Gucci. Sehenswert ist die Bank mit dem eine Krone haltenden Engelspaar. Die Grabplatte wurde noch zu Lebzeiten der Königin angefertigt.

Den von Zygmunt Stary gestifteten Altar entwarf Hans Dürer, angefertigt wurde er von mehreren Nürnberger Künstlern (1531–1538). Die Marienszenen (im geöffneten Zustand) – silberne Reliefs – stammen von Melchior Baier. Wenn der Altar geschlossen ist, kann man die von Jerzy Pencz gemalten Darstellungen der Passion Christi bewundern.

Gegenüber vom Altar ruhen die letzten Jagiellonen. Das Denkmal von Zygmunt Stary (oben) stammt von Berrecci oder, wie manche behaupten, von Padovano. Als Autor der Statue von Zygmunt August (unterer Sarkophag) wird Santi Gucci genannt.

DIE WASA-KAPELLE*

Die Kapelle entstand an der Stelle der romanischen St. Peter und Paul-Kapelle.

Von Außen ist die Wasa-Kapelle eine Kopie der Sigismund-Kapelle, das Innere beider Bauten ist jedoch völlig unterschiedlich. Im Mausoleum der Wasa-Dynastie überwiegt schwarzer Marmor, was zu ihrer würdevollen, jedoch düsteren Stimmung beiträgt. Die Inschrift am Gitter des Eingangstores ist ein alter, in der Zeit der Gegenreformation wieder häufiger angewandter Spruch: Memento mori.

DIE SZAFRANIEC-KAPELLE

Die Kapelle befindet sich im Erdgeschoss des Turmes der Silbernen Glocken. Vom 13. bis 15. Jh. war hier der Kapitelsaal der Kathedrale untergebracht, der 1420 von Jan (Bischof) und Piotr (Kammerherr) Szafraniec in eine Kapelle umgewandelt wurde. Sie trug im Laufe der Jahrhunderte viele Namen, u.a. hieß sie Doktorenkapelle. Diese Bezeichnung ist damit verbunden, dass sie von der Krakauer Akademie, genauer gesagt vom Juristenkollegium, betreut wurde. Die Epitaphe an den Wänden erinnern an verstorbene Professoren.

Die Kapelle hat zwar ihren gotischen Charakter beibehalten, man findet hier aber auch Objekte aus jüngerer Zeit, etwa den barocken Altar (ein Entwurf von Placidi), die Polychromie von Józef Mehoffer und ein Buntglasfenster desselben mit der Gottesmutter von Ostra Brama in Vilnius. Interessant ist die Involvierung des auf Glas gemalten Wappens der Szafraniec in das Glasfenster Mehoffers: die Begegnung des 15. und 20. Jahrhunderts ist sehr gelungen.

DIE POTOCKI-KAPELLE*

In der heutigen Potocki-Kapelle entstand nach dem Umbau 1572–1575 das Mausoleum von Bischof Filip Padniewski. Den Umbau leitete Jan Michałowicz aus Urzędów, er ist ebenfalls Autor des Grabsteines Padniewskis aus Marmor und Alabaster. Das Epitaph für seinen Förderer verfasste Jan Kochanowski. Die heutige Bezeichnung bezieht sich auf die Dreißigerjahre des 19. Jh., als die Kapelle erneut nach der Idee des Wieners Peter Nobile zum Potocki-Mausoleum umgebaut wurde. Beachtenswert ist die Figur des Segnenden Christus (1829), dessen Autor Bertel Thorvaldsen ist. Der Altar stammt von dem Wiener Künstler Johannes Danninger. Sehenswert ist auch das ältere (17. Jh.) Gemälde *Die Kreuzigung* von Giovanni Francesco Barbieri, der auch unter dem Namen Guercino bekannt ist.

DIE HEILIGKREUZ-KAPELLE*

Die Kapelle wurde in der zweiten Hälfte des 15. Jh. angebaut. Sie ist eines der wertvollsten Teile der Kathedrale. Die Wände und das Gewölbe sind mit russischen Malereien bedeckt. Es ist eines der wenigen Beispiele der Pskower Schule der Ikonenmalerei in Polen. Gegenüber dem Eingang steht das klassizistische Denkmal des Bischofs Kajetan Sołtyk. Das Flachrelief auf dem Sarg stellt die Szene der Verbannung nach Kaluga dar.

In der Ecke steht das Grabmal von Kazimierz Jagiellończyk. Das Denkmal schuf Veit Stoß. Zu Füßen der Figur des Königs im Krönungsgewand sieht man seine Unterschrift und das Datum: 1492. An den Seiten sind die Wappen Polens, Litauens und der Gebiete Dobrzyń und Kujawien, die von Menschen getragen werden, die den Tod des guten Herrschers beweinen. Die Kapitelle der Säulen sind mit biblischen Szenen von Veit Stoß dekoriert. Das gotische Grabdenkmal stiftete die Gemahlin von Kazimierz, Königin Elżbieta Rakuszanka, die auf der anderen Seite liegt. Ihre Grabplatte ist sehr schlicht, schon angesichts dessen, dass sie Mutter von Königen war, der alle herrschenden Häuser Europas abstammen.

Die Grüfte

Angefangen mit Władysław Łokietek wurden fast alle Könige auf dem Wawel beigesetzt. Der Leichnam wurde unter den Fußboden gelegt und an der Bestattungsstelle wurde ein Grabmal gesetzt. Erst Zygmunt Stary führte die Tradition der Bestattung der verstorbenen Herrscher im unterirdischen Gewölbe der Kathedrale ein. Er stiftete die Krypta der Kapelle, die nach ihm als Sigismund-Kapelle bezeichnet wird.

Die unteriridische Etage mit den Königsgräbern besteht aus mit romanischer Bebauung verbundenen Krypten aus dem 16. und 17. Jh. (Krypta des hl. Leonhard, Krypta unter dem Turm der Silbernen Glocken) und aus den dazwischen liegenden Gängen.

Bevor man die Gräber der Könige besichtigt, empfiehlt es sich, bei den zwei großen (romantischen) Dichtern vorbeizuschauen. Sie liegen nebeneinander, obwohl sie sich zu ihren Lebzeiten nicht besonders mochten. Der Eingang zur **Krypta der Nationaldichter** befindet sich gegenüber der Lipski-Kapelle. Er ist mit einer Silberplatte mit der Darstellung der Rückkehr von Jan III. Sobieski von der Schlacht bei Wien dekoriert. Ein Werk von Józef Hakowski (1888).

Das Grabmal von Adam Mickiewicz schuf Sławomir Odrzywolski und das von Juliusz Słowacki Adolf Szyszko-Bohusz. Über dem Sarkophag von Słowacki steht die Urne mit der Erde vom Grab der Mutter des Dichters. 2001 wurde in der Krypta der Nationaldichter die Urne mit der Erde aus dem Sammelgrab in Montmorency, wo Cyprian Kamil Norwid bestattet wurde, feierlich beigesetzt..

Nachdem man den Meistern des Wortes die Ehre erwiesen hat, sollte man zur Czartoryski-Kapelle zurückgehen, von wo man in die Grüfte gelangt. Als erste besichtigt man die **Krypta**

Józef-Piłsudski – Mausoleum in der Krypta unter dem Turm der Silbernen Glocken (Srebrnych Dzwonów)

Tutanchamon und Jagiellończyk

In den Siebzigerjahren des 20. Jh. wurden die Überreste von Kazimierz Jagiellończyk untersucht. Ein halbes Jahr später starb die erste Person, die mit dem Grab in Berührung kam, bald gab es mehrere Verstorbene. Innerhalb von 10 Jahren sind 15 teilnehmende Forscher gestorben. Da ein ähnliches Schicksal den Gelehrten zuteil wurde, die 1922 das Grab des Tutanchamon in Ägypten entdeckten, wurde *per analogiam* von dem Fluch der Jagiellonen gesprochen. Eine rationale Erklärung für das Geschehene kann jedoch der im Grab des polnischen Königs entdeckte Pilz *Aspergillus flavus* sein. Diese Mikrobe ist sehr gefährlich. Sie ruft Blutsturz, Herzinfarkt und Krebs hervor.

Das Kreuz vom Mond

Auf dem Kreuz ist der Name E.E. Aldrin eingraviert. Wie kam dieses ungewöhnliche Souvenir auf den Wawel? Der Priester John Garbolino soll den amerikanischen Astronauten vor dem Flug zum Mond gebeten haben, das aus Moskau mitgebrachte Kreuz mitzunehmen. Als Armstrong und Aldrin ihre ersten Schritte auf dem Mond machten und danach glücklich zur Erde zurückkamen, stellte sich heraus, dass Aldrin noch ein Kreuz mitgenommen hatte. Der Astronaut schenkte es dem Priester Garbolino, der ihn 1974 einem Bischof aus Krakau schenkte. Nach einigen Jahren reiste dieser Bischof nach Rom, um das Amt des Papstes als Johannes Paul II. zu übernehmen. Das ihm geschenkte Kreuz blieb auf dem Wawel.

Krakau hat noch ein Souvenir vom Mond: den im Tabernakel der Kirche Arka Pana (Arche des Herrn) befindlichen Stein.

---

des hl. Leonhard mit acht Säulen und Kreuzgewölbe. Dieser Raum ist ein erhaltener Teil der Herman-Kathedrale. Das schöne und geheimnisvolle Innere der Gruft gilt als schönster romanischer Raum in Polen. Hier hat übrigens Karol Wojtyła, der spätere Papst Johannes Paul II, seine erste Messe abgehalten.

Die Königsgräber sind hier Ende des 18. Jh. untergebracht worden. Das älteste ist der in Stein gehauene Sarkophag von Zygmunt Stary. Die späteren, die meist in Metall gearbeitet wurden, weisen wunderschöne Zierelemente auf: außer Familienwappen, sind biblische und mythologische Szenen dargestellt. In der Krypta des hl. Leonhard liegen die Gebeine von Jan III. Sobieski, seiner Gemahlin Maria Kazimiera, Michał Korybut Wi-

> Die auf 1100 datierte Krypta des hl. Leonhard gilt als der schönste romanische Innenraum in Polen

śniowiecki, Tadeusz Kościuszko und des Fürsten Józef Poniatowski. Im jüngsten Grab ruhen die sterblichen Überreste von General Władysław Sikorski.

Im weiteren Teil des unterirdischen Gewölbes kann man u.a. den Sarkophag von Stefan Batory, von den Jagiellonen, Stanisław Leszczyński, Zygmunt III. Wasa und Jan Kazimierz besichtigen. Die letzte Etappe der Besichtigung ist das Józef-Piłsudski-Mausoleum unter dem Turm der Silbernen Glocken.

Dommuseum (Das Kathedralmuseum)

Es befindet sich in ehemaligen Wirtschaftsräumen am Eingang zur Kathedrale. 1978 ist die Einrichtung vom Kardinal Karol Wojtyła gesegnet worden. Im Museum werden Exponate aus dem Kirchenschatz und die Sammlungen der Bibliothek und des Archivs des Krakauer Domkapitels ausgestellt.

Die Sammlungen enthalten flämische und Brüsseler Altargewebe aus dem 17. Jh., kunstvolle persische Teppiche, liturgische Gewänder (13. – 16. Jh.), reich verzierte Monstranzen und liturgische Gefäße. Auf Polnisch sagt man zum Klöppel: Herz der Glocke, der Riss ist mit einem Faden markiert.

*S*chätze des Kathedralmuseums:
- Spieß des hl. Mauritius, ein Geschenk Kaisers Otto III. für Bolesław Chrobry;
- romanischer Kelch aus dem Grabe von Bischof Maur;
- Königsinsignien;
- sizilianisches Kästchen aus der zweiten Hälfte des 12. Jh.;
- Kreuz mit zwei Diademen (zweite Hälfte 15. Jh.);
- Reliquiar mit dem Schädel des hl. Stanislaus;
- sog. Goldene Rose, ein Geschenk von Papst Klemens XII. für die Gemahlin von August III;
- Perlenbesticktes Messgewand mit der Darstellung des Martyriums des hl. Stanislaus, eine Stiftung von Piotr Kmita.

Kathedralmuseum, Di–So 10.00–15.00 Uhr, Eintritt 5 Zł., ermäßigt 2 Zł.

Die Drachenhöhle

Drachenhöhle, April-Juni, September-Oktober: 10.00–17.00, Juli u. August: 10.00–18.00 Uhr, 1. November – 31. März geschlossen, Eintritt 3 Zl.

Tja... Der Drache, der am Ufer der Weichsel sein Unwesen getrieben haben soll... Gab es ihn wirklich? Selbstverständlich! Wem sonst soll dann der Schuster Dratewka (Schusterzwirn) das falsche Schaf untergeschoben haben? Die Geschichte mag jedoch keine Sagen und behauptet da stursinnig, dass die Höhlen des Wawel seit jeher bis zum 16. Jh. von Menschen bewohnt waren. Im 17. Jh. befand sich am unteren Eingang zur Drachenhöhle eine Schenke, aus deren Gewinn die Bediensteten am Schloss bezahlt wurden. Andere Quellen geben wiederum an, dass es hier bereits im Mittelalter Gasthäuser für Flößer und Lagerräume gab. So scheint es, dass die „Wohnung" des Drachens von allen möglichen Geschöpfen – außer seiner selbst – genutzt wurde.

Die Höhle des legendären Ungeheuers gehört zu jenen Attraktionen der Besichtigung, die niemals ausgelassen werden. Wenn man die Jurakalkhöhle bewältigt und den im Halbdunkel stehenden Ritter besiegt hat, steht man plötzlich auf den hellen, belebten Weichsel-Boulevards. Man muss aufpassen, das man nicht auf den Fahrradweg kommt, denn es gibt hier viele rasende Radfahrer. Dann nur noch ein Erinnerungsphoto an der Feuer speienden Drachenfigur von Bronisław Chromy, und man kann sich auf einer Bank ausruhen, das Erlebte sortieren und den nächsten Wawel-Besuch planen. Im Winter schadet es nicht, die Schwäne zu füttern.

TEIL V
Kazimierz

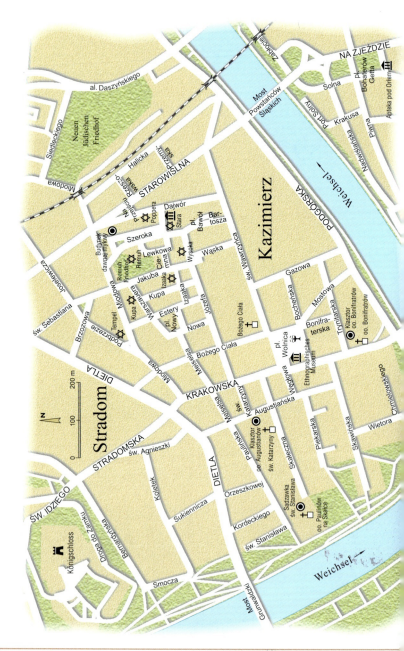

KAZIMIERZ

Dieser Teil Krakaus war noch bis vor Kurzem sehr vernachlässigt, regelrecht verwahrlost und erfreute sich keines guten Rufes. Jeder Krakauer wusste, dass man die hiesigen Straßen nach Anbruch der Dämmerung besser meiden sollte. Auch die in schwarze Kleidung gehüllten israelischen Touristen, die durch schmutzige Straßen, zwischen grauen Häusern, wo das „Lumpenproletariat" seit dem Morgengrauen den billigsten Wein schlürfte, vorbeihuschten, sahen wie Menschen von einem anderen Planeten aus. In den Neunzigerjahren des 20. Jh. änderte sich Kazimierz schlagartig. Es gibt hier zwar immer noch viele graue, verfallene Häuser mit armseligen Innenhöfen, aber den jetzigen Charakter des Stadtviertels machen exklusive Hotels, Restaurants, unzählige Pubs und vor allem die Menschenmengen aus, die sich, besonders abends, auf den Straßen tummeln. Kazimierz wurde schnell zu einem als sehr trendy geltenden Viertel, das sogar der Altstadt Konkurrenz macht. Noch vor nicht allzu langer Zeit wollte sich kaum ein „gescheiter Mensch" hier niederlassen, jetzt klettern die Preise der hiesigen Wohnungen sukzessiv nach oben…

Um sich vom ehemaligen Kazimierz einen Eindruck zu verschaffen, reicht es, in die Tore der noch nicht sanierten Häuser hineinzugehen wo alles noch ein anderes, unverändertes Leben lebt. Es kommt auch heute noch vor, dass vor einem eleganten Hotel ein Pferdewagen stehen bleibt. Und so kehrt manchmal die Vergangenheit nach Kazimierz zurück.

Oben:
Detail, Isaak-Synagoge

Titelseite:
Kolonialwarenhandlung

Unten:
Ulica Ciemna

Ein Hauch Geschichte

Es ist schwer zu sagen, wann sich Juden in der Gegend um Krakau anzusiedeln begannen. Möglich ist es, dass sie hier bereits zu Zeiten der berühmten Reise von Ibrahim ibn Jakob lebten. Aber der erste urkundlich erwähnte Krakauer jüdischen Glaubens war der 1287 ermordete Charnisz. Die erste bekante Persönlichkeit war hingegen Lewko, der Verwalter der Münze und der Pächter der Salzminen in Wieliczka und Bochnia. Die Juden bewohnten die Gegend um die Straßen św. Anny, Wiślna und Szewska. Kazimierz wurde ihr zentraler Wohnsitz im 14. Jh.

Krakau, die Hauptstadt, ist die schönste aller polnischen Städte... Und hinsichtlich der Menge an Kirchen und Herrlichkeiten, könnte man behaupten, sie sei soror et aemula Romae.

Anonym 1621

Das Schicksal der Juden und der Polen in Krakau war aufs Engste miteinander verflochten. Das gilt auch für beide Kulturen, für Traditionen und für gegenseitige Beziehun-

Fotografie vom Festival der Jüdischen Kultur

gen. Dies hatte jedoch nicht nur helle Seiten. Außer Problemen, die Folge eines scharfen wirtschaftlichen Konkurrenzkampfes waren, gab es auch solche, die aus dem gegenseitigen Unverständnis und aus Vorurteilen herrührten. Leider muss auch gesagt werden, dass häufig Dummheit und Niederträchtigkeit die Oberhand gewannen. Es wurde versucht, die beiden Bevölkerungsgruppen voneinander zu trennen. In der ersten Hälfte des 17. Jh. entstand eine Mauer, die den jüdischen vom christlichen Teil Kazimierzs trennte. Sie wurde erst abgebaut, als Krakau Freie Stadt wurde.

Der jüdische Stadtteil wurde von Rabbis und von der gewählten Obrigkeit regiert. Die jüdische Verwaltung unterlag der Macht des Königs. Gerichtliche Streitigkeiten wurden wie folgt gelöst: Wenn beide Parteien jüdischer Herkunft waren, wurden sie vor dem Kahal (jüdisches Versammlungsgericht) entschieden. Wenn der Streit einen Juden und einen Christen betraf, wurde er im Namen des Königs vor dem Woiwodengericht verhandelt.

Kurzes Kalendarium

- 1335 – Kazimierz Wielki gründet auf dem Gebiet des früheren Dorfes Bawół die separate Stadt Kazimierz (der Legende nach soll es ein Geschenk für seine Geliebte Ester gewesen sein...), die zum Zentrum der jüdischen Gemeinschaft wird.
- 1495 – Jan Olbracht verbannt die Juden aus Krakau (Ursache war eine unerklärte Brandstiftung in der St. Anna-Kirche) und beschränkt ihr Wohnrecht auf Kazimierz (es gilt Ansiedlungsverbot außerhalb dieses Stadtteils).
- 16. Jh. – Nach Kazimierz kommen sephardische Juden; im 16. Jh. ist die Stadt das größte Zentrum der Juden und hat den Rang eines großen intellektuellen Zentrums.
- 1608 – Das Gebiet der jüdischen Stadt vergrößert sich um das Dreifache.
- 1800 – Kazimierz wird Krakau einverleibt.
- 1860 – Aufhebung des Verbots der Ansiedlung der Juden außerhalb des festgelegten Stadtteils.
- 1905 – Unter den Stadtherren sitzen 25 Juden; Vizepräsident Krakaus wird Józef Sare.

Erste Schritte

Alef – eines der Restaurants in der Ulica Szeroka

Vom Wawel über die Ulica Stradomska spazierend ist man nach 10 Minuten hier, falls man nur an der unterhaltsamen Seite dieses Stadtviertels interessiert ist. Wer jedoch die jüdischen Sehenswürdigkeiten besichtigen möchte, der sollte den Weg vom Markt über die Ulica Starowiślna nehmen (man kann auch zwei Haltestellen mit der Straßenbahn fahren). Bevor man rechts in die Ulica Miodowa, die ins Zentrum des ehemaligen Judenviertels führt, einbiegt, empfiehlt es sich, die Starowiślna zu überqueren, um den **Neuen Jüdischen Friedhof** zu besuchen, der sich entlang der rechten Straßenseite hinter der Eisenbrücke erstreckt.

800 hat die jüdische Gemeinde einen Teil des Grundbesitzes der Augustiner erworben, wo der vier Jahre später eröffnete Friedhof angelegt wurde. In den Zwanziger Jahren des 20. Jh. war er bereits voll, so dass ein Grundstück in der Nähe des Friedhofs der Gemeinde Podgórze gekauft werden musste (1942 haben dort die Nazis das KZ Płaszów eingerichtet). Auf dem Friedhof in der Miodowa wurden nur diejenigen beigesetzt, die früher einen Platz erworben haben oder sich für die jüdische Gemeinde verdient gemacht hatten. Während der Besatzung wurde der Friedhof zu großen Teilen zerstört. Einen Teil der Grabsteine haben die Deutschen zur Wiederverarbeitung an Steinmetze verkauft. In den Fünfziger Jahren des 20. Jh. hat man den Friedhof erneuert, so dass sich heute auf einer Fläche von 19 ha 10 000 Gräber befinden.

Neben alten Grabsteinen (der älteste stammt aus dem Jahre 1809) stehen neue Gräber – der Friedhof wird immer noch betrieben. Ihre letzte Ruhestätte fanden hier u.a. Jakub Drobner (Arzt, Teilnehmer des Januaraufstands), Professoren der Jagiellonen-Uni-

Hamans Ohren

Oznej Haman, also Hamans Ohren sind ein dreieckiges, gefülltes Kleingebäck. Die Füllung kann aus Mohn, Früchten, Rosinen, Mandeln, süßem Weißkäse oder anderen Zutaten bestehen. Das Gebäck wird zu Purim serviert und symbolisiert die Ohren des Judenverfolgers Haman. Es wird erzählt, dass der für seine verbrecherische Intrige bestrafte Haman eine dreieckige Kopfbedeckung trug, daher auch die Form des Gebäcks.

Neuer Friedhof (Cmentarz Nowy), täglich au er Sa. im Sommer 8.00-18.00, im Winter ab 8.00 Uhr bis zur Dämmerung

versität: Józef Rosenblatt, Józef Oettinger, Maurycy Gottlieb (Maler), Dr. Ozjasz Thon (Rabbiner, Abgesandter zum Sejm der II. Republik Polen), Józef Sare (Vizepräsident von Krakau 1905–1929).

Nach der Besichtigung des Friedhofs muss man erneut die Starowiślna überqueren und von der Miodowa gleich links abbiegen, in eine kleine Straße, die zur Ulica Szeroka führt, dem Zentrum von Kazimierz. Man bekommt Lust, hier länger zu verweilen, um der Atmosphäre jener Zeit näher zu kommen, in der Fleischpiroggen hier *kreplech* hießen und als man beim Zuprosten *lechaim* sagte. Den Besucher begrüßt die Kolonialwarenhandlung von Chajim Kochan. Es gibt hier Gurken und Spargel in Gläsern und die Ware ist wie vor dem Krieg verpackt.

In der **Ulica Szeroka**, die in der Tat die breiteste Straße Krakaus ist, sieht es schon vollkommen anders aus. Das 21. Jahrhundert hat das Aussehen der Straße bereits geprägt. An den Abenden sind die jüdischen Restaurants voller Gäste (▶352), junge Leute besetzen die Kneipen und im Sommer machen die Gartencafés auf. Alljährlich wird die Szeroka zum Sommeranfang besonders voll: das Abschlusskonzert des Festivals der Jüdischen Kultur zieht sowohl polnisches wie auch internationales Publikum an (▶65).

Am Haus Nr. 6, steht die ehemalige Mikve (jüdisches Ritualbad), heute das Hotel und Restaurant ***Klezmer-Hois***. Dem Namen entsprechend wird hier Klesmermusik gespielt. Wer noch

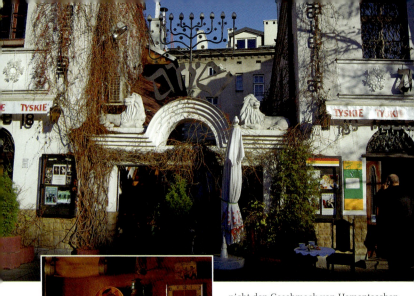

**Kolonialwaren-
handlung und
*Klemzmer-Hois***

nicht den Geschmack von Hamantaschen kennt, sollte hier einkehren.

In der Szeroka 6 befindet sich der Verlag Austeria, der Bücher mit jüdischer Thematik herausgibt. In dem Hotel übernachtet während ihrer Krakaubesuche immer die in Krakau geborene israelische Schriftstellerin Miriam Akavia (Mathilda Weinfeld). Die ehemalige Gefangene der Konzentrationslager in Płaszów, Auschwitz und Bergen-Belsen ist heute Vorsitzende der Gesellschaft für Israelisch-Polnische Freundschaft.

Wenn man den Hauch eines Geheimnisses verspüren möchte, sollte man unbedingt am Haus in der Szeroka 22 stehen bleiben, in welchem einst der berühmte jüdische Kabbalist Nathan Spira wohnte. Jede Nacht brannte in seinem Fenster (es soll das erste Fenster rechts in der zweiten Etage sein) eine Lampe, in deren Schein der alte Nathan die Weisheit der Kabbala studierte.

Von der Kabbale

Die **Kabbala** ist die mystische Tradition im Judentum. Die Wurzeln der Kabbala finden sich in der Tora, der Heiligen Schrift des Judentums. Neben die jahrhundertelange mündliche Weitergabe praktischer Traditionen innerhalb geschlossener Schulen stellt sich die schriftliche Überlieferung bloßen theoretischen Wissens, welches im Laufe der Zeit verschiedene weitere Einflüsse in sich aufgenommen hat, darunter gnostische, neuplatonische und christliche.

Die Kabala basierte auf der Überzeugung, dass die in den heiligen Büchern niedergeschriebene Tradition geheime Inhalte enthält.

Historische Gebäude der jüdischen Kultur

Die Krakauer jüdische Gemeinde zählt heute etwa 150 Mitglieder. In Kazimierz stehen sieben Synagogen: die Alte Synagoge (15. Jh.), Remuh (16. Jh.), die Hohe Synagoge (16. Jh.), die Popper-Synagoge (17. Jh.), die Synagoge Kupa (17. Jh.), die Izaak-Synagoge (17. Jh.) und die Synagoge Tempel (19. Jh.). Ein ähnlich ungewöhnliches Viertel der jüdischen Tempel kann man in Europa nur noch im Prager Stadtteil Josefov besichtigen.

Wenn ich in Polen leben würde, würde ich selbstverständlich nicht in Warschau oder in den Ebenen von Masowien wohnen wollen. Es würde mich nach Krakau, in die Berge ziehen.

Czesław Miłosz

Gottesdienste finden in zwei Synagogen statt, dem Remuh und dem Tempel, und zwar zweimal wöchentlich, am Freitagabend und am Samstagmorgen sowie an jüdischen Feiertagen.

Stara Synagoga (Alte Synagoge)

Die Alte Synagoge, welche die Ulica Szeroka im Süden abschließt, ist das älteste jüdische Gotteshaus in Polen. Das Datum ihrer Entstehung ist nicht genau bekannt (der Volksmund schreibt ihren

Die Alte Synagoge wurde fast vollkommen rekonstruiert

Bau Kazimierz Wielki zu). Sehr wahrscheinlich ist, dass sie von böhmischen Juden erbaut wurde, die aus ihrer Heimat nach dem Pogrom im Jahre 1389 fliehen mussten. Andere Historiker behaupten wiederum, dass die Alte Synagoge nach der Umsiedlung der Krakauer Juden in den Stadtteil Kazimierz entstand. Nicht ausgeschlossen werden kann auch, dass das auf dem barocken Opferstock stehende Datum – nach dem christlichen Kalender das Jahr 1407 – für den Entstehungszeitpunkt der Synagoge spricht. Der umfangreichste Umbau erfolgte in der zweiten Hälfte des 16. Jh. Er wurde 1570 abgeschlossen, die Umbauarbeiten leitete der Architekt Mateo Gucci.

Die Alte Synagoge spielte auch in der polnischen Geschichte eine wichtige Rolle: Tadeusz Kościuszko rief hier die Krakauer Juden zum Kampf in den Reihen der Aufständischen auf. Aufgetreten ist hier auch der Rabbiner Ber Meisels, ein großer polnischer Patriot.

Während der Naziokkupation wurde die Synagoge zerstört. Die Innenausstattung wurde ausgeraubt, das Dach und die Gewölbemauern wurden abgerissen. Übrig blieben nur wenige historische Gegenstände. Authentisch sind die Portale, die steinernen Steindosen und Teile der Wandmalereien.

Die Alte Synagoge beherbergt eine Filiale des Historischen Museums und eine prächtige Sammlung von Judaica (▶320).

Alte Synagoge,
ul. Szeroka 24,
☎0124220962,
Mo: 10.00–14.00,
Di-So: 10.00–17.00 Uhr,
Eintritt: 7 Zł., ermäßigt 5 Zł.

Was ist „koscher"?

Das Wort „koscher" bezieht sich auf diejenigen Lebensmittel, die im Einklang mit den jüdischen Speisegesetzen vorbereitet sind. Die koschere Küche unterliegt folgenden Regeln:
- Gegessen darf nur Fleisch von paarhufigen Wiederkäuern;
- Gegessen werden alle Früchte, Gemüse und Grünzeug;
- Vögel, die auf den Tisch kommen, müssen Afterklauen, Kröpfe und zwei Mägen haben (wie z.B. Hühner und Puten), Fische müssen Flossen haben;
- Das Fleisch darf nicht mit Molkereiprodukten vermischt werden (gilt auch für Gefäße, in denen die Speisen vorbereitet werden);
- Eine Bescheinigung über Koscherheit des jeweiligen Produktes wird vom Rabbiner erteilt.

Die Synagoge und der Friedhof Remuh

Die Synagoge Remuh (Szeroka 40) ist das zweite in Kazimierz entstandene Gotteshaus. Gestiftet wurde es 1553 von Israel Isserles Auerbach, dem Bankier von König Zygmunt August. Früher stand an dieser Stelle eine hölzerne Synagoge, die später einem Brand zum Opfer fiel. Der Name erinnert nicht an den Stifter der Synagoge, sondern an dessen Sohn, den Rabbiner und Philosophen Moses Isserles, genannt Rabbi Mosses, was ausgesprochen „Remuh" lautete.

Beim Hineingehen in die Synagoge sollte man dem Opferstock aus der Renaissance Aufmerksamkeit schenken. Im Inneren ist der Aron Ha-kodesch (Altarschrein, in dem die Thorarollen aufbewahrt werden) aus dem 16. Jh. erhalten. Rechts vom Schrein steht ein Stuhl, auf dem Remuh selbst gesessen haben soll. Als Zeichen der Verehrung für den Rabbi brennt an dem Stuhl ständig ein Lämpchen.

Der Synagoge Remuh.

Der Friedhof Remuh, der sich der Synagoge anschließt, gehört zu den wertvollsten jüdischen Objekten in Polen. Gegründet im Jahre 1533 war er Zentralfriedhof von Kazimierz, bis ihn die Österreicher 1799 schlossen. Verwahrlost und vernachlässigt

---

Die Bescheinigung über Koscherheit ist befristet. Der Produzent koscherer Erzeugnisse wird regelmäßig kontrolliert, ob er die entsprechenden Regeln einhält. Die jüdische Küche wird häufig mit der koscheren Küche verwechselt, was ein großer Fehler ist. Sogar traditionelle jüdische Speisen gelten als unkoscher, wenn sie nicht nach den Geboten der Torah zubereitet sind.

Das hebräische Wort „Kaschruth" bedeutet „rituelle Eignung". Nur das Fleisch geschächteter Tiere darf gegessen werden. Das Fleisch gerissener, d.h. auf grausame Weise umgekommener Tiere ist verboten. Der Begriff „Trefah" bedeutet „Gerissenes" und wird im erweiterten Sinn für alles zum Verzehr ungeeignete Fleisch verwendet. Lebende Tiere oder Teile lebender Tiere dürfen nicht gegessen werden. Das Tier darf mit maximal drei Messerstichen getötet werden, das Messer muss sehr scharf und glatt sein.

KAZIMIERZ   Historische Gebäude der jüdischen Kultur

*M*oses Isserles (1525–1572) studierte in Lublin. In Krakau gründete er eine Talmudschule. Dies wurde bei den europäischen Juden sehr schnell bekannt und die Schule selbst galt bald als ein wichtiges wissenschaftliches Zentrum. Moses Isserles war Spezialist im Bereich des Religionsrechts, er befasste sich ebenfalls mit der Interpretation der Werke von Aristoteles und Moses Maimonides. wurde er erst in den Fünfziger und Sechziger Jahren des 20. Jh. restauriert. Dem Erdboden wurden damals – wortwörtlich – wunderschöne Grabsteine aus der Renaissance und dem Barock entrissen. Keiner von ihnen steht heute an seiner ehemaligen Stelle. Sie wurden teilweise in Reihen aufgestellt, der Rest ist in die Mauer eingefügt worden.

Die Grabsteine wurden im 18. Jh. eingegraben. Vielleicht aus Angst vor Pogromen, es ist aber auch nicht ausgeschlossen, dass man einfach den Friedhof erneuern wollte und durch die Zuschüttung eine Erdschicht für neue Beisetzungen vorbereitet hat, da der Friedhof sein Fassungsvermögen überschritten hatte.

Die Grabplatten in der Mauer

Das Grab des Berühmten Rabbiners Isserles steht auf einem steinernen Postament und ist mit einem Eisengitter umsäumt. Die Inschrift auf der Grabplatte lautet: „Von Moses bis Moses gab

es nie jemanden wie Moses". Angeblich gibt es auch eine Verwünschung: Wer es wagt, die Heiligkeit des Grabes zu schänden, stirbt eines gewaltsamen Todes. Nicht einmal die Nazis wagten es, das Grab des gesegneten Rabbis anzurühren oder gar auszurauben. Die Besucher haben also die Gelegenheit, am Grab des weisen Remuh einen Wunschzettel zu hinterlegen.

Auf der linken Seite liegt Moses' Vater – Israel, der Stifter der Synagoge, direkt daneben dessen Gattin, Golda Auerbach. Unter der Mauer, auf der Seite der Ulica Jakuba befinden sich u.a. die Gräber von Samuel Bar Meschulam (Arzt von Königin Bona und der beiden letzten Jagiellonen; verst. 1552) und des Kabbalisten Nathan Spira (verst. 1663).

Synagoge und Friedhof Remuh, ul. Szeroka 40, täglich 9.00–18.00 Uhr, außer Freitagabend, samstags und feiertags.

Die Popper-Synagoge

Popper-Synagoge, ul. Szeroka 16.

Popper war einst ein sehr bekannter Name. Jeder, der sich zu damaliger Zeit in Mitteleuropa mit Handel befasste, kannte Wolf Popper – Bocian. Er stammte aus Chęciny. Nach Kazimierz zog er nach der Heirat und bald vervielfachte Bocian das Vermögen seiner Gattin. Fünf Jahre vor seinem Tod im Jahr 1620 konnte er sich den Bau einer Synagoge leisten. Sie war nicht sonderlich groß, daher hieß sie Kleine Synagoge.

Von der Szeroka trennt die Synagoge ein Vorraum und ein kleiner Innenhof.

Das jiddische Wort „Klezmer" ist zusammengesetzt aus den hebräischen Wörtern „klej" für Werkzeug und „sem" für Lied und bedeutet also eigentlich wörtlich „Musikinstrument". Im Jiddischen wird es zu „Musiker" umgedeutet. Die Klezmorim, die Klezmermusiker, begleiteten das gesamte jüdische Leben im aschkenasischen, d.h. im west- und osteuropäischen Judentum: „Kein Begräbnis ohne Gewein, keine Hochzeit ohne Klezmer".

Kulinarische Toleranz

Die Welt sollte von den Köchen lernen. Die Küche ist nämlich immer gegenüber Neuem und Anderen offen und freundlich. Je größer die fremdem Einflüsse, desto besser ergeht es der Küche. Es hat z. B. keinen Sinn zu erforschen, wer von wem Krautrouladen übernahm, ob sie die Juden oder die Polen zuerst auf ihre Tische stellten. Hauptsache, sie werden schön serviert und schmecken gut. Eine andere kulinarische Gemeinsamkeit ist der „Bajgel", der an eine Brezel erinnert. Den „Bajgel" soll es schon seit 400 Jahren geben. Die Zubereitung ist sehr spezifisch: Der Teig wird vor dem Backen gekocht, mit Mohn, Sesam oder Gewürzen bestreut. In Amerika wird er traditionell mit Käse, Fischpaste oder Tomate serviert. Der „Bajgel" ist weich (anders als die Brezel, die Krakauer Brezel ist manchmal hart wie Stein), warm und knusprig.

Synagoge Tempel, ul. Miodowa 24, täglich 9.00–18.00 Uhr, außer Freitagabend, samstags und feiertags.

Beachtenswert ist die Tür des Altarschreins mit geschnitzten Darstellungen eines Adlers, eines Löwen, eines Hirsches und eines Leopards, die einst die Synagoge schmückte. Heute befindet sich die Tür in den Sammlungen des Wolfson-Museums in Jerusalem.

Die Synagoge Tempel

Die Synagoge an der Ecke der Straßen Miodowa und Podbrzezie wurde 1862 errichtet. Es war keine reformierte (wie manchmal behauptet wurde), sondern eine fortschrittliche Synagoge. Gebetet wurde hier auf Hebräisch, die Predigten fanden auch in Deutsch und in Polnisch statt, niemals jedoch auf Jiddisch. Die in der Nachbarschaft der fortschrittlichen Synagoge wohnenden Juden empfanden sie als Gotteslästerung. Wenn sie vorbei gehen mussten, kehrten sie ihr den Rücken zu, wenn sie sie passiert haben, spuckten sie dreimal über die rechte Schulter.

Geht hinein in seine Tore mit Dank, in seine Vorhöfe mit Lobpreis!.

Ein Fragment des Psalm 100 über dem Eingang in die Synagoge Tempel

Hinter der Synagoge befinden sich die Reste des sie einst umgebenden Gartens. Die Architektur des Gebäudes ist eine Mischung des Renaissance- und des mauretanischen Stils. Sehr interessant ist auch das Innere. Beachtenswert sind die Stuckarbeiten und die Buntglasfenster (Jahrhundertwende des 19. zum 20. Jh.). Den Gebetssaal umsäumt eine Galerie, die für Frauen bestimmt war.

Izaak- und Hohe Synagoge

Vom Plac Nowy sollte man links in die Ulica Izaaka abbiegen und die dortige Synagoge besuchen. In der Ulica Kupa 16 befindet sich die Izaak-Jakubowicz-Synagoge, die auch als Aizik-Synagoge bekannt ist. Ihren Namen verdankt sie dem Stifter, dem Bankier und Senioren des Kahals. Fertiggestellt wurde sie Mitte des 17. Jh., wobei Spenden der Goldschmiede von Kazimierz verwendet wurden. Sehr wertvoll ist ein Teil der die Synagoge umsäumenden Mauer. Sie wurde Anfang des 20. Jh. freigelegt und ist Bestandteil der Befestigung von Kazimierz aus dem 14. Jh. Im Inneren der Kirche sind Stuckdekorationen erhalten, welche vermutlich von Giovanni Falconi stammen. Seit 1997 kann die Synagoge besichtigt werden. Präsentiert werden hier Filme zum Judentum in Kazimierz und Dokumente zum Holocaust.

Izaak-Synagoge,
ul. Kupa 18, ☎0124305577,
So-Fr: 9.00-19.00 Uhr,
Eintritt: 7 Zl., ermäßigt
6 Zl.

Unterhaltung in Kazimierz

Kazimierz ist für seine Restaurants, Kneipen, Cafés und für den einzigartigen Rundbau am Plac Nowy bekannt, wo Endzior phantastische Rippchen und riesengroße Geflügelkoteletts vorbereitet (am größten sind sie, wenn sie von seiner Frau zubereitet werden). In der Nacht kommen die Besucher der Bierstuben in Kazimierz gern auf überbackene Brote hierher. Sehr trendy ist es, sich zu einer Veranstaltung in der *Alchemie* oder auf ein Gläschen an der Nähmaschine im *Singer* zu verabreden. Ganz gutes Bier bekommt man im Pub *Mechanoff*, und wer alte Fotos mag, der wird sich im Lokal *Królicze Oczy (Kaninchenaugen)* wohlfühlen. Wenn dieses Klima zu düster anmutet, kann man sich auf einen Drink im *Kolory* oder *Baraka* verabreden. Wer Lust zum Tanzen hat, der sollte die *Drukarnia* oder *Stajnia* besuchen.

Der weitere Teil der Wanderung durch Kazimierz verläuft durch die Ulica Józefa in Richtung Ulica Krakowska. Die **Ulica Józefa** ist ein Paradies für Liebhaber alter Gegenstände. Wer alte Bügeleisen, Kerzenleuchter und vergoldete Kronleuchter mag, sollte den Laden „Antyki Józefa" besuchen (Nr. 9 und 11). Die Straße ist voller wunderhübscher Galerien.

Die Hohe Synagoge (ul. Józefa 38) war das dritte Gotteshaus in Kazimierz. Das Datum ihrer Entstehung ist nicht genau bekannt, angenommen wird jedoch, dass sie zwischen 1556 und 1563 entstand. Hohe Synagoge hieß sie deswegen, weil der Gebetssaal sich in der Oberetage befand, vermutlich wegen des Straßenlärms und der Nachbarschaft der Christen (sie stand am Stadttor zu Kazimierz). Viel ist nicht erhalten geblieben, aber das, was aber übrig blieb, ist überaus wertvoll: Teile der Wandmalereien mit Gebetsfragmenten und die steinerne Umrahmung des Altarschreins. In der Synagoge kann man auch die Fotoausstellung „Zwei Gesichter der Krakauer Juden" besichtigen. Sie ist den jüdischen Bräuchen und Traditionen in den Zwischenkriegsjahrem gewidmet (täglich 9.00–19.00 Uhr, Eintritt: 7 Zł., ermäßigt 5 Zł.).

Ulica Józefa 11

Das Ghetto

1939 wohnten in Krakau etwa 65 000 Juden, was ein Viertel aller Einwohner ausmachte. Zwischen beiden Weltkriegen war Krakau das viertgrößte Zentrum des Judentums in Polen (nur in Warschau, Lodsch und Lemberg wohnten mehrere jüdische Bürger).

Auf der Befehl Hitlers sind 32 000 Personen jüdischen Glaubens aus der Stadt verwiesen worden. Sie wurden im sog. Jüdischen Wohnviertel in Podgórze angesiedelt.

Das Ghetto umfasste 320 Häuser. 15 Straßen, die an den Plac Zgody angrenzten, sollten nun die ganze Welt der Krakauer Juden darstellen. Die Mauer war drei Meter

Ich hab' gehabt einen süßen Traum,
ich fühl noch jetzt, wie das Herz mir aufgeht,
es ist schon Frieden! Es ist schon Scholem!
Scholem auf der ganzen Welt.

Diesen Text schrieb der Tischler Mordechaj Gebitig im Untrgrund im Mai 1941 in Lagiewniki bei Krakau.

*M*ordechaj Gebirtig (1877–1942) – Dichter, Komponist, Barde von Kazimierz. Er arbeitete als Tischler und Möbelrestaurator. Er debütierte 1905 mit dem Gedicht *Der general--sztrajk* (Generalstreik), welches im „Socjaldemokrat" veröffentlicht wurde. 1939 schrieb er *Unser Schtetl brennt*; Bald wurde das Lied zur inoffiziellen Hymne in der Ghettos eingesperrten Juden. 1942 kam er selbst ins Ghetto. Er und sein Freund, der Maler Abraham Neuman, wurden von einem deutschen Soldaten an der Kreuzung der Straßen Janowa Wola und Dąbrówka erschossen. Alle Verwandten des Dichters sind während des Krieges umgekommen. Geblieben sind nur seine Gedichte und Lieder, die sich großer Beliebtheit in Europa, Israel und Amerika erfreuen. Nicht die romantisierende Schtetl-Welt ist es, die Gebirtig in seinen Liedern aufleben lässt, sondern das Leben der kleinen Leute im jüdischen Stadtteil Krakau Seine Lieder zeugen von einer tiefen Menschlichkeit, die im Umfeld der Unmenschlichkeit imstande war, Hoffnung und Mut zum überleben zu vermitteln.

hoch, oben wurde sie mit einer Dekoration versehen, die einem jüdischen Grabstein glich. Die Häuser, mit Fenstern zur „arischen" Seite, wurden vergittert oder zugemauert. Zum Ghetto führten drei Tore: am Plac Zgody, am Ende der Ulica Limanowskiego und am Auslauf der Lwowska. Der Straßenbahnverkehr ist zwar nicht eingestellt worden, im Ghetto gab es jedoch keine Haltestellen. Trotzdem gelang es manchmal, Pakete ins Ghetto zu befördern. Das Ghetto wurde in den Teil A für arbeitende und Teil B für arbeitslose Juden aufgeteilt.

Die Spuren der Besatzung sind auf dem Gebiet des Ghettos bis heute sichtbar, obwohl die Suche danach schon ein wenig Anstrengung erfordert. Mauerteile sind an der Schule in der Limanowskiego erhalten. In der Krakusa 7 steht das Gebäude der ehemaligen Schokoladenfabrik Optima, auf dem Fabrikgelände warteten die Juden auf den Transport ins KZ Płaszów. In der Józefińska 18 befand sich der Sitz der Jüdischen Sozialselbsthilfe und in der Józefińska 14 das Ghetto-Krankenhaus. Plac Zgody heißt heute Platz der Helden des Ghettos. Die Nazis haben hier am 13. und 14. März 1943 bei der Liquidierung des jüdischen Stadtviertels mehrere Hundert Einwohner ermordet.

Gedächtnismarsch zum Jahrestag der Auflösung des Ghettos

Durch die Teilnahme am Gedächtnismarsch vom Krakauer Ghetto zum Konzentrationslager in Płaszów wird Solidarität mit den Opfern des hier begangenen Verbrechens bekundet. Der Gedächtnismarsch beginnt an der Apotheke „Zum Adler" am Plac Bohaterów Getta 18. Die Apotheke, in der „der Gerechte der Völker" Tadeusz Pankiewicz arbeitete war eine Kontaktstelle mit der arischen Seite und häufig ein Unterschlupf für Ghettoeinwohner. Heute befindet sich hier die Ausstellung „Die Apotheke im Krakauer Ghetto" (Mo: 10.00–14.00, Di-Sa: 9.30–17.00 Uhr, Eintritt 4 Zł., ermäßigt 3 Zł., Mo frei).

Die Kirchen in Kazimierz

Ich schätze Krakau dafür, dass es dort noch Menschen gibt, die tief im Inneren zu empfinden fähig sind.

Konrad Swinarski

Die Katharinenkirche

An der Kreuzung der Straßen Augustiańska und Skałeczna erhebt sich ein massives gotisches Kirchengebäude: die Katharinenkirche. Es ist deutlich sichtbar, dass sich der Architekt von der Marienkirche inspirieren ließ. Die Kirche stiftete König Kazimierz Wielki im Jahre 1363. Zwei Jahre später entstand das Presbyterium. Die Kirche hat keine Türme, obwohl es an der Frontseite Spuren gibt, dass es einst mindestens einen Turm gegeben hat.

Katharinenkirche, ul. Augustiańska 7; Gottesdienste: wochentags 7.00, 8.00, 18.00, sonn- und feiertags 7.00, 9.00, 11.00, 12.15, 18.00 Uhr

Die Katharinenkirche hat zwei Erdbeben überlebt (1443 und 1786) sowie Schäden bei der Hochwasserkatastrophe in den

Der hl. Stanislaus aus Szczepanów (um 1030–1079), Bischof von Krakau, ist aus unbekannten Gründen in einen Streit mit Bolesław Śmiały verwickelt worden. Zum Tode verurteilt, wurde er auf der Altartreppe der Kirche auf dem Felsen ermordet. Fast zwei Jahrhunderte später hat die katholische Kirche den Märtyrer heilig gesprochen, wonach er zum wichtigsten Schirmherrn des Polnischen Königreiches gewählt wurde.

Die meisten Informationen über seinen Konflikt mit dem König sind den Chroniken von Gallus Anonymus und Wincenty Kadłubek zu entnehmen. Sie stimmen jedoch nicht überein. Kadłubek beschreibt den Bischof als einen Helden, der dem erbarmungslosen Herrscher im Wege stand, indem er ihn für sein unmoralisches Verhalten und die Strenge bei der Bestrafung der Untertanen kritisierte. Bei Gallus Anonymus ist er hingegen ein oppositioneller Meuterer, der eine gerechte Strafe erhielt. Die heutigen Historiker streiten sogar über den Ort und die Art und Weise seiner Hinrichtung. Bedenkenswert ist die Tatsache, dass der Bischof erst nach 200 Jahren heilig gesprochen wurde.

Drei igerjahren des 16. Jh. erlitten. Sie fiel auch drei Bränden zum Opfer: 1556, 1604 und 1638.

An der Wende des 14. zum 15. Jh. wurde dem Südschiff die St. Monika-Kapelle angeschlossen. Seit 1727 befindet sich dort das Oratorium der Augustinernonnen. Die Kapelle kann nur an einem Tag im Jahr besichtigt werden: am 27. April, am Fest der Maria vom Guten Rate.

Die Wandmalereien im Presbyterium stellen Szenen aus dem Leben des hl. Augustin dar. In der Mitte des frühbarocken Hauptaltars (1634) befindet sich das Bild *Die Mystische Vermählung der hl. Katharina*. Beachtenswert ist das schön verzierte Chorgestühl. Im Südschiff (rechts, wenn man mit dem Gesicht zum Presbyterium steht) befindet sich das Grabdenkmal von Wawrzyniec Spytek Jordan. Die Statue der Gottesmutter im Hauptschiff stammt aus dem 15. Jh. Im Nordschiff befindet sich der barocke Altar mit der Darstellung des hl. Augustin. Interessant ist auch das Portal, das man auf dem Wege zur Kapelle der Bruderschaft Maria vom Trost passiert.

Der Kirche sind die Gebäude des Augustinerordens angeschlossen. Sehenswert sind die Fresken aus dem 15. Jh. in den Kreuzgängen. Dank der hervorragenden Akustik finden in der Kirche häufig Musik- und Chorkonzerte statt.

Wenn man die Ulica Skałeczna entlang der Klostermauer geht, kommt man zu einem Durchgang unter malerischen Bögen. Von hier ist es nur noch ein kleiner Schritt zur Paulinerkirche auf dem Felsen (Na Skałce)

**Vorherige Seite:
Kreuzgänge
im Kloster der
Augustiner.**

Paulinerkirche auf dem Felsen

Die Kirche auf dem Felsen ist eine Perle des Barock. Die grüne Oase präsentiert sich am besten vom Weichselufer aus (nachts

wird sie beleuchtet). Zweimal im Jahr (zum hl. Stanislaus und am Fronleichnam) zieht eine farbenfrohe Prozession hierher. Die Kirche erfreut sich großer Beliebtheit bei Heiratswilligen – eine Trauung muss man hier mindestens ein Jahr vorher beantragen.

An der Stelle der heutigen Kirche stand seit dem 11. Jh. die kleine Erzengel-Michael-Kirche, in der 1079 Bischof Stanislaus umgebracht wurde. Die erste Kirche stand hier bis zum 14. Jh., an ihrer Stelle entstand eine gotische Backsteinkirche. Selten renoviert, überdauerte sie bis 1733. Dort wurde dann spätbarocke Bau errichtet.

Im Presbyterium ist die Darstellung des Erzengels Michael aus dem 18. Jh. im barocken Altar beachtenswert. Das Bild im Altar des linken Schiffes (1745) stellt den hl. Stanislaus mit einem Schwert im Kopf dar. Darunter der Baumstumpf, auf dem der Leichnam des Heiligen geviertteilt werden sollte.

Beachtenswert ist die wunderschöne, mit Korallen und Diamanten verzierte Monstranz aus vergoldetem Silber (1706).

Vor dem Eingang zur Kirche befindet sich der Teich des Hl. Stanislaus, der auch als das Weihwasserbecken Polens bezeichnet wird. Der Legende nach soll einer der abgeschnittenen Finger des Heiligen hineingefallen sein, folglich soll das Wasser Wunder vollbringen. Gegen Ende des 19. Jh. ist der Teich restauriert und von

Paulinerkirche Na Skałce, ul. Skałeczna 15; Gottesdienste: wochentags 7.00, 8.00, 16.00, 19.00, sonn- und feiertags 7.00, 8.00, 9.00, 10.30, 12.30, 17.30 Uhr; Krypta der Verdienten Mo-Sa: 9.00–12.00 und 13.00–17.00, So: 10.00–12.00 und 13.00–17.00 Uhr

In der Krypta der Kirche auf dem Felsen ruhen herausragende polnische Künstler

Nachbarseite: Sicht vom Paulinerkloster auf die Katharinenkirche (links) und auf die Fronleichnamskirche

Fronleichnamskirche, ul. Bożego Ciała 26; Gottesdienste: wochentags 6.30, 8.00, 12.00, 19.00, sonn- und feiertags 6.30, 8.00, 9.30, 11.00, 12.15, 16.00, 19.00 Uhr

einem Betonring mit Gitter umsäumt worden. In den Ecken sind Adlerfiguren aufgestellt worden, die jene Vögel symbolisieren, welche den gevierteilten Leichnam des Heiligen drei Tage lang bewacht haben sollen. In der Mitte des Wasserbeckens steht die Figur des hl. Stanislaus aus der ersten Hälfte des 18. Jh. Als Andenken an den Besuch von Papst Johannes Paul II. 1979 ist hinter dem Weihwasserbecken ein hölzernes Kreuz aufgestellt worden.

1880 entstand auf dem Felsen auf Anregung von Józef Łepkowski, einem Professor der Jagiellonen-Universität, die **Krypta der Verdienten.** Es war der 400. Todestag von Kurat Jan Długosz. Dem Chronisten wurde ein erneutes, feierliches Begräbnis zuteil. Außer Długosz wurden in der Krypta Józef Ignacy Kraszewski, Teofil Lenartowicz, Wincenty Pol, Adam Asnyk, Henryk Siemiradzki, Jacek Malczewski, Stanisław Wyspiański, Karol Szymanowski, Lucjan Siemieński, Ludwik Solski und Tadeusz Banachiewicz beigesetzt. Anfang des 20. Jh. schmückte Józef Mikulski die Krypta mit Wappen polnischer Gebiete, die er im Jugendstil gestaltete.

Fronleichnamskirche

Der Bau der von Kazimierz Wielki gestifteten Kirche dauerte lange. Mit den Arbeiten begann man um 1340, die letzten Arbeiten dauerten noch Mitte des 15. Jh. an. Die Architektur des Gebäudes verbindet Elemente aus verschiedenen Kunstepochen:

Während der schwedischen Einfälle hat Karl Gustav die Fronleichnamskirche zu seinem Hauptquartier gewählt. Von hier gingen die Befehle für die Truppen aus, die Krakau belagerten.

der obere Teil der Fassade ist spätgotisch, der Glockenturm weist für das 16. Jh. charakteristische Merkmale auf, die Anbauten und Kapellen stammen aus dem Barock. Wahrscheinlich hat der Dichter Adam Zagajewski recht, dass „diese Kirche zwar nicht schön ist", dennoch man muss auch seinen gleich folgenden Worten „aber an Seriosität mangelt es ihr nicht" zustimmen.

Unter dem rohen Stein- und Backsteingewölbe verbirgt sich sehr reiche Ausstattung

Der Haupteingang zur Kirche befindet sich an der Kreuzung der Straßen św. Wawrzyńca und Bożego Ciała, an der Ecke des Plac Wolnica. Die Kirche und das Kloster umsäumt eine 2,5 m hohe Mauer aus dem 17. Jh. Direkt am Eingang zur Kirche befinden sich Zellen für Rechtsbrecher. Die Delinquenten wurden hier sonntags eingesperrt, damit sie, der Öffentlichkeit ausgesetzt, ihre Strafen bereuen und somit die vorbeigehenden Menschen die Härte der Strafe nachempfinden konnten.

Im rechten Seitenschiff befinden sich zwei Kapellen. Die Schirmherrin der ersten ist die hl. Anna (ihre Darstellung sieht man in dem vergoldeten Altar). Außerdem kann man hier das Grabmal von Bartolomeo Berrecci und drei wertvolle barocke Schreine bewundern. In der Verkündigungskapelle ist das Bildnis der Madonna aus dem 16. Jh. und das Taufbecken aus dem 15. Jh. sehenswert. Im linken Seitenschiff befinden sich der Kreuzigungsaltar und das Mausoleum des gesegneten Stanisław Kazimierczyk. Im 19. Jh. wurde eine Gedenktafel für Bartolomeo Berrecci in die Wand eingemauert.

Sehensswert ist das Chorgestühl aus dem Jahre 1629, das zu den schönsten in Krakau gehört. Das prachtvolle Werk stammt von dem Schnitzer Stefan. Im riesigen Hauptaltar sieht man das berühmte Gemälde von Tommaso Dolabella *Die Verbeugung der Hirten* (erste Hälfte des 17. Jh.). Im Fenster auf der Rechten Seite befinden sich mittelalterliche Glasmalereien, die Anfang des 20. Jh. hierher verlegt wurden. Vom Presbyterium aus kommt man in die gotische Sakristei mit der Darstellung *Marias mit dem Kinde* von Lucas Cranach und mit Bildern von Michał Stachowicz und Stanisław Janowski.

Das Rathaus von Kazimierz wurde 15. Jh. gebaut, die vielen Umbauten trugen jedoch zur Veränderung seines früheren Aussehens bei

Kirche der Bonifrater, ul. Krakowska 48; Gottesdienste: Mo-Fr: 6.30, sb. 8.00, sonn- und feiertags 9.30, 11.30, 18.30 Uhr

Plac Wolnica

Der Plac Wolnica ist der ehemalige Markt von Kazimierz. Die Bezeichnung knüpft an das Privileg des freien Handels an, welches König Kazimierz Wielki seiner Stadt verlieh. Die Lage des Platzes war ideal, da die heutige Ulica Krakowska ein Teil des alten Handelsweges nach Wieliczka und Bochnia war. Der Platz war mit Häusern umsäumt, diejenigen jedoch, die man heute sieht, sind viel jünger als der Markt. Sie stammen aus dem 19. Jh. Im westlichen Teil des Platzes steht das Städtische Rathaus, einer Erinnerung an die ehemalige Autarkie von Kazimierz. Heute sitzen dort keine Ratsherren mehr. Es beherbergt jetzt das Ethnografische Museum (I319).

In der Mitte des Platzes steht der Springbrunnen mit einer Skulptur von Bronisław Chromy, den *Drei Musikanten* aus dem Jahre 1970. Jeden Sommer verändert sich der Platz Wolnica in einen Ort der Konzerte: Musik in Kazimierz klang und klingt immer noch phantastisch.

Kirche der Bonifrater

Der Bau der Kirche begann Ende des 17. und dauerte bis in die Mitte des 18. Jh. Nachdem die Trinitarier ein Gebäude in der Krakowska bekamen, beschlossen sie, dort eine Kirche zu errichten. Als der Trinitarierorden zerfiel, ging der Bau in den Besitz der Bonifrater über.

Die Kirche ist einschiffig, auf beiden Seiten mit Kapellen versehen. Im Gewölbe des Schiffes sind Szenen des Loskaufs der Häftlinge durch den Begründer des Trinitarierordens, Johannes von Matha, von Józef Piltz dargestellt. Im neubarocken Altar steht die Figur des Jesus von Nazareth.

An der Kreuzung der Krakowska und Trynitarska steht das Kloster der Bonifrater. Anfang des 20. Jh. ist das Gebäude um zwei Etagen aufgestockt und mit dem Krankenhaus in der Trynitarska 11 verbunden worden. Das Krankenhaus gibt es bis heute noch. An der seiner Fassade befinden sich die Wappen des Ordens, Krakaus, Polens und des Österreichischen Kaiserreichs.

> An der Kirche der Bonifrater gibt es eine Apotheke. Die Mönche sind seit Jahrhunderten für ihre Kräuterbehandlungen bekannt

Auch in diesem Teil von Kazimierz gibt es zahlreiche Orte, wo man nicht nur für den Geist und die Seele, sondern auch für das körperliche Befinden etwas Gutes tun kann. Die zarten Gaumen der Inhaber dicker Portemonnaies werden mit Sicherheit die in der *Brasserie* (▶ 351) servierten Gerichte zufriedenstellen. Das Restaurant wurde im ehemaligen Straßenbahndepot eingerichtet. Die nebeneinander stehenden Kirchtürme und Synagogenmauern, junge Christen und Juden, die gemeinsam der Klezmermusik beim Festival der Jüdischen Kultur in der Szeroka zuhören, Dichter verschiedner Nationen und Religionen, die in der Synagoge Tempel gemeinsam Gedichte lesen sind ein Zeugnis dafür, dass jegliche Hamanen und Dämonen, die hier so oft zur Sprache kamen, besiegt werden konnten...

TEIL VI
Jenseits des Zentrums

JENSEITS DES ZENTRUMS

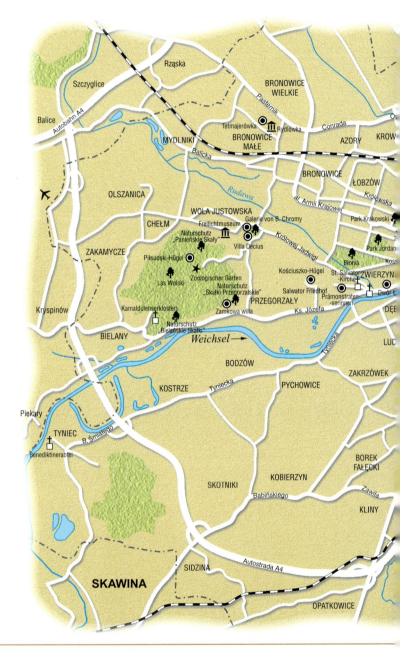

JENSEITS DES ZENTRUMS

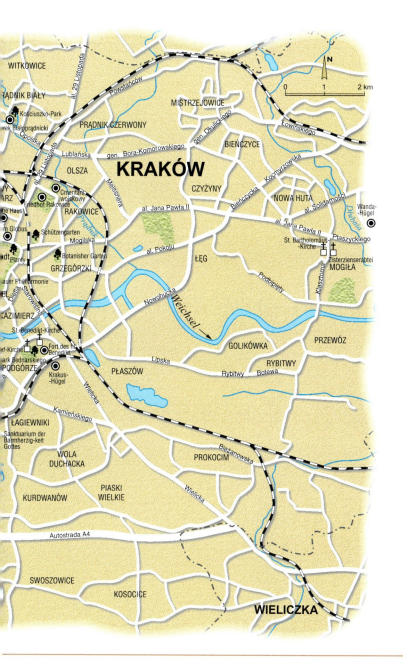

JENSEITS DES ZENTRUMS

Titelseite:
Die Pforte des Kamaldulenserklosters in Bielany

Unten: Botanischer Garten

Die Krakauer flüchten gern vor dem Lärm der Innenstadt. Im Frühling tauchen sie in das zarte Grün und in die berauschenden Düfte des botanischen Gartens, im Sommer durchqueren sie zu Fuß oder per Rad die Wege der Heide „Las Wolski", im Herbst bevorzugen sie Bielany, wo sie zwischen heruntergefallenen Blättern und Kastanien spazieren gehen. Und zu jeder Jahreszeit erklimmen sie die umliegenden Hügel, um Krakau von oben zu betrachten. Es lohnt sich, ihnen zu folgen, wenn man des Pflasters und des Lärms der Altstadt müde wird.

Ulica Długa

Durch die heutige Ulica Długa verlief die ehemalige Handelsstraße nach Schlesien. Sie lag in der Stadt Kleparz und verlief ursprünglich bis zur Stadtbefestigung, d.h. bis zu den heutigen Straßen Słowiańska und Pędzichów. An dieser Stelle stand das Valentinstor. Zwei hier früher in der Gegend der Słowiańska befindliche Kirchen, die Heiligkreuzkirche mit dem Kloster der Slawischen Benediktiner und die St. Valentinskirche mit dem Hospital für Leprakranke in der Nähe der Ulica Pędzichów, haben den Wandel der Geschichte leider nicht überdauert.

Der Straßenname *Platea Longa* wurde zum ersten Mal 1446 schriftlich erwähnt. Ihren heutigen Verlauf hat die Długa erst seit 1785. Etwa einhundert Jahre später entstand an ihrem nördlichen Ende ein großer dreieckiger Platz, der derzeitige Nowy Kleparz, ihre endgültige Form bekamen beide erst im 20. Jh., als die Befestigung entlang der heutigen Aleja Słowackiego abgerissen wurde.

Das 1904–1906 errichtete **Haus Zum Globus** an der Ecke der Straßen Długa und Basztowa ist ein hervorragendes Beispiel des frühen Modernismus. Den Eckturm mit der Uhr krönt eine Pyramide mit einem metallenen Globus, daher auch die Bezeichnung des Hauses. Die Decke aus Eisenbeton über dem Sitzungssaal in der ersten Etage ist eine der ersten Konstruktionen dieser Art in Krakau. Die Ausstattung und Ausschmückung des Saales übernahm Józef Mehoffer.

Das Schiff: Symbol des Handels. Es erinnert daran, dass das Haus zum Globus einst Sitz der Krakauer Industrie- und Handelskammer war

So scheint mir also, dass die Ulica Długa Pferde und Pferdewagen bevorzugte.
Am liebsten mochte sie wahrscheinlich bäuerliche Pferdefuhrwerke, sie akzeptierte
aber auch bequeme Kutschen, mit weichen, bereiften Rädern,
die lustig federten. Dafür war Platz, das passte zu ihrem – nicht leichten – Charakter.

Adam Zagajewski, *In fremder Schönheit (W cudzym pięknie)*

Ludomił Antoni Rayski (1892–1977) – Oberleutnant des Flugwesens der Türkei während des ersten Weltkrieges, seit 1926 Befehlshaber des polnischen Flugwesens. Im Jahre 1939, nachdem ihm ungerechterweise vorbehalten wurde, die Flugwaffe vernachlässigt zu haben, ließ er sich vom Dienst befreien. Während des Zweiten Weltkrieges war er Major bei der RAF, dann übernahm er den Befehl über polnische Einheiten, die im Mittelmeerraum kämpften. Im Jahre 1944 nahm er an Abwurfflügen über Warschau während des Warschauer Aufstands teil.

Bis 1918 schmückte das Haus Zum Globus die Büste Franz Josefs. Nach der Wiedergewinnung der Unabhängigkeit wurde sie durch ein von Mehoffer entworfenes Relief des Polnischen Adlers ersetzt. In den Fünfzigerjahren des 20. Jahrhunderts befanden sich in diesem Haus der Sitz des Kreiskomitees der PVAP und das Großhandelslager der Konsumentenzentrale. Heute sind hier der Literarische Verlag (Wydawnictwo Literackie) und dessen Buchhandlung untergebracht.

Wenn man die Ulica Długa in Richtung Kleparz läuft, sieht man einen ungewöhnlichen Bau. Hohe Minaretttürme, ein für diesen Teil Europas eher ungewöhnlicher Anblick.

Die Minaretttürme, ein nicht alltägliches Bild in diesem Teil Polens

Das Türkische Haus wurde in den Achtzigerjahren des 20. Jh. an der Ecke der Długa 31 und Pędzichów 2 für T. Rayski und seine moslemische Gattin errichtet. Die das Haus krönenden drei Minaretttürme sind speziell für sie gebaut worden. Der mittlere Turm ist von einer Galerie umgeben und mit einer Pyramide mit einem Halbmond an der Spitze dekoriert. Die niedrigeren Minaretttürmchen befinden sich an den Hausecken. Im Türkischen Haus erblickte 1892 Ludomił Rayski das Licht der Welt. Pilot, Brigadegeneral und Begründer des polnischen Kriegsflugwesens, woran die am Haus angebrachte Gedenktafel erinnert.

Die Długa ist vor allem eine Einkaufsstraße, wo man in den ansässigen Geschäften fast alles kaufen kann. Es gibt hier Buchhandlungen, Juweliere, neue und gebrauchte Kleidung und wenn man alle Schuhgeschäfte aufgesucht und überall ein paar Schuhe anprobiert hat, bekommt man Sehnsucht nach den Zeiten, in denen man noch barfuß laufen musste. In der Umgebung der Długa und św. Filipa regieren jedoch vor allem **Hochzeitskleider**. Zukünftige Bräute können hier endlos wählen. Die hier gekauften Kleider kann man nach der Hochzeit wieder verkaufen, hier erfährt man auch, was gerade weltweit in der Hochzeitsmode trendy ist.

Wenn jemand friert oder des Laufens müde ist, kann man in die Kellergewölbe der *Twierdza* (Nr. 52) hineinschauen. In diesem netten Lokal gibt es Bier zu erschwinglichen Preisen, Rum in Whiskygläsern aus dünnem Glas, galizischen Glühwein, Billard und Wurfspiele.

Auf der linken Seite am Ende der Długa kann man das Einkaufszentrum „Basar" besuchen. Hinter dem Parkplatz steht ein Gebäude aus dunkelrotem Backstein. Wenn die Lichtverhältnisse „günstig" sind, machen die verwahrlosten Gebäude auf der linken Seite, die hohe Mauer rechts und das Basargebäude selbst – zwei mit einer Brücke verbundene Basteien zwischen düsteren Mauern und eisenvergitterten Fenstern – großen Eindruck.

Die Gegend der Długa ähnelt einem großen Hochzeitsmodesalon

Am Ende der Wanderung durch die Długa, sollte man sich am Ende des Marktplatzes Kleparz noch einmal umdrehen und zurückschauen. Wer gern städtische Landschaften fotografiert, kann warten, bis auf der Straße eine Straßenbahn erscheint (am besten eine alte, z.B. die Linie 5), dann ist das Foto perfekt. Diese Ansicht gibt das Flair der Długa wieder. Eine Straße, die zur Vorstadt führt, sich gegen das „Großstädtische" wehrt und Widersprüchliches verbindet: das schmutzige Grau und das schrille Grelle der Farben.

Krakau! Krakau!
Ein Wort, welches den Polen so viel bedeutet.
Wer nach Krakau als Fremder kommt,
wird zu einem Polen.

Wincenty Pol

Ein Spaziergang durch den Grüngürtel Planty

Der Grüngürtel Planty wurde im 19. Jh. an der Stelle der abgetragenen Stadtmauer angelegt

Der Krakauer Grüngürtel Planty ist die größte Parkanlage dieser Art in Polen. Auch europaweit ist diese Anlage ein Spezifikum. Ihre Fläche beträgt ca. 21 ha und der Umfang des Kreises, welchen sie bildet, beträgt über 4 km. Sie schließt acht Gärten ein, und zwar am Stradom, am Gródek, am Wawel, an der Universität, an der Florianka, am Kunstpalais, an der Barbakane und am Bahnhof.

Der Grüngürtel Planty entstand an der Stelle der abgetragenen Stadtmauer und auf dem Gelände außerhalb der Befestigung zwischen der Stadt und der Vorstadt. Die Bezeichnung Planty stammt von dem polnischen Verb „plantować" = planieren, einebnen.

Die Entstehung der „Planten", wie wir sie der Einfachheit halber im Folgenden bezeichnen wollen, hatte zwei Gründe. Der eine erwies sich für Krakau als günstig, der andere hatte fatale Folgen. Eine gute Lösung war mit Sicherheit die Einebnung und Begrünung der Gebiete vor der Stadtmauer, denn die dort sich befindlichen Abwässer, der Schlamm, der Müll und der Schutt aus der Stadt waren für die Einwohner Krakaus ein großes Problem. Unbedacht war hingegen der unnötige Abriss der alten Stadtbefestigung, womit 1807 begonnen wurde. 1820 beschloss der Stadtsenat an der Stelle der Befestigung einen Stadtgarten anzulegen. Im selben Jahr wurde mit der Einebnung begonnen. Sie nahm zwei Jahre in Anspruch und es musste so viel Erde angefahren werden, damit sich das Niveau der Anlage jenem der Altstadt angleicht. Es wurden 200 italienische Pappeln gekauft, die entlang des Weges vom Wawel bis zum Ende der Ulica Sienna gepflanzt wurden. Auch am Wawel, auf der Seite der Ulica Kanonicza und der Weichsel wurden Pappeln gepflanzt. Diese wuchsen dort bis zur zweiten Hälfte des 19. Jh. Eingeführt wurden auch Kastanienbäume, später erschienen auch Eschen, Ahorn und Linden. Heute wachsen in dem die Altstadt umsäumenden Park 40 Baum- und Straucharten.

Die Arbeiten an der Anlage der Planten leitete anfänglich Feliks Radwański, Professor der Jagiellonen-Universität und Senator der Krakauer Republik. Nach seinem Tod übernahm **Florian Straszewski**, ein vermögender Adeliger, die Aufsicht über den Parkbau. Er bemühte sich, die notwendigen finanziellen Mittel zu beschaffen, oft zahlte er den Lohn an die Arbeiter aus der eigenen Tasche. Für die Erhaltung des entstehenden Gartens schenkte er der Stadt 3 000 holländische Golddukaten. Krakau ehrte Straszewski mit dem ersten Obelisk, der in den Planten entstand (1874). Der mit einem Medaillon versehene Stein steht in der Nähe des Haupt-

Und ich gelange immer mehr zu der Überzeugung, dass wenn der Kościuszko-Hügel ein wenig qualmen würde und wenn die Stadtaue etwas mehr Wasser zu bieten hätte als der Fluss Rudawa, Krakau mit Neapel konkurrieren könnte. Die Lebensbedingungen sind hier einmalig. Die Einwohner einer solchen Stadt dürften nicht sterben, und wenn sie es tun, dann teils aus Liebe zur Tradition und teils, weil sie das Ausland nachahmen möchten.

Henryk Sienkiewicz

Am schönsten ist es im Grüngürtel Planty im Frühling, der Herbst hat aber auch seinen Reiz (siehe nächste Seite)

bahnhofes, am Ende der Ulica Lubicz. Nach seinem Namen wurde auch die Straße benannt, welche die Straßen Zwierzyniecka und Podzamcze verbindet.

Ich mietete mich in der Nähe des Marktes ein und hätte wohl gut geschlafen, wenn da nicht ein verrückter jede Stunde Trompete gespielt hätte.

Bolesław Prus

Ein großes Problem war für die große Grünanlage der ständige Wassermangel. Der schmale Grüngürtel war nicht imstande, das Regenwasser „festzuhalten": es landete in den Abwasseranlagen der umliegenden Straßen. Das zur Erhaltung der Pflanzen notwenige Wasser wurde anfangs mit Pferdewagen zu den Planten gebracht. Um das Mikroklima zu verbessern und den Luftfeuchtigkeitsgehalt zu vergrößern, begann man, kleine Wasserbecken – Springbrunnen und Teiche – anzulegen.

1834 wurde den Planten ein Streifen angefügt, der heute entlang der Ulica Straszewskiego verläuft. In den nachfolgenden Jahren wurde die Parkanlage immer größer. In der zweiten Hälfte des 19. Jh. kam das Gelände zwischen den Straßen Sławkowska und Garbarska hinzu, sowie der Marktplatz in der Nähe der Sławkowska und der Barbakane.

In den ersten 20 Jahren des 19. Jh. begann man auf dem Gelände der Planten steinerne Brücken und Bänke zu bauen. In den Achtzigerjahren des 19. Jh. waren die Denkmäler dran. Geehrt wurden mit einem Denkmal u.a. Königin Jadwiga und Władysław Jagiełło, Frederic Chopin, Tadeusz Boy-Żeleński, Artur Grottger und Michał Bałucki.

Das Denkmal von Jadwiga und Jagiełło wurde 1866 auf einem künstlich angelegten Hügel errichtet, an der Stelle, an welcher sich die Straßen Długa, Basztowa und Sławkowska kreuzen. Es entstand in Rom, im Atelier des polnischen Bildhauers Oskar Sosnowski. Die Figuren aus Carrara-Marmor stehen auf einem Sockel aus Granitstein. Böse Zungen behaupten, dass die Skulptur nicht die Vermählung von Jadwiga und Jagiełło, sondern von Mieszko und Dąbrówka darstellen. Das Denkmal wurde nämlich zwanzig Jahre zuvor, zum 900. Jahrestag der Entstehung des polnischen Staates, fertig gestellt. Mieszko und Dąbrówka sollten in den Gärten des Vatikan aufgestellt werden und, da diese Idee nicht realisiert werden konnte, fanden sie sich auf den

Die Alleen im Grüngürtel Planty, ein von Liebespaaren in jedem Lebensalter gern besuchter Ort

Krakauer Planten als Jadwiga und Jagiełło wieder. Eine andere Version berichtet wiederum, dass sich der Künstler beim Entwerfen des königlichen Paares lediglich vom Vorbild des früheren Denkmals inspirieren ließ und nur einige Elemente der Figuren in sein neues Werk übernahm.

In Richtung der Dunajewskiego, am Ende der Łobzowska, steht das von Henryk Jordan gestiftete **Denkmal von Lilla Weneda**, das Werk von Alfred Daun (1884). Das 1897 zerstörte Original wurde durch eine in Bronze gegossene Figur ersetzt. Die Heldin des Dramas von Juliusz Słowacki hält eine Harfe in der Hand und beruhigt die das Leben ihres Vaters bedrohenden Schlangen.

In der Anordnung der Planten findet man mehrere Stile. In der Nähe des Bahnhofs herrschen gerade, klassizistische Alleen, an der Philharmonie ist es romantisch, den Wawel krönt der Jugendstil und der Abschnitt zwischen den Straßen Krowoderska und Szczepańska ist im szenisch-landschaftlichen Stil gehalten.

Während der Nazi-Besetzung haben die Planten sehr gelitten. Die Deutschen haben Eisenbeschläge, Poller, Bänke und Umzäunungen entfernt. Auch die berühmte Ulme – Baum der Freiheit – wurde abgeholzt. Der Baum wurde zum ersten Jahrestag der Verfassung vom 3. Mai gepflanzt, in der Nähe des Ortes, an dem später das Słowacki-Theater gebaut wurde. 1999 wurde an der Straszewskiego eine Tafel angebracht, die an diesen Baum erinnert.

Wenn man das im wörtlichen Sinne „heiße Pflaster der Stadt" verlässt, sind die Planten wie eine kühle Oase, wo man wieder aufatmen und relaxen kann. Ein Spaziergang durch die schönen Alleen beruhigt die Seele und kräftigt den Körper. Auf keinen Fall darf man sich jedoch vom völligen Freiheitsgefühl irreführen lassen und sich, auf einer Bank sitzend, ein Bierchen genehmigen. Dieses Vergehen wird als eine regelrechte Straftat betrachtet.

Park- und Gartenanlagen in Krakau

Henryk-Jordan-Park

Als im September 1887 auf dem Gelände der städtischen Auen (Błonia), auf dem Weide- und Brachland am Fluss Rudawa die Industrie- und Landwirtschaftsausstellung stattfand, hat niemand vermutet, dass es künftig eine beliebte Erholungsstätte der Krakauer wird. Für die Bedürfnisse der Ausstellung wurden 2400 Bäume und Sträucher gepflanzt, Pavillons gebaut und Alleen ausgesteckt. 1888 schlug Henryk zzzauf der Versammlung des Stadtrates vor, auf dem Ausstellungsgelände einen Park anzulegen.

Die feierliche Eröffnung des Jordan--Parks fand im August 1889 statt. Das Gelände war hervorragend ausgestattet, es gab hier Spielfelder, Schwimmbecken und Turngeräte. Dr. Jordan beaufsichtigte das Projekt höchstpersönlich: Jeden Tag um 18.00 Uhr machte er mit seiner Frau eine Droschkenfahrt durch die Parkalleen. Im Park nahmen an den täglich durchgeführten Veranstaltungen 2000 Personen teil. Jugendliche wurden nicht nur körper-

Krakau–Lemberg 0:4

Am Pfingstmontag 1906 fand im Jordan--Park ein Spiel zwischen den Fußballmannschaften aus Krakau und Lemberg statt. Es gab dabei ein Problem: Den Krakauer Fußballern waren die in der Fußballwelt geltenden Regeln unbekannt. Sie hatten auch keine Ahnung, wie sie sich zu kleiden haben, sie spielten in Schulkleidung, mit Mützen, in normalen Straßenschuhen. Die Gäste waren selbstverständlich fußballspielgerecht gekleidet. Gespielt wurde zwei Mal. Das erste, Match, endete mit dem Sieg der Lemberger (2:0), das andere gewannen die Gäste mit 4:0. Trotz der Niederlage wird in Krakau seitdem Fußball großgeschrieben.

Der Jordan-Park liegt zwischen den Straßen Reymonta, Reymana und Aleja 3 Maja. Anfahrt Straßenbahnt: 15 oder 18. Wenn man mit dem Bus kommt, muss man in der Aleja Mickiewicza an der Landwirtschaftsakademie aussteigen.

Henryk Jordan (1842–1907) – Arzt, Vorläufer der Körpererziehung, Begründer des Stadtparks auf der Stadtaue (Błonia), Initiator der sog. Jordan-Gärten – Erholungs-, Spiel- und Turnplätzen für Kinder und Jugendliche. Begründer der Gesellschaft Billiger Arbeiterwohnungen und der Gesellschaft für Ernährung: Warme Speisen für Arme Kinder.

lich gefördert, sie genossen hier auch eine Ausbildung im patriotischen Geist. Zu diesem Zwecke wurden im Park 45 in weißem Marmor gehauene Büsten berühmter Polen aufgestellt. Im Jordan-Park wird auch heute noch Sport getrieben. Man kann hier Dauerlauf machen, Fahrrad oder Rollschuh fahren und Fußball spielen. Auf die Jüngsten warten mehrere Spielplätze.

Botanischer Garten

Der Botanische Garten Krakaus wurde 1783 in der ehemaligen Schlossparkanlage der Fürsten Czartoryski, die später dem Jesuitenorden gehörte, angelegt. König Stanisław August Poniatowski hat nach der Kassation des Ordens 1779 das Grundstück für die Gartenanlage bestimmt. 1788 entstanden die ersten Orangerien, vier Jahre später fand die feierliche Eröffnung der Sternwarte statt, deren Mäzen Stanisław August persönlich war.

Ende des 18. Jh. zählte die Krakauer botanische Sammlung etwa 3000 Exemplare, die Pflanzen wurden aus verschiedenen Hauptstädten Europas hergebracht. Zwischen 1858 und 1859 wurde der Garten umgebaut und blieb den Krakauern in seiner damaligen Form erhalten. Mitte des 19. Jh. kamen mehrere Tausend tropische Pflanzen aus Südamerika nach Krakau, darunter befanden sich 300 Orchideenarten. In den Zwanzigerjahren des 20. Jh. war

Der Krakauer Botanische Garten ist einer der ältesten in Europa

Welcher Blick könnte mit der Schönheit des Anblicks der in Nebel gehüllten Türme Krakaus, mit der Sicht auf das Schloss von der Stadtaue aus konkurrieren, die von oben herab das Denkmal des Helden beschützt, ein Emporsteigen von Erde gen Himmel, ein stilles Denkmal, das der polnischen Not gleicht, gesichts- und formlos, einzigartig und voller ewiger Poesie. Welcher Blick könnte mit der Schönheit von Krakau und den Weichselwindungen nach Tyniec hin konkurrieren, die man vom Kościuszko-Hügel noch in der Weite verfolgen kann?

Stefan Żeromski

Władysław Szafer, der Rektor der Jagiellonen-Universität, als Leiter des botanischen Gartens tätig, der den Garten auf 6 ha ausbaute.

Der Krakauer Botanische Garten ist das älteste Objekt dieser Art in Polen. Der älteste Baum, die Jagiellonen-Eiche, ist 400 Jahre alt, die Kornelkirschen Śniadeckis und die Robinien zählen über 200 Jahre. Unter den wertvollsten exotischen Baumarten finden wir Palmfarne, indische Lotosbäume und japanische Zwergbäume. Insgesamt wachsen heute in dem bereits 10 ha großen Garten etwa 6 000 Pflanzen. Der Krakauer Botanische Garten gilt als historisches Objekt und steht daher unter stricktem Denkmalschutz.

Der Botanische Garten ist täglich von 9.00 bis 19.00, im Herbst bis 17.00, die Gewächshäuser 10.00–18.00 Uhr geöffnet. Anfahrt: Busse und Straßenbahn, die über Rondo Mogilskie fahren. Anfahrt zum Strzelecki-Garten: Straßenbahnen 4, 5, 10, 14, 15, Haltestelle: Ulica Lubicz.

Der Schützengarten (Ogród Strzelecki)

Den in der Vorstadt Wesoła gelegenen Garten kaufte der Schützenkönig Józef Luis 1837 nach dem Sieg im Wettschießen dem Bankier Steinkeller ab. An der Stelle der heutigen Straßen Rakowicka, Lubicz, Bosacka und Topolowa richtete der Schützenverein einen Schießstand ein, den sog. „Celestat" (vom deutschen Wort Zielstatt hergeleitet). Die Schützen sollen so eifrig geübt haben, dass die Anwohner aus der Gegend in andere Stadtviertel zu flüchten gezwungen waren.

In jeder Stadt entstanden Schützenvereine, die einmal jährlich zu Schießübungen fuhren. Zuerst war es Bogenschießen, dann kamen Handbüchsen hinzu. Das Ziel war ein Hahn oder ein Schild mit einem Hahn. Derjenige, welchem es gelang, die Mitte des Vogels zu treffen, wurde für ein Jahr Schützenkönig und bekam die „königlichen" Insignien. Er war vom Zoll und von der Steuer befreit. In Krakau bekam der Schützenkönig seit 1765 anstatt dieses Privilegs eine Geldsumme von 3000 Złoty.

Aleksander Brückner

In der Zeit der Krakauer Republik wurde der Schützenverein erneuert und existiert bis heute. Der Garten mit dem Schießstand, auch als Schießgarten bezeichnet, war ein beliebtes Ziel der Krakauer. Der Hahn aus silbernem Blech, der im Schützenverein aufbewahrt wurde, war fast von normaler Größe (15 Zoll hoch). Der Hahn ist das Symbol für die nächtliche Wache, für den Schutz vor Gefahren und ist ein Werk der Krakauer Goldschmiede, deren Kunst im 15. und 16. hohes Ansehen genoss.

Zygmunt Gloger

Der Schützengarten wurde mehrmals von bekannten Persönlichkeiten besucht, zweimal weilte hier Franz Josef, der sogar am Schießen teilnahm und – wie manche behaupten – nur Fehlschüsse abgab. Des Weiteren beehrten den Schützengarten Józef Piłsudski, Ignacy Paderewski und der Marschall Frankreichs Ferdinand Foch. Im Laufe der Jahre wurde der Garten immer kleiner, heute besteht nur noch ein kleiner Teil dieses einst berühmten Parks.

Der Krakauer Park

Der Schützenbruder Marcin Oracewicz verdankt seine Berühmtheit der Tatsache, dass er den Befehlshaber der russischen Truppen mit dem Knopf aus seinem Schoßrock erschoss

Der Park wurde 1887 von Stanisław Rehman angelegt, der Pächter des heute zwischen den heutigen Straßen J. Lea, Czarnowiejska, K. Szymanowskiego und der Mickiewicz-Allee gelegenen Armeegeländes war. Der Park wurde nach dem Muster der für die Öffentlichkeit zugänglichen Wiener Gärten gestaltet. In seinem zentralen Teil befanden sich ein Paddelteich, Schaukeln, ein Gartenhaus für Musiker, eine Fahrradbahn, ein Café, ein Schwimmbecken und eine kleine Menagerie. Die prachtvolle Anlage erfreute sich großer Beliebtheit unter den Krakauern, denn im Park erklang Musik, auch wurden hier Theaterstücke von W. L. Anczyc und M. Bałucki aufgeführt. Ein großer Erfolg war auch das 1898 im Krakauer Park gespielte Vaudeville von K. Krumłowski, *Die Vorstadtkönigin*, die Geschichte eines armen Mädchens aus dem Stadtteil Zwierzyniec, das unerwartet ihren reichen Vater wiederfand. Die Beliebtheit der Burleske war wahrscheinlich auch darin begründet, dass die Titelheldin in der Tat in Krakau wohnte. Sie arbeitete in der örtlichen Zigarettenfabrik und hieß Maria Dzierwańska. Da sie die unbeabsichtigte Popularität nicht verkraftete, hat sich „Königin Marie" letztlich entschlossen, aus Krakau wegzuziehen. Ihre Biographie wurde 1937 von Eugeniusz Bodo verfilmt.

Der Krakauer Park hat nach dem ersten Weltkrieg sehr an Fläche eingebüßt. Die ausgereifte Form und die Einrichtungen wichen Bauplätzen. Nur noch der Teich erinnerte an den einst

so schönen Park. Und trotzdem ist der Krakauer Park ein gern besuchter Ort geblieben, wo man spazieren, aber auch mit Menschen plaudern kann. Er lebt bereits in den frühen Morgenstunden auf. Zur Straßenbahn am Plac Inwalidów eilen Schüler, Beamte und Studenten. Zu den langsameren Spaziergängern gehören die Hundehalter.

Anfahrt: Straßenbahnen 4, 8, 13, 24 bis Plac Inwalidów, Busse 139, 159, 114, 164, 179, 208, 511 – Bushaltestelle an der Treppe zum Park.

Der Kościuszko-Park

Die Bezeichnung des Parks ist mit der Überlieferung verbunden, dass der Anführer des Aufstandes sich hier 1794 unter einem Ahorn ausgeruht haben soll. Die Spaziergänger bleiben an der Prądnik-Brücke stehen und füttern Enten, sitzen auf Bänken (an schönen Tagen ist es schwer, ein freies Plätzchen zu finden) oder liegen einfach auf den Wiesen.

Auch außerhalb des Parks ist es sehr schön. Von der Ulica Górnickiego biegt man nach rechts ab, passiert eine hübsche Einfamilienhaussiedlung, eine Eisenbahnbrücke… und plötzlich wird es idyllisch: ein Feldweg durchschneidet eine weite, grüne Ebene. Eine Wohltat für die stadtmüden Augen und ein wunderschönes Fleckchen für Spaziergänge und Radtouren.

Gleich am Park, in der Papiernicza 2, glänzen die weißen Wände des Schlösschens **Dworek Białoprądnicki**, in dem seit 1548 Bischof Maciejowski wohnte. Mitte des 16. Jh. trafen sich in der Residenz so berühmte Persönlichkeiten wie Jan Kochanowski, Szymon Szymonowic und Łukasz Górnicki. Górnicki ist es zu verdanken, dass das Schlösschen in Biały Prądnik dem italienischen

In die Nähe des Kościuszko-Parks fahren die Busse 114 (Richtung: Prądnik Biały Zachód), 115 (Richtung: Witkowice), 164 (Richtung: Górka Narodowa), 172.

𝒮amuel Maciejowski (1499–1550) – Bischof, königlicher Sekretär, ab 1547 Großer Kronkanzler, Diplomat, Politiker, Humanwissenschaftler. Er war Gegner der Königin Bona und gehörte zu den Verbündeten des Königs Zygmunt August. Als erklärter Schirmherr der Künstler und Wissenschaftler organisierte er in seinem Palais in der Kanonicza und später in seiner Sommerresidenz Dworek Białoprądnicki humanistische Treffen. Urbino und *Il Cortegiano* von Baldassare Castiglione dem *Polnischen Höfling* glich.

Das Schlösschen erlitt mehrfache Schäden, u.a. während der schwedischen Einfälle und in der Zeit der Konföderation von Bar. Das heutige Gebäude stammt aus der ersten Hälfte des 19. Jahrhunderts. Spuren der Bischofsresidenz aus der Renaissance findet man heute nur noch im Erdgeschoss und im Kellergewölbe. Seit 30 Jahren ist hier das Kulturhaus „Dworek Białoprądnicki" untergebracht. Sehr angenehm ist auch das hier befindliche Restaurant, insbesondere im Sommer, wenn man draußen sitzen kann.

Die Stadtaue „Błonia"

Die keilförmige Stadtaue bildet ein Dreieck, dessen Seiten die Alleen Focha und 3. Maja bilden und dessen Spitze sich am Nationalmuseum und Hotel *Cracovia* befindet. Früher war sie viel größer, ihre heutige Fläche beträgt nur noch 48 ha. Die weiten Wiesen gehörten einst dem Orden der Prämonstratenserinnen. 1366 wurden sie von den Nonnen an die Stadt übergeben, der Orden erhielt dafür ein Haus in der Ulica Floriańska. Unglücklicherweise ist das Gebäude nach einigen Jahren abgebrannt und die Nonnen versuchten, den Tausch rückgängig zu machen. Der Streit dauerte bis zum 17. Jh. und endete für die Prämonstratenserinnen als Misserfolg.

Die immer kleiner werdende Stadtaue war und ist jedoch weiterhin Arena großer Ereignisse. 1809 wurden hier die Truppen des Warschauer Königsreiches gesichtet, hier wurde das 500. Jubiläum der Grunwald-Schlacht gefeiert, hier fand das Gelübde der Ersten Kaderkompanie statt, die in der benachbarten Straße Oleandry, ihren Kampfweg be-

Anfahrt: Straßenbahnen 15, 18, Busse 114, 164, 173, 179, Haltestelle: Hotel Cracovia.

Das Schlösschen in Biały Prądnik

gann. Auf der Stadtaue fanden auch Feierlichkeiten und Volksfeste statt. Anfang des 20. Jh. spielte sich hier eine Tragödie ab, als sich der Schriftsteller Michał Bałucki hier durch einen Pistolenschuss das Leben nahm.

Wichtige, mit der Stadtaue verbundene Ereignisse sind die päpstlichen Messen. Die erste fand 1979 statt und brachte dem versammelten Volk Hoffnung und Kraft. 1997 hat Papst Johannes II. während einer Messe, bei der sich etwa eine Million Menschen versammelten, Königin Jadwiga heilig gesprochen. Im Oktober desselben Jahres wurde an der Stelle des päpstlichen Altars auf Anregung des Krakauer Metropoliten Franciszek Macharski der sog. „Papststein" aufgestellt. Der 23 Tonnen schwere Obelisk stammt aus der Hohen Tatra, aus der Gegend um das Morskie Oko.

Die Stadtaue war vor Jahrhunderten ein Sumpf mit zahlreichen Inseln, auf die man Pestkranke gebracht hat

Sowohl Gläubige als auch Atheisten warteten auf den Pilger-Papst in dem Glauben, dass er etwas Neues in ihr Leben bringen wird. Diese Erwartung spiegelte sich auch während des Papstbesuches in Krakau im Jahre 1999 wider. Am 15. Juni, einem kalten und verregneten Tag, beteten die Versammelten für den erkrankten Papst, der die Messe nicht abhalten konnte. Dasselbe fand – symbolisch – einige Tage nach dem Ableben des Papstes ab. Im Jahre 2006, während seines Polenbesuches, begrüßten die auf der Stadtaue versammelten Menschen Papst Benedikt XVI.

Michał Bałucki (1837–1901) – Autor von Komödien, Dichter. Zu den bekanntesten Stücken Bałuckis gehören: *Dicke Fische* (Grube ryby), *Klub der Kavaliere* (Klub kawalerów), *Offenes Haus* (Dom otwarty). Er ist Autor eines sehr populären, oft zu Gelagen gesungenen Liedes: *Góralu, czy ci nie żal*. Motive der Werke von Bałucki und seine Biographie wurden von Joanna Olczak-Ronikier in der Aufführung *Im Laufe der Jahre, im Laufe der Tage* (Z biegiem lat, z biegiem dni) aufgegriffen, welche Andrzej Wajda im Alten Theater inszeniert hat (1978).

Der Friedhof Rakowice

Der Friedhof Rakowice ist die polnische Entsprechung des Pariser Père Lachaise. Er entstand etwa um dieselbe Zeit und ist ebenfalls Ort der Beisetzung berühmter, herausragender und verdienter Persönlichkeiten. Auf dem Friedhof wurden etwa 420 000 Verstorbene bestattet. Man findet hier etwa 10 000 historische Grabsteine.

Die Planung des Friedhofs begann im Jahre 1800. Das Grundstück erwarb die Stadt vom Karmeliterorden und die Gelder dafür erbrachten die Krakauer durch eine einmalige Steuerbelastung. Der ursprüngliche Friedhof war 6 ha groß. Es wurde mit einer Mauer aus Steinen und Ziegeln umsäumt, die aus den abgerissenen gotischen Kirchen St. Petrus in Garbary sowie St. Philipp und Jakob in Kleparz stammten. In dieser Zeit entstanden das Verwaltungsgebäude des Friedhofs, die Leichenhalle, der Brunnen und das hölzerne Kreuz. Der Friedhof wurde mehrmals vergrößert, zum ersten Mal im Jahre 1836, später 1863, 1886 und an der Jahreswende 1933 und 1934. Die erste Verstorbene, die auf dem Friedhof beigesetzt wurde, war die neunzehnjährige Apolonia von Lubowiecki Bursikowa, die Bestattung fand Mitte Januar 1803 statt.

Am Anfang wurden die Toten in Erdgräben bestattet, da ursprünglich keine Grabmale aufgestellt werden durften. Große Friedhofsbereiche für verstorbene Familienmitglieder entstanden in den Vierzigerjahren des 19. Jh. Einige Jahre zuvor ist der gesamte Friedhof umgebaut worden. Stadtarchitekt Karol Kremer schlug vor, das Ganze parkähnlich zu gestalten. In

Hier wurden abends die Pferde zur Schwemme geführt, Apfelbäume säumten den Weg und Frauen mit Körben voller Beeren, voller Pilze kamen gegangen.

Wolfgang Bittner

Willa Decjusza ganz hinten

Markierungen auf dem Friedhof

Anfangs wurden die Friedhofsbereiche mit Buchstaben gekennzeichnet und die längs verlaufenden Reihen mit arabischen Zahlen versehen. Ab 1863 wurden die neu entstehenden Abschnitte mit römischen Zahlen bezeichnet. Im ältesten Friedhofsteil (entlang der Rakowicka) wurden einige Bereiche gegen Ende des 19. Jh. durch Alleen geteilt, danach wurde dem Hauptbuchstaben ein zusätzliches Symbol hinzugefügt, z.B.: Aa, Ab, Ba, Bb.

der Mitte des Friedhofs wurde eine Kapelle gebaut. Zwei Alleen bildeten ein griechisches Kreuz, an ihrem Schnittpunkt befand sich ein kleiner Platz. Die Gräber im östlichen Teil (entlang der heutigen Rakowicka) waren schachbrettartig angeordnet. Der Teil auf der anderen Seite des waagerechten Kreuzarmes hatte im Halbkreis verlaufende Alleen, die von Wegen durchschnitten waren, welche von dem Platz aus sternförmig ausliefen. Der Grundriss erinnerte an ein Tor und war eine symbolische Darstellung des Übergangs vom Diesseits ins Jenseits. Auf dem Friedhof wurden Bäume gepflanzt und seine Fläche war damals bereits doppelt so groß, wie die vom Anfang des Jahrhunderts.

Die Familie Helcel waren reiche Krakauer Bankiers deutscher Herkunft. Ursprünglich hießen sie Hoelzel (bzw. Höltzel) von Sternstein. Sie stammten aus Österreich, den Adelstitel bekamen sie im 16. Jh. Für die Geschichte Krakaus haben sich besonders Antoni Helcel (1780–1854) – Kaufmann und Großgrundbesitzer, Vorsitzender der Gesellschaft für Verletzte beim Aufstand, Antoni Zygmunt Helcel (1808–1870) – Sohn von Antoni, Professor der Jagiellonen-Universität, Teilnehmer am Novemberaufstand und Ludwik Edward Helcel (1810–1872) – Bankier, 1866–1869 Vizepräsident von Krakau, Stifter des Armenhauses und des Kinderkrankenhauses St. Ludwig verdient gemacht.

Im Herbst 1862 haben Ludwik und Anna Helzel auf dem Friedhof in Rakowice die gemauerte **Kapelle der Auferstehung**

*P*iotr Michałowski (1800–1855) – Wichtigster Vertreter der Romantik in der polnischen Malerei. Es studierte Mathematik und Natur-, Human- und Wirtschaftswissenschaften. Während des Novemberaufstandes beaufsichtigte er die Waffenproduktion für die Truppen der Aufständischen. Die bekanntesten Gemälde von Michałowski sind: Napoleon auf dem Schimmel, Schlacht bei Somosierra, Der Blaue Knabe. Die größte Sammlung der Werke des Malers kann man im Krakauer Nationalmuseum besichtigen.

Christi bauen lassen. Sie schenkten sie der Stadt und die unterirdische Gruft war für die verstorbenen Mitglieder der Familie Helzel bestimmt, mit dem Vorbehalt jedoch, dass darin nur diejenigen ihre letzte Ruhestätte finden, die in Polen leben und die polnische Sprache beherrschen. An der Fassade sieht man die 1937 von den Pilgern mitgebrachte Darstellung der Madonna aus Tschenstochau und die Inschrift *Beati qui in Domini moriuntur* (Glücklich sind jene, die im Herrn gestorben sind). Die Innenausstattung stammt von dem aus dem Tirol stammenden Maler Joseph Plank. Im Altar befinden sich seine Gemälde *Die Auferstehung Christi*, *Madonna mit dem Kinde* und *Der Tod des hl. Josef.*

Das Grab der Familie Rydel

1863 wurde der Friedhof in Rakowice um das Gelände in seinem heutigen Westteil vergrößert. Für die neue Mauer wurde Baumaterial verwendet, welches von den abgerissenen Teilen der „Reichen Stände" in den Tuchhallen stammte. Heute ist der Friedhof (zusammen mit dem dazugehörigen Militärfriedhof) 42 ha groß. Die Besichtigung kann man in der Allee 29. Listopada oder am Haupteingang in der Ulica Rakowicka beginnen. Am besten ist es, einen Spaziergang durch die mittlere Allee zu machen, die beide Eingänge verbindet und von welcher Wege zu anderen Teilen des Friedhofs führen.

Gleich hinter dem Haupteingang befindet sich links im Streifen Nr. 17. das Grab des Erbauers der Planten, Florian Straszewski. In der Nähe ruht in einem Familiengrab der Dichter und Schriftsteller Franciszek Wężyk. Weiter, dem Streifen Lb entlang gehend, kommt man zum Grab von **Lucjan Rydel** und dessen Frau **Jadwiga** – (Friedhofsbereich Ka). Gleich in der Nähe der bekanntesten polnischen Eheleute ruht der Schlachtenmaler **Piotr Michałowski**.

Wenn man in die erste Allee rechts einbiegt, kommt man zum Friedhofsbereich Bc, wo **Michał Bałucki** (▶259) beerdigt wurde. Er schrieb zwar Komödien und Satiren, sein Leben verlief jedoch eher tragisch und fand ein düsteres Ende an einem Oktoberabend 1901 auf der Krakauer Stadtaue. Selbstmördern stand kein Recht auf eine kirchliche Beisetzung zu. Trotzdem wurde Bałucki von Zehntausenden zu seiner letzten Ruhestätte begleitet. Die Krakauer kannten und mochten ihn. Der Dichter K. I. Gałczyński schrieb über ihn, dass *er kurz „Gute Nacht" rief und ganz leise in den Himmel der Komödienschreiber einging.*

Direkt nebenan (Cd) ruhen **die Opfer vom April 1848.** Als in Europa die Revolutionswelle begann, bereitete man sich in Krakau auf den Kampf um die Selbstverwaltung vor. Der Aufstand begann nach der von den Österreichern versuchten Waffenkonfiszierung. Der erste Kampf brachte 20 Tote und 60 Verletzte. Die aus der Stadt verdrängten österreichischen Truppen haben Krakau zwei Stunden lang beschossen. Das Nationalkomitee nahm keinen Kampf auf, so wurde der Kapitulationsakt unterzeichnet. Wien gab sein Einverständnis, die Opfer des Aufruhrs feierlich zu bestatten, es durften jedoch keine Reden gehalten werden, um keinen Anlass für einen erneuten Aufruhr zu liefern.

Henryk Rodakowski (1823–1894) – Herausragendster Porträtmaler des 19. Jahrhunderts, Leiter des Ausschusses des Nationalmuseums, nach dem Tode Jan Matejkos Rektor der Krakauer Akademie für Schöne Künste. Als Meisterwerke des Malers gelten: *Das Porträt des Vaters* und das *Porträt der Mutter*. Er malte ebenalls Historienbilder, u.a.: *Kaiserliche und Päpstliche Gesandte flehen Jan III. Sobieski um Hilfe für Wien an*, *Der Hühnerkrieg.*

Am 29. April mittags ist der Trauerzug von der Marienkirche aus zum Friedhof gezogen. Auf jedem Sarg lag eine Krakauer Trachtenmütze, ein grüner Kranz und eine weiß-rote Kokarde. Von den Fenstern der Häuser, an welchen der Trauerzug, vorbielief wurden Blumen herunter geworfen. In diesem Augenblick vereinten sich alle, das Volk und die Hochgeborenen, Christen und Juden, Alt und Jung. Erst 65 später, 1913, wurde auf dem Grab ein Denkmal aufgestellt. Es stammt von Konstanty Laszczka und stellt den Rachengel dar – in der Rechten hält er ein Schwert, die Linke hält er vor den Augen, als störe ihn das Licht, etwas Entferntes zu sehen, ein Symbol des Glaubens und der Hoffnung auf Unabhängigkeit.

Hinter der Helcel-Kapelle sollte man die quer davon auslaufende Allee nehmen, um die Grabstätte von **Henryk Jordan** (▶254), dem Begründer des Stadtparks, eines sozial aktiven und sich sehr

Das Grab von Henryk Jordan

für die Körperkultur einsetzenden Mannes zu besichtigen (Bereich S). Ein wenig weiter (Bereich W) befindet sich das Grab des Malers **Henryk Rodakowski**.

Auf dem Rückweg vom Bereich W zur Hauptallee findet man im Streifen 9 das Grab von Karol Stanisław Olszewski, Teilnehmer des Januaraufstands und herausragender Chemiker, dem zusammen mit Zygmunt Wróblewski die erste Verflüssigung von Sauerstoff, Stickstoff und Kohlenoxid gelang.

Im Streifen 25 rechts, gleich hinter dem alten Friedhofsteil befindet sich das Grab von **Józef Dietl**. Der gesellschaftlich engagierte Arzt war von 1866–1874 Stadtpräsident von Krakau. Unter anderem hat ihm die Stadt den Ausbau, die Fertigstellung der städtischen Entwässerungsanlage, die Bildung der Berufsfeuerwehr und die Galerie in den Tuchhallen zu verdanken. Józef Dietl war auch Erforscher und Kenner von heilenden Mineralquellen. Diesbezüglich haben ihm die Stadt Krynica und kleinere Ortschaften im Süden Polens viel zu verdanken. 60 Jahre nach dem Ableben des Stadtpräsidenten, im Jahre 1938, haben ihm die Krakauer ein Denkmal am Plac Wszystkich Świętych errichtet (▶119). Mit seinem Namen wurde auch eine der Straßen im Stadtzentrum benannt, deren Verlauf er übrigens selbst entworfen hat. Die einen Kilometer lange und 100 m breite Straße (die breiteste im damaligen Krakau) war in der Mitte durch eine Grünanlage getrennt, die heute unter dem Namen Dietl-Planten bekannt ist.

Auf der anderen Seite der Hauptallee, im Friedhofsbereich II b ruht **Andrzej Bursa** – dieser Ort sollte von jedem besucht werden, der Poesie mag. In den Gedichten Bursas mischten sich Lyrismus mit Brutalität und Sensibilität mit Zynismus. Sein Schaffen gilt als ein Ausdruck der Auflehnung der jungen Generation gegen die existierende Welt. Er starb im Alter von 25 Jahren und galt als Kultdichter.

An der Mittelallee ist das Grab von **Jan Matejko** nicht zu übersehen. Den Dachbogen des Grabmals krönt ein Kreuz, die Frontseite ist mit zwei Säulen

Józef Dietl hat nicht nur zur Entwicklung von Krakau, sondern auch von Krynica, Szczawnica und Rabka beigetragen. Er war ausgebildeter Balneologe

Gestern traf ich J., wir gingen zusammen Kaffee trinken in ein kleines Restaurant in der Golebia-Straße, vor der Tür eine Bühne mit Sängern mitten auf der Straße, sie sangen laut und schön während wir von früher sprachen.

Wolfgang Bittner *Heute und gestern*

versehen. In der Nähe (XII b) ruhen die Mitglieder des Maler-Klans der Familie **Kossak**: Juliusz Fortunat Kossak (1824–1899), Wojciech Kossak (1857–1942) und Jerzy Kossak (1886–1955). Wenn man vor dem Grab der Kossaks links abbiegt, kommt man zur letzten Ruhestätte von **Oskar Kolberg** (Streifen 47). Die Allee aufwärts kommt man zum Abschnitt der **Legionen** mit dem Denkmal von Wacław Boratyński. Die Skulptur, die an die Legionen erinnert, ist das Werk von des Krakauer Bildhauers und Malers Jan Raszka (1871–1945). Raszka ist u.a. Autor der berühmten Figuren vor dem Hauptgebäude der Akademie für Bergbau- und Hüttenwesen (AGH).

Rechts – zur Mittelallee zurück – kommt man zum Bereich XI a. Seine letzte Ruhestätte fand hier der **hl. Bruder Albert**, d.h. Adam Chmielowski – gesellschaftlicher Aktivist, Künstler und Patriot. Auf dem schlichten Grabdenkmal steht die Inschrift: *Bruder Albert, treuer Gottesdiener, Vater der Armen und der Elenden.*

An der Mittelallee, im Bereich XVII sind 11 Arbeiter bestattet, die beim Kampf mit dem Militär und Polizei am 6. November 1923 umgekommen sind. Der Bruderkrieg forderte Opfer auf beiden Seiten. Die während der Kampfhandlungen gefallenen Soldaten liegen in der Grabstätte in der Nähe des Eingangs in der Aleja 29 Listopada. In der Nähe steht das Denkmal zu Ehren der Opfer, die durch die Nazis in den Konzentrationslagern umgebracht wurden.

*O*skar Kolberg (1814–1890) – Ethnograph, Komponist, Volkskunstforscher. Er schrieb etwa 25 000 Volkslieder auf. Nach Krakau kam er 1884. Er spielte eine große Rolle in der Gestaltung der polnischen Musikkultur. Seit 1961 wird das Gesamtwerk Kolbergs – insgesamt 90 Bänder – herausgegeben.

*A*dam Chmielowski, Bruder Albert (1846–1916) – Mönch, Maler und Armenbetreuer, Teilnehmer am Januaraufstand. Begründer des Bundes der Albertinermönche des Dritten Ordens des hl. Franziskus Diener der Armen. Er leitete ein Heim für Kranke, Einsame und Obdachlose. 1983 wurde er während der Messe auf der Krakauer Stadtaue von Papst Johannes II. seliggesprochen. Sechs Jahre später fand in Rom seine Kanonisierung statt.

Der Friedhof in Rakowice liegt zwischen der Aleja 29 Listopada, Ulica Prandoty und Rakowicka. Zur Aleja 29 Listopada kommt man vom Hauptbahnhof mit den Bussen 105 und 129 (zwei Haltestellen). Vom Plac Inwalidów kommt man hierher mit den Bussen 114, 139, 159 (eine Haltestelle nach Kleparz, gleich hinter der Eisenbahnbrücke aussteigen). Da der Bus am Friedhof auf Wunsch hält, muss man vorher Bescheid geben, dass man aussteigen möchte. Zum Eingang in der Ulica Rakowicka nimmt man am besten die Straßenbahn Linie 2 (bis zur Endhaltestelle). Am Eingang kann man Friedhofspläne erwerben.

Unweit davon befindet sich auch die Grabstätte der Soldaten der **II. Ulanenbrigade der Legionen**, die am 13. Juni 1915 beim Angriff auf die Schützengräben der russischen Truppen bei Rokitna umkamen. Die feierliche Beisetzung fand am 25. Februar 1923 statt. Die sterblichen Überreste der Helden wurden aus Bukowina nach Krakau geholt.

An der Mittelallee steht das mit einer Skulptur versehene Grabmal von **Ignacy Daszyński**, eines Kämpfers für Sozialismus und Unabhängigkeit, des ersten Premierministers im unabhängigen Polen. Im Streifen 54, auf der linken Seite der Allee, ruht die herausragende polnische Schauspielerin **Helena Modrzejewska** (▶119). Die in Amerika lebende Künstlerin besuchte sehr häufig ihr altes Heimatland. Besonders gern kam sie nach Krakau, wo auch ihre letzte Reise im Jahre 1909 hinführte.

Im Bereich XVIII, ruht auf der linken Seite die Redakteurin und Publizistin der „Gazeta Krakowska" und „Przekrój", **Dorota Terakowska**. Sie schrieb auch einige sehr gern gelesene Bücher (u.a. *Die Hexentochter, Die Einsamkeit der Götter, Wo die Engel vom Himmel fallen*). Sie verstarb im Jahre 2004.

In der Nähe, im Bereich XIV b wurde **Eugeniusz Kwiatkowski** bestattet, ein Chemiker und Wirtschaftswissenschaftler. 1936–1939 war er Finanzminister und Vizepremier der polnischen Regierung. Er ließ den Gdinger Hafen bauen und war Autor des Entwurfs des Zentralen Industriegebietes.

Wenn man zurück zur Rakowicka läuft, sollte man noch die Gräber von drei Persönlichkeiten besuchen, die mit der Kultur Krakaus verbunden waren. Im Bereich LXXII findet man das Grab von **Tadeusz Kantor**. Beachtenswert ist das Grabdenkmal, ein Motiv aus der *Toten Klasse*: ein in der Schulbank sitzender barfüßiger Mann, daneben ein Kreuz. In der Allee der Verdienten (LXIX) ruht der Begründer des „Kellers zu den Widdern" und Ehrenbürger der Stadt Krakau **Piotr Skrzynecki**. Auf seinem Grab liegt eine Glocke, das unzertrennliche Attribut des Großen Conferenciers. Sie erinnert an die ungewöhnliche Aura, die den Meiser umgab. Unter der jüdischen Grabplatte liegt der herausragende Maler **Jonasz Stern**.

𝒟as Sigismundsche Zeitalter glich bei uns jenem, welches bei den Römern unter Kaiser Augustus als Goldenes Zeitalter galt.

Franciszek Bohomolec

Der Militärfriedhof

Gegenüber dem Friedhof in Rakowice, auf der gegenüberliegenden Seite der Ulica Prandoty, befindet sich der während der österreichischen Besatzung angelegte **Armeefriedhof**. Die ältesten Gräber der Militärnekropole sind die Gräber der Aufständischen von 1863. Friedlich ruhen hier die Wehrmachtsoldaten, die während des ersten und zweiten Weltkrieges umkamen, die Soldaten der Armee Krakau, britische Flieger und neben ihnen zivile Bevölkerung. Allen Verstorbenen wird hier die gleiche Ehre erwiesen.

Auf dem Friedhof in der Ulica Prandoty befindet sich auch das Grab der Familie von Johannes Paul II. Kardinal Wojtyła ließ die sterblichen Überreste seiner in Wadowice beerdigten Mutter und seines in Bielsko beigesetzten Bruders hierher verlegen. Sie liegen im Bereich VI, in Grab Nr. 11. Beigesetzt wurde hier auch der 1941 verstorbene Vater des Papstes. Das Grab der Familie Wojtyła und Kaczorowski betreuen die Albertiner-Nonnen aus dem benachbarten Kloster in der Ulica Woronicza.

Es lohnt sich, nach Rakowice zu kommen, um dasn Gedächtnis aufzufrischen und um in der Vergangenheit den Schlüssel zur Gegenwart zu suchen. Der Dichter Kamil Cyprian Norwid schrieb, dass *die Vergangenheit das ein wenig entfernte Heute darstellt…*

$\mathcal{J}$onasz Stern (1904–1998) – Maler und Grafiker, Mitbegründer der Krakauer Gruppe. Vertreter der Materiemalerei. In seine Werke flocht er organische Überreste ein: präparierte Knochen, Fischgräten und -häute sowie Stoffteile ein. In seiner originellen Kunst verband sich sein tragisches Schicksal (Konzentrationslager Bełżec, die wunderbare Weise, auf welche er dem Tod entkam; er ist den Kugeln des Erschießungskommandos entkommen) mit seiner privaten Freizeitbeschäftigung – er war passionierter Angler.

Das Grab von Tadeusz Kantor

Die Heide „Las Wolski" und Bielany

Die Heide Las Wolski ist sehr bequem zu erreichen. Ihren nördlichen Teil erreicht man mit den Bussen 102, 152 und 192. Wenn man den Spaziergang im Süden beginnen möchte, sind die Busse 109, 209, 229, 239, 249, 259, 269 zu nehmen. Der Bus 134 fährt zum Zoologischen Garten.

Die Heide „Las Wolski" ist das größte Grüngebiet in Krakau. Sie liegt zwischen Wola Justowska, Kryspinów und der Weichsel. Ein Teil davon ist regelrechter Wald, andere Teile wurden in einen Park umgestaltet. Es gibt hier zahlreiche Pfade, Wege und Lichtungen, so dass es ein sehr geeigneter Ort für Spaziergänge, Radtouren und Picknicks ist. Ein aufmerksames Auge entdeckt in dem wuchernden Grün die unter Naturschutz stehende gewöhnliche Haselwurz oder Seidelbast, botanisch weniger Interessierte werden ihre Augen an den zahlreichen Buchen, Fichten und Eichen erfreuen. In der Heide leben auch viele Tierarten: Füchse, Marder, Hasen, Dachse und Rehe. Insgesamt gibt es im Las Wolski acht Wanderrouten mit einer Gesamtlänge von 35 km.

Der nordöstliche Teil des Parks liegt in dem Villenviertel Wola Justowska. In der Kastanienallee 1 (Aleja Kasztanowa) befindet sich eines der schönsten architektonischen Gegbäude der polnischen Renaissance, die **Villa Decius** mit der **Schlossparkanlage.** Das Palais wurde in den Dreißigerjahren des 16. Jh. für Justus Ludwig Decius gebaut, der das später nach ihm benannte Dorf bei Krakau kaufte. Heute ist Wola Justowska ein moderner und exklusiver Stadtteil von Krakau. Die ersten Villen wurden hier nach dem ersten Weltkrieg gebaut, und so hat dieses Viertel seinen spezifischen Charakter. Die Einwohner sind meist berühmt und vermögend: Professoren, Schauspieler, Künstler und Unternehmer.

Justus Ludwik Decjusz (1485–1545) – Historiker, Wirtschaftswissenschaftler und Diplomat: ab 1520 Sekretär von Zygmunt I. Stary, Autor der Beschreibung der Vermählung von Zygmunt und Bona. Er war mit herausragenden Persönlichkeiten aus seiner Zeit befreundet, u.a. mit Erasmus aus Rotterdam. In die Geschichte Krakaus ging er als Eigentümer des Dorfes Wola Chełmska (heute Justowska) ein.

Die Villa Decius entwarfen der italienische Architekt Bartolomeo Berrecci mit Hilfe von Giovanni Cini aus Siena, Filippo von Fiesole und des Bernhardiners Zenobius Gianotti von Rom. Sie wurde zwar im Jahre 1632 umgebaut, diese Änderungen haben jedoch – was bei Umbauarbeiten häufig der Fall ist – für das Gesamtwerk keine ungünstigen Auswirkungen nach sich gezogen. Die Villa sieht bis heute imposant aus: Die drei Etagen mit ihren Arkadengalerien und den zwei Eckbasteien sind einfach beeindruckend. Mitte des 19. Jh. hat Marcelina Czartoryska, eine Schülerin von Chopin, die Villa zum bekanntesten Kultursalon Krakaus gemacht. Nach dem Ableben der Fürstin Czartoryska (1894) begann die Villa zu verfallen.

Nach dem zweiten Weltkrieg erging es der Villa nicht besser. Sie fungierte als Schule, dann als Hospital für Tuberkulosekranke. Niemand hatte jedoch eine vernünftige Idee für die entsprechende Nutzbarmachung des historischen Gebäudes. In den Siebzigerjahren ist es vollkommen verwahrlost. Erst im letzten Jahrzehnt des 20. Jh. ergab sich eine Gelegenheit, dem Renaissancepalais seine ehemalige Pracht wiederzuverleihen. Karl Dedecius, der polnische Literatur in die deutsche Sprache übertägt, schlug vor, die Villa zu restaurieren und zum Symbol der gemeinsamen europäischen Tradition und Kultur zu machen.

So war die „Villa Decius" nicht mehr nur eine reine Bezeichnung des Gebäudes. Diesen Namen nahm auch die internationale Einrichtung an, die Gelehrte, Übersetzer und Künstler vereint. Im Jahre 1995 entstand die Villa Decius-Gesellschaft, die ihre Aufgabe

Unter Naturschutz stehende Pflanzen in der Heide Las Wolski:
• **Panieńskie Skały**: Weißes Waldvögelein, Maiglöckchen, Waldmeister, Gewöhnlicher Tüpfelfarn, Türkenbund-Lilie;
• **Skałki Przegorzalskie**: Dachwurz, Finger-Küchenschelle, immergrüner Efeu, gewöhnlicher Germer;
• **Bielańskie Skałki**: Blutstorchschnabel, rauher Alant.

Bronisław Chromy – Galerie im Decius-Park

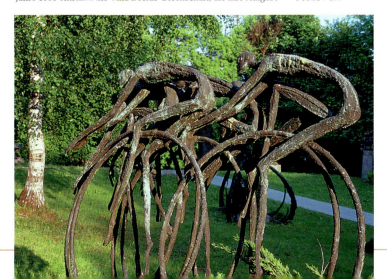

Galerie von B. Chromy,
Mai–Oktober, Mi, Do
u. Fr: 12.00–18.00,
Sa u. So: 11.00–18.00;
Eintritt frei.

in der Aufrechterhaltung und Fortsetzung der Tradition der Villa und in der Förderung kultureller und wissenschaftlicher Initiativen sieht. Mitglieder der Gesellschaft sind u.a. Jerzy Fedorowicz, Andrzej Wajda, Krystyna Zachwatowicz und Jacek Woźniakowski.

Im Decius-Park, in der Ulica Krańcowa 4 verstecken sich im Grün die **Skulpturen von Bronisław Chromy**. Der Künstler hat eine alte, verfallene Konzertmuschel auf eigene Kosten renoviert, die Stadt machte ihm dafür ein Gegengeschenk: Er darf das Objekt 40 Jahre lang unentgeltlich nutzen.

Die Aleja Kasztanowa führt von der Villa Decius in die Heide von Wola hinein. In der Nähe, in der Ulica Cisowa, befindet sich ein kleines **Freilichtmuseum**. Die Pläne der Einrichtung dieses Museums, dessen Idee der Ethnograf Seweryn Udziela hegte, stammen noch aus dem Jahre 1927. Sie konnte jedoch erst 1949 umgesetzt werden. Die historischen Gebäude in dem Museum stammen aus verschiedenen Ortschaften Südpolens. Das älteste Objekt ist die Kirche aus Komorowice bei Bielsko-Biała (16. Jh.). Man kann hier auch ein Gasthaus von der Wende des 18. zum 19. Jh. besuchen, die früher bei Żywiec stand. Das dritte Objekt, ein hölzerner Speicher, stammt aus Trzyciąż bei Wolbrom. Gebaut wurde er 1764.

Wenn man die Aleja Panieńskich Skał einschlägt, passiert man das Landschaftsschutzgebiet **Panieńskie Skały** (Jungfrauenfelsen). In den Felsen sollen sich die Prämonstratenserinnen (auch: Norbertinerinnen) aus Zwierzyniec vor den Tataren versteckt haben. In der Heide gibt es außerdem noch zwei weitere floristische Landschaftsschutzgebiete: Bielańskie Skałki (Bielany-Felsen) und Skałki Przegorzalskie (Przegorzały-Felsen). Wenn man diesen Weg weiter verfolgt, kommt man zum Piłsudski--Hügel (▶287).

Zoologischer Garten,
täglich: 9.00–18.00,
Winter: 9.00–15.00;
Eintritt: 12 Zł.,
ermäßigt 6 Zł.

Im mittleren Teil der Heide befindet sich der **Zoologische Garten**, hier kann man dem Löwengebrüll zuhören, einen Schneepanther besuchen oder einem Tigerpython in die Augen sehen. Der Krakauer Zoo wurde 1929 angelegt und liegt 345 ü.d.M., also 100 m höher als das Stadtzentrum. Insgesamt leben dort fast 1 500 Tiere, Vertreter von 300 Tierarten.

Im südwestlichen Teil der Wolski-Heide, auf dem Hügel Silberberg (Srebrna Góra, 326 m üdM), auf den die Allee der Wanderer (Aleja Wędrowników) führt, heben sich von dem Grün des Waldes die weißen Mauern des **Kamaldulenserklosters** ab. Der Orden zählt gegenwärtig 120 Eremiten, die weltweit in neun Klöstern leben.

Nach Polen kamen die Kamaldulenser auf Einladung des Königs Bolesław Chrobry: 1001 kamen die Mönche Johannes und Benedikt aus Benevent in unserem Lande an. 1003 sind sie bei einem Raubüberfall des Klosters bei Międzyrzecz einen Märtyrertod gestorben. Sechs Jahrhunderte später ließ der Große Kronmarschall Mikołaj Wolski die Kamaldulenser sich in Bodzów bei Tyniec ansiedeln. Er sorgte auch dafür, dass der Kastellan von Wojnicz, Sebastian Lubomirski, die Ankömmlinge auf seinem Gutsbesitz wohnen ließ. Bielany, das Eigentum der Familie Lubomirski, war ein idealer Ort, für die Ruhe und Abgeschiedenheit suchenden Eremiten. Lubomirski soll anfangs die Bitte des Marschalls abgeschlagen haben. Erst als dieser ihm bei einem Fest eine Menge an Silbergeschirr anbot, war er damit einverstanden, den Mönchen Bielany zur Verfügung zu stellen. Wegen dieses großzügigen Geschenks wurde der Ort, an dem später das Kloster entstand *Mons Argenteus*, also Silberberg, bezeichnet.

Der Bau des Klosters war kein leichtes Unterfangen. Die Mauern sind auf Felsen

Die Kamaldulenser bezeichnen ihr Kloster als Einsiedelei, sie wohnen in separaten Häusern, in der Mitte steht die Kirche. Die gesamte Anlage umsäumen sie mit einer Mauer oder mit einem Holzzaun, je nach bestehender Möglichkeit; sie kleiden sich weiß, daher werden sie im Polnischen auch als „Die Weißen" bezeichnet (…)

Die Kamaldulenser leben nach der Regel des heiligen Benedikt und den eigenen, vom seligen Rudolph verfassten Ordensstatuten. Sie tragen ein weißes Ordensgewand, bestehend aus einem weißen langen Rock, einem Skapulier, einer runden Kapuze und Schuhen.

Jędrzej Kitowicz, *in: Beschreibung der Tradition.*

gebaut worden, dazu wurden eigens Terrassen aus Erde aufgeschüttet. Anfangs wurden die Arbeiten von Valentin von Säbisch geleitet, als jedoch ein Teil der Kirche einstürzte, wurde der italienische Architekt Andrea Spezza mit der Fertigstellung des Objektes beauftragt. Der Bau der Klosteranlage dauerte fast 40 Jahre.

In Polen gibt es zwei Eremitenklöster: in Bieniszewo bei Konin und in Krakauer Bielany, wo nur einige wenige Mönche leben. Die Ordensregeln sind sehr streng, den Tagesablauf bestimmen Gebete, Reflexionen und Arbeit: die Mönche stehen um 3.30 Uhr auf und legen sich zwischen 20.00 und 21.00 zum Schlafen hin. Zwischen dem letzten Abendgebet bis zum nächsten Morgen gilt Sprechverbot. Fünfmal im Jahr dürfen die Mönche unbehindert sprechen, fünfmal im Jahr dürfen sie das Kloster verlassen. Sie wohnen in kleinen Einsiedlerhütten an der Kirche.

*D*er Stifter der Einsiedelei in Bielany, Mikołaj Wolski, ist eine eleusinische Persönlichkeit. Er befasste sich mit Alchemie und schwarzer Magie, um am Ende seines Lebens festzustellen, dass er ein unwürdiges und gottloses Leben gelebt hat. Beigesetzt wurde er am Eingang zur Kirche. Er wollte nicht, dass sein Name auf der Grabplatte erscheint und ließ stattdessen eine lateinische Sentenz eingravieren, die von der Furcht vor dem Jüngsten Gericht und vor der ewigen Verdammnis handelte. Man sagt, seine Seele habe nach dem Tod keine Ruhe gefunden. Bis heute kann man in der Nähe des Klosters die Gestalt des mächtigen Marschalls sehen, eines 2 m großen Mannes, im weißen Ordensgewand der Kamaldulenser bestattet wurde. Das Porträt von Mikołaj Wolski befindet sich am Eingang zur Kirche. Der Ordensmaler, Vater Wenanty da Subiaco hat ihn in schwarzer, nach ausländischer Mode genähter Kleidung dargestellt. Das Bild stellt eines der wertvollsten Beispiele der barocken Epitaphmalerei dar.

Die Klostermauern haben jedoch dem allgemeinen Fortschritt nicht standhalten können. Das 21. Jahrhundert ist auch ins Kamaldulenserkloster eingedrungen: die Mönche verfügen über Computer (haben aber keinen Internetanschluss), sie dürfen Tageszeitungen verfolgen, aber kein Radio hören oder fernsehen (bis auf Reportagen über wichtige Ereignisse im Vatikan).

Die Kirche kann an Sonntagen vormittags besichtigt werden. Frauen dürfen das Kloster nur zwölf Mal im Jahr betreten: zu Weihnachten, Ostern, Pfingsten (Pfingstsonntag und -montag), am 8. 12., dem Tag der Unbefleckten Empfängnis, am 2. 02. – Madonna-Lichtmess, am 25. 03. – Verkündigung, 15. 08. – Himmelfahrt, 8. 09. – Mariens Geburt, 7.03. und 19. 06. Tage des hl. Romuald und am ersten Sonntag nach dem 19. Juni.

Die Kuppeltürme des Klosters ragen über den Wald hinaus. Die Kirche der Mariä-Himmelfahrt-Kirche überrascht den Besucher auf Schritt und Tritt. Bestechend ist die Eintracht des Reichtums und der Schlichtheit. Zur Klosterpforte führt eine Allee zwischen rohen weißen Mauern. Wenn man jedoch den Innenhof passiert hat, sieht man die reichgeschmückte Frontseite der Kirche. Die Fassade ist mit weißem Kalkstein verkleidet, der wie weißer Marmor aussieht. Die Verzierungen sind – ähnlich wie die vom Wawel-Schloss – in schwarzem, sog. Devonmarmor gefertigt. An der Spitze des Mittelteils steht eine Madonnenfigur, von der beidseitig die Balustraden des Vordergiebels auslaufen. In den Fassadennischen stehen Figuren der Heiligen Romuald und Benedikt, in oberen Teil des hl. Nikolai, Jan Kanty, Bonifazius und Johann Nepomuk.

Die barocke Prachtfülle der Fassade kontrastiert mit dem Charakter des Ordens: die Strenge der klösterlichen Regeln findet darin keine Entsprechung. Das Innere der Kirche ist einschiffig,

Unsere Einsiedelei ist ein Hafen für jene, die, vom Chaos der Welt ermüdet, hierher kamen, um sich vor dem Angesicht Gottes zu finden, um über ihre Qualen und über ihre Unvollkommenheit nachzusinnen, um aus unserer Stille, aus unserer Ruhe den Mut zum Kampf gegen irdische Sorgen zu schöpfen. Zu meinem und zu deinem Wohle, verirrter Passant, nachsinnend über die Geschichte.

Inschrift auf der Tafel am Eingangstor zum Kloster.

Frauen dürfen das Kloster nur zwölf Mal im Jahr betreten

Adolf Szyszko-Bohusz (1883–1948) – Denkmalpfleger, Architekt, Professor der Technischen Hochschule in Lemberg, der Jagiellonen-Universität und der Krakauer Akademie für Schöne Künste. Unter den wertvollsten Werken von Szyszko-Bohusz befinden sich das als bestes Beispiel des akademischen Klassizismus geltende Gebäude der Postsparkasse in der Ulica Wielopole 19 und das modernistische Haus der Bildenden Künstler in der Łobzowska. Sein Lebenswerk war jedoch die Restaurierung des Wawel-Schlosses, welches 1915, als es den Österreichern abgekauft wurde, wenig an das heute zu besichtigende Bauensemble erinnerte. Zerstört und verfallen bedurfte das Schloss sofortiger Renovierungsmaßnahmen. Diese Aufgabe wurde von Szyszko-Bohusz übernommen.

hell und schlicht. Im Hauptaltar befindet sich ein Gemälde von Michał Stachowicz aus dem Jahre 1814.

Interessanter und bestechend üppig geschmückt sind die Seitenkapellen. Sehenswert sind die Kapellen des hl. Benedikt (die vierte lings vom Eingang) und des hl. Romuald (am Presbyterium) mit Gemälden von Tommaso Dolabella, dem Hofmaler der Wasas. Die Kapellen in den zwei Fronttürmen stifteten die Familien Czartoryski (Heiligkreuzkapelle) und Lubomirski (St. Sebastian-Kapelle). Sehenswert sind die Stuckarbeiten von Giovanni Battista Falconi (17. Jh.) und die Marmoraltäre von Placidi (18. Jh.).

Am südwestlichen Waldrand, an den Felsen **Skałki Przegorzalskie**, hat der Architekt Adolf Szyszko-Bohusz auf einem 50 m über dem Weichselspiegel liegenden Hügel Ende der Zwanzigerjahre des 20. Jh. eine Schlossvilla errichtet. Während der Nazibesatzung wohnte darin Hans Frank, der die Villa nach der Renovierung Himmler schenkte. Heute beherbergt das Schlösschen das Institut für Polenforschung, in dem ausländische Studenten ihren Wissensschatz erweitern. In der Villenanlage gibt es auch ein hervorragendes Restaurant, das *U Ziyada*. Das hier servierte kurdische Menü basiert auf Gemüse, Reis, Lammfleisch und Geflügel. Die Gerichte werden mit Zitronensäure und Sumak angemacht, zum Trinken serviert *Ziyad* leicht gesalzene saure Milch mit Wasser und Zitrone. Von der Terrasse aus hat man einen wunderschönen Ausblick auf die Landschaft, bei schönem Wetter sieht man manchmal sogar die Tatra.

Zeltplatz: 12–15 Zł.,
Wohnwagenplatz: 15 Zł.
und mehr. Übernachtung
pro Person: 20 Zł.
Zur Verfügung: Küche,
Kühlschrank,
Fernsehraum, Bad mit
warmem Wasser.

In der Ulica Kamedulska in Przegorzały befindet sich der Campingplatz *Smok*. Man kann hier sein Zelt aufstellen, das Auto stehen lassen und eine Wanderung durch die Heide *Las Wolski* und Bielany machen. Przegorzały ist dafür ein ausgezeichneter Startpunkt.

Zwierzyniec und Salwator

Die Bezeichnung „Zwierzyniec" (Tiergarten) stammt wahrscheinlich daher, dass in diesem bewaldeten Teil Krakaus einst viele Tiere lebten. In alten Dokumenten findet man diverse Schreibformen des heutigen Namens: *Swerincia*, dann die dem heutigen Polnisch bereits ähnliche Schreibweise *Zwerencia*, heute *Zwierzyniec*. Die Einwohner der Siedlung lebten hauptsächlich von Fischfang, Landwirtschaft und Flößerei. Die Flößer von Zwierzyniec hatten eine separate Innung, die unabhängig von den anderen Zünften Krakaus fungierte.

Den Flößern ist eine schöne Krakauer Tradition zu verdanken. Im 13. Jh. haben sie die Tataren, die Krakau angriffen, besiegt und damit die Stadt vor der Zerstörung gerettet. Einer der Flößer zog die Kleidung eines der getöteten Angreifer an und ritt auf einem Tatarenpferd in die Stadt hinein, um den Triumph zu verkünden. Als Erinnerung an die damaligen Ereignisse zieht acht Tage nach Fronleichnam vom Prämonstratenserinnenkloster aus ein farbenfroher Umzug durch die Stadt. Als erster reitet der **Lajkonik,** ein in östliche Gewänder gekleideter Mann aus

Nach Zwierzyniec kommt man am besten mit der Straßenbahn (Linie 1, 2, 6). Man kann auch mit dem Bus bis zum Kaufhaus Jubilat fahren und von dort aus die Ulica Kościuszki hochlaufen.

Sicht vom Weichselufer auf das Prämonstratenserinnenkloster und den Kościuszko-Hügel

Zwierzyniec und Salwator

Der Lajkonik tummelt acht Tage nach Fronleichnam durch die Straßen Krakaus

Zwierzyniec auf einem Holzpferd, das 1904 von Stanisław Wyspiański entworfen wurde. Die Route des Umzugs führt über die Straßen Kościuszki, Zwierzyniecka und Franciszkańska zum Markt, wo der Lajkonik von den Stadtvätern das traditionelle Tribut empfängt. An dem Umzug nehmen Flötenspieler, Trommler, Trompeter, Geigen-, Klarinetten- und Schifferklavierspieler sowie Krakauer in Regionaltrachten mit weiß-blauen Stadt- und gelb-roten Flößerwappen teil. Die Lajkonik-Tradition besteht in ihrer heutigen Form seit mindestens 1845. Das Fest verbündet das Sacrum mit dem Profanum: es verbindet die Religiosität einer Prozession und dem weltlichen Charakter eines Volksfestes. Die Trachten des Lajkonik und seines Gefolges kann man im Historischen Museum besichtigen (▶319).

1910 ist Zwierzyniec Krakau einverleibt worden. Mit der Zeit verschwanden allmählich die Höfe von Zwierzyniec und die Hütten mit Galerien und Säulengängen wichen nach und nach den Mietshäusern.

An der Straßenbahn-Endhaltestelle in Salwator erhebt sich die befestigte Klosteranlage der **Prämonstratenserinnen**. Das Kloster und die Kirche des hl. Augustin und Johannes des Täufers stiftete 1162 der Besitzer von Zwierzyniec, Jaksa Gryfit aus Miechów. Die Prämonstratenserinnen, die sich im Kloster ansiedelten, kamen aus Böhmen. Sie wurden später die Jungfern von Zwierzyniec genannt. Das erste Kloster war ein Holzbau. Erst im 15. Jh. Ist nach mehrfacher Zerstörung bei Angriffen ein gemauertes Gebäude errichtet worden. Die gemauerte Klosterkirche entstand bereits im 13. Jahrhundert, was sie jedoch nicht vor einem Brand schützte. 200 Jahre später brannte sie bei der Belagerung Krakaus durch die Truppen des Kurfürsten Maxmilian von Habsburg ab. An der Wende des 16. zum 17. Jh. wurde sie gründlich restauriert. Die heutige spätbarocke Form ist das Ergebnis der später erfolgten Umbauten. Erhalten ist das romanische Portal, eines der wenigen historischen Objekte dieser Art in Krakau. Unter der Erde existiert auch noch die romanische Steinmauer.

Trotz der Schicksalsschläge, die das Kloster erleiden musste, stand es trotzdem unter Gottes schützender Hand. 1657 haben die Schweden die Klosteranlage abgebrannt und dann 200 Bergarbeiter aus Wieliczka mit dem Wegräumen der abgebrannten Mauern beauftragt. Die Bergarbeiter traten jedoch recht träge an diese Aufgabe heran, was sich für das Kloster günstig auswirkte. Die Schweden zogen bald von dannen und das abgebrannte Kloster eignete sich zum Wiederaufbau.

Beachtenswert ist in der Kirche des hl. Augustin und Johannes des Täufers der barocke Altar der Gesegneten Bronisława (an der Kanzel). An den Seiten des im Mittelteil platzierten Gemäldes von Walery Eljasz *Die Vision der Gesegneten Bronisława* befinden sich Votivtafeln und vor dem Altar das bronzene, sargförmige Reliquiar der Heiligen. Der Schädel der Gesegneten wird in einem oktogonalen Reliquiar im Klosterschatz aufbewahrt.

$\mathcal{D}$ie Gesegnte Bronisława umgibt in Krakau ein besonderer Kult. Zum Grab der Stadtpatronin ziehen seit Jahrhunderten unzählige Pilger. Als König Jan III. Sobieski 1683 dem belagerten Wien zur Hilfe eilte, begaben sich die Gläubigen und mit ihnen Maria Kazimiera mit ihrem Gefolge zum Grab der Seligen Bronisława, um für einen Sieg zu beten. Zahlreiche Pilger beteten am Grab der Heiligen auch im Jahre 1707, als Krakau von der Pest heimgesucht wurde. Auch König Stanisław August Poniatowski erwies der Krakauer Prämonstratenserin seine Ehre, indem er die Kapelle in Sikornik besuchte.

Prämonstratenserinnenkirche, Gottesdienste So: 6.30, 7.30, 9.00, 10.30, 12.00, 13.15, 19.00 Uhr.

JENSEITS DES ZENTRUMS — Zwierzyniec und Salwator

In jeder Stadt gibt es einen Ort, zu dem das Volk gern hingeht und welcher Emaus heißt.

Oskar Kolberg

Nach dem Verlassen der Kirche lohnt es sich, die Ulica Księcia Józefa hinauf zu gehen, entlang der weißen Mauer. Man erreicht so zwei über dem Gehsteig „hängende" Tore. Bei dem zweiten hat man den Eindruck, dass man dahinter etwas Ungewöhnliches finden wird. In der Tat! Es bietet sich ein ungewöhnlich schöner Ausblick auf die Weichsel und auf die Zwierzyniec-Brücke.

Am Ostermontag ziehen die Einwohner Krakaus nach Zwierzyniec, um an dem Ablassfest Emmaus teilzunehmen. Diese Tradition wurde nach dem kleinen Ort Emmaus bei Jerusalem benannt, in dem Christus auferstanden ist. Das Emmaus-Motiv war sowohl in der Kunst als auch in der Architektur sehr beliebt. Man findet es bei Rembrandt und Vermeer, in den Kirchen in Ravenna und Assisi sowie im Dom von Chartres. Die Spendenaktion für den Abkauf von Emmaus von den Moslems wurde auch in Polen durchgeführt, was zur Berühmtheit dieses Ortes zusätzlich beitrug. Da sich viele Menschen die teure Reise ins Heilige Land nicht leisten konnten, wurde mit dem Bau von Pilgerorten in Polen begonnen. Es entstanden Kalvarienberge mit Stationen des Leidens Christi wie auch einheimische Städtchen namens Emmaus, die außerhalb der Stadtgrenzen lagen. Das Krakauer Emmaus wird zum ersten Mal Ende des 16. Jh. schriftlich erwähnt. Der Italiener Giovanni Paolo Mucanti schrieb: „Am Ostermontag habe ich nach dem Mittagessen eine Kirche besichtigt, die Emmaus heißt und die von vielen Menschen beider Geschlechter aufgesucht wurde". Das Ablassfest Emmaus ist ein lustiges Getümmel zwischen Ständen mit allerlei Krimskrams. Der Ausflug ist meist auch mit ein wenig Angst verbunden: es gibt in Polen die Tradition, dass sich die Menschen am Ostermontag mit Wasser bespritzen. Manche tun es eimerweise…

Gegenüber dem Prämonstratenserinnenkloster stehen weitere zwei wichtige

Sicht auf die Weichsel von der Ulica Księcia Józefa

Sakralbauten von Zwierzyniec: die St. Salvator-Kirche und die Kapelle der hl. Margarethe.

In den „Domkapitelannalen" wird 1148 von der Einweihung einer neuen Kirche in einer Siedlung bei Krakau gesprochen. Die **St. Salvator-Kirche** soll jedoch viel älter sein. An ihrer Stelle hat vermutlich früher die vom hl. Method errichtete Kirche gestanden haben, wo bereits der hl. Adalbert Predigten gehalten haben soll. Einige Wissenschaftler behaupten, dass dieser Ort seit Langem mit einem heidnischen Kultus verbunden war, der erst durch das Christentum verdrängt wurde.

Da die St. Salvator-Kirche den Tatarenangriff von 1241 unbeschädigt überstanden hat, wohnten hier bis 1258 die Prämonstratenserinnen, deren während des gleichen Angriffs zerstörtes Kloster in dieser Zeit wieder aufgebaut wurde. In den Zwanzigerjahren des 17. Jh. wurde der Bau aufgestockt und ein Schiff hinzugefügt. Während der Herrschaft der Österreicher diente die Kirche als Armeelager. Die an Franz Josef gerichteten Protestschreiben waren jedoch erfolgreich, das Lager wurde geräumt.

In der St. Salvator-Kirche sind drei barocke Altäre und eine reich verzierte Kanzel aus der Renaissance erhalten. An der

St. Salvator-Kirche, ul. Kościuszki 88; Gottesdienst sonn- und feiertags: 6.30, 7.30, 9.00, 10.30, 12.00, 13.15, 19.00 Uhr.

St. Salvator-Kirche

Nachbarseite:
Kapelle der
hl. Margarethe,
eines der wenigen
historischen
Holzbauten Krakaus

Außenwand des Presbyteriums sieht man eine steinerne Kanzel in Form eines Kelchs, von der der hl. Adalbert seine Predigten gehalten haben soll. Es gibt jedoch Hinweise, dass die Kanzel später, vermutlich im 17. Jh., entstand.

Beachtenswert ist die Darstellung des Gekreuzigten Jesus aus dem 16. Jh. Außergewöhnlich ist darauf die Kleidung Christi: ein langes Gewand und goldene Schuhe. Auch die Figur des am Kreuze knienden Musikanten birgt ein Geheimnis. Das Gemälde ist vermutlich eine Kopie des Bildes von *Volto Santo* aus Lukka. Diese Art der Darstellung der Figur Christi ist durch die weltreisenden italienischen Maler und Kaufleute verbreitet worden.

Die Kapelle der hl. Margarethe entstand vermutlich im 16. Jh. Ursprünglich war sie eine Friedhofskirche für Epidemieopfer. Die Kapelle ist einer der wenigen erhaltenen historischen Holzbauten in Krakau. Mehrmals abgebrannt wurde sie jedes Mal mühselig wieder aufgebaut, das letzte Mal nach dem Brand im Jahre 1690. Sie hat einen oktogonalen Grundriss, das Schiff überspannt eine flache Schindelkuppel mit einer Laterne. Ins Innere führen drei Türen, der Sturz im Haupteingang hat die Form eines Eselsrückens. Im Inneren befinden sich die Altäre aus der St. Salvator- und St. Adalbertkirche. Gottesdienste je am ersten und dritten Sonntag von Mai bis Oktober.

In der Ulica bł. Bronisławy herrscht entspannende Stille. Es macht Spaß, den schattigen Weg hoch zu laufen und die Häuser

Schuhe für den Geiger

Mit dem Bild Christi in der Salvator-Kirche ist eine Sage verbunden. Vor Jahrhunderten soll sich in Krakau ein aus Mähren stammendes Kreuz eingefunden haben. Es war als ein Geschenk für den ersten in Polen getauften Fürsten gedacht. Dieser kleidete Jesus in ein reiches Gewand, er bekam goldene, Schuhe und eine Krone. Das Kreuz wurde häufig von einem armen Geiger aufgesucht, welcher, um die Leiden Christus zu lindern, so schön er nur konnte, kirchliche Lieder spielte. Jesus schenkte ihm dafür einen seiner Schuhe. Als die Leute sahen, dass der Spieler das Gold in das Leinen einwickelt, in welches er bisher seine Geige einhüllte, bezichtigten sie ihn eines Diebstahls. Als Strafe sollte er vier Tage und vier Nächte an der Figur des Gekreuzigten ununterbrochen Geige spielen. Als dieser zu spielen begann, zog Christus, diesmal vor den Augen der Ungläubigen, erneut seinen Schuh aus und schenkte ihn dem Musikanten. Diese Szene ist es, die auf dem Bild in der Kirche verewigt wurde.

im grünen Stadtteil Salwator zu betrachten. Auf diesem Wege kommt man in die Aleja Waszyngtona, eine der schönsten Straßen Krakaus, die zum Kościuszko-Hügel führt (▶286). Sehenswert ist der **Salwator-Friedhof**, ein anmutiger Winkel, getaucht in Grün und Vogelgesang.

Wenn man keine Wanderung zum Kościuszko-Hügel plant und nicht denselben Weg zurück nehmen will, sollte man von der Ulica bł. Bronisławy links in die Ulica Gontyna einbiegen. Beim Hinuntergehen spürt man den besonderen Reiz dieses Ortes: zwischen Bäumen stehende Häuser mit Türmchen, Efeu an den Zäunen, Stille und nochmals Stille. Erst unten, umgeben vom Straßenlärm, bemerkt man die Ungewöhnlichkeit des gerade verlassenen Ortes, man fühlt sich, als hätte man eine unsichtbare Grenze durchschritten.

Stadteinwärts kann man die Straßenbahn nehmen oder der Kraft seiner Beine vertrauen und einen kleinen Spaziergang machen (die Ulica Kościuszki ist einen Kilometer lang). Die Straßenbahn hilft zwar, Zeit zu sparen, andererseits versäumt man so den Genuss der städtischen Landschaften. Das Dilemma löst man am besten, wenn man von der Brücke über dem Fluss Rudawa hinunterblickt. Die Entscheidung fällt dann leichter und die Aussicht ist einer kurzen Rast wert.

Unten: Die Friedhofskapelle in Salwator. Hier ruhen u.a.: Feliks Koneczny, Juliusz Osterwa, Jan Sztaudynger und Wiesław Dymny

In der Straßenbahn beschallen sich Jugendliche, jeder mit einer Familienflasche Coca-Cola und den geilen Schokoriegeln (ihr Frühstück), auf dem Rücken Stars and Stripes. Der große Marktplatz beherbergt Akrobaten, Novizen, schöne Frauen und Fiaker. Geduldig warten sie auf Touristen, werben: ENGLISH SPOKEN.

Wolfgang Bittner *Indianersommer in Krakau*

In der Ulica Kościuszki 37, im **Dwór Łowczego (Jägerhof)**, befindet sich der Sitz des Verlags ZNAK. Neben den Häusern aus dem 20. Jh. sticht das Gebäude aus dem Jahre 1646 richtiggehend hervor. Die Residenz im Stil vorstädtischer Höfe ist sehr gepflegt. Schön sind der von Säulen umsäumte Eingang, die ovalen Fenster im Obergeschoss und der Garten. Gäste des Verlags waren u.a. die Nobelpreisträger Seamus Heaney, Czesław Miłosz, Michail Gorbatschow sowie Leszek Kołakowski, Stanisław Barańczak und Norman Davies. Die Bezeichnung des Gebäudes stammt von der Vermutung, dass in diesem Haus einer der königlichen Jägermeister wohnte. Erhalten ist das Portal aus dem 17. Jh. sowie ein Teil des ursprünglichen Gewölbes in der Diele.

Wenn man hinter dem Jägerhof links abbiegt, kommt man zum **Plac Na Stawach**. Er strahlt etwas Provinzionelles aus: man kommt auf einen Marktplatz mit kleinen Geschäften, Holzbänken und Verkaufsständen. Man kann hier einkaufen oder nur die im Stadtzentrum verborgene Kleinstadt beobachten. Ihr charakteristisches Flair beschrieben die Krakauer Dichter Jerzy Harasymowicz und Wojciech Bellon. Man sollte die Gelegenheit nutzen und prüfen, ob sich die poetische Beschreibung dieses Ortes von der Wirklichkeit unterscheidet.

Am Auslauf der Ulica Kościuszki wartet auf die Hungrigen der Imbiss *Smil'y*. Der Bau sieht aus, als wäre er gemeinsam von den Krakauern und den Goralen entworfen worden, wobei die Krakauer über den Standort (mit der Sicht auf den Wawel) und die Goralen über den Rest entschieden hätten. An warmen Tagen kann man am Außenrost seine Würstchen selbst grillen.

Die Straßen Kościuszki und Zwierzyniecka sind durch einen unterirdischen Durchgang unter der Krasiński-Allee verbunden. Man läuft bis zum Imbiss *Flisak* – die Treppe befindet sich hinter der Bushaltestelle. Direkt aus dem Tunnel kommt man zum Plac J. Kossaka, mit der **Kossakówka**, dem

Im Jägermeister-Hof aus dem 17. Jh. befindet sich der Verlag ZNAK

Familienhaus der Künstlerdynastie der Kossaks. Heute sind die Villa und der Garten nur noch eine dürftige Erinnerung an den einstigen Ort der Begegnungen von Künstlern und Wissenschaftlern. Der umgestürzte Zaun und das Grau stimmen eher traurig. Nur das stolze Schild „Kossakówka" am Eingangstor weigert sich noch, die zerstörerische Wirkung der Zeit anzuerkennen.

Die Ulica Zwierzyniecka mit der Stromvernetzung für die Straßenbahn und den schimmernden Lampen sieht bei leichtem Nebel besonders reizvoll aus. Zusätzlichen Reiz verleihen ihr die zahlreichen Geschäfte, die die Kunden mit farbigen Schaufenstern und Schildern anlocken. Hier findet jeder etwas für sich: Kleidung, Obst, Keramik. Am Ende der Straße stehen zwei prächtige Gebäude: links die **Karol-Szymanowski-Philharmonie** (ì45, 356), rechts das kürzlich gebaute Hotel *Radisson*. Beim Bau des letzteren gab es ein wenig Streit, da sich herausstellte, dass es ein bisschen höher als die vornehme Kunsteinrichtung ist. Der Kontrast zwischen dem modernen, verglasten Hotelgebäude und dem historischen Philharmoniegebäude gefällt zwar nicht jedem, ist jedoch ein Beleg dafür, dass Krakau mit dem Geist der Zeit geht.

Der Familiensitz der Kossaks hat seine besten Jahre bereits hinter sich

Attentat auf Koppe

Es wurde auch ein **Attentat** auf W. **Koppe** verübt, den Befehlshaber der SS und der Polizei, das misslungen ist. 1944 hat die Kedyw des AK- Oberkommandos Wilhelm Koppe, den Befehlshaber der SS und der Polizei im Generalgouvernement zum Tode verurteilt. Mit dieser Aufgabe wurde die hervorragend geschulte Kompanie „Pegasus" betraut, die gerade eben in Bataillon „Parasol" umbenannt wurde. Zu diesem Zwecke sind Menschen, Waffen und Fahrzeuge aus Warschau nach Krakau abgesandt worden. Die Aktion, an welcher 12 Personen teilgenommen haben, sollte an der Ecke der Ulica Powiśle und Plac Kossaka, auf jener Strecke stattfinden, die Koppe unterwegs vom Wawel zu seiner Dienststelle im Hauptgebäude der Akademie für Bergbau und Hüttenwesen passierte. Koppe hatte Glück. In der Fahrzeugkolonne fehlte das sonst vor dem Wagen des Obergruppenführers fahrende Fahrzeug des Schutzkommandos, was die Anschlaggruppe „Pegasus" irreführte. Die Schüsse fielen zu spät, die Verfolgung Koppes durch die Attentäter endete auch mit einem Fiasko. Sie flüchteten aus der Stadt, hatten jedoch in der Nähe des Dorfes Udorz noch einen Kampf mit den Nazis, bei dem zwei Mitglieder der Gruppe „Pegasus" getötet und drei verwundet wurden. Die drei kamen ins Gefängnis in der Ulica Montelupich, wo sie gefoltert und schließlich ermordet wurden. Den übrigen ist die Flucht gelungen, in Kürze nahm das Bataillon am Warschauer Aufstand teil.

Krakauer Hügel

In Krakau gab es einst unzählige magische Hügel. Viele Grabhügel sind im 19. Jh. beim Bau der Befestigung durch die Österreicher zerstört worden. Trotzdem ist Krakau diesbezüglich die meistbegütertste Stadt Polens.

Der Wawel-Hügel, der Krakus- und der Wanda-Hügel bilden ein gleicharmiges Dreieck. Es ist nicht geklärt, ob diese Verteilung der Hügel ausschließlich von strategischer Bedeutung war und Vereidigungszwecken diente oder ob sich dahinter ein unbekannter Kult verbirgt.

Der Krakus-Hügel

Der Krakus-Hügel im Stadtteil Krzemionki (▶297) wurde im 7. Jh. aufgeschüttet. Der Volksmund erzählt, dass es das Grab des Begründers von Krakau, des Fürsten Krak ist. Die in den Dreißigerjahren des vergangenen Jahrhunderts durchgeführten Nachforschungen haben jedoch nicht bestätigt, dass der Hügel als Begräbnisstätte diente. In der Kultur der damaligen Slawen war es üblich, dass die Toten verbrannt wurden, so ist anzunehmen, dass es dem Leichnam des legendären Herrschers genauso erging. Auf dem Gipfel sind Reste des heiligen Baums der Heiden – der Eiche – gefunden worden, was auf die Verbindung des Hügels mit einem alten Kultus hinweist.

Anfahrt: Busse 107, 139, 163, 174, 184, 198, Straßenbahnen 3, 6, 9, 13, 24. Von der Ulica Wielicka ist hinter der Eisenbahnbrücke in die Robotnicza und dann in die Lanckorońska einzubiegen.

Laut Forschungsangaben befanden sich in der Nähe des Krakus-Hügels über 40 weitere Hügelgräber. Der Hügel war einst höher, aber die Österreicher haben den Gipfel geebnet, um dort ein Artilleriegeschütz und einen Beobachtungspunkt einzurichten.

Bagatela – Bagatelle – ein Leichtes…

Initiator und Sponsor der Archeologen, die den Krakus-Hügel erforschten, war Marian Dąbrowski – Senator, Pressemagnat, Herausgeber und Redakteur der Tageszeitung „Ilustrowany Kuryer Codzienny". Dąbrowski war auch ein Theaterfreak. Als er im Kreise seiner Freunde überlegte, wie man das neue Theater in Krakau nennen könnte, soll Tadeusz Boy-Żeleński angeblich gesagt haben: „Einen guten Namen für ein Theater zu finden. Es ist doch ein Leichtes. Eine Bagatelle...". Dąbrowski hat das letzte Wort sofort aufgefangen. Er war der Meinung, es passe sehr gut auf ein Theaterschild. So kam das Theater am Ende der Karmelicka zu seinem Namen.

Die Entstehung des Hügels selbst wird in einer Legende erklärt. Er wurde vom dankbaren Volk für die gerechte und kluge Herrschaft von Krak aufgeschüttet. Die Erde dafür soll in Ärmeln transportiert worden sein (Ärmel – polnisch: Rękaw) daher wurde der Krakus--Hügel auch als Rękawka bezeichnet. Diesem Namen erhielt später auch ein Volksfest, während dem Obst, Kuchen, Nüsse und Süßigkeiten vom Hügel heruntergeworfen wurden. Beim Rękawka-Volksfest konnte man auch Ringern und Fechtern zusehen, später kamen noch das Klettern auf einen Pfahl mit oben angebrachter Wurst, Karusselle und ein Schießstand dazu. Die Tradition der Rękawka-Feste wird bis heute aufrechterhalten (▶64, 300).

Der Krakus-Hügel soll das Grab des legendären Herrschers der Königsstadt unter dem Wawel sein

Der Wanda-Hügel

Der Wanda-Hügel stammt vermutlich, ähnlich wie der Krakus--Hügel, aus dem 7. Jh. Es ist jedoch auch nicht ausgeschlossen, dass das mythische Hügelgrab der Tochter von Krak (derjenigen, die sich geweigert hatte, einen deutschen Fürsten zu heiraten) bereits viel früher von den Kelten aufgeschüttet wurde, deren Spuren von den Archäologen in der Umgebung gefunden wurden. Der Hügel ist 14 m hoch, sein unterer Durchmesser liegt bei etwa 50 m. Er liegt in der Nähe der T. Sendzimir-Hütte, in der Ulica Ujastek, nordöstlich der Zisterzienserabtei in Mogiła (▶291). Bis in die Achtzigerjahre

Anfahrt: Busse 117, 138, 142, 149, 125, 132, 136, 139, 163, 172, Straßenbahnen 22, 23.

des 19. Jh. stand auf dem Gipfel des Wanda-Hügels ein Kreuz, das später bei den Befestigungsmaßnahmen entfernt wurde. An der Stelle des Kreuzes wurde ein von Jan Matejko entworfener Adler aus Stein aufgestellt.

Der Kościuszko-Hügel

Der Hügel wurde zwischen 1820 und 1823 auf der Anhöhe der Gesegneten Bronisława aufgeschüttet. Als der 1818 aus der Schweiz nach Krakau gebrachte Sarg mit dem Leichnam von Kościuszko in der Krypta des hl. Leonhard beigesetzt wurde, wollten ihm die

Der Kościuszko-Hügel ist zwar nicht der höchste, aber der sichtbarste Hügel in Krakau

Stadtherren eine zusätzliche Ehre erweisen. Sie beschlossen, auf die historische Tradition der Hügelgräber zurückzugreifen. Das Grundstück für den künstlichen Hügel stifteten die Prämonstratenserinnen, die Kosten deckten Spender aus ganz Polen.

Der Hügel ist 34 m hoch. Die Erde, aus der er aufgeschüttet wurde, stammt u.a. von den Schlachtfeldern, auf denen Kościuszko kämpfte: Racławice und Maciejowice, Dubienka und Szczekociny, Yorktown und Saratoga. 1856 haben die Österreicher den Hügel mit einer Festungsanlage umsäumt – es war ein Teil der Festung Krakau (▶299). Den Polen wurde jedoch der Zugang zum symbolischen Grab Kościuszkos gewährleistet. Heute klettern ganze Familien den gewundenen Weg hinauf, um von dort das Stadtpanorama, die Altstadt vor dem Hintergrund von Nowa Huta, die aus dem Grün herausragenden Türme der Abtei in Tyniec, den Piłsudski-Hügel, bei günstigem Wetter sogar die Tatra und nachts das Meer von schwebenden Lichtern zu bewundern.

Am Kościuszko-Hügel befand sich der erste Sitz des polenweit beliebten Radiosenders RMF FM. Eine Erinnerung daran ist heute u.a. das Hotel *FM Pod Kopcem (Unterm Hügel)*.

Im Sommer 1997 hat der Hügel durch dauerhafte Regenfälle erheblichen Schaden erlitten. Die Rettungsaktion dauerte fünf Jahre. Die Instandsetzungsarbeiten, die über 14,5 Mio. Złoty kosteten, wurden sowohl von zahlreichen Sponsoren als auch von Privatpersonen finanziert. Die Konstruktion wurde mit 500 Pfählen verstärkt und mit einer Meliorationsanlage versehen.

Zum Kościuszko-Hügel fährt der Bus 100. Man kann auch – übrigens ist es eine viel bessere Lösung – einen Spaziergang durch die Aleja Waszyngtona machen. Von der Wola Justowska aus biegt man von der Ulica Królowej Jadwigi in die Straßen Hoffmana oder Sawickiego ab.

Der Piłsudski- Hügel

Der Piłsudski- Hügel, der jüngste und gleichzeitig größte der Krakauer Hügel, nimmt eine Fläche von 0,76 ha ein. Sein Grunddurchmesser beträgt 111 m, seine Höhe 35 m. Aufgeschüttet wurde er nach dem Entwurf von Franciszek Mączyński auf der Anhöhe Sowiniec (358 m üdM.) in der Heide Las Wolski.

Die Arbeiten begannen am 6. August 1934, zum 20. Jahrestag des Abmarsches der I. Kaderkompanie. Es gab Tage, an denen bis zu 10 000 Personen an den

Anfahrt: Bus 134 oder Spaziergang durch die Heide Las Wolski.

𝓕ranciszek Mączyński (1874–1947) war Architekt und Denkmalpfleger, der die Sezession in die polnische Architektur einführte. Das Denkmal von Mączyński von 1912 (Autor: Xawery Dunikowski) steht auf dem Innenhof der von ihm entworfenen, dem Heiligsten Herzen Jesus gewidmeten Kirche und dem Jesuitenkloster (Ulica Kopernika).

Winterfahrt zum Piłsudski-Hügel

Aufschüttarbeiten teilnahmen. Nach dem Tod Piłsudskis (1935) beschloss man, den Hügel nach dem verstorbenen Marschall zu benennen. Auf dem Gipfel wurde ein Granitfelsen mit dem eingravierten Kreuz der Legionen aufgestellt.

Nach dem Zweiten Weltkrieg ließ man den Piłsudski-Hügel mit Absicht verfallen, denn er passte nicht in den ideellen Gehalt der neuen Gesellschaftsordnung. Diese planmäßige Zerstörung brachte die erwarteten Resultate. Durch die Bewaldung der Hänge und der den Hügel umgebenden Lichtung wurde er unsichtbar. Auch kam es zu Erdrutschen. 1980 wurde das Komitee der Betreuung des Piłsudski-Hügels gegründet und in den Jahren 1981–1985 wurde auf dem Hügel Erde aus 95 Orten niedergelegt, an denen Polen einen Märtyrertod gestorben sind.

Wissenswertes

In Polen gibt es etwa 350 Hügel. Über 40 von ihnen sind dem Kościuszko-Aufstand und ihm selbst gewidmet. Einen Kościuszko-Hügel gibt es auch in den Vereinigten Staaten, in Missisipi. Der höchste, vor 4500 Jahren in Silbery (Großbritannien) entstandene Hügel Europas ist 44 m hoch. Vermutlich wird jedoch der Johannes Paul II gewidmete Hügel, der auf dem Gelände der ehemaligen Krakauer Fabrik Solvay aufgeschüttet werden soll, höher werden. Seine Höhe ist auf 50 m geplant. Denjenigen, die sich für die Geschichte der Hügel interessieren, empfehlen wir die interessante Monografie der polnischen Hügel von Grzegorz Gill.

Zwei Abteien

Müßiggang ist der Seele Feind. Deshalb sollen die Brüder zu bestimmten Zeiten mit Handarbeit, zu bestimmten Stunden mit heiliger Lesung beschäftigt sein

Aus Kap. 48, 1 der Ordensregel des heiligen Benedikt

Tyniec

Beim Blick von der Weichsel aus erinnert die Benediktinerabtei in Tyniec an ein malerisches Städtchen in der Toskana. Das aus dem Felsen herauswachsende Gebäude richtet sich gemächlich zum Himmel hinauf. Ein anmutiger und stiller Ort, an dem man sich von dem Großstadtlärm erholen kann. An den Wochenenden, wenn viele Menschen hier Entspannung suchen, sollte er jedoch besser gemieden werden.

Die Bezeichnung „Tyniec" stammt vermutlich vom altpolnischen Wort „tyn" – was Mauer bzw. Umzäunung bedeutete. Das Kloster ist wahrscheinlich an der Stelle einer ehemaligen Festung gebaut worden. Auch die Abtei selbst fungierte sehr lange als Wehranlage, was man an ihren Mauern noch heute sehen kann. Die Burg in Tyniec fungierte bis zum 15. Jh. als Grenzwache. In der ersten Hälfte des 15. Jh. wurde die Grenze zwar weiter südwestlich verschoben, aber die königlichen Armeen waren in der Abtei bis zum 17. Jh. Stationiert. Die Teilnehmer der Konföderation von Bar verteidigten sich hier vor dem Angriff der russischen Truppen.

Die Historiker sind sich über die Anfänge des Benediktinerordens in Polen nicht einig. Einigen Quellen entnimmt man, dass die Mönche 1044 von Kazimierz Odnowiciel, Sohn und Erbe von Mieszko II, nach Tyniec geholt wurden. Andere wiederum behaupten, dass es Bolesław Śmiały war. Die Benediktiner leb-

Die Rokoko--Kanzel in der Benediktinerkirche in Tyniec

Die Benediktinerabtei sieht am schönsten von Piekary aus

Die Benediktinerabtei der Heiligen Apostel Peter und Paul in Tyniec, ul. Benedyktyńska 37, ☏0122675526, 0122675977; Gottesdienste wochentags: 6.30, 18.00, sonn- und feiertags: 6.30, 8.30, 10.30, 12.00, 18.00 Uhr. Anfahrt Bus 112 (12 km).

ten bei Krakau bis zur Kassation des Ordens durch die Österreicher im Jahre 1817. 27 Jahre später ist der letzte Benediktiner von Tyniec verstorben. Erst am Vortag des Zweiten Weltkrieges sind erneut Benediktinermönche nach Tyniec gezogen. Im Jahre 1969 ist das Kloster erneut eine Abtei geworden.

Die Klosteranlage wurde in der zweiten Hälfte des 11. Jh. errichtet. Die ursprüngliche romanische Basilika hatte drei Schiffe. Heute sind nur noch ihre Südwand mit dem romanischen Portal, die Fundamente des Refektoriums und einige architektonische Dekorationselemente erhalten.

Im 15. Jh. ist die Abtei im gotischen Stil ausgebaut worden. Die Kirche bekam drei Schiffe und einen Chorraum im westlichen Teil. Die heutige Kirche hat ihren damaligen Grundriss behalten, auch einige gotische Details sind noch zu sehen. Weitgehend ist sie jedoch vom Barock beeinflusst worden. Auch die heutige Innenausstattung ist von Architekten des 17. Jh. gestaltet worden. In dieser Zeit wurden die Seitenschiffe in sechs Kapellen umgebaut, damals entstand auch das Chorgestühl mit den Darstellungen des hl. Benedikt und Szenen aus der Geschichte des Ordens. In den Sechzigerjahren des vergangenen Jahrhunderts wurde eine sehr interessante Entdeckung gemacht. Im Grab des Abtes von Tyniec wurde ein goldener Reisekelch gefunden, ein Beispiel der mittelalterlichen Goldschmiedekunst, eines von nur zwei Exemplaren dieser Art liturgischer Gefäße weltweit. Der Kelch des Goldenen Abtes befindet sich in der Schatzkammer des Wawel.

Beachtenswert ist der von Francesco Placidi entworfene Hauptaltar aus schwarzem Marmor. Im Innenhof sind Teile der alten Mauern erhalten, im südöstlichen Teil des Hofes steht ein überdachter Ziehbrunnen aus dem 17. Jh., welcher ohne die Nutzung von Nägeln gebaut wurde. Über den Mauern sieht man die Weichsel und die an ihrem gegenüberliegenden Ufer gelegene Ortschaft Piekary (von wo aus sich die Abtei am besten fotografieren lässt).

In der Benediktinerabtei gibt es ein Gästehaus, ein Exerzitienhaus, wo alle hinkommen können, die Linderung, Meditation und Ruhe benötigen. Die Gäste beten und arbeiten gemeinsam mit den Mönchen, lernen Demut und Leben ohne irdische Güter.

Kirche der Heiligsten Gottesmutter und des hl. Wenzel in Mogiła, ul. Klasztorna 11; Gottesdienste: wochentags 6.00, 7.00, 7.30, 8.30, 18.00, sonn- und feiertags: 6.30, 8.00, 9.30, 11.00, 12.30, 14.00, 16.30, 18.00. Anfahrt Bus 113 und 123, vom Zentrum Krakaus ist es am bequemsten mit der Straßenbahn 15 zu fahren (Strecke: Salwator–Pleszów) und an der Kreuzung mit Ulica Klasztorna auszusteigen, Haltestelle vor dem Stadion „Hutnik".

Mogiła

Die Zisterzienser kamen 1218 in die Gegend von Krakau. Vier Jahre später hat Bischof Iwo Odrowąż ihren Sitz in das Dorf Mogiła verlegt. Der lateinische Name der Siedlung – *Clara Tumba*, Berühmtes Grab – bezieht sich auf die Legende über das Grab von Wanda, der Tochter von Krak. 1266 hat der Krakauer Bischof Prandota die Kirche der Heiligsten Gottesmutter und des hl. Wenzel eingeweiht.

Die Geschichte der Zisterzienserabtei steckt voller dramatischer Ereignisse. Besondere Schäden erlitt Mogiła während der Schwedenkriege, 100 Jahre später sind die Kirche und das Kloster abgebrannt. Gegen Ende der Siebzigerjahre des 18. Jh. begann der Umbau des Gotteshauses. Das barocke Aussehen verlieh der Kirche Franz Moser, der die Bauarbeiten leitete.

Durch das Tor mit den Figuren der Heiligen Peter und Paul kommt man in einen großen Innenhof. Die Kirche hat den Grundriss eines lateinischen Kreuzes, sie hat drei Schiffe und ein Querschiff. Das Innere schmücken Fresken von Stanisław Samostrzelnik aus dem 16. Jh. Sehenswert ist das romanische Portal

Stanisław Samostrzelnik (um 1448–1541) – Zisterzienser aus Mogiła, Meister der Miniaturen- und Wandmalerei, Feldgeistlicher des Großen Kronkanzlers Krzysztof Szydłowiecki. Autor der Wandmalereien in der Abtei von Mogiła und des Porträts des Bischofs Piotr Tomicki in den Kreuzgängen des Franziskanerklosters. Zu den Meisterwerken des Malers gehören auch Verzierungen von Gebetsbüchern.

JENSEITS DES ZENTRUMS Zwei Abteien

Das Sanktuarium in Mogiła und die St. Bartholomäus-Kirche

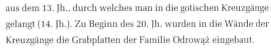

aus dem 13. Jh., durch welches man in die gotischen Kreuzgänge gelangt (14. Jh.). Zu Beginn des 20. Jh. wurden in die Wände der Kreuzgänge die Grabplatten der Familie Odrowąż eingebaut.

Sehenswert ist das Sanktuarium des Kreuzes von Mogiła. Es ist von dem übrigen Teil der Kirche mit einem Gitter aus dem 17. Jh. abgetrennt. Das Kreuz soll noch zu Lebzeiten von Bischof Odrowąż aus der Weichsel herausgefischt worden sein. Das heutige, auf die erste Hälfte des 15. Jh. datierte Kruzifix ist vermutliche Nachfolger eines früheren, nicht erhaltenen Kreuzes. Am 14. September, am Fest der Kreuzerhöhung und in der Karwoche, wird das für seine Wundertaten berühmte Kreuz von Tausenden Pilgern aufgesucht.

Wenn man in der Nähe der Zisterzienserabtei ist, sollte unbedingt die **St. Bartholomäus-Kirche** aufgesucht werden. Es ist Polens einzige dreischiffige Holzkirche aus dem Mittelalter. Seit dem Umbau im 18. Jh. blieb sie unverändert. In der Vorhalle ist ein gotisches Portal mit eingraviertem Namen des Autors erhalten.

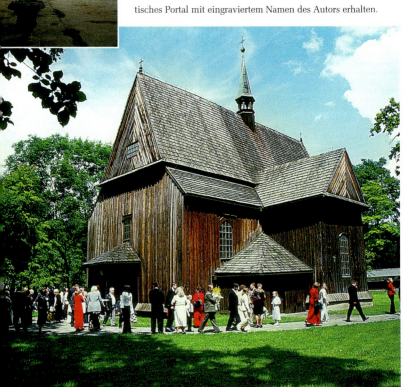

Bronowice

Das Dorf wurde im Jahre 1294 gegründet, sein Name lautete ursprünglich Brunowice. Es existiert eine Legende, die von einem Ritter namens Bruno erzählt, der seine Ländereien unter seinen zwei Söhnen aufgeteilt hat und damit zwei Dörfer entstehen ließ: Brunowice Wielkie und Małe (Groß- und Kleinbrunowitz). Heute gehört Bronowice zu Krakau, sowohl geographisch als auch literaturgeschichtlich, und zwar durch die *Hochzeit* von Stanisław Wyspiański.

Bevor gegen Ende des 19. Jh. die Mode für Besuche in Bronowice aufkam, kam die Ortschaft nach Krakau und entzückte die Städter durch ihre farbigen Trachten und die spezifische Exotik. Es ist kein Wunder, dass die die Einwohner von Bronowice für die städtischen Dekadenten die Verkörperung des urwüchsigen, von modernistischen Qualen freien Lebens darstellten. Die Bronowicer fuhren häufig nach Krakau, da die Marienkirche ihre Pfarrkirche war. Die üblichen Gottesdienste fanden zwar in der Dorfkirche statt, geheiratet wurde jedoch in Krakau.

Die „jungpolnischen" (Jugendstil, Sezession) Maler und Studenten der Akademie der Schönen Künste stürmten nach Bronowice, um nach Landschaften, Licht und Farben zu suchen. Sie waren sowohl von den Menschen als auch von den einfachen Dorfhütten fasziniert. Die Geschichte wiederholt sich, zwar in anderer form, aber dennoch. Heute sitzen an der Kreuzung Rondo Ofiar Katynia am Motel Krak, in der Nähe jener Stellen, an welchen die Maler Włodzimierz Tetmajer und Wyspiański ihre Staffeleinen aufstellten, junge angehende Maler, die das dortige riesige, verglaste moderne Gebäude skizzieren.

Wer frühmorgens hierher kommt, sollte unbedingt den einige Hundert Meter von der letzten Straßenbahnhaltestelle täglich

Im Museum Rydlówka befinden sich Exponate, die mit der berühmten Hochzeit verbunden sind

Nach Bronowice Nowe fahren die Straßenbahnen 4, 8, 13 und seltener die 24 (diese Straßenbahn fährt meist nur zur ersten Schleife). Man kommt auch mit den Bussen 139, 172, 208 und 248 hin – Endhaltestelle Bronowice Nowe.

Rydlówka wurde 1894 gebaut

stattfindenden Blumenmarkt besuchen. Es ist zwar überwiegend ein Großhandelsmarkt, es macht aber Spaß, an einem frühen Frühlingsmorgen in die bunte und duftende Blumenwelt einzutauchen. Samstags herrscht auf dem Markt die Elektronik: Computer-, Radio- und Fernsehfreaks können hier mit Sicherheit mit einigen Schnäppchen rechnen.

Wenn man von der Endhaltestelle nach Bronowice Małe kommen möchte (das Adjektiv Małe ist wichtig, da es außerdem noch Bronowice Nowe – die Wohnsiedlung Widok mit einem interessanten Bauwerk, der Jan Kanty-Kirche – und Bronowice Wielkie, das einst separate Dorf auf der anderen Straßenseite der Radzikowskiego gibt), sollte rechts, in die Straße Zielony Most abbiegen. Der Spaziergang ist weder lang noch erschöpfend. An der Kreuzung der Straßen Zielony Most und Katowicka steht die Figur der Heiligsten Jungfrau Maria, die Mitte des 19. Jh. dem Erzpresbyter der Marienkirche, Franciszek Stachowski gestiftet wurde.

(...) Am Tische bei den Tetmajers saßen Herren in Fracks und zwischen ihnen Bäuerinnen in bestickten Schnürleibern und Halsketten, Damen in Ausgehkleidern und Bauern in Bauernkitteln. (...) Gegenüber, auf der anderen Seite der Diele tanzten die Jungen in einem großen Saal; im Hause meiner Schwiegereltern setzten sich die anderen Bauern an den Tisch.

Fragment aus einem Brief von Lucjan Rydel an Franciszek Vondraček.

Bald kommt man auch zum **Regionalmuseum Junges Polen PTTK Rydlówka** in der Ulica Tetmajera. Am 20. September 1900 fand hier die berühmteste polnische Hochzeit statt, die der Dichter Stanisław Wyspiański in seinem Drama schilderte. Auch der, wie sie Boy-Żeleński nannte, späteren *literarischen Konsequenzen dieser Eheschließung* unbesehen, war das Ereignis ungewöhnlich. Der Krakauer Dichter Lucjan Rydel ehelichte die Bauerntochter Jadwiga Mikołajczykówna aus Bronowice. Den Hof, in welchem heute das Museum untergebracht ist, ließ Włodzimierz Tetmajer im Jahre 1894 errichten. Neun Jahre später zog er in das benachbarte Haus, in dem früher die Franziskaner wohnten (Tetmajerówka, ul. Tetmajera 36). Das alte Haus verkaufte er seinem Schwager Lucjan Rydel, der hier erst 1912 einzog. Seit damals heißt der Hof „Rydlówka".

Das Museum **Junges Polen** entstand 1969. In vier Sälen des Erdgeschosses -im Bühnen-Raum, im Tanzsaal, im Alkoven und im Gemeinschaftsraum – sind Erinnerungen an die Teilnehmer der Bronowicer Hochzeit ausgestellt. In dem als Bühne be-

In der Mitte des Raumes ein runder Tisch mit üppiger weißer Decke, auf dem Tisch bronzene jüdische Kerzenhalter und reichliches Gedeck (…). Am Tisch schlichte Holzstühle; außerdem im Raum ein Schreibtisch mit viel Papier darauf (…). An der Seite der Hochzeitstür eine große Mitgifttruhe mit bunten Blumen und Mustern dekoriert (…). Holzdecke aus langen, schlichten Balken mit Gottessprüchen und Baujahr.

Stanisław Wyspiański, *Die Hohzeit* – Didaskalien

Rydlówka, ul. Tetmajera 28,
Di, Mi, Fr u. Sa:
10.00–14.00,
Do: 15.00–19.00,
Mo, sonn- und feiertags:
geschlossen,
Eintritt 7.50 Zł.,
ermäßigt 6 Zł.

Klatsch und Tratsch über Lucjan Rydel

Lucjan Rydel (1870–1918) ist in die polnische Literatur durch die *Tür von Klatsch und Tratsch und Anekdoten* eingegangen. Erstens als Bräutigem (in *Die Hochzeit* von Wyspiański), zweitens als exaltierter Schwätzer. Der Satiriker, Tadeusz Boy-Żeleński beschrieb ihn ironisch in seinem Bericht *Von der Reise Lucjan Rydels in den Osten* (*Z podróży Lucjana Rydla na Wschód*).

Obwohl in jedem Gerücht ein Körnchen Wahrheit steckt, vergisst man allzu leicht, dass der Autor des *Polnischen Bethlehems* (ein Theaterstück von Rydel) ein herausragender Kenner europäischer Literatur, ein gebildeter Mann, Übersetzer, Regisseur und Kritiker war. Er war auch ein Freund, der einem der Hochzeitsgäste die poetische, zuweilen bissige Aufzeichnung des Bronowicer Festes zu verzeihen vermochte: Der angebliche Konflikt zwischen Wyspiański und Rydel um *Die Hochzeit* ist auch nur eine Gerücht.

Die Gegenstände, die an Lucjan Rydel erinnern, sind im Tanzsaal ausgestellt

zeichneten Raum stehen die für die Premiere der *Hochzeit* vorbereiteten Bühnendekorationen, deren Arrangement mit der damaligen Anordnung des Zeugen des Ereignisses, Stanisław Wyspiański, übereinstimmt.

Im Tanzsaal sind Andenken an Lucjan Rydel untergebracht. Ein Porträt des Dichters (ein Pastellbild von Stanisław Wyspiański), vier Porträts von Jadwiga Rydel, der Schreibtisch des Bräutigams und ein Teil seiner einst reichen Bibliothek. Neben der Tür zum Bühnenraum stehen zwei Schränke mit Bronowicer Volkstrachten. An der Wand hängt ein Bild von Włodzimierz Tetmajer mit der Darstellung seiner Frau Anna bei der Ernte.

Im Alkoven finden wir Fotografien der Hochzeitsteilnehmer in authentischen Rahmen aus den Lebzeiten von Rydel und Czepiec sowie die Erstdrucke der Werke von Wyspiański und Kazimierz Przerwa-Tetmajer. Sehenswert ist der vom Autor der *Novembernacht* entworfene Stuhl. Über der Tür befinden sich zwei Fotografien, die Rydel von Wyspiański erhielt. Die erste ist eine Aufnahme des Gemäldes *Die Schätze des Sesam*, die zweite stellt die von der Lemberger Kathedrale abgewiesene Dokumentation des Entwurfs der Glasmalerei *Das Gelöbnis von Jan Kazimierz*.

Der Gemeinschaftsraum ist das ehemalige Arbeitszimmer von Rydel, welches sich im Anbau des alten Hauses befindet. Man kann dort eine Bildersammlung der Maler Jungpolens **des Jungen Polens** besichtigen, darunter *Die Hochzeit* und *Kartoffelernte* von Włodzimierz Tetmajer, *Ackern* von Kazimierz Sichulski, *Porträt eines Mädchens aus Bronowice* von Henryk Uziembło und *Herbst* von Tadeusz Noskowski. Im Gemeinschaftsraum steht eine Möbelgarnitur mit Blumenmotiven, die einst dem Schauspieler und Komödienautor Stefan Turski gehörte. Das Ganze wird durch Jugendstil-Petroleumlampen beleuchtet. Einmal jährlich wird, am 21. November, am Tage der Haubenaufsetzung (ein polnischer Hochzeitsbrauch) in der Rydlówka auch das Strohpuppenfest begangen.

Der Stadtteil Podgórze

Dieser am rechten Weichselufer liegende Stadtteil Krakaus wurde im 18. Jh. von den Österreichern als Konkurrenzstadt zu Krakau gebaut. Podgórze erhielt zwar sein eigenes Stadtwappen, zahlreiche Privilegien und eine Eisenbahnverbindung, Konkurrenz für Krakau war es jedoch nie und wurde der Stadt im Jahre 1915 einverleibt.

Touristen verirren sich selten hierher, da es hier keine nennenswerten Attraktionen gibt. Nur die vielen Pilger wandern zum Sanktuarium der Barmherzigkeit Gottes in Łagiewniki. Die Krakauer Shoppen in der gut versorgten und verkehrsreichen Ulica Kalwaryjska, spazieren im Bednarski-Park und Krzemionki.

Anfahrt: Straßenbahnen 6, 8, 10 – bis zur Haltestelle hinter der Piłsudski-Brücke. Ein Spaziergang von Kazimierz dauert 10 Minuten.

Das Stare (alte) Podgórze

Das Zentrum des Stadtteils ist der Markt Rynek Podgórski mit der von Weitem sichtbaren, nachts wunderschön beleuchteten neogotischen S. Josef-Kirche von 1909. Auf dem Markt kann man, ähnlich wie auf dem Hauptmarkt, Blumen kaufen, aber damit enden die möglichen Vergleiche.

Hinter dem Markt und der Kirche erstreckt sich **Krzemionki**, eine Grünfläche mit vielen Kalkfelsen und Spazierterrassen. Die Ulica Parkowa führt vom Markt zum **Bednarski-Park**. Der 7 ha

Der Bednarski-Park ist eine halbverwilderte Naturoase

große Stadtgarten wurde 1896 von Wojciech Bednarski angelegt. Er war Stadtabgeordneter, Ehrenbürger der Stadt, ein großer Freund der Jugendlichen und Naturliebhaber. Im Park wachsen über einhundert Baumarten, es gibt hier einen Spielplatz, häufig finden hier auch Sportveranstaltungen statt. Der schattige, mancherorts verwilderte Park ist die Zufluchtstätte vieler Vogelarten. Ein ornithologisch geübtes Auge wird hier große Buntspechte, Schafstelzen

Rotkehlchen, Amseln, Wacholderdrosseln und Schwanzmeisen entdecken.

Vom Markt kommt man über die Straßen Parkowa und Stawarza an einen malerischen Ort, an dem alljährlich am Dienstag nach Ostern ein vielbesuchtes Ablassfest stattfindet. Auf dem Hügel steht die **St. Benedikt-Kirche**, das kleinste Gotteshaus Krakaus, die wie ein Pilz mit einem dunklen Hut ausschaut. Archäologischen Funden wurde entnommen, dass im frühen Mittelalter (10. Jh.) an dieser Stelle ein romanischer Rundbau stand. Dessen Funktion konnte jedoch nicht festgestellt werden. Die

St. Benedikt-Kirche

Nachbarseite:
St. Josef-Kirche

Die Festung Krakau

Mit dem Bau der Festung Krakau begannen die Österreicher Mitte des 19. Jh., als sich ihr Bündnis mit den Preußen gegen Russland immer deutlicher abzeichnete. Die Befestigungen, die die Stadt vor Artillerieangriffen schützen sollten, entstanden zuerst im Radius von 2 km vom Zentrum (dies war die Reichweite damaliger Kanonen). Zuerst entstand die Befestigung auf dem Wawel (sie fungierte als Zitadelle), an den Krakus- und Kościuszko-Hügeln, in Krzemionki und in der Gegend der heutigen Aleja 29 Listopada. In den Siebzigerjahren des 19. Jh. erlebte die Artillerie einen Durchbruch, die Schussreichweite wurde immer größer und der Ring immer modernerer und vollkommenerer Befestigungsanlagen rückte immer weiter vom Zentrum ab, bis er schließlich eine riesige, komplette und eine der stärksten Festungen in Europa bildete, die aus acht Schutzbereichen bestand.

Nach dem ersten Weltkrieg begann die Festung Krakau allmählich zu verwahrlosen. Ein Teil der Befestigung ist völlig zerstört worden, ein Teil ist zur Ruine verfallen oder umgebaut worden. Die Überreste der Befestigung kann man heute u.a. in Bronowice, Mistrzejowice, Bielany und in vielen Dörfern bei Krakau besichtigen.

häufig umgebaute (zum ersten Mal im 16. Jh.) Kirche hat ihre Form aus dem 17. Jahrhundert bewahrt. Das Innere wird nur zweimal jährlich aufgeschlossen, am Tag des hl. Benedikt und während des Rękawka-Festes. Das Ablassfest, außer Emaus, das bekannteste Fest in der Stadt, fand vor vielen Jahrhunderten auf dem Gelände zwischen der Kirche und dem Krakus-Hügel statt (▶284). Heute werden die Stände mit Spielzeug und Süßigkeiten nur noch an der Kirche aufgebaut.

In der Nähe steht der Turm des 1853–1856 nach dem Entwurf von Feliks Księżarski (der auch das Gebäude des Collegium Novum entwarf) errichteten Forts **des hl. Benedikt**. Es ist eines der besterhaltenen Objekte dieser Art in Europa. Zusammen mit den nicht erhaltenen Befestigungen Krzemionki (an der Stelle des heutigen Krakauer Fernsehsenders) und Krakus (auf dem Krakus-Hügel) gehörte er zum äußeren Ring der österreichischen Festung Krakau. Er besitzt einen sechzehneckigen Grundriss, einen runden Innenhof, zwei Etagen und eine Terrasse für die Artillerie. Umgeben war er von zusätzlichen Befestigungen, deren Reste in der Gegend noch auffindbar sind.

In Bälde soll das Fort des hl. Benedikt einer Metamorphose unterzogen werden. Hoffentlich kommt sie ihm zugute

Das Fort wird renoviert und soll ein Konzert- und Ausstellungszentrum werden. Ähnliche Objekte in Europa gelten als unikale historische Bauten und stehen unter Denkmalschutz.

Łagiewniki

Łagiewniki, heute der Stadt einverleibt, war einst ein Dorf bei Krakau. Es ist einer der wichtigen Pilgerorte Polens. Zum **Sanktuarium der Barmherzigkeit Gottes** und zum Grab der Heiligen Faustina kommen jährlich zwei Millionen Pilger aus Polen und aus entfernten Ländern der Welt.

Das Kloster des Ordens Barmherzigen Gottesmutter wurde 1891 vom Aleksander Lubomirski für moralisch verwahrloste Mädchen und Frauen gestiftet. In den Zwischenkriegsjahren lebte hier und starb Schwester Faustyna Kowalska.

Das elliptische Gebäude des Sanktuariums mit seinem originellen Turm ist bereits von Weitem sichtbar. Das zweistöckige Gotteshaus ist für 5000 Gläubige geplant. Die Bauarbeiten an der gesamten Anlage, samt Kapelle der Ewigen Anbetung des Heiligen Sakraments, des Seelsorge- und Theatersaales und des Gebäudes des Zentrums der Apostolischen Barmherzigkeit dauern seit 1999 an. Bisher beteten die Pilger in der kleinen Kirche der Barmherzigen Gottesmutter, die nur für 200 Personen vorgesehen ist.

Die neue Kirche, deren Aussehen gemischte Gefühle erweckt, wurde von dem Krakauer Architekten Witold Cęckiewicz entworfen. 2002 ist die Basilika von Johannes Paul II. eingeweiht worden. Abschließend sagte der Papst, dass ihn mit diesem Ort zahlreiche Erinnerungen verbinden, besonders aus der Zeit der Okkupation, als er im benachbarten Werk Solvay arbeitete: „Bis heute kann ich mich an diesen Weg von Borek Fałęcki nach Dębniki, den ich täglich einschlug, erinnern. (…) Und zwar in Holzschuhen. Solche Schuhe trug man damals. Wie konnte man sich damals vorstellen, dass dieser Mensch in Holzschuhen einmal die Basilika der Barmherzigkeit Gottes in Łagiewniki konsekrieren wird?"

Sanktuarium der Barmherzigkeit Gottes Łagiewnikach, Informationen für Pilger ☎0122523311; Gottesdienste: wochentags 6.30, 17.00 (Kapelle) und 9.00, 10.00, 15.20, 18.00 (Basilika), sonn- und feiertags: 8.30, 19.00 (Kapelle) und 9.00, 10.30, 12.00, 13.30, 15.20, 18.00 Uhr (Basilika). Anfahrt: Straßenbahn 8, 19, 22, 23, Haltestelle: „Sanktuarium".

*F*austyna Kowalska (1905–1938) wurde in Głogowiec in einer kinderreichen Bauernfamilie geboren. Getauft wurde sie mit dem Namen Helena. Dem Kloster trat sie im Jahre 1925 in Warschau bei. Dreizehn Jahre lang arbeitete sie im Orden als Köchin, Gärtnerin und Pförtnerin, am längsten in Vilnius, Płock und Łagiewniki. Sie führte regelmäßig ein Tagebuch, in dem sie ihre mystischen Erlebnisse beschrieb. Die Offenbarung, die ihr am 22. Februar 1931 im Kloster in Płock zuteil wurde, hatte die Entstehung des wundertätigen Bildes Jesu, ich vertraue Dir zur Folge. Gemalt wurde es, nach Hinweisen der Schwester Faustina, die sich damals in Vilnius aufhielt, von Eugeniusz Kazimierski. Das Original kann heute in der Heiliggeistkirche in Vilnius besichtigt werden. 1968 begann in Rom der Prozess der Seligsprechung von Schwester Faustyna Kowalska. Am 18. April 1993 wurde sie auf dem Petersplatz in Rom von Johannes Paul II. selig und am 30. April 2000 heilig gesprochen.

JENSEITS DES ZENTRUMS — Der Stadtteil Podgórze

Die wichtigsten Feierlichkeiten finden im Sanktuarium der Barmherzigkeit Gottes am ersten Sonntag nach Ostern statt. Feierliche Gottesdienste zu Ehren der Barmherzigkeit Gottes finden jeden dritten Freitag im Monat um 17.00 Uhr statt.

Das Innere der Kirche sollte von Vorn herein schlicht und roh sein, das soll auch nach der Fertigstellung so bleiben. Am Eingang befindet sich der Grundstein: ein Felsenstück von Golgota. Den Mittelpunkt des Inneren bildet das Gemälde *Jesu, ich vertraue Dir*, eine Kopie aus dem Jahre 1943 von Adolf Hyła. (Die Darstellung des Barmherzigen Jesus aus Wilna wurde von vielen Malern kopiert, allein Hyła malte etwa 200 Kopien davon). Heute schmücken viele von ihnen Kirchen in Polen und im Ausland, sogar auf den Philippinen). Darunter befindet sich das erdkugelförmige Tabernakel, das in eine ausdrucksvolle bildhauerische Darstellung eines Strauches einkomponiert ist, der das menschliche „von Stürmen der Gegenwart, der eigenen Schwäche und Sünde geplagte Leben" symbolisiert.

Der freistehende Turm ist 77 m hoch. Über seine Höhe entschied 1997 der Hauptarchitekt: der Papst war damals 77 Jahre alt. Auf dem Turm steht ein vergoldetes, 4,7 m hohes Kreuz.

Auf der Höhe von 42 m befindet sich eine Aussichtsterrasse, von der aus man bei schönem Wetter die Tatra sehen kann.

TEIL VII

12 sehenswerteste Museen

ZWÖLF SEHENSWERTESTE...

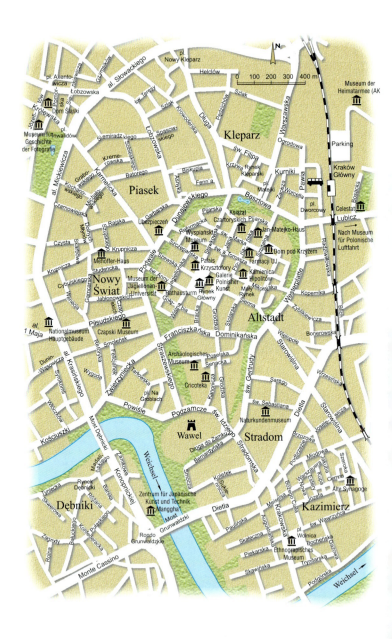

Krakau ist eine Stadt voller Kunstwerke und Erinnerungen an die Vergangenheit. Viele von ihnen kann man während eines Spaziergangs durch die Stadt kennen lernen, um andere zu sehen, muss man ein Museum besuchen (inklusive der einzelnen Filialen gibt es in Stadt etwa 50 davon). Die Kunstsammlungen sind reich, vielfältig und für jeden Geschmack. Sowohl für Bewunderer alter Flugzeuge als auch für Muschelsammler und für diejenigen, die der Malerei und/oder der Fotografie frönen.

Titelseite:
Museum für Pharmazie der
Jagiellonen-Universität

Unten:
Museum für Flugwesen
und Astronautik

Das Nationalmuseum

Das Nationalmuseum hat mehrere Filialen: das Hauptgebäude in der Aleja. 3 Maja 1, das Bischofspalais von Erazm Ciołek, die Galerie für Polnische Kunst des 19. Jh. in den Tuchhallen, das Jan-Matejko-Haus, das Stanisław-Wyspiański-Museum im Szołayski-Haus, das Józef-Mehoffer-Haus, das Emeryk-Hutten-Czapski-Museum, das Zentrum für Japanische Kunst und Technik „Manggha" und das Museum der Fürsten Czartoryski.

Das Hauptgebäude

Im Hauptgebäude, finden neben den Dauerausstellungen „Waffen und Farben in Polen", „Kunsthandwerk" und „Polnische Kunst des 20. Jh." häufig sehr interessante Zeitausstellungen statt – Informationen darüber findet man in der Presse oder im Zentrum für Kulturelle Information (▶346).

Die Galerie für Polnische Kunst des 20 Jh. bildet eine Einheit mit den Sammlungen in den Tuchhallen. Das Nationalmuseum hat sich die Aufgabe gestellt, ein umfangreiches Spektrum der polnischen Malerei, Bildhauerei, Zeichnung und Grafik vorzustellen. Unter den Exponaten befinden sich auch solche, die nach 1890 entstanden. In der Malerei sind die Werke von Jacek Malczewski (z.B. *Selbstbildnis in Weiß*), Jan Stanisławski (die größte Sammlung der Bilder dieses Malers), Józef Mehoffer (bemerkenswert sind seine Entwürfe der Glasgemälde) hervorzuheben. Sehenswert ist die Skulptur der *Schwangeren* von Xawery Dunikowski.

Das Leistungen der Formisten präsentieren Werke von Zbigniew Pronaszko, Leon Chwistek und Witkacy (hier befindet sich die größte Ölbildersammlung dieses Künstlers). Ein separater Raum ist den Krakauer Koloristen, u.a. Józef Pankiewicz, Józef Czapski und Wojciech Weiss gewidmet.

Die Ausstellung der Nachkriegskunst besteht hauptsächlich aus Werken der Krakauer Gruppe – Tadeusz Kantor, Maria Jarema, Tadeusz Brzozowski, Jerzy Nowosielski (die größte Bildersammlung dieses Künstlers), Kazimierz Mikulski. In einer anderen Ausstellung werden Werke von Alina Szapocznikow, Barbara Zbrożyna, Jacek Sempoliński und Andrzej Wróblewski präsentiert.

Wer den Gemälden Erinnerungen an Kriege vorzieht, dem sei die Ausstellung **„Waffen und Farben in Polen"** empfohlen, in der polnische militärische Ausrüstung vom Mittelalter bis zum Zweiten Weltkrieg präsentiert wird. Die Sammlung enthält kurze und lange Schusswaffen, altpolnische Rüstungen, deren Zierelemente und Armeeuniformen ab dem 18. Jahrhundert.

Die **Galerie des Kunsthandwerks** nimmt zehn Säle mit einer Fläche von etwa 1800 m ein. Der Besucher unternimmt eine Wanderung vom Mittelalter bis in die ersten Jahrzehnte des 20. Jahrhunderts, wobei er die Traditionen und die materielle Kultur Polens kennenlernt. Besonders sehenswert sind die silberne Schale aus Włocławek (Bunzlau; 10. Jh.), das Reliquiar von Kruszwica (12.Jh.), die Buntglasfenster aus den Krakauer Kirchen aus dem 13. Jh. sowie mittelalterliche Zierstickereien. Sehr kostbar ist der persische Gurt mit der Darstellung der Falkner (zweite Hälfte 17. Jh.) – ein weltweit seltenes Kunstwerk. Die Besichtigungsroute schließt mit der Ausstellung polnischer Gebrauchskunst aus den ersten Jahrzehnten des 20. Jahrhunderts ab.

Nationalmuseum, Hauptgebäude, al. 3 Maja 1, ☎0122955600, www.muz-nar.krakow.pl, Di u. Do: 10.00–16.00, Mi, Fr und Sa: 10.00–19.00, So: 10.00–15.00 Uhr, montags geschlossen, Eintritt in die einzelnen Galerien 6 Zl., ermäßigt 4 Zl., Eintritt in alle Galerien im Hauptgebäude 18 Zl., ermäßigt 12 Zl., donnerstags Eintritt frei; Besichtigung mit einem polnischsprachigen Guide 70 Zl., mit einem fremdsprachigen Guide 100 Zl. Anfahrt: Straßenbahnen #15 und 18, Busse #103, 114, 124, 164, 173, 179, 444.

Galerie Polnischer Kunst des 19. Jh. in den Tuchhallen

1879 wurde in Krakau die Wiederbelebung der Tuchhallen gefeiert. Das Fest wurde mit dem 50. Jahrestag des literarischen Schaffens von Józef Ignacy Kraszewski verbunden. Im Restaurant *Victoria*, während der Mittagsmahlzeit für die nobelsten Bürger der Stadt, schenkte Henryk Siemiradzki der Bevölkerung das berühmte Gemälde *Neros Fackeln*. Das Bild war das erste Exemplar der Sammlung der polnischen Malerei in den Tuchhallen, die heute Polens größte Bildersammlung aus dem 19. Jh. darstellt.

Die insgesamt 1452 Werke sind in vier Sälen untergebracht: im Saal der Aufklärung, im Piotr Michałowski-Saal, im Saal der Preußischen Huldigung und im Saal des Vierergespanns. Die Visitenkarten der Bildergalerie sind der *Wahn* von Władysław Podkowiński, die *Preußische Huldigung* von Jan Matejko und *Powiśle* von Aleksander Gierymski, damit sind allerdings nur einige wenige aufgezählt.

Im **Saal der Aufklärung** sind Porträts, Historien- und Genrebilder aus der 2. Hälfte des 17. Jh. ausgestellt. In diesem Saal herrschen Klassizismus und Vorankündigungen der bevorstehenden Romantik. Außer polnischen Malern (Aleksander Orłowski, Franciszek Smuglewicz, Kazimierz Wojniakowski) sind auch ausländische vertreten, u.a.: Marcello Bacciarelli, Per Krafft d. Ä. und Joseph Grassi.

In den Tuchhallen befindet sich Polens größte Sammlung der Gemälde von **Piotr Michałowski**. In jenem Saal, welcher nach

Neros Fackeln

Der Maler Henryk Siemiradzki hat das Thema des Märtyrertums der Christen aufgegriffen lange bevor Sienkiewicz den Nobelliteraturpreis für seinen Roman *Quo vadis* erhielt (1905). Über sein Gemälde *Neros Fackeln* schrieb er: „Seit einigen Dutzend Jahren hat kein Bild ein solches Aufsehen in Rom erregt". Das Echo dieses Ereignisses schallte weit über die Grenzen der Heiligen Stadt hinaus. Zu den Ausstellungen in München, Paris, Zürich, Wien und Petersburg strömten die Besucher, um das Werk des polnischen Malers zu Gesicht zu bekommen. Heute ist das riesige, 4 x 7 m große Gemälde von Siemiradzki in den Tuchhallen zu sehen. Bei Gelegenheit kann man es mit dem berühmten Roman von Sienkiewicz und ihrer letzten, umstrittenen Verfilmung vergleichen.

ihm benannt wurde, kann man Szenen des Angriffs bei Somosierra, Kinderporträts und virtuose Porträts von Bauern und Juden bewundern.

Im **Saal der Preußischen Huldigung** werden historische Bilder präsentiert. Neben Werken von Jan Matejko (*Preußische Huldigung, Kościuszko bei Racławice*) kann man hier das erste Bild der Tuchhallen-Sammlung betrachten: *Neros Fackeln, also die Leuchten des Christentums* von Henryk Siemiradzki sowie das erste polnische Bild, welches die Goldmedaille im Pariser Salon, im Jahre 1852 bekam (*Porträt des Generals Dembiński* von Henryk Rodakowski).

Den **Saal des Vierergespanns** beherrscht hauptsächlich Landschafts- und Genremalerei – realistische Bilder von Aleksander Gierymski, Józef Chełmoński (der Saal wurde nach seinem Gemälde *Das Vierergespann* benannt) und Adam Chmielowski.

Die Galerie der Polnischen Kunst des 19. Jh. in den Tuchhallen, Rynek Główny 1/3, ☎0124221166. Von September 2006 bis in das Jahr 2008 hinein sind die Sammlungen der Tuchhallen im Schloss in Niepołomice zu besichtigen. In die Tuchhallen kommen sie nach dem Abschluss der Renovierungs- und Restaurierungsarbeiten.

Jan-Matejko-Haus

Im Haus in der Ulica Floriańska, wo der Künstler geboren und groß wurde, ist eine dem Leben des Künstlers gewidmete Ausstellung untergebracht, außerdem werden dort auch Zeitausstellungen organisiert. Nachdem Matejko verstorben war, wurde beschlossen, sein Atelier detailgetreu zu rekonstruieren. Die Ausstellung umfasst Bilder, die er als junger Maler schuf, Porträts, Skizzen zu großen historischen Gemälden sowie Erinnerungsstücke. Beachtenswert sind die Schablonenkartons für die Wandmalereien in der Marienkirche. Sehr kostbar sind die Sammlungen des Malers. Sie enthalten Militaria, Gewebe, Säulenköpfe aus der Marienkirche (Werk von Veit Stoß oder von jemandem aus seiner Umgebung), Keramik, Gegenstände aus dem Orient und Kacheln aus dem 16.-18. Jh.

Jan-Matejko-Haus, ul. Floriańska 41, ☎0124230408, Di, Mi, Sa: 10.00–19.00, Do, Fr: 10.00–16.00, So: 10.00–15.00 Uhr, montags geschlossen; Eintritt 6 Zł., ermäßigt 4 Zł., donnerstags Eintritt frei; Besichtigung mit einem polnischsprachigen Guide 70 Zł., mit einem fremdsprachigen Guide 100 Zł.

Stanisław-Wyspiański-Museum

Nach einer langen Renovierungszeit (die Arbeiten begannen 1996, früher befand sich das Museum in der Ulica Kanonicza) ist endlich das Schild „vorübergehend geschlossen" am Szołayski-Haus verschwunden. Die im März 2004 eröffnete Ausstellung stellt die wichtigsten Anhaltspunkte des Schaffens von Stanisław Wyspiański dar – die Werke sind thematisch und chronologisch angeordnet. Zur Attraktivität der neuen Ausstellung tragen etwa dreißig bisher nicht ausgestellte Werke aus Privatsammlungen bei.

In acht Sälen in der ersten Etage sind Exponate ausgestellt, die mit seiner Ausbildung, mit seinen Reisen und mit seiner Zusammenarbeit mit Jan Matejko und Józef Mehoffer verbunden sind. Man findet dort auch die von Wyspiański entworfenen Interieurs sowie Gebrauchskunst. In diesem Teil der Ausstellung hängen auch Selbstbildnisse des Autors der *Hochzeit* sowie (von ihm geschaffene) Porträts seiner Freunde.

Zwischen den Stockwerken ist ein Teil des Entwurfs des auf Glas gemalten Bildes *Gottvater – Werde* untergebracht. Es ist eine hervorragende Einführung in die Ausstellung in der zweiten Etage, in der sich die von Wyspiański entworfenen Dekorationen für die Franziskaner- und Dominikanerkirche befinden.

Die zweite Etage hat neun Ausstellungssäle. Für diejenigen, die am Lebenslauf des Künstlers interessiert sind, ist das „Saphirfarbene Atelier" mit privaten Gegenständen und Familienfotos ein besonderer Leckerbissen. Ein Teil der zweiten Etage ist dem Wawel gewidmet: besonders sehenswert die Dokumentation des Frieses im Gesandtensaal.

Besonders hochwertig sind unter den Werken Wyspiańskis die Schablonenkartons für die Buntglasfenster und die Pastellbilder aus seiner Jugendzeit. Helenka hält seit einhundert Jahren immer noch ihr kleines Fingerchen an der roten Blumenvase und der blaue Hut wirft wie eh und je einen Schatten auf die traurigen Augen des kleinen Mädchens.

Stanisław-Wyspiański-Museum, ul. Szczepańska 11, ☎01222928183, Do u. Fr: 10.00–16.00, Mi u. Sa: 10.00–19.00, So: 10.00–15.00 Uhr, Mo u. Di geschlossen, Eintritt: 7 Zl., ermäßigt: 5 Zl., Do Eintritt frei.

Das Józef-Mehoffer-Haus

Das Haus in der Ulica Krupnicza erwarb Józef Mehoffer im Jahre 1932. Er gestaltete es wie ein Familienschlösschen, mit stilvollen Möbeln und Kunstwerken. Er wollte, dass es dem Hofe in Jankówka bei Krakau ähnelt, in dem er einst wohnte. Die von ihm gesammelten Kunstwerke machen das Mehoffer-Haus durchaus zu einem der größten Privatmuseen Polens.

Das Museum wurde 1996 eröffnet. Man kann hier Bilder von Mehoffer selbst, seine Sammlungen sowie an ihn erinnernde Gegenstände besichtigen. Die wertvollsten Exponate des Museums sind das Buntglasfenster *Glaube, Hoffnung, Liebe, Caritas* und das Bild *Die Weichsel bei Niepołomice*. Interessant ist ebenfalls die Sammlung japanischer Holzstiche aus dem 18. und 19. Jh.

Józef-Mehoffer-Haus, ul. Krupnicza 26, ☎0124211143, Di, Mi u. Sa: 10.00–19.00, Do u. Fr: 10.00–16.00, So: 10.00–15.00 Uhr, montags geschlossen. Eintritt: 6 Zl., ermäßigt: 4 Zl..; Besichtigung mit einem polnischsprachigen Guide 70 Zl., mit einem fremdsprachigen Guide 100 Zl.

Das Emeryk-Hutten-Czapski--Museum

Das Objekt besteht aus dem Palais und dem angebauten Pavillon. Erster Eigentümer der Sammlung war Emeryk Hutten--Czapski, ein Sammler und Numismatiker. Seine reichhaltige Bibliothek enthielt wertvolle Altdrucke, Autogramme und Stiche. In der Sammlung von Hutten-Czapski befinden sich Kontuschen (Kleidung des polnischen Adels), Porzellan- und Glaserzeugnisse, Münzen sowie Medaillen. Das Museum wurde 1901 eröffnet und bereits zwei Jahre später unter die Verwaltung des Nationalmuseums gestellt.

Sehr interessant ist das Münzkabinett im Erdgeschoss. Die Sammlung enthält neben in Polen geschlagenen auch antike Münzen. In der ersten Etage sind Altdrucke und Handschriften ausgestellt.

Emeryk-Hutten-Czapski- Museum, ul. Pilsudskego 12, ☏0124222733.

Das Zentrum für Japanische Kunst und Technik „Manggha"

Der Initiator und Begründer des Zentrums ist Andrzej Wajda. Der Bauentwurf stammt vom japanischen Architekten Arata Isozaki, der dem Gebäude die Form einer Welle verlieh, die an japanische Holzschnitte denken lässt und mit dem Weichsel-Bogen harmonisch zusammenwirkt. „Manggha" wurde 1994 eröffnet und sollte die Sammlungen der alten japanischen Kunst von Feliks „Manggha" Jasieński beherbergen.

In der Galerie ist die größte polnische Sammlung japanischer Holzstiche, Militaria und Arzneimittelkästchen augestellt. Häufig finden im Zentrum für japanische Kunst auch Zeitausstellungen, Konferenzen und Vorlesungen statt, es gibt hier Japanischkurse und Origami-Workshops.

Zentrum für Japanische Kunst und Technik „Manggha", ul. Konopnickiej 26, ☏0122670982, www.manggha.krakow.pl Di-So: 10.00-18.00 Uhr, Mo geschlossen; Eintritt 5 Zl., ermäßigt 3 Zl., Familienticket 8 Zl., dienstags Eintritt frei; Besichtigung mit einem polnischsprachigen Guide 70 Zl., mit einem fremdsprachigen Guide 100 Zl. Anfahrt: Straßenbahnen #18, 19, 22, Busse #103, 114, 124, 164, 173, 179, 444.

Museum der Fürsten Czartoryski

Im Museum der Fürsten Czartoryski befinden sich nachstehende Ausstellungen:
• Andenken zur Geschichte Polens vom 14. bis 18. Jh. (Palais);
• Galerie der Westeuropäischen Malerei (Palais);
• Galerie des europäischen Kunsthandwerks (Palais);
• Rüstkammer (Palais und „Klasztorek");
• Andenken aus Puławy („Klasztorek");
• Galerie Antiker Kunst (Arsenal);
• Zeitausstellungen (Palais und Arsenal).

Die Geschichte der Krakauer Czartoryski--Sammlung – des ältesten Museums Polens – begann außerhalb Krakaus, in Puławy, wohin die Fürstin Izabela Czartoryska die vor Raub und Vernichtung geretteten Kunstwerke brachte. Die wertvollen nationalen Erinnerungsstücke (zuweilen auch Merkwürdigkeiten, wie der Schädel von Jan Kochanowski, dessen Authentizität später von vielen Wissenschaftlern angezweifelt wurde) sind in die Sammlung der Czartoryski aus verschiedenen Orten Polens gelangt, auch vom Wawel. Im Park von Puławy entstanden die zwei ersten Gebäude des Museums: Sybillas Tempel und Gotisches Haus. Über dem Eingang in den Tempel Sybillas ließ die Fürstin das Motiv eingravieren, welches sie beim Sammeln der nationalen Andenken verfolgte: – *Vergangenheit für Zukunft*.

Nach der Niederlage des Novemberaufstands wurde der Sohn der Fürstin

Die Dame mit dem Hermelin ist die Perle der Czartoryski-Sammlung

Izabela, Adam Jerzy Czartoryski, Chef der Aufstandsregierung in Abwesenheit zu Tode verurteilt und das Familienvermögen konfisziert. Die Musealsammlungen konnten jedoch gerettet werden. Sie kamen zuerst nach Sieniawa, später nach Paris, wo sie seit Mitte des 19. Jh. im Hotel Lambert aufbewahrt wurden. Die Sammlungen bereicherte Władysław Czartoryski, der Enkel der Fürstin Izabela mit altägyptischen, griechischen und römischen Exponaten. Auch italienische Bilder aus dem Mittelalter und aus der frühen Renaissance kamen hinzu.

Es wurde beschlossen, die gesamte Kollektion nach Krakau zu verlegen, wo diese Entscheidung selbstverständlich mit Freude aufgenommen wurde. Die Stadt bestimmte für die Sammlung das Gebäude des Städtischen Arsenals. Nachdem weitere drei Häuser und ein Teil des Piaristenklosters dazugekauft wurden, begannen die Arbeiten an der Anpassung der Gebäude zur Ausstellung. Die Bauarbeiten leitete der französische Architekt Gabriel Ouradou.

1876 ist die Ausstellung im „Klasztorek", einem Teil des Museenensembles der Czartoryski eröffnet worden. Seit dieser Zeit wurde die Einrichtung als „Museum der Fürsten Czartoryski" bezeichnet. Bis in die Neunzigerjahre des 19. Jahrhunderts dauerten die Vorbereitun-

Ein Wiesel, ein Hermelin oder ein Frettchen?

Dies auszukundschaften ist schon ein Problem. Viele Bewanderte haben sich den Kopf zerbrochen, um festzustellen, welche Artenmerkmale bei dem Geschöpf auf dem berühmten Gemälde überwiegen. Alles umsonst. Auch wenn sich das Tierchen einmal in Tierkatalogen einfinden sollte (wie durch ein Wunder entdeckt), wird es gewiss „das Tier vom Bild von Leonardo da Vinci" heißen.

Es ist nicht das letzte der mit dem Porträt von Cecilia Gallerani verbundenen Rätsel. Warum hat z.B. ein unbekannter Maler im 19. Jh. den Hintergrund übermalt? Denn Maestro Leonardo war doch kein so großer Sauertopf, um die italienische Schönheit in Trauerflor zu hüllen. Der ursprüngliche Hintergrund war graublau (das merkt man an der Farbe an der Schulter; scharfe Beobachtungsgabe war schon immer ein Plus) und beleuchtet. Einer Röntgenaufnahme konnte entnommen werden, dass das Licht aus jener Richtung kam, welcher sich die Köpfe der Dame und des Hermelins (vel Wiesel, vel Frettchen) hinwenden. Es ist noch nicht das Ende der Änderungen aus dem 19. Jahrhundert. Die Korrekturen betrafen auch Cecilia selbst – unterstrichen wurden die Mundumrisse, die Nase wurde gepudert und die Halskette koloriert. Vielleicht geschah dies auf Wunsch der Fürstin Czartoryska selbst, welche das Aussehen der Porträtierten ihrem Begriff weiblicher Schönheit anpassen wollte? Nicht auszuschließen ist auch, dass sie sich dabei von der Sorge um das Kunstwerk leiten ließ: das Nussbaumbrett, auf welches Leonardo da Vinci die Ölfarben auflegte, begann sich oben links zu spalten. Der Riss wurde zwar behoben, es kann aber durchaus sein, dass dabei etwas mit dem Bild selbst passiert ist – vielleicht ist die Ursache für das Übermalen des Originals hierin zu suchen.

gen des Ausstellungsteils im Palais. Letztendlich entstand ein homogen eingerichtetes Museum mit Eichenregalen, Schränken und Vitrinen.

Die Naziokkupation bedeutete für die Sammlung der Czartoryski erhebliche Verluste. Die Deutschen raubten u.a. die Bilder von Leonardo da Vinci, Rafael und Rembrandt. Antike Münzen, Goldgegenstände und Gewebe sind nie aufgefunden worden.

1950 wurde die Sammlung dem Nationalmuseum übergeben. Zwölf Jahre später wurde die Bibliothek aus dem Arsenal in ein neues Gebäude in der Ulica św. Marka 17 verlegt. Anfang der Neunzigerjahre des 20. Jahrhunderts hat ein Nachkomme der Familie Czartoryski, Adam Karol, die Stiftung der Fürsten Czartoryski am Nationalmuseum gegründet.

Im Besitz der Galerie für Westeuropäische Malerei befinden sich fast 400 Staffeleibilder, vom Mittelalter bis zum Klassizismus hin. Am bekanntesten ist die *Dame mit dem Hermelin* von Leonardo da Vinci. Allein um dieses Bild zu sehen, lohnt es sich, die Ausstellung zu besuchen. Das Werk ist sehr häufig auf Reisen: es war schon bei Ausstellungen in Italien, Japan und kürzlich in den USA. Jetzt haben jedoch die Denkmalpfleger und Restaurateure eine zehnjährige Pause in den Reisen angeordnet. Überwältigend ist auch das Gemälde von Rembrandt *Landschaft mit dem barmherzigen Samariter*. Die *Verkündigung* von Meister Jerzy aus Krakau von 1517 ist eines der schönsten Beispiele der polnischen sakralen Malerei.

Im Arsenal (in der ul. Pijarska, gegenüber der Kunstgalerie) sind Kunstwerke und Gebrauchsgegenstände aus altertümlichen Ägypten, Babylonien, Assyrien, Griechenland, Etrurien und Rom untergebracht, u.a. zwei ägyptische Sarkophage mit Mumien aus den Dynastien 21. und 24. Bücherfreunde sollten die Bibliothek der Czartoryski besuchen, in der sie eine der wertvollsten polnischen Sammlungen historischer Schriften ab dem 10. Jh. vorfinden.

Museum der Fürsten Czartoryski, ul. św. Jana 19, Pijarska 8 (Arsenal), ☎0124225566, www.Museum-Czartoryski.krakow.pl, Di u. Do: 10.00–16.00, Mi, Fr u. Sa: 10.00–19.00, So: 10.00–15.00 Uhr, montags geschlossen, Eintritt: 9 Zl., ermäßigt: 6 Zl., donnerstags Eintritt frei; Besichtigung mit einem polnischsprachigen Guide 95 Zl., mit einem fremdsprachigen Guide 120 Zl.

Bibliothek der Fürsten Czartoryski, ul. św. Marka 17, ☎0124221172, Bibliothek 8.00–14.00, Lesesaal Mo-Fr: 9.00–13.45 (Drucke- und Handschriftenbestellungen); 17.00–19.45, Sa: 9.00–13.45 Uhr (ohne Bestellungen).

Museum der Jagiellonen-Universität

Diese altehrwürdige Einrichtung befindet sich im Collegium Maius (▶158), dem ältesten Gebäude der Krakauer Akademie. Besichtigt werden können die Säle in der ersten Etage, von der Libraria bis zur Aula.

In den **Bibliothekssaal** gelangt man durch ein gotisches Portal – Porta Aurea (Goldenes Tor) von 1492. Beachtenswert ist hier das spätgotische Gewölbe aus 30 Feldern. Die Ausstattung ergänzen Büsten von Künstlern und Gelehrten aus Marmor und Gips sowie Porträts der Professoren der Akademie. Interessant sind rekonstruierte Instrumente von Nikolai Kopernikus: u.a. das Triquetrum und der Quadrant.

In der Gemeinschaftsstube, der sog. **Stuba Communis**, stehen Rekonstruktionen alter Tische, an welchen die Gelehrten ihre Mahlzeiten einnahmen. Hinter den Tischen befindet sich eine Eichentreppe, die Anfang des 18. Jahrhunderts in Danzig angefertigt wurde. Der barocke Schrank im Speisesaal stammt ebenfalls aus Danziger Werkstätten. Auf den Regalen der rekonstruierten Holzverkleidung werden Zinngefäße aus dem 17.-19. Jh. präsentiert. Im gotischen Erker befindet sich die Figur von Kazimierz Wielki aus dem Jahre 1380.

Im verglasten Safe der **Schatzkammer** sind die Insignien des Rektors ausgestellt: Zepter aus dem 15. Jh., die Rektorkette, Ringe und Siegel – ein der wenigen erhaltenen derartigen Sammlungen weltweit. Ein bemerkenswertes Exponat ist der berühmte Jagiellonen-Globus aus dem Jahre 1510, ein Werk von Jan aus Stobnica. Es ist der erste Globus, auf dem Amerika eingezeichnet ist – das neu entdeckte Kontinent (die Inschrift auf dem Globus lautet: *America terra noviter reperta*). Die Schatzkammer enthält auch die einzige erhaltene Skizze von Veit Stoß, den Entwurf des Altars für die Nürnberger Karmeliterkirche von 1517. Im weiteren Teil der Schatzkammer sieht man zwei persische Teppiche, ein Werk der östlichen Wollweber aus dem 17. Jh. Des Weiteren befinden sich dort ein venezianischer Kelch aus dem 15. Jahrhundert sowie Erinnerungsstücke an Stanisław August Poniatowski.

Die Professorenräume stellen zwei rekonstruierte Residenzen dar. Im ersten wohnte Antoni Żołędziowski, der Rektor der Hochschule in der Zeit der von Hugo Kołłątaj durchgeführten Schulreform. Im zweiten Raum sind Erinnerungsstücke an den General Józef Chłopicki, an Kazimierz Brodziński und Ambroży Grabowski untergebracht. Grabowski (1782–1868), ein Historiker, Buchhändler und Herausgeber war ein Mann von Bildung und ein leidenschaftlicher Sammler. Sein Verdienst ist die Identifizierung des Autors des Altars in der Marienkirche. Im Jahre 1822 hat er einen Krakauführer verfasst, der sich großen Zuspruchs erfreute und bis Anfang des 20. Jahrhunderts mehrmals neu aufgelegt wurde.

Im **Kopernikus**-Raum werden astronomische Werkzeuge aus der 2. Hälfte des 15. Jh. präsentiert, u. a. ein Astrolabium, ein Torquetum und ein Himmelsglobus. Sehr interessant ist das Astrolabium aus Córdoba – ein Instrument arabischer Astronomen von 1054.

Die **Aula** im Collegium Maius ist der älteste Saal der Universität. Beachtenswert ist die schöne Kassettendecke aus der Renaissance. Heute ist sie Sitzungssaal des Senats der Universität, hier finden auch Promotionen, Habilitationen und Verleihungen der Ehrendoktortitel statt. An der Wand am Eingang stehen Bänke für das Publikum, auf der anderen Seite nehmen die Mitglieder des Senats Platz, in der Mitte steht der Rektorpult.

Der Himmelsglobus

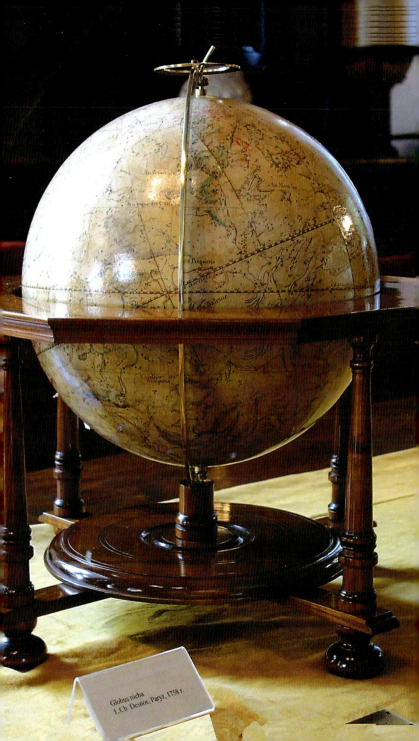

Globus nieba
J.Ch. Desnos, Paryż, 1758 r.

Im Museum der Jagiellonen-Universität kann man auch eine Skulpturen- und Malereigalerie sowie eine Ausstellung wissenschaftlicher Instrumente mit einer interaktiven, edukativen Darstellung „Alte und neue Wissenschaften" besichtigen.

Museum der Jagiellonen-Universität, ul. Jagiellońska 15, ☎0124220549, www3.uj.edu.pl/Museum Mo-Fr: 11.00–14.20, Sa: 11.00–13.20 Uhr, sonntags geschlossen; Gruppenbesichtigung mit Guide alle 20 Minuten; Vorbestellung erbeten; Eintritt: 12 Zł., ermäßigt: 6 Zł., samstags Eintritt frei. Die Plastiken- und Gemäldegalerie und die Ausstellung wissenschaftlicher Instrumente können während der Öffnungszeiten des Museums nur nach vorheriger Vorbestellung besichtigt werden. Der Innenhof des Collegium Maius ist täglich bis Anbruch der Dunkelheit geöffnet.

Museum für Geschichte der Fotografie

Das 1986 eröffnete Museum ist das einzige in Polen, wo ausschließlich mit der Fotografie im Zusammenhang stehende Objekte gesammelt werden. Am beachtlichsten sind die Daguerrotypien, Fotografien auf denen Paris während der Belagerung im Jahre 1871 dargestellt ist, Aufnahmen des Verteidigungskriegs von 1939, Landschaften japanischer Inseln und italienische Städtelandschaften. Interessant sind die farbigen Diapositive von Tadeusz Rzący aus der Zeit 1908–1912 und die Fotografien des in der Zwischenkriegszeit bekannten Fotografen und Theoretikers der Fotografiekunst, Jan Bułhak.

Vor kurzem wurde eine Sammlung der modernen polnischen und ausländischen Fotografie angelegt. Besonders sehenswert sind die Arbeiten von Edward Hartwig, einem der besten polnischen Künstlerfotografen. Das Museum verfügt außerdem über eine große Sammlung von Fotoapparaten: Handkameras und solche, die in Ateliers benutzt werden, sowie über 150 Jahre alte fotografische Ausrüstung.

Das Museum organisiert sowohl Autoren- als auch thematische Ausstellungen. In den letzten Jahre waren es u.a.: „Afghanistan im Feuer" und „Ground Zero – A Tribute to America". Häufig finden Ausstellungen über Krakau, seine Geschichte und Einwohner statt. Die Museumsbibliothek zählt etwa 5000 Bände.

Museum für Geschichte der Fotografie, ul. Józefitów 16, ☎0126345932, www.mhf.krakow.pl, Mi-Fr: 11.00–18.00, Sa u. So: 10.00–15.30 Uhr; Eintritt: 5 Zł., ermäßigt: 3 Zł., sonntags Eintritt frei.

Archäologisches Museum

Seit Indiana Jones steht der Beruf des Archäologen in der Hierarchie der Traumberufe der Kinder (und nicht nur) gleich neben dem eines Fliegers, eines Fußballers bei Ajax Amsterdam und eines amerikanischen Polizisten. Das Archäologische Museum ist ein Beweis dafür, dass Archäologie eine abenteuerische Wissenschaft ist – ein Abenteuer, dank dem man Vieles lernen kann.

Getreide wie vor Jahrhunderten mit der Handmühle mahlen? Warum nicht? Eigenhändig eine Halskette machen, die aussieht als wäre sie vor 1000 Jahren angefertigt worden? Klar. Alle diese Attraktionen werden Jugendlichen angeboten, die das Museum besuchen und an den

Workshops, im Rahmen welcher man die materielle Kultur unserer Ahnen kennenlernen und ihre uralte Welt besuchen kann, teilnehmen wollen.

Die Sammlungen des Museum in der Ulica Poselska sind in thematische Abteilungen gegliedert. So werden gesondert Funde aus dem Paläolithikum, Mesolithikum und Neolithikum, aus der Bronze- und aus der frühen Eisenzeit, aus der La--Tène- und römischen Zeit, aus dem Mittelalter und aus der Neuzeit präsentiert. Es gibt auch die Abteilungen: Krakau vor der Stadtlokation, Mittelmeerarchäologie und außereuropäische Zivilisationen.

Sehenswert sind ebenfalls die Steinstatue des Götzen Światowid (7./8. Jh.), die in Zawada Lanckorońska gefundenen Silbererzeugnisse aus dem 9. Jh. sowie die Goldgegenstände aus dem Grab eines hunnischen Kriegers in Jakuszowice. Die aus einigen Hundert Exemplaren bestehende Silbermünzensammlung von Mieszko I. und Bolesław Chrobry vom Anfang des 11. Jh. wird sicherlich das Interesse der Numismatiker finden. Sehenswert sind auch die Eisenöfen aus den ersten Jahrhunderten unseres Zeitalters aus dem Heiligkreuzgebirge – die ersten Vorboten der Eisenhütten, die Funde aus den Hügelgräbern der Sciten in Ryżanówka sowie die europaweit einzige Sammlung bemalter Gefäße aus dem Neolithikum, die in Biltsche Solote in der Ukraine gefunden wurden.

Außer polnischen Sammlungen kann man hier historische Exponate aus Ägypten und Kleinasien besichtigen. Auch Amateure und Kenner der Kultur der Inka finden hier etwas für ihren Geschmack – diese Sammlung verdankt das Museum Władysław Kluger, dem Ingenieur, Professor für Hydraulik in Lima, dem Architekten und passionierten Sammler von Gegenständen, die aus der alten Kultur der südamerikanischen Indianer stammen.

Neben Dauerausstellungen werden hier Zeitausstellungen präsentiert, u. a. „Götter im altertümlichen Ägypten", „Prähistorische Töpferkunst". Sehr interessant ist die Ausstellung „Ur- und Frühgeschichte Kleinpolens", bei welcher man ungestresst die Geschichte unserer Region kennenlernen kann (▶123). Wunderschön ist auch der Museumsgarten, in dem häufig Konzerte stattfinden

Alljährlich veranstalten die Archäologen im Frühsommer in Branice (Anfahrt: Straße nach Sandomierz – 18 km von Krakau entfernt) ein Archäologisches Fest. Die Feste in den vergangenen Jahren erfreuten sich eines großen Zuspruchs. Unter anderem fanden sie unter den Stichwörtern „Es sind nicht die Heiligen, die Töpfe machen", „Was tut man in den Topf") statt. Es ist auch kein Wunder, denn man hat nicht jeden Tag die Gelegenheit, eine Sichel aus Feuerstein in der Hand zu halten oder mit einem römischen Legionär zu plaudern.

Archäologisches Museum, ul. Poselska 3, ☎0126345932, www.ma.krakow.pl, Mo-Mi: 9.00–14.00, Do: 14.00–18.00, Fr u. So: 10.00-14.00 Uhr, samstags geschlossen; Eintritt: 7 Zł., ermäßigt: 5 Zł.

Museum für Polnische Luftfahrt

Das Museum entstand auf dem Gelände des ersten Krakauer Flughafens Rakowice. Unter den 300 Exponaten befinden sich die französische Flugmaschine „Antoinette" von 1909, mit welcher der Flugversuch über den Kanal La Manche stattfand, Kriegsflugzeuge aus dem ersten Weltkrieg und das weltweit einzige, so gut erhaltene russische Flugboot Grigorowitsch M-15 von 1916.

Die Sammlung besteht aus 176 Flugzeugen, 7 Propellermaschinen und 22 Segelflugzeugen. Beachtenswert ist die Sammlung von über einhundert Flugzeugmotoren. Auf dem Flughafengelände sind fast alle Düsenjäger ausgestellt, die seit den Fünfzigerjahren des 20. Jahrhunderts von den Polnischen Streitkräften genutzt wurden. Die sog. Mig-Allee zieht alljährlich zahlreiche Besucher an.

Im Krakauer Flugzeugmuseum befindet sich ein Teil der erhaltenen deutschen Flugzeugsammlung, die in Berlin unter dem wachsamen Auge von Göring selbst entstand. Die Bombardierung Berlins von 1943 haben nur einige Dutzend Flugzeuge überstanden. Diejenigen, welche sich im besten Zustand befanden, sind hinter die Oderlinie transportiert und in der Gegend von Piła untergebracht worden. 1945 wurden sie von dort in die Nähe von Posen, 1950 nach Pilawa bei Warschau, dann nach Breslau gebracht, um schließlich 1963 ihren ständigen Platz im neu entstandenen Luftfahrtmuseum in Krakau zu finden. Seit 1983 versucht das Deutsche Technikmuseum Berlin (ehemals Berliner Museum für Verkehr und Technik) die Sammlung nach Deutschland zu holen. Es ist ungewiss, welches Ende dieser Streit nehmen wird, bislang stehen die Maschinen in den Krakauer Hangars.

Museum für Polnische Luftfahrt, al. Jana Pawła II 39, Krakau – Czyżyny, ☎0126428700, www.Museumlotnictwa.pl, Mo: 9.00–17.00 (nur das Museum im Freien); Di-Fr: 9.00–17.00, Sa u. So: 10.00–16.00 Uhr, Eintritt: 7 Zł., ermäßigt: 4 Zł., montags Eintritt frei, Anfahrt: Straßenbahnen #4, 5, 9, 10, 15.

Versicherungsmuseum

Die Idee, ein derartiges Museum entstehen zu lassen, war mutig und sensationell – bislang ist niemand auf einen solchen Gedanken gekommen. So ist das 1987 eröffnete Krakauer Versicherungsmuseum das einzige weltweit. Allein diese Tatsache ist ein Grund dafür, einen Besuch dieses Museums unbedingt einzuplanen.

Die Ausstellung präsentiert gesammelte amtliche Dokumente, Policen und Fotografien. In der Einrichtung werden ebenfalls die Geschichte und die Entwicklung des Versicherungssystems in Polen erforscht.

Versicherungsmuseum, ul. Dunajewskiego 3, ☎0124228811, Di-Fr:. 9.00–11.00; Eintritt frei.

Ethnographisches Museum

1902 präsentierte die Gesellschaft für Polnische Angewandte Kunst die Ausstellung „Volkskunst aus der Sammlung von Seweryn Udziela". Udziela war Volksschullehrer in Galizien und ein leidenschaftlicher Sammler. Zwei Jahre später entstand im Krakauer Nationalmuseum eine Abteilung, deren Aufgabe es war, die wichtigsten Objekte der Volkskultur zu sammeln, zu dokumentieren und auszustellen. Seit 1911 ist das Ethnographische Museum eine selbständige Einrichtung. Im Jahre 1949 wurde es im ehemaligen Rathaus von Kazimierz untergebracht. Die Sammlung wurde nach und nach vielfältiger und reicher und wird heute auf etwa 61 000 Exponate geschätzt.

Neben polnischen ethnografischen Präsentationen (Krakauer, Podhale [Vorland der Polnischen Tatra] und niederschlesische Stube, Handwerkstätten, Trachten- und Volksinstrumentensammlung) befinden sich hier wertvolle Kulturobjekte der Volksstämme Afrikas, Amerikas, Asiens und Ozeaniens (wie z.B. die einzigartige Sammlung von Theaterpuppen aus Java oder sibirischer Felle).

In der Nähe des Plac Wolnica, in der Ulica Krakowska 46, befindet sich eine Filiale des Museums, in der Zeitausstellungen stattfinden.

Ethnographisches Museum „Seweryn Udziela", pl. Wolnica 1, ☎0124306023, www.mek.krakow.pl, Mo, Mi-Fr: 10.00-17.00, Sa u. So: 10.00-14.00 Uhr, dienstags geschlossen; Eintritt: 6,50 Zł., ermäßigt: 4 Zł.; Besichtigung mit einem Guide nach vorheriger Vereinbarung. Anfahrt: Straßenbahnen #6, 8, 10.

Historisches Museum der Stadt Krakau

Die Idee, in Krakau eine Einrichtung zu gründen, in welcher nationale Andenken sichergestellt und aufbewahrt werden, gab es bereits in den Sechzigerjahren des 19. Jahrhunderts. Erst 1899 entstand jedoch die Abteilung für Historische Akten – der Ansatz des heutigen Historischen Mu-

Krakauer Weihnachtskrippen

Am ersten Donnerstag im Dezember versammeln sich am Adam-Mickiewicz-Denkmal am Markt viele Menschen – es beginnt das große Fest der Krippenbauer. Das um zwölf Uhr Mittags vom Turm der Marienkirche erklingende Trompetenlied ist ein Zeichen dafür, dass es an der Zeit ist, ins Palais Krzysztofory zu ziehen, wo sich die Jury versammelt.

Die Tradition der Weihnachtskrippen, in denen die Geburt von Jesus dargestellt wird, stammt aus dem mittelalterlichen Italien. In Polen wurde sie im 13. Jh. über die Franziskaner bekannt. Die Krakauer Krippen sind eine europäische Besonderheit, da die Krippenbauer sich von Anfang an an der Krakauer Architektur orientierten und in ihren Werken winzige Kirchen, Palais, Schlösser und Häuser darstellten. Im 19. Jh. konnte man in Krakau sogar von einer Handwerksinnung der Krippenbauer sprechen; das Basteln der kleinen Häuschen war eine lukrative Beschäftigung. Die Weihnachtssternsinger zogen von Haus zu Haus, sangen, rezitierten und führten ihre bunten Krippen vor. Diese Tradition wurde durch den Zweiten Weltkrieg unterbrochen, es gelang jedoch, sie wieder aufleben zu lassen. Seit 1945 findet der Krippenwettbewerb unter der Schirmherrschaft des Historischen Museums statt.

seums. Selbständig arbeitete die Filiale seit 1945 und 20 Jahre später wurde das Museum im Palais Pod Krzysztofory (Rynek Główny 35, ▶114) untergebracht, das bis heute dessen Hauptsitz ist.

Die Besichtigung von Krzysztofory ist eine Geschichtslektion: sie ermöglicht, die Geschichte der polnischen Nationalaufstände, die Zeit der Krakauer Republik und der Galizischen Autonomie, die Geschehnisse der königlichen Stadt während des ersten Weltkrieges und in der Zeit der II. Republik kennenzulernen. Sehr kostbar sind Andenken an herausragende historische Persönlichkeiten, u.a. Generalsepauletten (Schleifen) von Tadeusz Kościuszko, der Adler vom Flaggstock Langiewiczs, die Fahne Tyssowskis – des Diktators des Aufstands von 1846. In der Rüstkammer sind diverse Waffen ausgestellt. Ein sehr interessantes Exponat ist die auf Anfang des 17. Jahrhunderts datierte, aus einer Nürnberger Werkstatt stammende Tafel mit dem Heiligen Elegius, dem Patronen der Goldschmiede.

Im Palais Pod Krzysztofory wird die von Stanisław Wyspiański entworfene Tracht des Lajkonik aufbewahrt. Vor allem werden jedoch die Besucher durch die größte Attraktion des Museums – die Sammlung der Krakauer Weihnachtskrippen – einer lebendigen Tradition der Stadt, angezogen.

Historisches Museum der Stadt Krakau, Rynek Główny 35, ☎0126192320, www.mhk.pl, 2. November–28. April: Mi, Fr-So: 9.00–16.00, Do: 10.00–17.00, Mo u. Di geschlossen, 29. April–29. Oktober Mi-So: 10.00–17.30 Uhr, Mo u. Di geschlossen. Zeitausstellung an jedem 3. Sonntag des Monats geschlossen, Dauerausstellung an jedem 2. Sonntag des Monats geschlossen. Eintritt: 6 Zl., ermäßigt: 4 Zl., samstags Eintritt frei, Audioführer (polnisch, englisch, deutsch) 7 Zl. + Pfand 50 Zl.

Alte Synagoge

Vor den Besuchern der Synagoge eröffnet sich eine faszinierende, vergangene Welt, von welcher nur Erinnerungsstücke erhalten sind. Die Jüdische Abteilung in der Alten Synagoge (i223) ist das einzige Museum dieser Art in Polen. Der Ansatz der heute reichen Sammlung jüdischer Andenken ist auf das Jahr 1958 zurückzuführen – damals begann man, die Objekte zusammenzutragen. Die präsentierten Exponate, die mit der jüdischen Tradition und Religion verbunden sind, jüdische Bilder, Zeichnungen und Fotografien, auf welchen die Kultur der Krakauer Juden und deren Vernichtung festgehalten sind, ermöglichen die jüdische Geschichte zu verfolgen.

Besonders sehenswert sind die ausgestellten Elemente der jüdischen Kleidung, u. a. das traditionelle Gebetstuch (Talit) und die Kopfbedeckung der Männer: alltägliche und festliche Jarmulkas (Kippot) sowie samstags getragene Pelzmützen.

Eine echte Kostbarkeit ist die Fotosammlung von Ignacy Krieg aus dem 19. Jh. mit Aufnahmen von Juden aus Krakau und Umgebung. Sehenswert sind auch die Gemälde von Mehoffer, Gottlieb und Popiel.

Alte Synagoge – Geschichte und Kultur der Juden, ul. Szeroka 24, ☎0124220962, 2. November–2. April Mo: 10.00–14.00, Mi, Do, Sa u. So: 9.00–16.00, Fr:

Der Rathausturm

10.00–17.00 Uhr, dienstags geschlossen, 3. April – 29. Oktober, Mo: 10.00–14.00, Di-So: 10.00–17.00 Uhr, Eintritt: 7 Zl., ermäßigt: 5 Zl., montags Eintritt frei.

Schlesisches Haus

Das Schlesische Haus entstand im Jahre 1936 als Symbol des Rückanschlusses Schlesiens an Polen. In dem hier befindlichen Studentenheim wurden u.a. Exkursionsteilnehmer aus Schlesien untergebracht. Während des Zweiten Weltkrieges war das Haus Sitz der Gestapo, nach dem Einmarsch der Sowjettruppen Amt für Staatssicherheit. Heute befindet sich hier die Filiale des Historischen Museums für Kampf und Märtyrertum der Polen.

Neben der Dauerausstellung „Krakau zwischen 1939 und 1956" werden im Schlesischen Haus Erinnerungsstücke an die polnische Widerstandsbewegung gezeigt, u. a. konspirative Zeitungen und Partisanenwaffen, Uniforme der Polnischen Armee von 1939, Fotografien aus der Kriegszeit sowie deutsche Bekanntmachungen aus der Zeit der Okkupation.

Schlesisches Haus – Krakau zwischen 1939 und 1956, ul. Pomorska 2, ☎0126331414, 2. November–28. April Di, Do-So: 9.00–16.00 Uhr, Mi: 10.00–17.00 Uhr, montags geschlossen. 29. März–29. Oktober Di-So: 10.00–17.30 Uhr, montags geschlossen – geöffnet nur am zweiten Sonntag des Monats, Eintritt frei.

Zielstand – Celestat

Der Krakauer Schützenverein (▶255) blickt auf eine 700 Jahre währende Aktivität zurück. Nach der Auflösung des Schützenvereins wurden die Erinnerungsgegenstände im Jahre 1951 dem Historischen Museum übergeben. Die Sammlung bereichert eine Schenkung der Europäischen Schützenvereine an den Celestat von 1998.

Die Sammlungen sind in vier Sälen untergebracht (Rüstkammer, Kleine Schatzkammer, Schießsaal, Bracka-Saal). Sehenswert sind die Porträts der Krakauer Schützenkönige (das erste Porträt stammt aus dem Jahre 1834) und deren Machtinsignien: das Zepter, die Stäbe und die Ketten. Die Ausstellung im Celestat enthält auch eine Sammlung von Medaillen, Dokumenten und Fotografien zur sieben Jahrhunderte langen Geschichte des Schützenvereins.

Celestat, ul. Lubicz 16, ☎0124293791, 2. November–28. April Di, Mi, Fr, Sa: 9.00–16.00, zweiter Sonntag des Monats: 9.00–16.00, Do: 11.00–18.00, montags geschlossen; 29. April–29. Oktober Di, Mi, Fr, Sa: 9.00–16.00, Do: 11.00–18.00 Uhr, sonntags u. montags geschlossen, Eintritt: 5 Zl., ermäßigt: 3,50 Zl., Samstag Eintritt frei. Anfahrt: Straßenbahnen #4, 5, 10, 14, 15.

Der Rathausturm

Beachtenswert sind die Steinmetzzeichen (persönliches Signum eines Steinmetzen) von 1444 (im Erdgeschoss) und das Werk der von der Handwerkskammer gestifteten Uhr.

Rathausturm, 22. April–29. Oktober, täglich 10.30–18.00 Uhr, Eintritt: 5 Zl., ermäßigt: 3,50 Zl.

Das Hipolit-Haus

Der älteste Teil des Hauses stammt aus der Gotik, bei späteren Umbauten bekam es architektonische Merkmale, die für die Renaissance kennzeichnend sind. Beachtenswert sind das frühbarocke Portal und das klassizistische Eingangtor. In der ersten Etage sind die gegen Ende des 17. Jh. entstandenen Stuckarbeiten von Balthasar Fontana sehenswert.

Sehr interessant ist die Uhrensammlung, die zu den größten in Polen gehört. Beachtenswert sind unter den alten historischen Zeitmessern das Werk der Kacheluhr, eine deutsche Türmchenuhr von 1600 und die Taschenuhr mit dem Bildnis Kościuszkos, hergestellt von der Firma Patek.

In der zweiten Etage befindet sich ein typisches Krakauer Interieur aus dem Ende des 19. Jahrhunderts.

Das Hipolit-Haus, pl. Mariacki 3, ☎0124224219.

Das Haus zum Kreuz

Das Haus zum Kreuz stammt aus dem Mittelalter. Es ist bekannt, dass hier in der ersten Hälfte des 15. Jahrhunderts ein Krankenhaus für arme Studenten eingerichtet wurde. Das Haus wurde zweimal, zum ersten Mal im Stil der Renaissance und später, in der ersten Hälfte des 19. Jahrhunderts im klassizistischen Stil umgebaut. An die früheren Zeiten erinnert der gotische Saal mit dem Kreuzrippengewölbe.

Erinnerungsstücke, die mit dem Theater zusammenhingen, wurden zuerst im Museum für Kunstindustrie aufbewahrt, später wurden sie dem Historischen Museum übergeben. Die Dauerausstellung „Geschichte der Krakauer Theater" enthält Exponate aus dem Alten Theater, aus dem Słowacki-Theater, aus dem Kabarett „Zielony Balonik" („Grüner Ballon") und aus dem Rhapsodie-Theater. Man findet hier auch Andenken an herausragende Schauspieler, u.a. an Ludwik Solski und Helena Modrzejewska. Alte Plakate, Programmhefte und Requisite lassen die Zeiten ehemaliger Premieren und der Blumenkörbe in den Garderoben der Schauspieler wieder aufleben.

Beachtenswert sind die Kostüme für die Inszenierung des Dramas *Bolesław Śmiały* von Stanisław Wyspiański, die vom Verfasser selbst entworfen wurden. Aufmerksamkeit verdienen die Dokumentation und die Skizzen des Künstlers. Interessant ist ebenfalls das in der Mailänder Werkstatt von Luigi Caramba genähte Kostüm, in welchem Jadwiga Mrozowska die Antoinette in der Komödie Molières "*Der eingebildete Kranke*" spielte (1905).

Haus zum Kreuz – Oddział Teatralny, ul. Szpitalna 21, ☎0124226864, 2. November–30. April: Di, Do-Sa: 9.00–16.00, Mi: 10.00–17.00, zweiter Sonntag des Monats: 9.00–16.00, montags geschlossen 1. Mai- -30. Oktober Di-Sa: 10.00–17.30, zweiter Sonntag des Monats: 10.00–17.30 Uhr, montags geschlossen, Eintritt: 5 Zł., ermäßigt: 3,50 Zł., samstags Eintritt frei.

Museum der Heimatarmee (AK)

Es ist das einzige Museum dieser Art in Polen. Es entstand im Jahre 1992, nach der Renovierung und Umbauarbeiten wurde es im Jahre 2000 wiedereröffnet. Sehenswert sind die Waffen der Heimatarmee sowie Gegenstände und Dokumente, die mit der Aktivität der Heimatarmee in Verbindung stehen. Besonders wertvoll sind die Ausweise der Soldaten, die am Warschauer Aufstand teilnahmen.

Museum der Heimatarmee (AK), ul. Wita Stwosza 12,

☎0124303373, www.Museum-ak.krakow.pl, Di-Fr:
11.00–18.00 Uhr.

Naturkundemuseum

Die erste Ausstellung fand hier im Jahre 1888 statt. Die Besucher konnten damals ornithologische Exponate aus der Sammlung von K. Wodzicki sowie eine geologische und paläontologische Ausstellung besichtigen. 1929 ist dem Museum das in Starunia, 130 km von Lemberg ausgegrabene, berühmte Wollnashorn „zugewandert". Das Tier zählt etwa 30 000 Jahre und ist weltweit das einzige so gut erhaltene Fundexemplar des Vertreters der Gattung *Coelodonta antiquitatis*.

Dauerausstellungen: „Ozeanarium", „Bernstein in der Wissenschaft und in den Sammlungen", „Weichtiere", „Die Fauna des Pläistozen in Polen".

Naturkundemuseum, ul. Sebastiana 9, ☎0124228937, Mo-Do: 9.00–17.00, Fr-So: 9.00–18.00 Uhr, Eintritt: 15 Zl., ermäßigt: 10 Zl., Besichtigung mit einem Guide 20 Zl.

Museum für Pharmazie der Jagiellonen-Universität

Weltweit gibt es nur wenige derartige Einrichtungen. Das Museum entstand 1946.

Es hat insgesamt 12 Ausstellungssäle. Sehr gelungen ist die Rekonstruktion der Apotheke. Sie vermittelt dem Besucher einen Eindruck über die ehemalige Welt des Medizin und der Apothekenwesens.

Man kann auch sehen, wie die einstigen Labore aussahen, sich davon überzeugen, dass vor Jahrhunderten in Apotheken Wein verkauft wurde (zu Heilzwecken selbstverständlich) Besonders wertvolle Ausstellungsstücke sind zwei Graphitgefäße aus dem 16. Jahrhundert.

Museum für Pharmazie der Jagiellonen-Universität, ul. Floriańska 25, ☎0124219279, Di: 15.00–19.00, Mi-So: 11.00–14.00 Uhr, montags geschlossen, Eintritt: 6 Zl., ermäßigt: 3 Zl.

Dokumentationszentrum der Kunst von T. Kantor – Cricoteka

Man kann sich das Welttheater ohne Tadeusz Kantor kaum vorstellen. Seine Inszenierungen machten ihn weltbekannt und die Aufführungen von Cricot 2 elektrisierten die Zuschauer auf allen Breitengraden.

1980 entstanden zwei Zentren, deren Ziel die Dokumentation des Lebenswerkes von Kantor war. Eine Cricoteka entstand in Krakau, die zweite in Florenz. Heute, nach dem Tode des Künstlers (1990) blieb an Orten, mit denen das Theater Cricot 2 einst verbunden war, immer noch etwas von der Atmosphäre wahrhaftiger Kunst hängen. Es lohnt sich also wirklich, dem Theatergenie näher zu kommen, indem man die von Cricoteka zur Verfügung gestellten Skizzen, Bühnenentwürfe, Requisite und audiovisuelles Material studiert.

Dokumentationszentrum der Kunst von Tadeusz Kantor – Cricoteka, ul. Szczepańska 2, ☎0124216975, www.cricoteka.com.pl, Archiv ul. Kanonicza 5, ☎0124228332, Mo, Mi-Fr: 10.00–14.00, Di: 14.00–18.00, Galerie – Atelier von Tadeusz Kantor, ul. Sienna 7/5, ☎0124213266, Mo, Mi, Fr: 10.00–16.00, Di u. Do: 10.00–18.00, zweiter Sa u. So des Monats: 14.00–18.00 Uhr; Galerie Krzysztofory, ul. Szczepańska 2, ☎0124311940, Mo, Mi, Fr: 12.00–16.00, Di u. Do: 14.00–18.00 Uhr, zweiter Sa u. So des Monats: 14.00–18.00.

TEIL VIII

Krakaus Umgebung

KRAKAUS UMGEBUNG

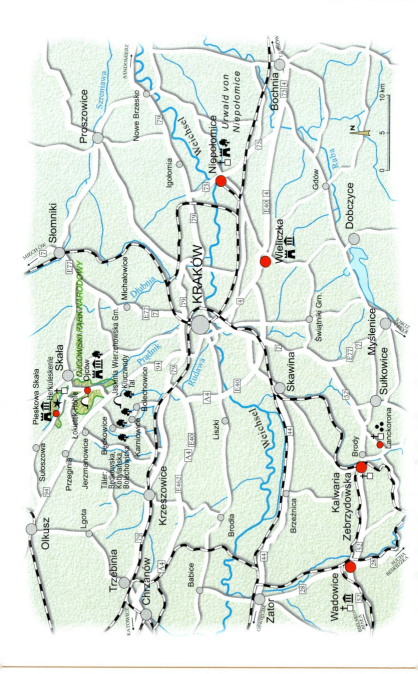

KRAKAUS UMGEBUNG

In der Nähe von Krakau liegen viele hübsche und aus touristischer Sicht attraktive Orte. An erster Stelle ist das Salzbergwerk in Wieliczka zu nennen. Für Begegnungen mit der Natur sind der Urwald von Niepołomice der Nationalpark Ojców und die umliegenden Täler, wie Dolina Będkowska oder Kobylańska zu empfehlen. Kalwaria Zebrzydowska ist hingegen in der Karwoche, wenn die berühmten Passionsspiele stattfinden, besonders besuchenswert. Das Durchwandern der Kreuzwege ist jedoch zu jeder Jahreszeit ein bleibendes Erlebnis. Ansprechend ist auch die in der Nähe gelegene Ortschaft Lanckorona mit ihren reizvollen Gassen, ihren Holzhäusern mit den bezaubernden Laubengängen und dörflichen Kapellen.

Titelseite: Pieskowa Skała

Unten: Kapelle im Ojców-Nationalpark

Wieliczka

Szlzbergwerk in Wieliczka

Es gibt Menschen, die einzig und allein deswegen nach Polen reisen, um Wieliczka zu besuchen. Das berühmteste Salzbergwerk der Welt gehört zu den wenigen Orten unseres Landes, die unter dem Schutz der Internationalen Konvention für das Kultur- und Naturerbe der Menschheit der UNESCO stehen (1978) und als Geschichtsdenkmal gelten (1994).

Die Salzgewinnung im Bergland von Wieliczka blickt auf eine lange Geschichte zurück. Archäologische Forschungen bewiesen, dass unsere Ururgroßväter schon 3 000 Jahre v.Ch. natürliche Sole siedeten, die auf die Erdoberfläche in der Nähe des heutigen Ortes Wieliczka quollen. Im Mittelalter befassten sich mit der Gewinnung des Salzes aus den Salinen die Benediktiner aus Tyniec. Sie errichteten eine Filteranlage für die Sole und die ersten Schächte. Schon damals bezeichnete man die Ortschaft mit dem lateinischen Namen *Magnum Sal* (Großes Salz – Wielka Sól), worauf der heutige Name des Ortes zurückzuführen ist. Das unterirdisch

Der Ring der hl. Kinga

Einer Sage nach sollen die Salzlager um Wieliczka im 13. Jh. von der ungarischen Prinzessin Kinga entdeckt worden sein. Bevor sie nach Polen kam, um sich mit dem Fürsten Bolesławy Wstydliwy zu vermählen, bekam sie von ihrem Vater, König Bela IV. Arpad, die größte Salzmine in Siebenbürgen in Maramaros geschenkt. Das Mädchen warf, wie es die Tradition von jedem neuen Besitzer verlangte, einen Ring in die ihr geschenkte Salzgrube. Nachdem sie in Polen angekommen war, führte sie ihren Mann, wie von einem sechsten Sinne geleitet, in einen Garten, und ließ dort eine Grube graben. Bald danach hat man den ersten Salzklumpen gefunden. Und in dem Salzklumpen…... den Ring Kingas. Der reiche Fund war die Brautausstattung der Prinzessin.

gelagerte Steinsalz wurde erst gegen Ende des 13. Jahrhunderts entdeckt. Das Salz, auch als „weißes Gold" bekannt, stellte die ökonomisch-wirtschaftliche Basis für das mittelalterliche Polen dar und machte etwa 30% aller Einnahmen des Staates aus.

Die heutige Salzmine ist ein Labyrinth unterirdischer Gänge und Kammern mit einer Gesamtlänge von etwa 300 km. 3,5 km davon sind zur Besichtigung freigegeben. Die Fläche aller Kammern und Gänge beträgt 7,5 Mio. m³ und die Temperatur im Bergwerk liegt, unabhängig von der Tages- und Jahreszeit, bei 14°C (im Sommer bitte an warme Kleidung denken!). Da die Luft in der Salzmine heilende Wirkung zeigt, wurde auf der fünften Ebene (211 m unter der Erde) ein kleines Sanatorium für Allergiker und Asthmatiker eingerichtet.

Die Besichtigungsroute führt durch 20 historische Kammern auf drei Ebenen, die zwischen 64 und 135 m unter der Erde liegen. Insgesamt sind es neun Plateaus, das tiefste liegt bei 327 m. Besichtigt werden Kammern, in welchen das Salz gefördert wurde, unterirdische Seen und Kapellen mit Skulpturen und Flachreliefs, die eigenhändig von den Bergleuten angefertigt wurden. Eine wahrhaftige Perle ist die 101 m unter der Erde befindliche **Kapelle**

Anfahrt aus Krakau: Straße Nr. 4 über Prokocim und Bieżanów. Salzbergwerk „Wieliczka", ul. Danilowicza 10, ☎0122787302, Fax 0122787333, turystyka@kopalnia.pl, www.kopalnia.pl. Touristenroute täglich: 1. April–31. Oktober 7.30–19.30, 2. November–31. März 8.00–17.00; Geschlossen: 1. Januar, Ostern, 1. November, 24., 25. und 31. Dezember. Eintritt: 1. Juli–31. August: 46 Zl., ermäßigt: 32 Zl., 1. September–30,. Juni: 44 Zl., ermäßigt: 30 Zl. Besichtigung in Gruppen (35 Personen) mit Fremdenführer.

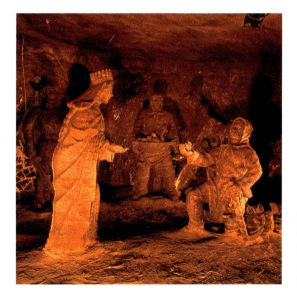

Die Salzfiguren in der Kammer Janowice illustrieren die Legende von der hl. Kinga

Krypta von Kazimierz Wielki

Salzgrafenschloss, ul. Zamkowa 8, ☎0122783266, www.muzeum.wieliczka.pl, 1. Mai–30. Oktober Mi-Mo: 10.00–17.00, Di geschlossen 2. November–31. April: Mi-Sa: 9.00–14.30, Di u. So geschlossen. Geschlossen: Ostern, Fronleichnam, 1. und 11. November, 24.–26. und 31. Dezember, 1. Januar, Eintritt: 4 Zl., ermäßigt: 3 Zl.

der hl. Kinga, die man angesichts ihrer Größe (54,5 m lang, 10–18 m breit, 10–12 m hoch) durchaus als eine Kirche bezeichnen kann. Gottesdienste finden hier sonn- und feiertags um 8.00 Uhr statt.

Seit 2003 gehört auch das **Museum der Krakauer Königlichen Salzminen (Muzeum Żup Krakowskich)** zur Besichtigungsroute (als „żupy" wurden königliche Bergwerke bezeichnet). Die Ausstellung umfasst über 3 000 Exponate, darunter Sammlungen von Mineralien- und Kunsthandwerkserzeugnissen aus Salz sowie historische Salzfördereinrichtungen und Werkzeuge. Das Museum ist im w Salzgrafenschloss unter gebracht (siehe unten).

Unter der Erde befinden sich ebenfalls ein Postamt, ein Souvenirgeschäft, ein Restaurant in der Kammer Budryk (125 m) und eine

Wildes Salzbergwerk

Das berühmte Salzbergwerk in Wieliczka kann man ebenfalls außerhalb der offiziellen Besuchszeiten besichtigen. (Info und Vorbestellung ☎0122787302, Fax 012787333). Die ausgerüsteten Besucher haben so die Möglichkeit, die echte „wilde" Salzmine kennenzulernen.

Sporthalle in der Kammer „Warschau". Im großen unterirdischen Veranstaltungsraum finden häufig Konzerte, Theateraufführungen und Sportveranstaltungen statt. Der Saal wird auch für Hochzeitsfeiern, Bälle und Konferenzen genutzt.

An der südwestlichen Ecke des Marktes in Wieliczka steht das im 14. Jh. errichtete **Salzgrafenschloss** in welchem königliche Beamte amtierten, welche die Arbeit in Wieliczka und Bochnia beaufsichtigten. Das häufig umgebaute Schloss beherbergt das Museum für Geschichte der Stadt und der Salzförderung. Beachtenswert ist die Bastei aus dem 14. Jh. und der älteste (Mitte des 13. Jh.) Förderschacht in Wieliczka. Interessant ist die Sammlung diverser Salzstreuer, die originelle und verblüffende Formen haben.

Kapelle der hl. Kinga

Salzsee in der Kammer „Erazm Brącz"

Die Täler um Krakau

Kugelsteinwurz

Unten:
Der Bach Będkówka

Alle Täler sind von der Straße Nr. 94 Krakau – Olkusz erreichbar (Ausfahrt aus Krakau über Bronowice). Man gelangt dahin auf Seitenwegen, die häufig schlecht befahrbar und nicht immer entsprechend ausgewiesen sind. Vor der Exkursion empfiehlt es sich, die Landkarte zu studieren und diese am besten immer in Reichweite haben.

Die Jura-Täler um Krakau, die allesamt als Landschaftsschutzgebiete gelten, sind reizvolle Schluchten, die nur wenige Kilometer von der Stadt entfernt und zum Spazierengehen, Reiten, Radfahren und Klettern sehr gut geeignet sind. Jedes Tal betritt man durch ein Tor aus interessant geformten Kalkfelsen. Die Bäche, die das Tal durchqueren, bilden nach oben hin malerische Canons.

Das Krakau am nächsten gelegene Tal **Dolina Bolechowicka** ist 1,5 km lang. Das, von weitem sichtbare Tor Bolechowicka besteht aus 20 Meter hohen Felshängen. Der Weg führt in den oberen Teil des Tales zu einem kleinen Wasserfall.

Im oberen Teil des in der Nähe gelegenen Tales **Dolina Kluczwody** befindet sich der Eingang zur Oberen Höhle in Wierzchowie (**Jaskinia Wierzchowska Górna**). Es ist die größte Höhle des Krakauer-Tschenstochauer Hochlands. Man kann hier ein 700 m langes, aus unterirdischen Gängen und Räumen bestehendes Labyrinth besichtigen, u.a. verschiedene Formen

von Stalaktiten und Stalagmiten, eine Kalzit-Ausstellung sowie Gegenstände, die bei archäologischen Ausgrabungen gefunden wurden *(geöffnet täglich: 9.-30. April und. 1. September – 31. Oktober: 9.00–16.00 Uhr, 1. Mai – 31. August: 9.00–17.00, 2. November–30. November: 9.00–15.00 Uhr, 1. November geschlossen, Eintritt 12 Zł., ermäßigt 10 Zł., Besichtigung nur mit einem Guide möglich, Informationen: BOT Gacek, www.gacek.pl, ☎0124110721).*

Die Schlucht in Bolechowice

Am beliebtesten ist Tal **Dolina Kobylańska,** eine gewundene, etwa 4 km lange Felsschlucht, durch welche der markierte Wanderweg von Będkowice nach Karniowice verläuft. Die steilen Kalkfelsen, von mitunter imposanten Dimensionen haben ihre eigenen Namen, die meist mit der Form oder der Lage des Felsens verbunden sind (z.B. das Schiff, die Flosse, der Frosch, der Sonnenfelsen).

Fingerhut

Das benachbarte Tal **Dolina Będkowska** zählt zu den größten jurassischen Schluchten bei Krakau (9 km Entfernung). Es gibt hier nicht so viele Felsen wie im Tal Dolina Kobylańska und der Schluchtgrund ist entschieden breiter und weniger gewunden. Man findet aber auch hier eindrucksvolle Steilhänge, wie z.B. die 20 Meter hohen Abhänge der Iglica oder die 70 Meter emporsteigenden Steilwände der Sokolica – des höchsten jurassischen Berges bei Krakau.

Nationalpark Ojców
(Ojcowski Park Narodowy)

Entlang des Prądnik-Tals führt eine Straße, die für Radfahrer wie erträumt ist. Der beste Ausgangspunkt für Spaziergänge ist der Parkplatz am Schloss in Ojców. An der großen Tafellandkarte sind alle attraktiven Objekte dieser Gegend eingezeichnet. Ein zweiter bequemer Parkplatz befindet sich am Schloss in Pieskowa Skała.

Das schönste der Täler bei Krakau, das **Prądnik-Tal** und seine Umgebung steht bereits seit 1956 unter Naturschutz, womit wir es hier mit dem kleinsten Nationalpark Polens (Ojcowski Park Narodowy, Fläche: 1580 ha) zu tun haben. Zu finden sind hier alle Formen jurassischer Landschaft – einzelne Restberge an Wasserscheiden, Zeugenberge (z.B. die berühmte Herkuleskeule), felsige Talschluchten, Höhlen und zahlreiche Karstquellen. Man kann durchaus behaupten, dass der Ojcower Nationalpark das jurassische Krakauer-Tschenstochauer Gebiet en miniature darstellt.

Die Hänge des Prądnik-Tals bewachsen Buchen- und Ahornwälder. Es gibt hier auch seltene Pflanzenarten, wie z.B. ein Relikt aus der Eiszeit, die nur im Süden Polens wachsende Ojców-Birke. Die Wälder bewohnen zahlreiche Tiere, u.a. mehrere Fledermausarten, 120 Vogel und etwa 300 Insektenarten.

In den Höhlen um und in Ojców wurden Knochen von Höhlenbären und -löwen sowie Reste menschlicher Siedlungen

gefunden. In der Höhle Jaskina Ciemna befinden sich die ältesten Spuren der menschlichen Existenz in Polen. Sie stammen aus der älteren Altsteinzeit, demnach sind sie etwa 120 000 Jahre alt.

Ojców

Im Prądnik-Tal haben sich die Menschen bereits in der Urgeschichte angesiedelt. Die Stadt Ojców gab es schon im Mittelalter, schriftlich erwähnt wurde sie zum ersten Mal im Jahre 1370. Zu Beginn des 19. Jahrhunderts war es ein angesagtes Urlaubsziel und bekannter Kurort. 1885 wurde der Kurpark angelegt (heute Schlosspark am Parkplatz unter dem Schloss), dessen zahlreiche Bäume heute bereits als Naturdenkmäler gelten.

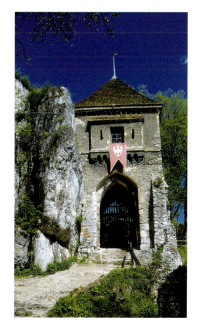

Das Schloss

Von dem Schloss in Ojców blieben, im Gegensatz zur Wehrburg in Pieskowa Skała, nur Ruinen. Erhalten sind die Bastei, Teile der Wehrmauer und der Zugbrücke sowie das Einfahrtstor. Sehenswert ist der Brunnen, aus welchem sich die Schlossbewohner mit Wasser versorgt haben. Um überhaupt ans Wasser zu kommen, musste ein 50 Meter starker Felsen durchbohrt werden.

Das Schloss in Ojców wurde in der zweiten Hälfte des 14. Jahrhunderts von Kazimierz Wielki gestiftet. Das gotische Schloss entstand vermutlich an der Stelle einer älteren Burg aus dem 13. Jahrhundert.

An der Ruine befindet sich die Ausstellung „Die Geschichte der Burg in Ojców" mit dem Modell des Festungsschlosses vom Ende des 14. und Anfang des 15. Jahrhunderts.

Schloss in Ojców, 17. April–12. November, täglich: 10.00-16.45 (April, Mai, August u. September), bis 17.45 (Juni, Juli), 15.45 (Oktober), bis 14.45 Uhr (November), Eintritt 2,20 Zł., ermäßigt 1,10 Zł.

Die Kapelle auf dem Wasser

Auf den ersten Blick passt die Kapelle auf dem Wasser – auch als Kapelle des hl. Josephs (Patron der Arbeiter) bezeichnet,

Nachbarseite:
Das Prądnik-Tal

Die Kapelle auf dem Wasser ist leicht zu finden – sie steht einige Dutzend Meter vom Parkplatz in Richtung Pieskowa Skała entfernt (grüne oder rote Wanderroute).

Władysław-Szafer-Musem, ☎0123892040, 1. Mai–31. Oktober, täglich: 9.00–16.30, 2. November–30. April Mo–Fr: 8.00–14.45 Uhr; Eintritt 2,20 Zł., ermäßigt 1,10 Zł., Mo: 9.00–15.00 Uhr, Eintritt frei.

überhaupt nicht in die hiesige Landschaft. Sie ist im alpinen Stil, der Mode vom Anfang des 20. Jh. entsprechend, errichtet worden. Mit der Kapelle ist eine interessante Geschichte verbunden: Im Jahre 1901, als man sich für ihren Bau entschied, durften laut geltender Verordnung in der Umgebung von Ojców keine Kirchen gebaut werden. Die Kapelle auf dem Wasser ist ein Beispiel dafür, wie man derartige Verbote umgehen kann.

Museum am Nationalpark in Ojców

Das nach Prof. Władysław Szafer, einem Anwalt der Natur, benannte Museum befindet sich in der weißen, holzverkleideten und kürzlich hübsch restaurierten Villa „Zum Łokietek" am Rande des Kurparks. Die Ausstellung ist in vier Teile untergliedert: geologischer Aufbau und die Landschaft des Prądnik-Tals, die Urgeschichte von Ojców und Flora und Fauna im Nationalpark Ojców. Sehenswert sind u.a. die Zähne eines Mammuts, Fossilien und primitive Werkzeuge.

Die Łokietek-Höhle

Höhlen sind über das gesamte Juragebiet ist verstreut. Allein im Nationalpark Ojców gibt es 220 davon. Am bekanntesten ist zweifelsohne die im oberen Teil des zu den höchsten Erhebungen im Prądnik-Tal zählenden Berges Góra Chełmowa (472 m üdM), befindliche Łokietek-Grotte. Eine der uralten polnischen Sagen erzählt, dass sich darin der künftige König Polens, Władysław Łokietek, während des Streites mit Wenzel II. von Böhmen um den polnischen Thron versteckt hielt.

Die 270 Meter lange Höhle ist in einzelne Räume unterteilt, es gibt dort den Rittersaal, die Küche, den Schlafsaal – alle durch geräumige Gänge miteinander verbunden, so dass die Grotte bequem begehbar ist. Interessant sind die Speläotheme, sekundäre Mineralablagerungen – kleine Stalaktite, die Kalzitglasur und im Schlafgemach – die Strudeltöpfe (Kolk).

Kirche und Einsiedelei der Seligen Salome

Am linken Ufer des Flusses Prądnik, 2 km von der Ortschaft Skała entfernt, erhebt sich die steile Vorzeitburg Grodzisko. Im 13. Jahrhundert stand auf dem Berggipfel eine Burg, welche die Beaufsichtigung des Weges ermöglichte, der durch das Tal nach Krakau führte. Später entstand an ihrer Stelle das Klarissinnenkloster, dessen erste Priorin die Schwester des Königs Bolesław Wstydliwy, Salome war. Als sie seliggesprochen wurde, ist Grodzisko zu einem wichtigen Zentrum ihres Kults geworden. 1642 wurde auf dem Hügel die Kirche der Himmelfahrt der Heiligen Jungfrau Maria errichtet. Das barocke Gotteshaus umsäumt eine Mauer mit figürlichen

Wanderweg zur Grotte: schwarz markierter Wanderweg vom Parkplatz am Schlossberg in Ojców. Öffnungszeiten: 17. April–12. November täglich: 9.00–15.30 (April u. November), bis 18.30 (Mai–August), bis 17.30 (September), bis 16.30 Uhr (Oktober), Eintritt 6,50 Zł., ermäßigt 4,30 Zł., Besichtigung nur mit einem Guide möglich, Informationen: ☎0124190801

Um die Kirche und die Einsiedelei zu erreichen, muss man von der Straße zwischen Ojców und Pieskowa Skała rechts abbiegen. An der Kreuzung beginnen zwei Wanderwege (blau und rot). Auf beiden hat man die Kirche und die Einsiedelei in etwa 10–20 Minuten erreicht.

Route der Adlerhorste

Die Burgen in Ojców und Pieskowa Skała sind die ersten Bauobjekte auf der Route jener mittelalterlichen Burgen, die während der Herrschaft von Kazimierz Wielki im Juragebiet errichtet wurden. Die jurassischen Burgen sind ein interessantes bauhistorisches Beispiel von militärischen Befestigungen im Großmaßstab. Die jurassische Linie sollte die Sicherheit Polens im Südwesten gewährleisten. Die gemauerten Bauten wurden – wie Adlerhorste – auf hohen Felsen errichtet, meist an der Stelle früherer Burgen aus Erde und Holz oder an der Stelle von Vorzeitburgen. Die meisten dieser Burgen sind während der Schwedenkriege zerstört worden. Wenn jemand diese pittoreske Landschaft entdecken möchte, dem seien die Pascal-Führer *Jura Krakowsko-Częstochowska* oder (in Vorbereitung) *Na rowerze. Jura Krakowsko-Częstochowska* empfohlen.

Darstellungen von Bolesław Wstydliwy und seiner Gattin (hl. Kinga), der hl. Hedwig von Schlesien und ihres Ehemanns (Henryk Brodaty) sowie des Königs Koloman (Ehemann der Seligen Salome, 1241 von den Tataren getötet). Hinter der Kirche steht auf dem Rücken eines Elefanten ein Obelisk von 1686 – eine Miniatur des barocken Elefanten-Obelisk von Rom.

Am Rqand des Steilhangs befindet sich die Einsiedelei der Seligen Salome. Sie besteht aus drei Grotten-Kapellen mit künstlichen Stalaktiten. Der Hügel wird archäologisch erforscht, ein Teil der Forscher vertritt die Meinung, dass sich die Selige nicht in der Vorzeitburg Grodzisko, sondern in Skała aufhielt.

Burg Pieskowa Skała

Die Burg ist glücklicherweise unversehrt geblieben. Das zu den Adlerhorsten zählende Schloss steht gut gesichert – von drei Seiten wird es durch steile Hänge geschützt. Es entstand im 14. Jh. und wurde später im Stil der italienischen und niederländischen Renaissance umgebaut.

Von dem geräumigen und gepflegten Außenhof aus hat man eine gute Sicht auf den gesamten Ostflügel des Wohnteils des Schlosses mit dem Eingangstor und der Lochmusterloggia im Stil italienischer Renaissancevillen. Den Innenhof umsäumen Kreuzgänge mit Maskarons aus dem 16. Jahrhundert – ähnlich wie auf dem Wawel-Schloss. Im Inneren des Schlosses befindet sich ein Museum (Filiale der Staatlichen Kunstsammlungen auf dem Wawel) und eine Ausstellung, die den europäischen, sich wandelnden Kunststilen vom Mittelalter bis zum 19. Jh. sowie der englischen Malerei gewidmet ist.

Etwa 500 m vom Parkplatz entfernt erhebt sich unterhalb des Schlosses (Richtung Ojców) der ungewöhnlich Zeugenberg – die **Herkuleskeule.** Der Felsen ist 20 m hoch und entstand infolge der Witterungsprozesse und Verkarstungen.

Anfahrt nach Pieskowa Skała von Ojców: durch das Prądnik-Tal (6 km). Hinter der Herkuleskeule befindet sich ein kleiner Parkplatz, von dem man in wenigen Minuten das Schloss erreicht. Di-Do: 9.00–15.15, Fr: 9.00–12.00, Sa u. So: 10.00–17.15 Uhr, montags und nach Feiertagen geschlossen, Eintritt 7 Zł., ermäßigt 4 Zł., ☎0123896004, www.pieskowaskala.pl

Kalwaria Zebrzydowska

Die Idee, die Klosteranlage und die sog. Kreuzwege (Stationen der Passion Christi) in Kalwaria Zebrzydowska zu errichten, stammte von dem im 17. Jh. lebenden Krakauer Woiwoden Mikołaj Zebrzydowski, der in den umliegenden Hügeln eine Ähnlichkeit mit Jerusalem sah. Zuerst wurden das Bernhardinerkloster und die Kirche errichtet, später entstanden zahlreiche, durch Bauten von Jerusalem inspirierte Objekte. Einer der Berge wurde zu Golgota, ein anderer zum Ölberg und der Fluss zum Bach Cedron umbenannt.

Kalwaria Zebrzydowska

Das Sanktuarium besteht aus der Kirche der Engelsmadonna, dem ihr nördlich anliegenden Bernhardinerkloster sowie aus 42 Kapellen, die malerisch auf den umliegenden Wäldern, Hügeln und in Schluchten verstreut sind. Der Ansatz der Anlage entstand in den Jahren 1600–1641 und wurde in den nachfolgenden 300 Jahren immer weiter ausgebaut. Die

Die berühmten Mysterien in Kalvaria ziehen Tausende Zuschauer an

Klosteranlage und die Kreuzwege stehen auf der Liste des Kultur- und Naturerbes der UNESCO.

Vor der Kirche der Engelsmadonna befindet sich ein großer, mit Kreuzgängen umsäumter Ablassplatz (plac Rajski – Paradiesplatz), der während der sonntäglichen Gottesdienste und bei den berühmten Passionsspielen voller Menschen ist. Die cremefarbene Fassade der Kirche schmücken zwei symmetrisch platzierte Türme. An der Südwand befinden sich drei barocke, mit Kuppeln bedeckte Kapellen. Diejenige, welche dem Hauptaltar am nächsten steht, birgt den größten Schatz des Sanktuariums – das wundertätige Bild der Schmerzensreichen Madonna aus dem 17. Jh.

Die berühmten Kreuzwege führen zu auf einem recht großen Gelände verstreuten Kirchen und Kapellen, die an das Leiden Christi und an das Leben Marias erinnern. So gibt es hier einen Ölberg, das Haus Kaifas', den Palast Herodes, das Grab Christi, das Haus Mariens. Das älteste Bauobjekt (1600) ist die Kreuzigungskirche am Gipfel des Berges Żarek (Golgota). Zu den Kapellen führen breite Buchen- und Eichenalleen. Bei günstigem Wetter empfiehlt es sich, alle Wege zu durchwandern (ca. 7 km). Einen Plan bekommt man im Kloster, man kann auch den Wegweisern folgen.

In der Karwoche finden hier spektakuläre **Passionsspiele** statt. Amateurschauspieler stellen an den einzelnen Stationen Szenen aus dem Leben und Qualen Christi dar. Die farbenfrohen Inszenierungen ziehen Hunderttausende polnische und ausländische Gläubige an. Die Festung verspricht eine gute Sicht auf das Umland, leider ist Touristen an.

Anfahrt aus Krakau: zuerst Straße Nr. 7 (E77), sog. Zakopianka, dann Nr. 52 Richtung Bielsko-Biała; ☏0338766304, www.kalwaria.ofm.pl. Das Fahrzeug lässt man am besten an einem der großen Parkplätze in der Nähe des Klosters stehen. Die Kreuzwege erreicht man über die Allee an der linken Seite der Kirche.

Lanckorona

Zu der am Hang des Berges Góra Lanckorońska gelegenen Ortschaft Lanckorona führt von Kalwaria Zebrzydowska eine malerische Straße über Brody. Die Lage des Ortes ist der Grund dafür, dass dort sogar der Markt nicht auf derselben Höhe liegt – er besteht quasi aus mehreren Terrassen. Um den Markt und in den umliegenden Straßen stehen Holzhäuser aus der zweiten Hälfte des 19. Jahrhunderts. Eine derartige Bauweise war früher für die meisten galizischen Kleinstädte typisch. Die Dächer über die Parterrehäuser bilden bis zu zwei Meter breite Laubengänge, in denen einst Handel betrieben wurde und wo man sich nach der Arbeit bei einem Plausch mit den Nachbarn erholte.

Der Markt ist jedoch nicht die am höchsten gelegene Stelle des Ortes. Die Straßen steigen bis zur Kirche des hl. Johannes des Täufers hinauf. Vor der Kirche steht die Figur der hl. Theresa, von hier sind auch die Markierungen der gelben und blauen Wanderrouten zu sehen. Der blau markierte Wanderweg führt (etwa 15 Minuten) zur Ruine eines Schlosses aus dem 14. Jh., welches zwischen 1768 und 1772 eine Niederlassung der Konföderaten von Bar war, die übrigens nie erobert wurde. Die auf dem Gipfel der Erhebung dem nicht so, das Panorama wird durch die Bäume versperrt.

Das Fahrzeug lässt man am besten auf dem Markt stehen.

Lanckorona ist ein Traumort für eine Reise zu zweit

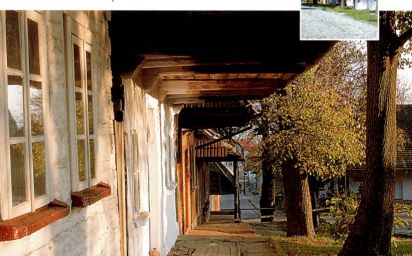

Wadowice

Ziel von Pilgerfahrten wurde Wadowice 1978, als der hier geborene Karol Wojtyła zum Papst gewählt wurde. Als Kind wurde Johannes Paul II. in der Kirche am Markt getauft, worüber eine Gedenktafel berichtet. Die barocke Kirche wurde, wie alle mit Johannes Paul II. verbundene Orte, sehr schön restauriert.

In der Nähe der Kirche, im Haus der Familie Wojtyła, befindet sich das kleine **Johannes Paul II. – Museum**. Ausgestellt sind hier u.a. Fotografien aus seiner Kindheit und Jugend und an ihn erinnernde Gegenstände. (ul. Kościelna 7, ☎0338232662, www.domrodzinnyjanapawla.pl Mai-September Mo–So: 9.00–13.00 und 14.00–18.00, Oktober-April Di-So: 9.00–12.00 und 13.00–16.00 Uhr). In der Ulica Kościelna 4 befindet sich das **Stadtmuseum** mit historischen und landeskundlichen Sammlungen zur Region (☎0338738100, www.wck.wadowice.pl).

In Wadowice bekommt man fast an jeder Ecke die berühmten „Papst-Kremtörtchen" („kremówki papieskie") – mit Krem gefüllten Blätterteig, den Karol Wojtyła in seiner Schulzeit regelrecht liebte.

Wadowice ist nicht nur wegen der päpstlichen Kremtörtchen eines Besuches wert

Niepołomice und der Urwald von Niepołomice

Man kann die ganze Stadt mit einem Blick erfassen: Kopfsteinpflaster, stilvolle Straßenlampen und einstöckige Häuschen um den Markt mit der gotischen **Kirche der Heiligsten Jungfrau Maria und Zehntausend Märtyrer.** Im Inneren der Kirche kann man (in der ehemaligen Sakristei und in den zugemauerten Fenstern des Presbyteriums) Wandmalereien aus den 14. Jh., auf welchen die heiligen Märtyrerinnen, Erzengel Michael, hl. Georg und die Legende von der hl. Cäcilie dargestellt sind, bewundern.

Vom Markt aus sieht man die Attraktion von Niepołomice – das imposante, vom Kazimierz Wielki gestiftete und später im Renaissance-Stil umgebaute Schloss. Seit der Herrschaft der Jagiellonen wurde es nicht befestigt – das am Rande des Urwalds gebaute Schloss fungierte als eine Residenz. Im Süden ist sie von Gärten der Königin Bona umgeben, die nach alten Vorlagen rekonstruiert werden. In den umliegenden Wäldern fanden königliche Jagden statt.

Besichtigen kann man die Säle im Erdgeschoss, in welchen ein Kongress- und Konferenzzentrum untergebracht ist. Sehenswert sind die modernen Fresken im ersten Saal. Der letzte der Säle, der ehemalige Ballsaal, ist landesweit für seine hervorragende Akustik bekannt. So finden hier Konzerte und Musikaufnahmen statt. Das Schloss beherbergt ebenfalls ein Museum (täglich: 10.00–16.00 Eintritt 7 Zł., ermäßigt 5 Zł., Besichtigung nur mit einem Guide

Im Urwald von Niepołomice gibt es sechs Pflanzenschutzgebiete und mehrere Dutzend Naturdenkmäler

Anfahrt aus Krakau: Straße Nr. 79 über Nowa Huta, dann Nr. 75. Um in den Urwald zu kommen, fährt man vom Markt in Niepołomice in die Ulica Bocheńska, biegt links in die Straße Nr. 964, am Zajazd Królewski rechts ab. Von hier nimmt man den Alten Königsweg (Droga Królewska). In der Siedlung Przyborów (8 km von der Straße), gegenüber dem Forsthaus muss man sein Fahrzeug parken.

möglich; Museum ☎0122813011, www.muzeum.niepolomice.com, www.zamekkrolewski.com.pl. Im Museum kann man Exponate besichtigen, die dem Naturfotografen Włodzimierz Puchalski und seinen Arbeiten gewidmet sind. Eine andere Ausstellung präsentiert die Geschichte der Tierjagd. Im Vorderflügel befindet sich ein nobles Restaurant. Im Innenhof finden von Zeit zu Zeit Ritterturniere, Theater-, Opern- und Operettenaufführungen statt. Bis 2009 kann man in dem Schloss in Niepołomice Kunstwerke besichtigen, die hier vorübergehend, für die Zeit der Restaurierungsarbeiten an den Krakauer Tuchhallen, untergebracht sind.

Der am Stadtrand beginnende **Urwald von Niepolomice** nimmt eine Fläche von 10 000 Hektar ein. Seinen nördlichen Teil bewachsen Laubwälder, der südliche Teil besteht fast ausschließlich aus Kiefernwäldern. Die vielen Waldwege, Pfade und pittoreske Waldlichtungen laden zum Spazieren und Radfahren ein.

Im Herzen des Urwaldes lebt in einer Zuchtanstalt eine **Wisentherde** – über zehn Tiere mit Blutbeimischung des kaukasischen Wisents (Bergwisent). Die Stiftung *Fundacja Zamek Królewski* organisiert Kutschen – und im Winter Pferdeschlittenfahrten durch den Urwald (☎0122813232).

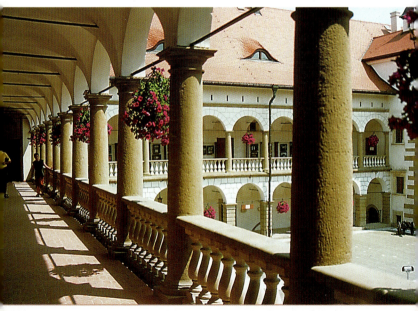

TEIL IX
Praktische Infos

Information

Touristeninformation

Die Krakauer Informationsstellen IT garantieren fachliche Beratung und verfügen über vielfältiges Material mit Informationen zur Stadt und Unterkunftsmöglichkeiten. Es genügt anzurufen oder die angegebene Adresse aufzusuchen.

- **Kleinpolnisches Zentrum für Touristeninformation**, Rynek Główny 1/3 (Tuchhallen auf der Seite der Marienkirche), ☎0124217706, 0124213051, www.mcit.pl, Mo–Fr 9.00–18.00, Sa 9.00–16.00, So 9.00–14.00 Uhr, in der Saison länger geöffnet.
- **Zentrum für Touristeninformation und Unterbringung - Reisebüro Jordan**, ul. Pawia 8, Am Hauptbahnhof PKP, ☎0124226091, ☎/fax 4291768, www.jordan.pl, Mo–Fr 8.00–18.00, Sa 9.00–14.00 Uhr.
- **Das Netz der Städtischen Informationsstellen**, sechs Filialen (PIM – Punkt Informacji Miejskiej) in der ganzen Stadt: Rathausturm auf dem Hauptmarkt (☎0124337310, Mai-September: täglich 9.00–19.00, Oktober–April täglich: 9.00–17.00 Uhr), ul. św. Jana 2 (☎0124217787, Mo–Sa 10.00–18.00 Uhr), ul. Szpitalna 25 (☎0124320110, Mai-September: Mo.–Sa 9.00–19.00, So 9.00–17.00, Oktober-April: täglich 9.00–17.00), ul. Józefa 7 (☎0124220471, Mo.–Fr 10.00–16.00 Uhr), Internationaler Flughafen „Johannes Paul II." in Balice (☎0122855341, täglich 10.00–18.00 Uhr), os. Słoneczne 16 (☎0126430303, Di–Sa 10.00–14.00).
- **Diözesen-Zentrum für Information**, Förderung und Tourismus, ul. Wiślna 12, ☎0124302010, 0124302096, www.kck.diecezja.pl, Mo–Fr 10.00–17.00 Uhr. Touristische, kulturelle und weltliche/säkulare Informationen.
- **Guide-Zentren**: Bildungsgesellschaft Königsschloss in Krakau, Wawel-Baszta Panieńska, ☎0124293336, 0124220904, www.przewodnicy.krakow.pl; Gesellschaft der Touristenguides in Krakau, www.guide-cracow.pl.
- **Informationen über alles**, was in der Kultur Krakaus und Kleinpolens passiert, finden Sie in zwei in Krakau erscheinenden Info-Broschüren: „Karnet" (www.karnet.krakow2000.pl) und „Monat in Krakau" (www.cracow.pl).
- **Krakauer Touristenkarte** berechtigt zu unentgeltlicher Nutzung der städtischen Verkehrsmittel und zu freiem Eintritt in 30 Museen, sowie zum Preisnachlass in einigen Geschäften und gastronomischen Einrichtungen. Preise (an 2 oder 3 Tagen): Zweitageskarte – 45 Zl., Dreitageskarte – 65 Zl.. Detaillierte Informationen zur Karte und die Liste der Verkaufsstellen finden Sie auf der Webseite www.krakowcard.com.
- **Stadtbesichtigungen** mit offenem, zweistöckigen Bus: 8 Haltestellen (Wawel, Philharmonie, Theater Bagatela, Straßenkreuzung Basztowa und Długa, ul. św. Wawrzyńca, pl. Bohaterów Getta, Sanktuarium in Łagiewniki, pl. Wolnica). Kursiert ganzjährig, Streckenlänge: 16 km, Fahrtzeit 30 min, man kann an beliebigen Haltestellen ein- und aussteigen. Preise: 1 Tag normal/ermäßigt jeweils 50 Zl./25 Zl., 2 Tage 65 Zl./32 Zl., detaillierte Informationen www.krakow-sightseeing.pl.
- **Stadtbesichtigungen** mit Melex-Wagen (Kleinautos mit elektrischem Antrieb): Reisebüro Jordan (www.jordan.pl) und AB City Tour (www.abcitytour.pl).
- **Die Päpstliche Bahn**, welche ein wenig an den TGV- Zug erinnert kursiert 3 Mal täglich

von Krakau (Abfahrt: 8.55, 12.55 und 16.55) nach Wadowice (Abfahrt: 10.08, 14.08 und 18.08), hält unterwegs in Łagiewniki und Kalwaria Zebrzydowska. Unterwegs kann man aussteigen und nach der Besichtigung des Gewünschten den nächsten Zug nehmen. Fahrpreise: 11,50 Zl. hin, 18 Zl. hin und zurück; detaillierte Informationen: www.pociag-papieski.pl.

Anfahrt und Verkehrsmittel

Praktische Informationen und viel Interessantes über die Polnische Staatsbahn PKP, Busbetriebe (PKS) und Städtische Verkehrsbetriebe (MZK) finden Sie auf der Webseite Encyklopedia Krakowskiej Komunikacji (www.Komunikacja.krakow.pl).

Mit der Bahn

Krakau hat direkte Zugverbindungen mit den meisten Großstädten Mittel- und Osteuropas. Von Krakau gibt es auch Direktverbindungen mit allen grö en Städte Polens (die Reise nach Warschau dauert mit dem InterCity 2 ¾ h).

Den Fahrplan finden Sie unter: www.pkp.pl. **Information PKP** ☎0229436 bzw.0429436.

Mit dem Auto

Die Stadt liegt am Schnittpunkt wichtiger Straßen. Hier kreuzen sich die Straßen von Warschau nach Chyżne und die Verbindungsstraße zwischen Wrocław und Przemyśl.

Das Autofahren in Krakau ist mit erheblichen Schwierigkeiten verbunden, besonders in der Rushhour. In den Hauptsraßen steht man manchmal bis einer Stunde im Stau.

Das Zentrum Krakaus ist in Parkzonen unterteilt. In der **Zone A** (Markt und die Straßen Szewska, Sławkowska, Grodzka, Floriańska, Sienna, Kanonicza, Senacka, Bracka, Wiślna und ein Teil der Gołębia) gilt Einfahrtsverbot – zugelassen ist nur Passanten- und Fahrradverkehr. **Zone B** bilden mehrere Straßen am Grüngürtel Planty und ein Teil der Karmelicka, Długa und Basztowa – hier kann man nur an markierten Stellen halten. Die **Zone C** besteht aus einigen Dutzend Stra en um den Grüngürtel Planty – Montag bis Samstag ist das Parken zwischen 10.00 und 18.00 Uhr gebührenpflichtig (bis 30 min –1 Zl., bis 1 h – 3 Zl., begonnene 2. Stunde – 3,10 Zl., begonnene 3. Stunde – 3,20 Zl., jede nächste begonnene Stunde – 3 Zl.). Parkkarten bekommt man in Trafiken, in Geschäften sowie in mit farbigem Piktogramm gekennzeichneten Postämtern sowie bei Parkzonenwächtern. Informationen über die Parkzonen: ☎0124217426 und 0124217429.

Gebührenpflichtige Parkplätze für Pkws: pl. Szczepański (7 Zl./h), am Wawel – ul. Powiśle (3 Zl./h, auch Busse), Parkplatz am Hotel Cracovia (3 Zl./h), Hauptparkplatz über dem Hauptbahnhof PKP (3 Zl./h), Plac Biskupi (3 Zl./h); günstig situierter gebührenpflichtiger Parkplatz befindet sich auch in der Ulica Karmelicka.

Informationen über Verkehrsbehinderungen und Stra enbauarbeiten finden Sie auf der Webseite der Krakauer Straßenverwaltung (www.zdik.krakow.pl).

Autovermietung: Acecar Car Rental (in Krakau wird das Auto umsonst an den gewünschten Ort gebracht) ☎0124338060, 0501233394; AVIS Rent a Car, ul. Lubicz 23,

☎0126296108, 0601200702; Budget Rent a Car, ul. Balicka 4, ☎0126370089 und 0601354669, Flughafen Balice, ☎0122855025; Hertz Rent a Car, ul. Focha 1, ☎0124296262, Flughafen Balice ☎0122855084; Joka, Palais Pugetów, ul. Starowiślna 13, ☎0124296630, 0601545368; Lupus, ul. Wadowicka 6e, ☎0122637820, 0501726946.

Mit dem Bus

Das Angebot der Krakauer Busverkehrsbetriebe PKS umfasst Strecken in Südpolen sowie Fernverkehrverbindungen innerhalb Polens und ins Ausland (häufig findet man Sonderangebote für einzelne Strecken). Den Busfahrplan finden Sie der Webseite: www.pks.krakow.pl. **Information PKS**: TP SA ☎0300300120, Netia ☎0701374445, Mobil: *7208120.

Mit dem Flugzeug

Der Internationale Flughafen „Johannes Paul II." (Międzynarodowy Port Lotniczy im. Jana Pawła II) Krakau-Balice (Zentrale ☎0126393000, Information ☎0122855120, www.lotnisko-balice.pl) existiert seit 1964. Zufahrt aus der Stadt zum Flughafen Balice: Bus #192 (ab Rondo Mogilskie) und 208 (ab Hauptbahnhof), die Fahrt vom Zentrum aus dauert etwa 40 min; S-Bahn PKP, Fahrtdauer etwa 15 min; Taxi – offizieller Partner des Flughafens: Radio Taxi (☎9191), Fahrtdauer etwa 20 min, Kosten: etwa 50 Zł.

Auf dem Flughafengelände befinden sich vier Informationsstelle (im mittleren Teil des Terminals), ein Mutter-Kind-Raum (im allgemein zugänglichen Halbgeschoss), eine Filiale der Bank BPH (Mo–Fr 7.00–20.00 Uhr), ein Postamt (Mo–Fr 8.45–14.45 Uhr) und mehrere Autovermietungen. Am Flughafen befindet sich ein Parkplatz für 756 Plätze.

Stadtverkehr: Busse und Straßenbahnen

In Krakau gibt es 122 Bus- und 25 **Straßenbahnlinien**. Normale Stadtbusse haben die Nummern 100–199, Busse des Städtischen Nahverkehrs 200–299, zusätzliche, in der Rushhour eingesetzte Busse 400–499, Eilbusse 500–599, Nachtbusse (23.00–04.00 Uhr) 600–699, (bei Stra enbauarbeiten eingesetzte) Ersatzbusse 700–799, sonstige (z.B. extra bestellte) 800–899. Ganztagsstraßenbahnen: 0–39, (bei Stra enbauarbeiten eingesetzte) Ersatzstraßenbahnen: 71–79.

Fahrscheine bekommt man in den meisten Kiosken, in Postämtern, in Verkaufsstellen für Abo-Tickets, in Verkehrsaufsichtsstellen. Beim Fahrer gekaufte Fahrscheine sind 50 Gr. (normal) und 25 Gr. (ermäßigt) teurer.

Die Fahrscheine für alle Stadtverkehrsmittel sind gleich. Außer üblichen kann man zeitbefristete Fahrscheine erwerben: für 1, für 24, 48 und 72 Stunden sowie Abo-Tickets (von einem Monat bis zu einem Jahr für eine, zwei oder alle Strecken). Die Zeittickets entwertet man nur einmal, beim ersten Einsteigen. Samstags und sonntags kann man Familientickets kaufen (kaufberechtigt sind Personen mit mindestens einem Kind bis 16 Jahre). Es gibt auch Gruppentickets (für 15 bzw. 20 Personen). Alle Familien und Zeittickets (normal und ermäßigt) berechtigen zum Mitführen von Handgepäck. Beim Tagesticket ist zusätzlich ein Ticket für 2,50 Zł. zu entwerten (Maße des gebührenpflichtigen Gepäcks: 60 cm x 40 cm x 20 cm.

Preise (normal/ermäßigt): Eintagsticket: 2,50/1,25 Zl.; Stundenticket: 3,10/1,55 Zl.; 24- Stunden-Ticket: 10,40/5,20 Zl.; 48- Stunden-Ticket: 18,80/9,40 Zl.; 72- Stunden-Ticket: 25/12/50 Zl.; Familienticket 10,40 Zl.; Gruppenticket bis 15 Personen: 21/10,50 Zl.; Gruppenticket bis 20 Personen: 24/12 Zl.

Detaillierter Fahrplan des Städtischen Verkehrbetriebe MPK: www.mpk.krakow.pl. **Information MPK** ☎9150.

Mit dem Taxi

Ein Taxi bekommt man in Krakau problemlos. Am günstigsten ist es, ein Taxi in einem der vielen Taxiunternehmen telefonisch zu bestellen: **City-Taxi** ☎9621; **Expres-Taxi** ☎9629; **Radio Taxi** ☎919; **Radio-Taxi Barbakan** ☎9661; **Radio-Taxi Partner** ☎9688; **Radiotaxi Krak** ☎2676767; **Tele-Taxi** ☎9626.

Einkaufen

In Krakau gibt es über 20 Super- und Hypermärkte. Diejenigen, die daran gewöhnt sind, in Gro geschäften einzukaufen, werden sich hier also wie zu Hause fühlen. Es gibt auch Marktplätze mit spezifischer und einzigartiger Atmosphäre, mindestens einer von ihnen sollte unbedingt besucht werden.

In der Gegend des Hauptmarktes gibt es zahlreiche elegante Butiken mit Kleidung und Schuhen. Nachstehend die Adressen einiger Fachgeschäfte:

Musik

- **Music Corner**, Rynek Główny 13, ☎0126170202, www.musiccorner.pl. Alle Musikarten, DVD- und Second Hand-Abteilung, wo man manchmal wirklich Interessantes herausstöbern kann.
- **Empik**, Rynek Główny 5, ☎0124296723, www.empik.com. Musikabteilung im Kellerraum. Recht gute Auswahl, manchmal Sonderangebote.
- **Media Markt**, al. Pokoju 67, ☎0124116768, www.mediamarkt.pl. Regale - so lang, wie Rock-Suiten vor Jahren - für jedes Ohr und für jeden Geschmack. In der Sonderangebot-Abteilung findet man manchmal echte Perlen für Schnäppchenpreise. Wenn aber kein Sonderangebot angesagt ist, sind die Preise manchmal höher als woanders.

Wein

Ovidius sagt: Dort, wo es genug Wein gibt, gibt es auch keinen Kummer und Sorgen. In Krakau wird das Weinangebot von Jahr zu Jahr besser. Einige gute Adressen: **Vinoteka**, ul. Sławkowska 12, ☎0124254981, www.vinoteka.com.pl; **Dom Wina**, ul. Starowiślna 66, ☎0124310368, www.domwina.pl; **Galeria Wina** ul. Królowej Jadwigi 198, ul. Medweckiego 2 (Carrefour Czyżyny), ul. Kapelana 56 (Tesco), ul. Bora Komorowskiego 37 (Geant), al. Pokoju 67 (M1), www.galeriawina.pl; Vinoteka im Kellergewölbe des Hotels „Pod Różą", ul. Floriańska 14, ☎0124243300, www.hotel.com.pl – Weinstube mit gutem Angebot an italienischen und französischen Weinen, Weinladen.

Das Allernotwendigste

- **Słoń Torbalski**, ul. Sławkowska 4, ☎0122609580 – Zentrale, www.slon.pl. Torby, Taschen, Täschchen, Rucksäcke, Tragetaschen...

- **Artefe**, ul. Grodzka 61, ☎0124291202, www.artefe.com.pl. Galerie für modernes Design: Tassen, Kaffeelöffel, Becher, hübsche Zuckerdosen.
- **Drewko** – Erzeugnisse aus Weidenruten, pl. Wolnica 14, ☎0124305791. Möbel und Anderes aus Weide und Bambus. Geflochtene Stühle, Körbe und Blumenständer bekommt man auch in der Ulica Starowiślna 21.
- **Shiva**, ul. Sienna 3. Flaumig und indisch. Weitere Geschäfte: ul. Grodzka: in der Nähe der Franciszkańska, gegenüber voneinander (hier gibt es nicht nur Kleidung).

Antiquitäten

- **Kunstwerk-Salon**, ul. św. Jana 3 (gegenüber vom Café Rio), ☎0124219872. Über rote Teppiche schreitet man im Halbdunkel zwischen alten und geheimnisvollen Gegenständen. Es empfiehlt sich, hier reinzuschauen, auch wenn man zu Hause bereits eine komplette Kristalllüstergarnitur hat. Einmalige Atmosphäre.
- **Antiquariat Perfekta**, Rynek Główny 28, ☎0124214641. Auf dem Weg in den Klub Harris. Kleiner Laden mit apartem Klima.
- **Antiquitäten**, ul. Felicjanek 8, ☎0124295848. Hier kann man sich seine ganze Wohnung einrichten: Teppiche, Geschirr und andere Gebrauchsgegenstände.
- **Antiquitäten – Militaria**, ul. Felicjanek 17, ☎0124212802. Schuss- und andere Waffen, Uniforme, Medaillen und alles, was militärische Eigenschaften besitzt.
- **Antiquitäten bei Józef**, ul. Józefa 9 und 11, ☎0124306638, 0122920666. Mit der Patina der Jahre bedeckte Möbel und Möbelchen im Stadtteil Kazimierz.

Gastronomie

Polnische Küche

- **Wentzl**, Rynek Główny 19, ☎0124295712, www.wentzl.pl, geöffnet: 13.00 Uhr bis zum letzten Gast. Exklusiv. An der Fassade: Wandmalerei: Maria mit dem Kinde, im Inneren Gemälde von Menkes, Pankiewicz, Gottlieb. Gegründet 1792, als Küche von Jan Wentzl, die später von dessen Sohn übernommen wurde. Im Menu u.a.: Entenleber, Krebssuppe, Entenfilet in Żubrówka (Wisentgraswodka) mariniert. Gute Weinauswahl. Gehobene Preisstufe.
- **Wierzynek**, Rynek Główny 15, ☎0124249600, www.wierzynek.com.pl, 13.00–24.00 Uhr, Café ab 10.00 Uhr. Bekanntestes Restaurant in Polen. Feinschmeckerkost – u.a.: Barsch in Honig-Senf-Sauce, in Nüssen panierte Lammkoteletts und Hecht auf Spinatblättern mit Wachtelei. Gäste von Wierzynek waren Berühmtheiten wie: Kaiser von Äthiopien, Kaiser von Japan, Michail Gorbatschow, Charles de Gaulle, Steven Spielberg und Robert de Niro.
- **Restaurant** ul. Grodzka 35, ☎0124213999, www.podaniolami.pl, 13.00–24.00 Uhr. Angenehmes Ambiente und Küche nach neuesten Trends: altpolnisches – jedoch gesundes Menu. Anstatt schwerverdaulichen, mit Mehlschwitze angedickten Sauerkrauts kann man einen Salat mit Schafskäse und Sauce Vinaigrette bestellen. Wenn man einen Rehrücken oder Wildschweinsteak in Wacholdermarinade speisen möchte, muss man schon tiefer in die Tasche greifen.
- **Chłopskie Jadło**, ul. św. Jana 3, ☎0124295157; ul. Grodzka 9, ☎0124296187; ul. św. Agnieszki 1, ☎0124218520; 12.00-24.00 Uhr, www.chlopskiejadlo.com.pl. Ein Bekanntes

Restaurantnetz – der Name – „Bauernschmaus" – spricht für sich: die Speisen sind hausgemacht, fetthaltig und üppig.

- **Ogniem i Mieczem**, pl. Serkowskiego 7, ☎0126562328, www.ogniemimieczem.pl, 12.00–24.00 Uhr. „Wir freuen uns, Sie in den Räumlichkeiten aus dem 17. Jh. Jahrhundert zu begrü en und Ihnen hervorragenden Speis und Trank anzubieten. Schmausen können Sie in vier Räumlichkeiten für einhundertzwanzig ehrwürdige Gäste" – so preisen die Eigentümer ihr Restaurant an – und – sie lügen dabei kein bisschen.
- **Jadłodajnia U Stasi** ul. Mikołajska 16, ☎0124215084. Legendäre Gaststube: die russischen Piroggen und Blutwurst mit Sauerkraut wurden hier zum Rang der nobelsten Gerichte erhoben. Lieblingslokal der Studenten und Wissenschaftler. Hervorragend und preiswert!

Französische Küche

- **Cyrano de Bergerac**, ul. Sławkowska 26, ☎0124117288, www.cyranodebergerac.pl, 12.00–24.00 Uhr. Eines der exklusivsten Restaurants in Krakau, ein Paradies für Feinschmecker mit prallem Geldbeutel. Das sehr stilvoll eingerichtete Kellergewölbe und die distinguierte Bedienung bilden einen würdigen Rahmen für Speisen, wie Lammkotelett mit frischem Rosmarin. Am Restaurant: Bar Le Fumoir, Spezialität: raffinierte Drinks.
- **La Fontaine**, ul. Sławkowska 1, ☎0124310930, www.bblafontaine.com, 12.00–24.00 Uhr. Die als Vorspeise servierten sechs Käsesorten schlichten das erste Hungergefühl des Gastes. Danach wird es märchenhaft – der Chef, Pierre Gaillard aus Lyon, weiß schon, was er macht. La Fontaine ist nicht billig, die meisten Menus überschreiten 30 Zl. Aber die Froschschenkel aus der Provence mit Knoblauch und Kräutern sind ihren Preis wert.
- **Paese**, ul. Poselska 24, ☎0124216273, www.paese.com.pl, 12.00–23.00 Uhr. Das korsikanische Restaurant besucht man, um Meeresfrüchte zu genie en. Wenn jemand der Meinung ist, dass er Frutti di Mare verschmäht, hei t es, dass er niemals in der Poselska 24 gewesen ist. „Fleischfresser" können sich für Lendchen in grünem Pfeffer oder Kalbsfleisch mit Spargeln entscheiden. Dazu ein angenehmes Ambiente und Mittelmeer-Flair.
- **Brasserie**, ul. Gazowa 4 (Kazimierz), ☎0122921998, www.brasserie.krakow.pl, 12.00–23.00 Uhr. Geräumiges Restaurant im renovierten ehemaligen Straßenbahndepot. Französische Küche in bester Ausführung. Zuerst ist eine der hervorragenden Tartas oder eine Zwiebelsuppe zu empfehlen, danach ein Amüsement bei einem Lendchen in Käsesauce mit ausgezeichnet zubereitetem Salat. Amateure von Frutti di Mare werden mit Sicherheit frische Muscheln munden.
- **Kuchnia i Wino**, ul. Józefa 13 (Kazimierz), ☎0124306710, 13.00–22.00 Uhr. Gemütlich, sympathisch und exzellent. Die Eigentümerin – die Preisträgerin des Krakauer Suppen-Festivals – betreut persönlich die Zubereitung der Gerichte. Die Portionen sind nicht sehr üppig, um satt zu werden, muss man sein Portemonnaie einer „Abmagerungskur" unterziehen. Ein Ort mit Flair.

Italienische Küche

- **Da Pietro**, Rynek Główny 17, ☎0124223279, www.dapietro.pl, 12.30–24.00 Uhr. Mit der Eröffnung dieses Restaurants begann die

„Offensive" der italienischen Küche in Krakau. Benannt zu Ehren von Piotr Skrzynecki. Reichhaltiges Weinangebot, wohlschmeckendes Carpaccio und Pasta.
- **Avanti**, ul. Karmelicka 7, ☎0124300721. Toskanische Küche oberster Stufe, also alles, was das italienische kulinarische Ideenreichtum geschaffen hat. Im Avanti speist man gut, obwohl man damit zählen muss, dass die Zeche recht hoch ausfällt. Zartes Chianti und Grappa für Liebhaber stärkerer Alkoholgetränke.
- **Corleone**, ul. Poselska 19, ☎0124295126, täglich 12.00–24.00 Uhr. Ein Stück Siziliens mitten in Krakau – von Mittag bis Mitternacht biegen sich die italienischen Tische unter dem Gewicht verschiedener Nudelsorten, an der Tür – zwei Mafiosos. Angenehmes und stilvolles Ambiente, wohlschmeckende Gerichte (z.B. Carpaccio und Cannelloni).
- **Cyklop**, ul. Mikołajska 16, ☎0124216603, www.pizzeriacyklop.krakow.pl, 12.00–22.00 Uhr. Echte Pizzeria mit Holzofen. Oft muss man auf einen Platz warten. Als Lohn bekommt man hier aber die besten Pizzas in der Stadt.

Küchen anderer Nationen

- **Taco Mexicano**, ul. Poselska 20, ☎0124215441, 12.00–23.30 Uhr. Mexikanische Küche, also Enchilada, Burrito und Tequila. Preise erschwinglich. Auf die Frage der Kellnerin nach der gewünschten Schärfe des Gerichts, sollte man besser die leichte oder mittlere Option wählen, es sei, man ist Besitzer einer widerstandsfähigeren Speiseröhre als der Waweler Drachen. Amateure von Bohnen und Tequila können auch **Taco Mexicano – Casa Suzana** (Rynek Główny 19, ☎0124295299, täglich 12.00–24.00 Uhr) oder **El paso** besuchen (ul. Świętego Krzyża 13, ☎0124213296, täglich 11.30–24.00 Uhr).
- **Ariel, Kazimierz**, ul. Szeroka 18, ☎0124217920. Eines der vielen anmutigen Restaurants in der Ulica Szeroka mit Spezialitäten aus der jüdischen Küche. Wer Tschulent und Gänsehälse mag, sollte hier unbedingt einkehren. Andere empfehlenswerte Lokale: **Arka Noego** (Szeroka 2, ☎0124291528, täglich 9.00–23.00 Uhr), **Klezmer-Hois** (Szeroka 6, ☎0124111245, täglich ab 9.00), **Alef** (Szeroka 17, ☎0124213870, täglich 9.00–22.00). Abends finden hier häufig Klezmer-Konzerte statt.
- **Kassumay**, ul. Piłsudskiego 25, ☎0124295985, www.kuchniaafrykanska.krakow.pl, 9.00–24.00 Uhr. Hei es Afrika mitten im polnischen Kühl. Suya, Tigadege, Tiebou diene und andere Delikatessen. Man kann sich hier auch eine afrikanische Frisur machen lassen.
- **Ipanema**, ul. św. Tomasza 28, ☎0124225323, http://ipanema.com.pl, 12.00- 23.00 Uhr. Wie schmeckt Feijoada und Panqueca mit schwarzen Bohnen? Um dies zu erfahren, sollte man das einzige brasilianische Restaurant in Krakau besuchen. Bolinho de milho e queijo als Vorspeise wird jeden Gourmet munden. Große Auswahl spanischer und portugiesischer Weine und bei Hitze (wie es in Rio üblich ist), wohlschmeckende, erfrischende Caipirinha.
- **Bombaj Tandoori**, ul. Szeroka 7, www.bombaj-tandoori.com.pl, ☎0124223797, 12.00–24.00 Uhr. Schnäppchen für Liebhaber orientalischer Gerichte und noch unbekannter Gaumengenüsse. Die mit Ingwer gewürzten Gerichte und bittersü e Saucen werden

nicht jedem zusagen, aber es lohnt sich, sie zu probieren. Recht große Auswahl vegetarischer Gerichte.
- **Kinh Bac**, ul. Karmelicka 34, ☎0124234773, täglich 11.00–23.00 Uhr. Das Restaurant hat zwar vietnamesische Eigentümer, serviert werden hier jedoch Gerichte aus dem ganzen Orient. Preise akzeptierbar, Portionen üppig. Ein guter Ort, etwas auf dem Wege zum Markt auf die Schnelle zu essen.
- **Hoang Hai**, ul. Zamkowa 1 (an der Dębnicki-Brücke), ☎0122691235, täglich 11.00–23.00 Uhr, ul. Stradomska 23, ☎0124223599, täglich 11.00–21.30 Uhr. Recht gute und preiswerte Restaurants. Die Verknüpfung dieser beiden Vorteile tut das ihrige: beide Restaurants haben ihre Stammgäste.
- **U Szkota**, ul. Mikołajska 4, ☎0124221570, www.uszkota.pl. „Beim Schotten" – der Schotte empfängt seine Gäste vom Mittag bis zur Mitternacht. Der Kellerkühle wirkt der Kamin entgegen, die Kellner tragen schottische Trachten: sympathisch, gehoben – und – gehobene Preisstufe. Für Konnesseure gro e Auswahl an Whisky und ein Haggisu-ähnliches Gericht. Für ein Abendessen für zwei Personen muss man mit mehr als 100 Zl. Rechnen.
- **Gasthaus Ck Dezerter**, ul. Bracka 6, ☎0124227931, 9.00–24.00 Uhr. Erinnert an die guten alten Zeiten der Kaiserlichen Hoheit, also österreichisch-ungarische Küche. Einfache Ausstattung, an den Wänden Bilder und Nippes aus der Zeit der Kaiserlichen Monarchie, im Menü: Wiener-Würstchen-Gulasch und hervorragende Teigtaschen mit Buchweizengrütze. Gemäßigte Preise.
- **Balaton**, ul. Grodzka 37, ☎0124220469, www.balaton.krakow.pl, 9.00–22.00 Uhr. Die Einrichtung ein wenig wie im realen Sozialismus, das ganze Lokal wirkt übrigens, wie der damaligen Epoche entnommen (existiert seit 1969), aber Kartoffelpuffer auf ungarische Art schmecken hier sehr gut (am Rande: in Ungarn ist dieses Gericht unbekannt...). Dazu Bogratsch, Letscho, Halasle, Tokaier und Palinka.
- **Vegetarier-Bar Vega**, ul. św. Gertrudy 7, ☎0124223494; ul. Krupnicza 22, ☎0124300846; 9.00–21.00 Uhr, www.vegaRestaurant.com.pl. Vegetarier haben es in Krakau, ähnlich wie in ganz Polen nicht leicht, da es jedoch immer mehr Gegner von Fleischgerichten gibt, erfreut sich Vega einer kontinuierlichen Beliebtheit und erweitert ständig das Angebot. Auf „Pflanzenfresser" warten hier diverse Salate, Eierkuchen und vegetarische Koteletts. Die Imbissbar verköstigt preiswert, daher wird sie oft von Studenten besucht, die häufig gezwungenerma en zu Vegetariern werden.

Essen per Telefon

Wenn man keine Lust hat, in der Stadt zu Abend zu essen, kann man sich ein Menu nach Hause kommen lassen.
- **Pizzeria Banolli**, ul. Karmelicka 22, ☎0124323232; Pizzeria Diablo, ul. Dobrego Pasterza 99, ☎0124129804; Pizzeria Marco, ul. Rydla 6, ☎0126363615; Pizzeria/Restaurant Salsa, ul. Białoprądnicka 32, ☎0124152772.

Übernachtungen

Übernachtungen findet man im Web, die Anbieter vermitteln auch die Reservierung. Das größte und beliebteste Übernachtungsservice ist das Hotelservice des Portals Onet.pl: http://noclegi.onet.pl. Andere: infhotel (www.infhotel.pl), Hotels in Krakau (www.hotelewkrakowie.pl) oder

Noce.pl (www.noce.pl). Ein großes Angebot findet man auch beim Service „Krakau lädt ein: www.krakow.zaprasza.net. Der Mangel dieses Services ist die begrenzte Anzahl der angebotenen Objekte. Das Service infhotel bietet auch Übernachtungssuche per Handy: man sendet eine sms an ☎48/605553311. Krakow und tippt eine entsprechende Anzahl an Pluszeichen: „+", - sie entsprechen der Preisklasse des Hotels (+ bis 50 Zl., ++ 50–100 Zl., +++ 100–150 Zl., ++++ 150–250 Zl., +++++ über 250 Zl.). Man bekommt eine Antwort über vier Übernachtungseinrichtungen, die über freie Plätze verfügen. Die Kosten sind vom jeweiligen Netzanbieter abhängig.

• **Hotel Demel******, ul. Głowackiego 22, ☎0126361600, Fax 6364543, www.demel.com.pl. 58 Ein- und Zweibettzimmer, 4 Suiten. Zwei Zimmer für Behinderte. Sauna, Solarium und Restaurant mit Gerichten aus der Zeit der Kaiserlichen Monarchie. In jedem Zimmer drahtloses Internet. Zweipersonenzimmer: 380 Zl.; Suite 499 Zl. Für Kinder bis 4 Jahre umsonst, an den Wochenenden Preisminderung.

• **Art Hotel Niebieski*****, ul. Flisacka 3, ☎0124312711, fax 4311828, www.niebieski.com.pl. Im Stadtteil Salwator, etwa 20 Minuten vom Stadtzentrum entfernt. Das einzige Hotel in Polen, das so nahe am Weichselufer situiert ist. Hervorragender Ausgangspunkt für Spaziergänge in der Heide Lasek Wolski oder zum Kościuszko-Hügel. Zweibettzimmer in der Saison: 460 Zl., außerhalb der Saison: 340 Zl..

• **Elektor*****, ul. Szpitalna 28, ☎0124232317, fax 4232327, www.hotelelektor.com.pl. Einbettzimmer: in der Saison 120 Euro, außerhalb der Saison: 99 Euro, Zweibettzimmer: in der Saison 165 Euro, außerhalb der Saison: 145 Euro und 12 Suiten: in der Saison 230 Euro, außerhalb der Saison: 215 Euro. Lage: direkt im Stadtzentrum. Im Hotel Elektor ist es gelungen, zwei Widersprüchlichkeiten auf einen Nenner zu bringen: historische Innenräume und moderne Einrichtung. Exklusives Restaurant: traditionelle altpolnische und internationale Küche.

• **Copernicus******, ul. Kanonicza 16, ☎0124243400, fax 4243405, www.hotel.com.pl/copernicus. Übernachtet haben soll hier bereits Nikolaus Kopernikus, mit Sicherheit (im Mai 2003) der US-Präsident George Bush mit Gattin. Copernicus verfügt über 29 im historischen Ambiente eingerichtete Zimmer: man wohnt zwischen mittelalterlichen Portalen, Wandfreskos von um 1500 und unter Holzdecken aus dem 14. Jh. Für Raucher gibt es einen Zigarrensaal, Liebhaber schöner Stadtlandschaften wird der Ausblick von der Terrasse erfreuen. Einbettzimmer: 750 Zl., Zweibettzimmer: 850–950 Zl., Suite: 1200–1500 Zl..

• **Pod Różą*****, ul. Floriańska 14, ☎0124243300, Fax 4243351, www.hotel.com.pl/podroz. In der Floriańska 14 hat bereits Franz Liszt übernachtet. Kleines, aber empfehlenswertes Hotel mit Traditionen. 57 Zimmer, 7 Suiten. Für den Gaumen der Gäste sorgen zwei Restaurants, im Kellergewölbe: Vinothek mit hundert italienischen Weinsorten. Einbettzimmer: 550 Zl., Zweibettzimmer: 650 Zl., Suite 890–1400 Zl..

• **Amadeus******, ul. Mikołajska 20, ☎0124296070, Fax 4296062, www.hotel-amadeus.pl. Entsprechend zur Bezeichnung ist das Hotel im Stil der Mozartschen Epoche eingerichtet, obwohl das Gebäude selbst viel

älter ist. Sauna, Fitnessclub, Internet. Zweibettzimmer 165 Euro, Suiten 240 Euro.
- **Hotel Pod Kopcem*****, al. Waszyngtona, ☎0124270355, Fax 4270101, www.hotel.fm.pl. In der ehemaligen österreichischen Kaserne am Kościuszko-Hügel. Von den vielen Vorteilen ist einer unbedingt zu nennen: es sind von hier nur 5 Minuten zum Pferdegestüt in Przegorzały. Preise in der nach der Saison: 390 Zl..
- **Hotel Eden*****, ul. Ciemna 15, ☎0124306565, fax 4306767, www.hoteleden.pl. Im Haus aus dem 14. Jh. im Stadtteil Kazimierz. 27 Ein- bis Dreibettzimmer (in der Saison: 260–430 Zl.; nach der Saison: 190–350 Zl.) und Suiten (in der Saison: 550 Zl., nach der Saison: 420 Zl.). Im Restaurant koschere Gerichte. Sauna und Mikve.
- **Hotel Francuski*****, ul. Pijarska 13, ☎0124225122, Fax 4225270, www.orbis.pl. 42 Ein- und Zweibettzimmer und 15 Suiten (166 Euro/Person.). In jedem Zimmer: Telefon, Satellitenfernsehen, Internet. Im Hotelrestaurant: polnische und französische Küche.
- **Galicya*****, ul. Rzemieślnicza 4, ☎0122691997, Fax 2667433, www.rthotels.com.pl/pl/galicya. 15 Minuten mit der Straßenbahn zum Stadtzentrum, 63 Zimmer mit Bad und TV. Zweibettzimmer in der Saison: 60 Euro, außerhalb der Saison: 48 Euro,
- **Hotel Karmel**, ul. Kupa 15, ☎0124306700, Fax 0124306726, www.karmel.com.pl. Ein- und Zweibettzimmer mit Bad, Internet und andere Standarddienstleistungen im renovierten Haus aus dem 19. Jh. Zweibettzimmer. In der Saison: 298 Zl., außerhalb der Saison: 250 Zl.
- **Orient Express** – Gästezimmer und Suiten, ul. Stolarska 13, ☎0124226672, www.Zimmer.krakow.pl. Ein Zimmer mit Bad, zwei Wohnungen mit Küche und eine Suite im Stadtzentrum, alles nagelneu. Zwei Personen in der Saison: 220 Zl., außerhalb der Saison: 165–195 Zl. (ohne Frühstück).
- **Studenten-Hotel „Nawojka"**, ul. Reymonta 11, ☎0126335205 (Zentrale) Fax 6335548, www.nawojka.bratniak.krakow.pl. Preiswertes Hotel im Studentenheim. Für ein Ein- bis Vierbettzimmer bezahlt man 90–140 Zl., für ein Ein- bis Vierbettzimmer mit gemeinsamem Bad: 85–128 Zl. Vorteil: 15 Minuten zu Fuß zum Markt. Ähnlicher Standard und Dienstleistungen werden in den Studentenhotels *Żaczek* (al. 3 Maja 5, ☎0126221102, Fax 0126328735, www.zaczek.bratniak.krakow.pl) *Piast* (ul. Piastowska 47, ☎0126223300, Fax 6372176, www.piast.bratniak.krakow.pl) und *Bydgoska* angeboten (ul. Bydgoska 19, ☎0126368000, Fax 0126387788, www.bydgoska.bratniak.krakow.pl).
- **Jugendherbergen PTSM**, ul. Oleandry 4, ☎0126338822, Fax 6338920, www.smkrakow.pl; ul. Grochowa 21, ☎/fax 12/6532432, www.ssm.com.pl. Zwei- bis Dreibettzimmer, Mehrbettzimmer.
- **Campingplätze: Krakowianka**, ul. Żywiecka Boczna 2, ☎0122681417; **Clepardia**, ul. Pachońskiego 28a, ☎0124159672. Wohnwagenplätze, Duschen, WC.

Kultur und Unterhaltung
Theater

Obwohl über die Kondition der Krakauer Theater geklagt wird, erfreut sich die Stadt Wyspiańskis auf diesem Gebiet eines beachtlichen Renommees und „hält immer noch Fason".

- **Theater Bagatela**, ul. Karmelicka 6, ☎0124221237, 12/4226677, www.bagatela.krakow.pl.
- **Puppentheater - Teatr Lalki**, Maski i Aktora Groteska, ul. Skarbowa 2, ☎0126339604, 0126333762, www.groteska.pl.
- **Theater Ludowy** (Volksthetaer): Große Bühne und Bühne Nurt, os. Theateralne 34, ☎0126802100, 0126802101. Bühne unterm Rathaus, Rynek Główny 1, ☎0124215016; www.ludowy.pl.
- **Staatliche Theaterhochschule**, Bühne in der ul. Straszewskiego 22 und Warszawska 5, ☎0124301592, 12/4221855 intern: 30, 31, 35 www.pwst.krakow.pl.
- **Juliusz-Słowacki-Theater**, Große Bühne, Miniatur-Bühne – pl. Świętego Ducha 1, Bühne im Tor und Bühne an der Pumpe (sommerliches Freilichttheater)– pl. Świętego Ducha 4, ☎0124244500, 0124244511, www.slowacki.krakow.pl.
- **Stary-Theater „H. Modrzejewska"**, ul. Jagiellońska 5, ☎0124212977, 0124228566, www.stary-Theater.pl. Große, und Kleine Bühne sowie der Modrzejewska-Saal – ul. Jagiellońska 1, Kammerbühne – ul. Starowiślna 21.
- **Krakauer Theater STU**, al. Krasińskiego 16, ☎0124222263, 0124222744, www.scena.com.pl.
- **Theater KTO**, ul. Gzymsików 8, ☎0126338947, www.teatrkto.pl.
- **Theater 38**, Rynek Główny 8 (Hinterhaus Klub Pod Jaszczurami), ☎0124127540, www.podjaszczurami.pl.

Kabaretts

- **Loch Camelot**, ul. św. Tomasza 17, ☎0124210123 (Cafe Camelot), Karten und Vorbestellungen im Kultur-Informationszentrum, Mobiltelefon: +48501426404. Das Kabarett (www.lochcamelot.art.pl) besteht seit 1992. Künstlerischer Leiter: Kazimierz Madej – Regisseur, Bühnenbildner und Schauspieler, ursprünglich Mitarbeiter des „Kellers zu den Widdern". Im Programm: ein wenig Galizien, Reflexion und Poesie. Aufführungen: freitags 20.15.
- **Piwnica Pod Baranami** („Keller zu den Widdern".), Rynek Główny 27, Information und Kartenvorbestellung: ☎0124212500. Ein ganz besonderer, legendärer Keller, der immer noch unzählige Kabarettfreunde anzieht.
- **Zentrum für Kultur und Kunst der Menschen mit Behinderungen**, ul. Szewska 4, ☎0122926400, www.moliere.art.pl. Konzerte und Aufführungen für Kinder und Erwachsene.
- **Jama Michalika**, ul. Floriańska 45, ☎0124221561, www.jamamichalika.pl. Das Kabarett verfolgt die Tradition des Jugendstilkabaretts „Grüner Ballon".

Musik

Klassisch

- **Filharmonie „K. Szymanowski"**, ul. Zwierzyniecka 1, ☎0124291345, 0124224312, www.filharmonia.krakow.pl.
- **Krakauer Oper**, ul. Lubicz 48, ☎0126289113, 0126289101, www.opera.krakow.pl.

Jazzig...

- **Harris Piano Jazz Bar**, Rynek Główny 28, ☎0124215741, www.harris.krakow.pl; Jazz- und Blueskonzerte.
- **Jazz Club „U Muniaka"**, ul. Floriańska 3, ☎0124231205, www.umuniaka.krakow.p.
- **Jazz-Klub „Kornet"**, al. Krasińskiego 19, ☎0124270244, www.klubkornet.pl;

mittwochs und freitags spielt die Old Metropolitan Band, donnerstags: Blueskonzerte, Beginn 20.30.
• **Piec'art**, ul. Szewska 12, ☎0124296425; Konzerte mittwochs: 20.30.
• **The Piano Rouge**, Rynek Główny 46, ☎0124310333, www.thepianorouge.com. Smooth jazz – abends überwiegend life, täglich ab 8.30.
• **Art Club Cieplarnia**, ul. Bracka 15, ☎0124292898, www.cieplarnia.krakow.pl, Mo-Do: 10.00–24.00, Mo-So: ab 10.00 Uhr. Jazz und Feinschmeckereien in Räumlichkeiten wie aus der *Amelie* geschnitten. Ehemaliges Gebäude des Theaters STU.
• **Boogie Cafe Bar**, ul. Szpitalna 9, ☎0124294306, www.boogiecafe.pl, So-Mi: 10.30–24.00, Do-Sa: 10.30–2.00. Moderne Einrichtung. Jazz und Rock and Roll.

Jüdisch...
• **Ariel**, ul. Szeroka 18, ☎0124217920; Klezmermusik. Konzertkartenvorbestellung wird empfohlen.
• **Alef**, ul. Szeroka 17, ☎0124213870; abends jüdische Musik life.
• **Klezmer-Hois**, ul. Szeroka 6, ☎0124111245; Konzerte täglich o 20.00. Kartenvorbestellung wird empfohlen.

Musik, Tanz, Disko...
• **Pub Stajnia**, ul. Józefa 12, ☎0124237202, www.pubstajnia.pl; besattelter Pegasus, also Blues, Salsa, Flamenco und Tanzmusik aus den Sechzigern und Siebzigern. Empfehlenswert.
• **Klub-Café Łubu-Dubu**, ul. Wielopole 15 (1. Stock), ☎0660375107, www.lubu-dubu.pl, Mo-Fr ab 16.00, Sa und So: ab 18.00 Uhr; Party-Atmosphäre – nostalgisch, besonders für Gäste, die sich an die Musik der Achtzigerjahre erinnern.
• **Cień Klub**, ul. św. Jana 15, ☎0124222177, www.cienklub.com; Klubmusik, elektronisches Contredanse in alten Mauern.
• **Indigo Pub**, ul. Floriańska 26, ☎0124291743, www.indigo.cyberdusk.pl; u.a. Rock- und Popmusik.
• **Music Club Frantic**, ul. Szewska 5, ☎0124230483, www.frantic.pl.
• **Goraczka**, ul. Szewska 7, ☎0124219261.
• **Music Bar 9**, ul. Szewska 9, ☎0124222546.
• **Oskar**, Rynek Główny 9 (Pasaż Bielaka), ☎0124210683.
• **Pub Spolem**, ul. św. Tomasza 4, ☎0124217979. Klima des sozialistischen Realismus und alter guter, überwiegend polnischer Rock.
• **Kameleon**, ul. Zabłocie 22, ☎0124236060.
• **Prozak**, pl. Dominikański 6, ☎0124291128, www.prozak.pl, täglich ab 19.00 Uhr. Ragga, Reggae, Chill out und andere Leckereien in dieser Art für Amateure dieser Art von Musik.
• **Tawerna Żeglarska Stary Port (Segler-Taverne Alter Hafen)**, ul. Straszewskiego 27, ☎0124300962, www.staryport.krakow.pl, täglich 11.00–1.00 Uhr. Shanty, Folk, Blues, Soul und andere beruhigende Klänge.
• **Klub Barrock**, ul. Waska 2, ☎0504192093, www.barrock.pl, täglich ab 15.00 Uhr. Überwiegend Rock.
• **Propaganda**, ul. Miodowa 20, ☎0122920402, www.propaganda.biz.pl, täglich ab 11.00 Uhr. Sozialistischer Realismus in vollem Umfang und Stärke.

Galerien
• **Dominik Rostworowski Gallery**, ul. św. Jana 20/11, ☎0124232151, www.rostworowski.art.pl. Die Galerie

besteht seit Anfang der Neunzigerjahre. Ausgestellt werden hier Arbeiten von Künstlern, die traditionelle Techniken bevorzugen.

- **Galeria „Artemis"**, ul. Poselska 15, ☎0124220394. Hauptsächlich Arbeiten von Künstlern, die sich einer beständigen Position auf dem Markt erfreuen. Die Galerie organisiert auch Auslandsausstellungen.
- **Galeria „Krypta u Pijarów"**, ul. Pijarska 2, ☎0124302015. In den Achtzigerjahren war die Krypta ein Treffpunkt von Menschen, die mit der Bewegung *Unabhängige Kultur* verbunden waren. Heute präsentiert die Galerie Arbeiten von Künstlern, die den christlichen Geist erforschen und die Frage nach dem Wesentlichen in der Kunst zu beantworten versuchen.
- **Galeria „Piano Nobile"**, Rynek Główny 33, ☎0124225395, www.pianonobile.pl. Seit 1991. Arbeiten von Repräsentanten der Koloristik und Metaphorik. Au erdem: Skulpturen, geometrische Abstraktion und Grafik.
- **Galeria Starmach**, ul. Węgierska 5, ☎0126564317, www.starmach.com.pl. Die Galerie befindet sich im ehemaligen Bethaus von Zucher im Stadtteil Podgórze. Für diejenigen, welche die Klassik der polnischen Gegenwartskunst kennenlernen möchten: Grupa Krakowska und Arbeiten aus den Kreisen der geometrischen Abstraktion.
- **Jan Fejkiel Gallery**, ul. Grodzka 65, ☎0124291553, www.fejkielgallery.com. Grafik und Zeichnung. Bekannte und anerkannte Namen, aber auch junge Künstler.
- **Otwarta Pracownia**, ul. Dietla 11, ☎0691058275. Künstler-Galerie mit dutzenden Einzelausstellungen. Die Kunst kennt keine Grenzen: in dieser Galerie werden diverse Kunstbereiche präsentiert. Es gibt hier also Raum für Installationen, Malerei, Performance und Zeichnung.
- **Galeria „Pryzmat"**, ul. Łobzowska 3, ☎0126324622, www.zpap.krakow.pl. Galerie des Polnischen Künstlerverbandes, ein wichtiger Ort der Begegnung mit der Gegenwartskunst und -künstlern. Alle zwei Wochen finden hier Einzel- und Sammelausstellungen von Künstlern statt, die verschiedene Haltungen und Disziplinen vertreten. Ausgestellt haben hier u.a.: Alina Kalczyńska, Stefan Gierowski, Stanisław Rodziński.
- **Galeria „Zderzak"**, ul. Floriańska 3, ☎0124296743, www.zderzak.pl. Zderzak gilt bei vielen als der beste private Ausstellungssalon in Polen. Ausstellende: sowohl Meister als junge Meister-Prätendenten.
- **Galeria Plakatu**, ul. Stolarska 8–10, ☎0124212640, www.cracowpostergallery.com. Die einzige, 1985 gegründete Galerie in Polen, die sich mit Förderung und Vertrieb des polnischen künstlerisch gestalteten Plakats befasst. Im Angebot: über 2 000 (verschiedene) Plakate.
- **Autoren-Galerie von Andrzej Mleczko**, ul. św. Jana 14, ☎0124217104, www.mleczko.pl. Ein Strich kann manchmal auch zur Wissenschaft werden. Satire und Humor, wenn man jedoch die dargestellte Realität aus der Nähe betrachtet, kann einem das Lachen schon vergehen. Zeichnungen, T-Shirts und Becher zum Ansehen und zu kaufen.
- **Kocioł Artystyczny**, ul. Sławkowska 14, ☎0124291797, www.kociolartystyczny.pl. Kunst aus Krakau und aus Äthiopien. Malerei, Grafik, Skulptur.
- **Museum für Glasmalerei**, al. Krasińskiego 23, ☎0124228619. Die Kunst des Einfangens von Licht in Glas. Mit ihren Entwürfen kamen

Wyspiański und Mehoffer hierher.
Besichtigung nur nach vorheriger
telefonischer Absprache.
- **Galeria Olympia**, ul. Józefa 18,
☎0603223008, www.olympiagaleria.pl.
Künstler nicht nur aus Krakau. Malerei,
Gebrauchskunst, Glas, Keramik und
Fotoausstellungen im Stadtteil Kazimierz.
- **Galeria Nova**, ul. Józefa 22 (Eingang:
ul. Nowa), ☎0122921042, www.nova.art.pl. Die
Galerie fördert die interessantesten
Phänomene der polnischen Gegenwartskunst.
Besonderes Interessengebiet: konzeptuelle,
stark mit dem Menschen, mit dem
Gegenstand und mit Genderproblemen
verbundene Kunst. Außer der Malerei
präsentiert die Galerie Nova Fotografie,
Bilderinstallationen, Objekte, Performance
und neue Medienkunst.
- **Galerie d'Art Naïf**, ul. Józefa 11,
☎0124210637. Galerie für naive Kunst unterm
Zeichen von Nikifor. Arbeiten bekannter und
weniger bekannter Künstler, die abseits der
Hauptströmungen in der Malerei stehen.
- **Galeria Szalom**, ul. Józefa 16,
☎0124306505, 0122923270. Judaica und
moderne Gegenstände mit traditioneller
jüdischer Ornamentik. Hauptsächlich Malerei
und Grafik.
- **Galeria Labirynt**, ul. Floriańska 36, I p.,
☎0122926080, ul. Józefa 15, ☎0122921300,
www.galerialabirynt.and.pl. Moderne Malerei,
Grafik, Bildhauerei und Gebrauchsdesign. Die
Galerie fördert junge Künstler.
- **Autoren-Galerie von Bronisław Chromy**,
ul. Krańcowa 4 (park Decjusza). Verzauberte
Skulpturenwelt des Krakauer Künstlers, eine
Welt aus Stein und Metall. Zum Ansehen
(au er Werken von Chromy gibt es hier auch
Ausstellungen anderer Künstler), zum
Zuhören (zuweilen finden hier auch Konzerte
statt) und zum Hinsetzen (Café).

Internet-Cafés

Eine dringende Mail? Keine Sorge! In Krakau
kein Problem. Die Preise für eine Stunde
schwanken zwischen 3 und 6 Zl. Auf dem
Hauptmarkt und in der ul. Szeroka –
gebührenfreier Zugang zum WiFi. Ähnliche
Dienstleistungen werden in immer mehreren
Klubs angeboten.
- **Bei Louis**, Rynek Główny 13, ☎0126170222,
9.00–24.00 Uhr; erstes Internetcafé in Krakau
im netten Pub.
- **Centrum Internetowe**, Rynek Główny 9
(Pasaż Bielaka), ☎0124312184, rund um die
Uhr geöffnet.
- **Network**, ul. Sienna 14, ☎0124312394,
8.00–22.00 Uhr.
- **Krakowski Dom Internetowy**, ul.
Floriańska 11, ☎0122926006, 8.00–23.00 Uhr.

Entspannung

- **Freibäder**: Wisła, ul. Reymonta 22,
☎0126373760; Clepardia, ul. Mackiewicza 14,
☎0124151674; Krakowianka, ul. Jagodowa 2,
☎0122665281; ul. Bulwarowa 1, ☎0126441421;
ul. Eisenberga 2, ☎0124129046.
- **Schwimmhallen**: Wisła, ul. Reymonta 22,
☎0126373760; Escada – Centrum Sportu i
Rekreacji, ul. Szuwarowa 1, ☎0122627645,
www.escada.com.pl; Korona, ul. Kalwaryjska
9, ☎0126560250.
- **Park Wodny (Waserpark)**, ul. Dobrego
Pasterza 126, ☎0126163190, 0126163191,
www.parkwodny.pl. Schwimmbecken und
Salamander, Rutschen, Jacuzzi, Saunen,
Solarium, Wassermassage, Kletterwände,
Tibetanische Brücke, Volley- und
Basketballbecken, Kinderbecken.

Öffnungszeiten: täglich 8.00–22.00 Uhr. In direkter Nachbarschaft: MultiKino (12 Kinosäle). Bus: #128, 129, 132, 138, 139, 142, 152, 169, 188, 425.

- **Kryspinów – Stausee**, 12 km von Krakau entfernt (Fläche: 32 ha). An den Sommerwochenenden erholen sich in Kryspinów etwa 30 000 Menschen. Im nordwestlichen Teil: Überwiegend Sandstrände, man findet jedoch auch grüne Fleckchen. Volley- und Basketballspielfelder, Rutsche, Verleih von Wassersportgeräten. Wasser: erste Sauberkeitsstufe. Anfahrt: Bus #209.

- **Tennisplätze**: Escada, ul. Szuwarowa 1, ☎0122627645; Gołaski Sport, ul. Królowej Jadwigi 220, ☎0124253900; Hotel Best Western Piast, ul. Radzikowskiego 109, ☎0126364600; MW Sport, ul. Na Błoniach 1, ☎0124252998; Nadwiślan, ul. Koletek 20, ☎0124222122; Olsza, ul. Siedleckiego 7, ☎0124211069; WKS Wawel, ul. Bronowicka 5, ☎0126134986; Gem Club Tenisowy, al. Powstania Warszawskiego 6, ☎0124304082.

- **Reiten**: Decjusz, ul. Kasztanowa 1, ☎0124252421; Krakowski Klub Jazdy Konnej (Krakauer Reiterklub), ul. Kobierzyńska 175a, ☎0122621418; Klub Turystyki Konnej „Tabun", ul. Kosmowskiej 12, ☎0126238237; Pegaz, ul. Łowińskiego 1, ☎0124258088; Klub Jazdy Konnej „Mustang", ul. Nad Zalewem 15, ☎0124252658.

- **Fahrradausleihe**: ul. Józefa 5, ☎0124215785. Große Auswahl an Stadtfahrrädern.

- **Handels- und Kulturcenter Kraków-Plaza**, al. Pokoju 44, ☎0126841600, www.krakowplaza.pl. 150 gro e und kleine Läden, Restaurants, Cafés; Fantasy Park, www.fantasypark.pl: kręgle (über sechzehn Kegelbahnen), Billard, Diskothek, Internet-Café, Geschicklichkeitsspiele, Kinderspielplatz, Imbiss; Cinema City, www.cinemacity.pl: 12 Kinosäle und Orange Imax, www.Kinoimax.pl. Anfahrt mit den Stra enbahnen #1, 14, 22.

- **Kajak-Strecke auf der Weichsel, am Wasserstau „Kościuszko"**, Informationen: Szkoła Kajakarstwa Górskiego i Raftingu Retendo, ul. Moszyńskiego 28, ☎0126547345, Mobil: 0606372626, www.retendo.com.pl.

Informationen
Wichtige Telefonnummern

- **Notruf** ☎112.
- **Schnelle Medizinische Hilfe** ☎999.
- **Feuerwehr** ☎998.
- **Polizei** ☎997.
- **Nummernbüro der Polnischen Telekom**: TP SA für stationäre Telefonie ☎118913, TP SA für Mobiltelefone ☎*72913; Netia ☎0801801913. Im Internet: TP SA www.ditel.com.pl; Netia www.netia.pl/ksiazka; Polskie Ksiażki Telefoniczne: www.pkt.pl; Panorama Firm www.pf.pl.
- **Stadtwache** ☎0124110045, Notruf ☎986.
- **Kostenlose Medizinische Information**, ☎0126612240 (rund um die Uhr).

Krankenhäuser – Notdienst

Universitätskinderklinik, ul. Wielicka 265, ☎0126582011.
Krankenhaus „Gabriel Narutowicz", ul. Prądnicka 35, ☎0124162436, www.narutowicz.krakow.pl.
Krakauer Notdienst, ul. Łazarza 14, ☎0126612240.
Krankenhaus. Żeromskiego, os. Na Skarpie 66, ☎0126440144, www.zeromski-szpital.pl.

Krankenhaus Rydygiera, os. Złotej Jesieni 1, ☎0126468000.

Krankenhaus des Ministeriums für Inneres und Verwaltungswesen, ul. Galla 25, ☎0126374205.

5. Armeeklinik (Wojskowy Szpital Kliniczny), ul. Wrocławska 1-3, ☎0126308162.

Ausländische Institutionen

- **The British Council**, Rynek Główny 26, u☎0124285930, www.britishcouncil.pl.
- **Goethe-Institut**, Rynek Główny 20, ☎0124225829, www.goethe.de/ins/pl/kra.
- **Gesellschaft Willa Decjusza**, ul. 28 Lipca 17a, ☎0124253638, 12/4253644, www.villa.org.pl.
- **Internationales Kulturzentrum**, Rynek Główny 25, ☎0124242800, 0124242811, www.mck.krakow.pl.
- **Französisches Institut**, ul. Stolarska 15, ☎0124245350, www.ifcracovie.org.pl.
- **Institut für Italienische Kultur**, ul. Grodzka 49, ☎0124218946, 0124218943, www.iiccracovia.esteri.it.

Krakau im Web

- **Magisches Krakau (www.krakow.pl)**. Eine sehr gute Seite zur Geschichte, Kultur und Eigenarten der Königsstadt. Ein Wissenskompendium für Touristen und Einwohner. Neueste Informationen aus Krakau, Chat und Markt in der Internetkamera. Sehr gut und aktuell.
- **Krakau lädt ein.zaprasza.net (www.krakow.zaprasza.net)**. Ein Wissenskompendium über Krakau: Führung durch historische Sehenswürdigkeiten, Informationen über Übernachtungsmöglichkeiten, Aktuelles aus der Kultur. Reichhaltige Bildergalerie.
- **Kazimierz.com (www.kazimierz.com)**. Alles über den jüdischen Stadtteil Kazimierz. Geschichte und Legenden; sehr gute, sehr persönliche Führungen über magische Gassen und Orte. Beschreibungen von Restaurants und Hotels, Stadtplan und Forum. Sehenswerte Bildergalerien.
- **Podgórze.pl (www.podgorze.pl)**. Sehr gutes Service des Stadtteils Podgórze.
- **Karnet (www.karnet.krakow2000.pl)**. Internetausgabe der Kultur-Infobroschüre: *Monat in Krakau* (erscheint auch in englischer Sprache): www.cracow.pl.
- **Po godzinach (http://krakow.pogodzinach.pl)**. Krakauer Filiale des Polnischen Kulturservices. Liste der Restaurants, Pubs, Cafés und Diskotheken mit Rezensionen von Stammgästen. Au erdem Antworten auf die Fragen: was, wo, wann?
- **Jura.art.pl (www.jura.art.pl)**. Führer durch die Krakauer-Tschenstochauer Hochebene.
- **Wrota Małopolski (www.malopolska.pl)**. Aktuelles aus der Region, Statistik, Informationen über die Kreise in Kleinpolen.
- **Königsschloss auf dem Wawel (www.wawel.krakow.pl)**. Preisliste und andere unentbehrliche Informationen.
- **Krakau.info (www.krakow-info.com)**. Wichtigste Informationen über Krakau in englischer Sprache.

Register und Fotos

A

Alef, Restaurant 357
Alte Synagoge (Stara Synagoga) 223
Altes Theater „Helena Modrzejewska"
 (Stary Teatr) 154
Amadeus, Hotel 354
Andreaskirche
 (kościół św. Andrzeja) 127
Antiquitäten 350
Archäologisches Museum 123, 316
Ariel, Restaurant 352, 357
Art Club Cieplarnia 357
Art Hotel Niebieski 354
Avanti, Restaurant 352

B

Badylak, W. 115
Balaton, Restaurant 353
Bałucki, M. 259, 262
Barbakane (Barbakan) 77
Bartynowski–Haus (Kamienica
 Bartynowskich) 139
Bażanka, K. 145
Bednarski, W. 299
Bednarski–Park 297
Benedikt XVI. 259
Bernhardinerkirche (kościół
 Bernardynów) 178
Berrecci, B. 113, 178, 208, 239, 268
Betman–Haus (Kamienica
 Betmańska) 116
Bielany 268, 271
Bisanz, J. 147
Błonia, Stadtaue 27, 258
Bolesław Chrobry, König 26
Bolesław Śmiały, König 234
Bombaj Tandoori, Restaurant 352
Boner–Haus (Kamienica
 Bonerowska) 104
Boogie Café Bar 357
Botanischer Garten (ogród
 botaniczny) 254

Brasserie, Restaurant 351
Bronowice 293
Bułhak, J. 316
Burg Pieskowa Skała 338
Bursa, A. 264

C

Café–Gallery Larousse, Café 53
Cęckiewicz, W. 301
Chakra 16
Chłopskie Jadło, Restaurant 350
Chmielowski, A. (Bruder Albert) 265
Chromy, B. 39, 270
CK Browar, Bar 54
Ck Dezerter, Gasthaus 353
Collegium Iuridicum 126
Collegium Maius 158
Collegium Minus 165
Collegium Novum 164
Collegium Phisicum 165
Copernicus, Hotel 354
Corleone, Restaurant 123, 352
Cricoteka 324
Cyklop, Restaurant 352
Cyrano de Bergerac, Restaurant 351
Czerwiakowski, R. J. 81

D

Da Pietro, Restaurant 351
Daszyński, I. 266
Dąbrowski, M. 284
Decjusz, J. L. 268
Dedecius, K. 269
Dekanhaus 170
Demel, Hotel 354
Dietl, J. 264
Disko 357
Długosz–Haus
 (Dom Długosza) 172
Dolabella, T. 239
Dolina Będkowska, Tal 333
Dolina Bolechowicka, Tal 332

Dolina Kluczwody, Tal 332
Dolina Kobylańska, Tal 333
Dürer, H. 208
Dominikaner kirche (kościół Dominikanów) 212
Dworek Białoprądnicki, Schlösschen 257
Jägerhof 282

E

Eden, Hotel 355
Eile, M. 20
Elektor, Hotel 354
Empik 99
Erzbruderschaft der Passion Christi 120
Erzdiözesenmuseums 170
Ethnographisches Museum 318

F

Festung Krakau 299
Fiorentino, F. 178, 184
Florianstor (Brama Floriańska) 78
Fontana, B. 114, 149, 161
Fontani–Haus (Kamienica Fontanowska) 106
Forts des hl. Benedikt 300
Foucaultsches Pendel 125
Francuski, Hotel 144, 355
Franz Josef, Kaiser 33
Franziskanerkirche (kościół Franciszkanów) 120
Friedhof Rakowice 260
Fronleichnamskirche (kościół Bożego Ciała) 236
Fürstenhaus (Kamienica Książęca) 111

G

Gasse des treulosen Thomas (Zaułek Niewiernego Tomasza) 143
Gebirtig, M. 232
Ghetto 231
Goethe–Institut 361
Górnicki, Ł. 257
Grabowski, A. 314
Grand, Hotel 147
Graues Haus (Kamienica Szara) 100
Grunwald–Denkmal 74
Gucci, S. 85

H

Harris Piano Jazz Bar 113, 356
Hartwig, E. 316
Hauptmarkt (Rynek Główny) 84
Haus zu den Eidechsen (Kamienica Pod Jaszczurami) 104
Haus zu den Mohren (Kamienica Pod Murzynami) 82
Haus zu den Raben (Kamienica Pod Krukami) 111
Haus zum Adler (Kamienica Pod Orłem) 117
Haus zum Blech (Kamienica Pod Blachą) 114
Haus zum Eichhörnchen (Kamienicia Pod Wiewórką) 81
Haus zum Gemälde (Kamienica Pod Obrazem) 108
Haus zum Globus (Dom Pod Globusem) 245
Haus zum Goldenen Haupt (Kamienica Pod Złotą Głową) 106
Haus zum Goldenen Karpfen (Kamienica Pod Złotym Karpiem) 105
Haus zum Kanarienvogel (Kamienica Pod Kanarkiem) 111
Haus zum Krebs (Kamienica Pod Rakiem) 137
Haus zum Lamm (Kamienica Pod Jagnięciem) 113
Haus zum Löwen (Kamienica Podelwie) 130
Haus zum Pfau (Kamienica Pod Pawiem) 144
Haus zum Pferdchen (Kamienica Pod Konikiem) 116
Haus zum Weißen Haupte (Dom Pod Białą Głową) 167
Haus zur Birne (Dom Pod Gruszką) 152
Haus zur Hl. Anna (Kamienica Pod św. Anną) 106
Haus zur Mutter Gottes (Kamienica Pod Matką Boską) 82
Haus zur Uhr (Kamienica Pod Zegarem) 140
Heide „Las Wolski " 268
Henryk–Jordan–Park (Park Jordana) 253
Herkuleskeule 338

REGISTER

Hetman–Haus (Kamienica Hetmańska) 107
Historisches Museum der Stadt Krakau 319
  Alte Synagoge 320
  Haus zum Kreuz 323
  Hipolit–Haus 322
  Rathausturm 322
  Schlesisches Haus 322
  Zielstand 322
Hl. Jan Kanty 162
Hl. Stanislaus 201, 234
Hoang Hai, Restaurant 353
Hohe Synagoge 229
Hügel 181
  Drachenhöhle 214
  Gobelins 192
  Grüfte 211
  Hahnenfuß 197
  Kapellen 205
  Kathedrale 199
  Kathedralmuseum 213
  Königsgemächer 188
  Kościuszko–Denkmal 181
  Kunst des Orients 197
  Private Königsgemächer 195
  Rotunde der Allerheiligsten Jungfrau Maria 186
  Rüstkammer 185
  Schatzkammer 184
  Sigismund, Glocke 203
  Sigismund–Turm 203
  Szczerbiec, Krönungsschwert 184
  Verschollener Wawel 186
  Waweler Ziegelsteine 181
Hutten–Czapski, E. 309
Hyła, A. 302

I

Indigo Pub 357
Institut für Polenforschung 274
Internet–Cafés 359
Ipanema, Restaurant 352
Isserles, M. 226
Izaak–Synagoge 229

J

Jadwiga, Königin 152, 207
Jagiellonen–Universität 158, 160
Jama Michalika (Michalik–Höhle), Café 41, 80, 356
Jan III. Sobieski, König 197, 206
Jasieński, F. 310
Johannes Paul II. 17, 267, 342
Jordan, H. 254, 263
Juliusz–Słowacki––Theater 134, 356

K

Kaczara, J. 58
Kalwaria Zebrzydowska 339
Kamaldulenserklosters 271
Kamienica Amendzińska 82
Kamienica Jordanowska 137
Kamienica Pod Elefanty 130
Kamienica Podedzwony 81
Kändler, J. J. 196
Kantor, T. 168, 266, 324
Kapelle der hl. Margarethe (kaplica św. Małgorzaty) 280
Kapitelhaus (Dom Kapituły) 168
Karmel, Hotel 355
Kassumay, Restaurant 352
Katharinenkirche (kościół św. Katarzyny) 233
Kazimierz 215
Kazimierz Jagiellończyk, König 210
Kazimierz Wielki, König 27, 177, 207
Keller zu den Widdern (Piwnica pod Baranami), Kabarett 112
Kencowska–Haus (Kamienica Kencowska) 115
Kennedy, N. 46
Kinh Bac, Restaurant 353
Kirche des Heiligen Johannes des Täufers und Johannes der Evangelisten (kościół św. św. Jana Chrzciciela i Jana Ewangelisty) 143
Kirche des Hl. Geistes (Kościół Świętego Krzyża) 136
Klarissinnen–Klosters 128
Kleiner Markt (Mały Rynek) 100
Klezmer–Hois, Hotel und Restaurant 221, 357
Klub Re, Klub 140
Kluger, W. 317
Kluszewski, J. 114
Kolberg, O. 265
Kołłątaj–Haus (Dom Kołłątajowski) 144
Konarski, S. 146
Koppe, W. 282
Kornet, Klub 356
Kossakówka 282

Kościuszko, T. 30
Kościuszko–Hügel (kopiec Kościuszki) 286
Kościuszko–Park 257
Kowalska, F. 301
Krakauer Oper 356
Krakauer Park 256
Krakus–Hügel (kopiec Krakusa) 284
Krankenhäuser 360
Kraszewski, J. I. 307
Kromer–Haus (Kamienica Kromerowska) 111
Krzemionki 297
Księżarski, F. 164
Kuchnia i Wino, Restaurant 351
Kunstbunker (Bunkier Sztuki) 156
Kwiatkowski, E. 266

L

La Fontaine, Restaurant 351
Lajkonik 275, 320
Lanckorona 341
Lanckoroński–Haus (Kamienica Lanckorocińskich) 110
Lengren, Z. 21
Loch Camelot, Kabarett 356
Ludwikowski–Haus (Kamienica Ludwikowska) 115
Łagiewniki 301
Łokietek–Höhle 337
Łubu–Dubu, Klub–Café 357

M

Maciejowski, S. 258
Magnolien aus Stahl (Stalowe Magnolie), Klub 144
Małachowski–Palais (Pałac Małachowskich) 114
Marienkirche (Kościół Mariacki) 87
Marienplatz (Plac Mariacki) 90
Markgrafenhaus (Kamienica Margrabska) 117
Markthalle 50
Martins–Kirche (kościoł św. Marcina) 129
Matejko, J. 308
Mączyński, F. 155, 287
Mehoffer, J. 210, 245
Melsztyński–Haus (Dom Melsztyńskich) 166
Michałowicz, J. 170
Michałowski, P. 262, 307

Mickiewicz, A. 166, 211
Mleczko, A. 144
Modrzejewska, H. 119
Mogiła 291
Montelupi–Haus (Kamienica Montelupich) 101
Morsztyn–Haus (Kamienica Morsztynowska) 107
Museum der Heimatarmee (AK) 323
Museum der Jagiellonen––Universität 313
Museum der Krakauer Königlichen Salzminen (Muzeum Żup Krakowskich) 330
Museum für Geschichte der Fotografie 316
Museum für Pharmazie der Jagiellonen–Universität 324
Museum für Polnische Luftfahrt 318

N

Nationalmuseum 306
  Emeryk–Hutten–Czapski–Museum 309
  Galerie Polnischer Kunst des 19. Jh. in den Tuchhallen (Galeria Sztuki Polskiej XIX w. w Sukiennicach) 307
  Hauptgebäude (Gmach Główny) 306
  Jan–Matejko–Haus 308
  Józef–Mehoffer–Haus 309
  Mehoffer, J. 309
  Museum der Fürsten Czartoryski 310
  Stanisław–Wyspiański–Museum 308
  Zentrum für Japanische Kunst und Technik „Manggha" 310
Nationalpark Ojców (Ojcowski Park Narodowy) 334
Naturkundemuseum 324
Nawojka, Hotel 355
Neuer Friedhof 220
Niepołomice 343
Nowodworski, B. 163
Nowodworski–Collegium 163
Nowy Kleparz 48

O

Obere Höhle in Wierzchowie (Jaskinia Wierzchowska Górna) 332
Ogniem i Mieczem, Restaurant 351
Ojców 335
Okół 126
Oleśnicki, Z. 164

Olszewski, K. S. 264
Orient Express, Hotel 355

P

Paese, Restaurant 351
Palais Krzysztofory (Pałac Pod
 Krzysztofory) 114, 152, 320
Palais zu den Widdern (Pałac Pod
 Baranami) 112
Palast der Kunst (Pałac Sztuki) 155
Panieńskie Skały,
 Naturschutzgebiet 269, 270
Paulinerkirche auf dem Felsen (kościół
 Paulinów Na Skałce) 234
Philharmonie 45, 283
Piaristenkirche (Kościół Pijarów) 145
Piec'art, Bar 357
Piłsudski– Hügel (kopiec Piłsudskiego) 287
Piłsudski, J. 33
Pinocci–Haus (Kamienica Pinocińska) 107
Piwnica Pod Baranami, Kabarett 356
Plac Imbramowski 48
Plac Matejki 74
Plac Na Stawach 282
Plac Nowy 50
Plac Szczepański 152
Plac Wolnica 239
Placidi, F. 206
Planty, Grüngürtel 248
Platz der hl. Maria Magdalena
 (plac św. Marii Magdaleny) 126
Pod Kopcem, Hotel 355
Pod papugami, Bar 144
Pod Różą, Hotel 354
Podgórze, Stadtteil 297
Pokutyński, F. 149
Pol, W. 137
Popper–Synagoge 227
Potocki–Palais (Pałac Potockich) 109
Pożegnanie z Afryką (Abschied von
 Afrika), Café 54
Prämonstratenserinnen 276
Przegorzały 274
Przybyszewski, S. 41
Przypkowski, T. 15, 90
Pub Stajnia, Bar 357
Puppentheater 356
Pyjas, S. 157

R

Radwański, F. 249
Raszka, J. 265

Rathausturm 97
Rayski, L. A. 246
Regionalmuseum Junges Polen
 PTTK Rydlówka 295
Rembrandt 313
Remuh, Synagoge und Friedhof 225
Rio, Café 141
Rodakowski, H. 263
Route der Adlerhorste 337
Rydel, L. 295

S

Salwator 275
Salwator–Friedhof, 281
Samostrzelnik, S. 291
Schützengarten (Ogród
 Strzelecki) 255
Sędziwój, M. 156
Siemiradzki, H. 135, 307
Sigismund–Haus (Dom
 Zygmuntowski) 170
Silberberg (Srebrna Góra) 271
Skałki Przegorzalskie,
 Naturschutzgebiet 274
Skarga, P. 125
Skrzynecki, P. 39, 112, 266
Słowacki, J. 211
Solski, L. 136
Sosnowski, O. 251
Sowiniec, Anhöhe 287
Spira, N. 222
Spiski–Palais (Pałac Spiski) 114
St. Adalbert–Kirche (kościół św.
 Wojciecha) 98
St. Barbara–Kirche (kościół św.
 Barbary) 90
St. Bartholomäus–Kirche (kościół
 św. Bartłomieja) 292
St. Benedikt–Kirche (kościółek św.
 Benedykta) 299
St. Florian 76
St. Florianskirche (kościół św.
 Floriana) 75
St. Markus–Kirche (kościół św.
 Marka) 148
St. Peter– und Paulskirche (kościół
 św. św. Piotra i Pawła) 124
St. Salvator–Kirche (kościół
 Najświętszego Salwatora) 279
St.–Ägidius–Kirche (kościół św.
 Idziego) 129
Stachowicz, M. 150

Stary Kleparz 49
Stary–Theater 356
Stern, J. 266, 267
Stiftskirche St. Anna (kościół św. Anny) 160
Stoß, V. 94, 210
Straszewski, F. 249
Straszewski–Haus (Kamienica Straszewska) 110
Szołayski–Haus (Kamienica Szołayskich) 155
Szyszko–Bohusz, A. 181, 187, 274
Synagoge Tempel 228

T

Taco Mexicano, Restaurant 352
Terakowska, D. 266
The Piano Rouge, Klub 357
Theater 38, 356
Theater Bagatela 356
Theater KTO 356
Theater Ludowy 356
Theater STU 356
Thomaskirche (kościół św. Tomasza) 137
Touristeninformation 346
Tuchhallen (Sukiennice) 85
Türkische Haus (Dom Turecki) 246
Turowicz, J. 21
Tylman van Gameren 161
Tyniec 289
Tyranowski, J. 62

U

U Muniaka, Klub 83, 356
U Szkota, Restaurant 353
Udziela, S. 318
Ulica Bracka 166
Ulica Długa 245
Ulica Floriańska 80
Ulica Gołębia 164
Ulica Grodzka 118
Ulica Jagiellońska 157
Ulica Józefa 231
Ulica Kanonicza 168
Ulica Poselska 123
Ulica Reformacka 150
Ulica Sławkowska 147
Ulica Stolarska 122
Ulica Szczepańska 152
Ulica Szeroka 221
Ulica Szewska 157
Ulica Szpitalna 134
Ulica św. Anny 158
Ulica św. Jana 141
Ulica św. Krzyża 139
Urwald von Niepołomice 343

V

Vega, Vegetarier–Bar 353
Versicherungsmuseum (Muzeum Ubezpieczeń) 318
Villa Decius 268
Vinci, L. da 313

W

Wadowice 342
Wajda, A. 25, 310
Wallek–Walewski, B. 153
Wanda–Hügel (kopiec Wandy) 285
Wawel 173
Weinfeld, M. (Akavia, M.) 222
Wentzl, Restaurant 350
Wężyk, F. 262
Wieliczka 328
Wielopolski–Palais (Pałac Wielopolskich) 119
Wierzynek, Restaurant 350
Wiwulski, A. 74
Władysław Jagiełło, König 200
Władysław Łokietek, König 202
Władysław Warneńczyk, König 200
Wola Justowska 268
Wolski, M. 272
Wyspiański, S. 43, 120, 136, 276, 295

Z

Zielony Balonik (Grüner Ballon), Kabarett 41
Zoologischer Garten 270
Zur Rose (Pod Różą), Hotel 82
Zwierzyniec 275
Zygmunt August, König 190, 192
Zygmunt I. Stary, König 28, 208
Zygmunt III. Wasa, König 29, 179

Ż

Żeleński, T. (Boy) 43, 284, 295

Fotos

Fotos auf der Umschlag:
Bogusław Czerwiński, Jacek Kubiena, Piotr Marekwica,
A. Olej i K. Kobus – www. travelphoto.pl, VS

Fotos:
o – oben, u – unten, l – links, r – rechts

Piotr Marekwica:
7–10, 15, 25r, 36–37, 39, 42, 47,
49–50 52, 54–59, 66, 71, 73, 74–89,
90–91, 93, 95, 98–101, 104–123,
124–131, 133–134, 137–150, 152,
154–160, 162–171, 173, 175–177,
179, 181, 184–187, 198–200, 209,
214–215, 217–222, 224, 226,
228–231, 233, 236, 238, 240–241,
244–247, 248–265, 267–273,
275, 277–279, 281–283, 285–286,
289, 292–294, 296–298, 299–300,
02–303, 311, 321, 339, 341–342t,
345

Sławomir Adamczak:
344

Grzegorz Gawenda:
68–69, 340

Adam Golec/AG:
197, 202

Wojciech Gorgolewski:
102

Images Copyright © 2000 DigiTouch/ A. Kuras:
172

Renata i Marek Kosińscy:
70, 223, 225, 235, 237, 239, 290,
325, 327–328, 332–335, 336,
338, 343

Wojciech Kowalewski/AG:
212–213

Wojciech Kryński:
189–190

Wojciech Kryński/Forum:
201

Piotr Łepkowski:
151

Grażyna Makara/AG:
46

Stanisław Markowski:
135, 180

Wojciech Matusik/AG:
211

Jan Morek:
192

Jan Morek/Forum:
191, 194, 196

A. Olej, K. Kobus – www.travelphoto.pl:
38,

M. Rawluk/ga.com.pl:
22–23, 331

© RMF FM/Witold Odrobina: 60–62 VS:
288, 305

Bartosz Siedlik/AG:
315

Andrzej Wiśniewski/AG:
203

Marta Wolska/Biuro Kraków 2000:
44

Adam Sowa:
94, 96–97

J. Bronowski/foto.risp.pl:
276

Ireneusz Dziugieł:
329–330, 342b

Illustrations: **Suren Vardanian**
Zbigniew Lengren: 21

Pascal Verlag möchte sich bei Herrn **Krzysztof Hrehrowicz** für die zur Verfügung gestellten historischen Fotos von Krakau (S. 29–35, 58u) bedanken. Mehr Fotos gibt es auf der Web-Seite www.republika.pl/hrekris.